伝承文化研究の現代的課題

小川直之［編］ Ogawa Naoyuki

清文堂

序　伝承文化研究の現代的課題とは

小川　直之

学術研究はどの分野であっても、経験科学としての「問い」をもつのはいうまでもない。それは研究という行為において自明の、無前提の課題は存在せず、自己の日々の営みにおいて、さまざまなことやものとの関係性のなかで疑問がうまれ、その疑問の論理化を経て研究課題が明確になってくるからである。

本書の書名を「伝承文化研究の現代的課題」としたのは、こうした思いに基づいている。自分も含め、日本の伝承文化の研究を進めている方々が、現代、現在という時間を生きるなかで、どのような研究課題を描き出しているのか、それを具体的に提示するのが本書の目的である。扱う対象から何を見いだし、何を汲み取っていくのかはその人によって違うし、その対象が過去のことやものであっても、研究の主体者は今を生きており、その課題は現代と結びついているはずである。

こころざし半ばで亡くなった坪井洋文は、「稲を選んだ日本人」の「四　餅禁忌と稲作幻想」で、「民俗とは異質な文化との接触による衝撃によって起きた自己認識の連続過程」という。この論理は、モチ正月とイモ正月の対比という自身の研究、柳田國男が仮説として提示した天津神集団と国津神集団の接触などから導き出し、さらに「民俗的世界の構図」では、日本古代の「国風」「風俗」の概念検討からオホミタカラノアリカタ文化とクニブリ文化との対立や融合を考え、ここからミンゾク(民俗)の成立、そして、ハレ(晴)であるオホヤケと、ケ(褻)であるワタクシという生活律の展開を描いている(『稲を選んだ日本人—民俗的思考の世界—』未來社、一九八二年)。民俗的世界をどのように捉えるかのなかでは「国民文化」も視野に入れ、これを「日本文化を等質化させる重要な装置」としている。

「国民文化」については、「世相」や「大衆文化」との関係が問題となるが、坪井の仮説は、基本的には二項対立の手法と時間軸の中に存在する持続史観という論理に基づいている。その持続史観が現代・現在認識であり、坪井がいう先の「民俗とは異質な文化との接触による衝撃によって起きた自己認識の連続過程」という説明は、色褪せたものではなく、今も私たちの思索を拡げ、また、現代社会に表出し、沈着あるいは消失していくさまざまな世相や大衆文化研究などにも示唆を与えてくれる。

「現代的課題」について、もう一つ説明を加えておくと、アジア太平洋戦争の戦災で健康を害し、その死が惜しまれる倉田一郎は、共有や入会というモヤイ習俗、カヤをR字型に結んだ占有標、さらには家印などから、「私」や私有の成立を論じている(没後に大藤時彦が編んだ倉田の著書『経済と民間伝承』東海書房、一九四八年)。この研究には、分析や論理立てにいくつかの疑義があるものの、いわゆる資本主義という経済思想の根底を論じており、倉田の生きた戦前・戦中にはきわめて現代的課題であったと思われる。そして、この課題は現代経済にも当てはまろう。現代社会に底流あるいは見え隠れする文化や仕組みを見いだす視座は、高取正男の『日本的思考の原型—民俗学の視角』(講談社新書、一九七五年)にもあり、たとえば自分の食器やイロリの座から自我の自覚と認識をいい、シャモジや枕からは自我意識の内部には霊力という前論理的な個人意識があると説く。丸山真男がいう、日本思想史の主旋律には中国大陸や西欧からの外来思想があるが、ここには時に表面に浮上する「古層」あるいは「執拗低音」としての日本的な思想が併存するというのも(「原型・古層・執拗低音―日本思想史方法論についての私の歩み―」(『日本文化のかくれた形』岩波書店、一九九一年)、戦後の高度経済成長の終焉期とその後の、現在に続く課題と捉えられる。

つまり、ここにいう「現代的課題」というのは、その対象が現代あるいは現在という時間軸に限定されるのではなく、研究者がもつべき現代、現在への自覚にもとづくということである。

本書の目的のもう一つは、「伝承文化」という枠組の確認である。筆者の専攻は日本民俗学であるが、この民俗学をもう一つ広い世界で考えたいという意図が「伝承文化」である。それは「民間伝承」の研究を戦略的に強調し、文献史学に対抗する新たな歴史学の構築をめざした柳田國男の研究をみていくと、たとえば昭和十一年(一九三六)に長野県飯田の山村書院から出版する『信州随筆』では、その最初に「信濃柿のことなど」を置く。ここでは「近頃私は足利期の京都人の、二三の記録を読んでいて、偶然に信濃桜という植物」云々、「『延喜式』の三千何百という諸州官知の御社は、その一つ一つが土地で祭り始めた神々」云々(『柳田國男全集』24、ちくま文庫、一九九〇年)など、事象の検討には民間伝承以外も多く取り込んでいる。このことは昭和十九年(一九四四)の『国史と民俗学』をみても明らかで、研究対象としているのは、過去の事象も含め、伝承される知や技の総体である。

こうした視野は折口信夫も同じで、折口の場合は文献依拠の文学研究に対抗して、今に継承される「生活の古典」を材料に加え、文化や社会の構成原理と推移の具体像を描いている。折口の研究は、民間伝承だけではなく、王権や古代国家の在りようにも鋭く切り込みながら、伝承による文化や社会の持続を論じている。つまり、柳田や折口などの主張によって、通時的な社会・文化伝承という非文字世界の研究が進み、社会・文化研究の枠組は大きくなり、成果もあったが、本書では改めて伝承によって継承され、持続する文化をより広く捉えたいと考えた。本書の標題に「伝承文化研究」を用いたのは、このような意味をもつ。

「伝承文化研究の現代的課題」というのは、右に述べた意図をもつが、本書ではその課題を五部に分けて論文を収録した。研究対象の領域ではなく、伝承文化研究のそれぞれの意図からの配列である。

Ⅰ　意義と機能

ここでは、その伝承文化が現代社会においてどのような意義、あるいは役割、機能を持つのかについての課題を三編の論文から提示した。

小川直之「魔除け再考―「結び」と「自我」―」は、新型コロナウイルス感染拡大への医学的・科学的処置が進むなかで、並行してアマビエのような呪的対応があり、このことから歴史的には文明の持続と発達は、他方に非合理的な呪術の継承があって実現されてきたことを示した上で、「魔除け」とは何かを論じている。科学か呪術かという二者択一ではなく、両者は共存し、補完しあう存在ということであり、これを前提に「魔除け」の意義や機能を再考する。具体的には「草結び」による魔除け習俗で、ここにはこれを行う「自我」の論理もあることを示している。

大舘真晴「「天真名井」伝承にみる土地人の意識―地域の特質を知る手がかりとして―」は、宮崎県高千穂町の「天真名井」伝承の歴史的推移とこの伝承の現地での意義づけを明確にした上で、この地の人々がもった江戸時代から続く水への希求と、現在の高千穂用水の維持管理、さらには世界農業遺産としての評価への関連付けを論じている。記紀にはない、いわば地域に特化された神話の形成と、その継承を実生活から意義づけた論考である。

服部比呂美「キツネガリ行事と子ども集団」は、福井県若狭地方に伝承されているキツネガリ行事の実態を明らかにした上で、これを担っているのが地域の子どもたちであることから、子ども集団の存在が地域社会のなかでどのような意味をもち、役割を果たしているのかを論じている。子どもたちは集落の司祭者としての役割をもつだけではなく、これに関わる人々の在りようからは、行事継承の世代循環があり、ここには地域社会持続の論理があることを示す。

Ⅱ 認識と発見

ここでは、その伝承文化がどのように認識されているのか、あるいは認識できるのかという課題を扱う三編の論文を収めた。これは伝承文化に内包される伝承論理の発見ということでもある。

狩俣恵一「オモロと琉歌の歌唱法―琉歌発生論の再検討―」は、琉球の公事オモロを取り上げ、オモロ主取と官人の歌唱は、歌詞ではなく歌声の力を重視したのであり、これは歌声を発するための鍛錬と、これによる霊威の発揚という認識があったのではないかと論ずる。こうした歌唱法を具体的に検討し、明らかにしており、歌詞の偏重から、歌唱法の重要性へという、研究認識の再編も促す論文である。

佐伯和香子「性に関わる病の伝承―「南無薬師」歌と流された女―」は、小野小町と和泉式部の説話伝承には、好色や遊女としてのイメージとともに「瘡」が共通して付随することを明示し、さらにこれには「南無薬師衆病悉除」云々の歌が伴うことに着目する。こうした説話を具体的に分析、論述した上で、淡嶋明神縁起の流される女、性的機能障害をもつ清少納言の伝説をあげ、説話・伝説上で女性がどのように描かれ認識されてきたのかを論じている。そして、この認識がもつ性的な女性蔑視は過去のものではないことを主張する。

髙久舞「芸能伝承としての小松市曳山子供歌舞伎」は、標題の通り小松市に継承されている曳山子供歌舞伎の現状を詳細に叙述した上で、これが「民俗芸能」として、その特質がどのように認識、発見できるのかを論じている。狩俣、佐伯論考は、その伝承の同時代人による認識であるのに対し、高久論考は研究者側の認識といえる。歌舞伎の振付師匠が演技者の個性を活かすことで、曳山子供歌舞伎の演技が動態的な存在となっているという認識である。

Ⅲ　継承と変化・変容

ここでは、伝承文化の継承の在りように着目し、その具体相を明らかにするとともに、継承のなかでの変化・変容への着目という課題を提示する三編の論文を収めた。

藤井弘章「民俗文化の変容と継承への視座―和歌山県での継続調査から―」は、長年続けている和歌山県内での民俗文化の実態研究から、その変容と継承を捉える視座、分析の座標軸を提示する。具体的には、生業、信仰習俗を核にした民俗文化の変容と継承を叙述することの提言であり、ここからさらに研究の意義と課題に及び、現代社会における民俗研究の役割についての論述となっている。

櫻井弘人「民俗芸能の変容とその要因―遠山霜月祭を中心に―」は、長野県飯田市の遠山霜月祭の研究から、この祭りの芸能がどのような変遷を辿って現在に至っているのかを明らかにする。さらにその上で、民俗芸能研究のあり方についても論じている。遠山霜月祭はその内容、構成から四タイプがあり、この祭り・芸能は遠山氏の御霊鎮めが、江戸時代後期以降に高神や村内神に加護を求める内容へと変貌し、立願のあり方も変化していることを論じ、近年の祭り継承への取り組みにも言及する。

渡邉三四一「釜神祭祀にみる秋山郷の近現代―釜神起源説話の検討―」は、長野県と新潟県にまたがる秋山郷における釜神祭祀の実相とその変化・変容を、伝承されている釜神起源説話を指標として論じたものである。従来からの焼畑による生活が江戸時代後期からの水田稲作の導入によって、「釜神様の年取り」伝承が変化していくありさまを具体的に論じており、説得力に富む内容となっている。

Ⅳ　生成と展開

ここでは、伝承文化の新たな生成や復活、その後の展開という課題を提示する三編の論文を収めた。伝承文化研究の視点には文化の持続と断絶の両面があり、変化・変容はその一つの側面であるが、もう一つの着目点は生成や復活ということである。

須永敬「失われた〈修験道〉を求めて―現代英彦山における修験復興運動について―」は、福岡・大分県境にまたがり、日本の代表的な修験霊山であった英彦山信仰は、幕末維新期に修験道を廃し、英彦山神社へと変貌をとげた。しかしその後、英彦山神社は、講社の設立や旧修験の回檀活動の復活を試みており、本章では現代の英彦山神宮における修験復興運動の展開を具体的に叙述、分析しながら修験道の復興は新たな修験道の創出ではないかと指摘する。

伊藤龍平「子取り論序説―妖怪伝承の現代的意味―」は、妖怪伝承には、「書かれた妖怪」「描かれた妖怪」のほかに「話された妖怪」があることに着目する。具体的には、井戸の釣瓶を操るツルベオトシの話が子脅しの教育習俗となっていることを確認した上で、子どもたちの間に生成され、流布している、来襲する妖怪に取られるという「子取り」について各地の伝承をあげて分析を加えている。この子取り妖怪は童謡のなかにも登場し、その多様な姿を示すとともに、この話が逆に子どもをどのように守るかの示唆にもなると指摘する。

川嶋麗華「火葬の場における文化の伝承とその拡大」は、前近代からの火葬における葬後の収骨習俗を例示し、これを踏まえながら近代以降に都市の火葬場で生成される火葬法の実際と、その際の身分階層による葬法の差異、習俗化する収骨のあり方などを取り上げている。火葬場では、火葬技術の改良とともに点火と収骨の習俗が生成、展開していることを具体的に明らかにしている。

Ⅴ　実践と提言

伝承文化研究の現代的課題としては、民俗学の学びやこの文化の伝承状況をもとにした社会提言という実践がある。これらは、近年、その需要が高まっている取り組みであるだけでなく、広く学術が社会のなかでどのような役割を担うのかという課題とも連関する。ここでは現在各地で模索が続いている民俗芸能の継承に向けた提言と、博物館における民俗研究の実践を論じた二編を収めた。

大石泰夫「民俗芸能の継承への提言―民俗芸能研究は今何ができるのか―」は、二〇〇〇年代になって喫緊の現実課題となった地域の文化継承に対する諸問題として、民俗芸能を取り上げ、提言として論じたものである。具体的な提言としては、広域の地域での継承、民俗芸能団体のネットワークづくりについて、大石自身の豊かな実地経験に基づいて論じている。

加藤隆志「博物館と民俗学―市民参加の活動を巡って―」は、加藤が長年、学芸員として勤務し、自らが担当して進めてきた民俗学の実践内容とその分析である。市民参加のかたちをとった地域民俗調査とそのまとめ、同じく市民参加での収蔵資料の整理活動などを具体的に取りあげての論述で、博物館学芸員が地域の民俗研究の中心的な存在となる現在において、役立つ論考である。

本書では、伝承文化研究の現代的課題として、伝承文化に関する意義と機能、認識と発見、継承と変化・変容、生成と展開、実践と提言の五課題を提示し、具体例をあげての論文集としてまとめた。もちろん現代的課題には、さまざまな視座や切り口があり、これらに限定できることではないが、人文学各分野の現代的な研究論点が見えにくい現状において、何が問題なのかの提示は、より積極的に進める必要がある。ここに示した課題の一つでも多くが、大きな論点となって議論の対象となることを願っている。

伝承文化研究の現代的課題

目次

序　伝承文化研究の現代的課題とは　小川　直之　1
Ⅰ　意義と機能　4
Ⅱ　認識と発見　5
Ⅲ　継承と変化・変容　6
Ⅳ　生成と展開　7
Ⅴ　実践と提言　8

Ⅰ　意義と機能　27

魔除け再考―「結び」と「自我」―　小川　直之　29
一　新型コロナウィルス感染とアマビエ―「文明持続の民俗原理」という視座―　29
二　魔除けの諸相　34
三　魔除けの「結び」　39
四　魔除けと占有　48
五　魔除けの論理　53

「天真名井」伝承にみる土地人の意識―地域の特質を知る手がかりとして―　大館　真晴　67
はじめに　67

一　近世期の天真名井の伝承―伊勢神道の影響―　69
二　昭和初期の天真名井の伝承―土地人の水への意識―　73
三　天真名井の伝承から現代の高千穂を考える　78
結　81

キツネガリ行事と子ども集団　服部比呂美　85
はじめに　85
一　キツネガリ行事の先行研究　86
(1)　柳田國男の研究　87
1　『おとら狐の話』　87　2　『歳時習俗語彙』　88
3　「狐飛脚の話」　89
(2)　戦後のキツネガリ研究　92
1　井之口章次「狐施行のこと」　92　2　辰巳衛治「キツネガエリ考」　93
3　大森惠子「狐狩リ・狐ガエリ行事の諸形態と民間信仰―特に、但馬地方を中心として」　93
4　赤田光男「狐の施行と稲荷行者」・「小正月の狐狩り行事」　95
二　若狭地方のキツネガリ行事の実態　97
(1)　三方郡美浜町新庄寄積　カイロ講　97

(2) 三方上中郡若狭町上吉田　戸祝い・ホトト　101
(3) 三方上中郡若狭町持田　イワイマショウ　104
(4) 名田庄三重兵瀬　戸祝い　108
(5) 名田庄三重下三重　フクイレ　112
三　若狭地方のキツネガリ行事と子ども集団の要素　114
(1) 行事の呼称　115
(2) 子ども集団の範囲と参加者　116
(3) リーダーの存在と役割分担　117
(4) 唱え言　118
(5) 祝い棒　119
(6) 祝儀の内容　122
(7) 行事内容の変化　124
(8) 行事の継承と子ども集団が担う年中行事　125
1　天神講　125　2　シャカノススメ　126
3　田の神祭り　126　4　地蔵盆　127
おわりに　127

Ⅱ　認識と発見 ……………………………………………… 133

オモロと琉歌の歌唱法―琉歌発生論の再検討―　狩俣　恵一　135
一　近世琉球の公事オモロ（第二十二巻）　135
二　オモロの歌唱者と歌唱法　140
三　オモロ歌唱の鍛錬　143
四　琉歌（昔節・大昔節）の御前演奏　145
五　礼楽思想と琉歌の歌唱法　148
六　オモロ歌人（名人オモロ）について　150
七　アカインコの琉歌　153
八　オモロ歌人の歌唱法から琉歌の歌唱法へ　156

性に関わる病の伝承―「南無薬師」歌と流された女―　佐伯和香子　161
はじめに　161
一　小野小町と和泉式部　162
二　「南無薬師」歌の世界　164
三　紫式部と「南無薬師」歌　168
四　流された女　172

五　性的不具の表徴　175
おわりに　180

芸能伝承としての小松市曳山子供歌舞伎　高久　舞　185
はじめに　185
(1)　個と集団の伝承　185
(2)　概念としての芸能伝承　188
一　石川県小松市のお旅まつり概要　192
(1)　本折日吉神社と菟橋神社　192
(2)　お旅まつりと曳山　195
二　曳山子供歌舞伎の概要　199
(1)　曳山の運営　199
(2)　三役と踊り子の決定　200
(3)　三役と踊り子の公表と稽古　201
(4)　お旅まつりでの上演　203
三　子供歌舞伎をつくる人々　205
(1)　振付師匠の変遷　205
(2)　小松の義太夫　208
四　子供歌舞伎と振付師匠　211

おわりに 213

Ⅲ 継承と変化・変容 217

民俗文化の変容と継承への視座—和歌山県での継続調査から— 藤井弘章 219

一 対象と目的 219
二 民俗文化の特徴と社会の変容 221
三 生業の変容 223
(1) 田畑 223
(2) 里山・山 224
(3) 川・海 226
(4) 伝統産業 227
四 信仰習俗の変容 231
(1) 地域の行事 231
(2) 家の行事 234
五 研究の意義と課題 238
(1) 変容していく民俗文化へのまなざし 238
(2) 隠されていく民俗文化へのまなざし 239

(3) 流動的な民俗文化へのまなざし　241
(4) 変容しつつ継承している民俗文化へのまなざし　242
(5) 伝統産業復活へのまなざし　243

民俗芸能の変容とその要因―遠山霜月祭を中心に―　櫻井弘人　249
はじめに　249
一　遠山霜月祭の概要　250
二　面の基本構成　252
(1) 上町タイプ　253
(2) 木沢タイプ　255
(3) 下栗タイプ　257
(4) 和田タイプ　257
三　遠山氏の御霊を鎮める祭り（江戸時代初期〜中期）　258
四　霜月祭の変化と広がり（江戸時代後期以降）　262
五　高神や村内の神に加護を求める祭りへ（江戸時代末期以降）　264
六　立願の変化　267
七　祭りの簡略化や廃絶　269
八　霜月祭継承の動き　271
九　遠山霜月祭にみる祭りの変化と課題　273

おわりに　275

釜神祭祀にみる秋山郷の近現代―釜神起源説話の検討―　渡邉三四一　278
はじめに　278
一　秋山郷の釜神祭祀の概要　279
二　釜神起源説話の検討―焼畑と稲作の対立―　284
（1）〈Ⅰ類〉釜神を女神とする説話（女神型）　284
1　説話A【中魚沼地方全般】　284　2　説話B【見倉】　285
（2）〈Ⅱ類〉釜神を男神とする説話（男神型）　287
1　説話C【前倉】　287　2　説話D【前倉】　288
（3）釜神起源説話の中の「焼畑」と「稲作」　289
三　木鉤をめぐる民俗―近畿のカギヒキ神事との比較―　293
（1）伊賀地方におけるカギヒキ神事のプロセス　294
（2）秋山郷における釜神祭祀のプロセス　297
（3）釜神祭祀とカギヒキ神事との比較検討　299
四　木鉤から釜神像へ　301
おわりに　303

Ⅳ　生成と展開 ………… 309

失われた〈修験道〉を求めて―現代英彦山における修験復興運動について―　須永　敬　311
はじめに　311
一　現代英彦山の修験復興運動（前編）　316
（1）現宮司の就任と国史跡指定調査の開始　316
（2）神前読経の開始と山内の宗教者との連携　317
二　豊前坊院天宮寺と村上氏三代　319
（1）初代：村上行眞（一九〇一～一九五四）　319
（2）二代：村上行正（一九二五～二〇一二）　320
（3）三代：村上行英氏（一九五八～）　323
三　現代英彦山の修験復興運動（後編）　326
（1）英彦山と天台宗・天台僧　326
（2）叡山僧参列の定例化　327
（3）禰宜、比叡山行院にて得度・加行　329
（4）新型コロナ禍における修験復興運動と企業・観光行政　330
おわりに　332

目　次

子取り論序説―妖怪伝承の現代的意味―　伊藤龍平　337
はじめに―口承文化の中の妖怪―　337
一　釣瓶を操る人攫い　339
二　現代の子取りたち　345
三　わが家の妖怪　350
四　「妖怪談義」再考　356
おわりに―子どもを守るために―　361

火葬の場における文化の伝承とその拡大　川嶋麗華　374
はじめに　374
(1)　民俗学における先行研究　375
(2)　問題の所在と課題設定　376
一　伝承された火葬の文化　377
(1)　ノヤキにみる拾骨の慣行　378
(2)　拾骨の儀礼化　381
二　東京における火葬の近代化　383
(1)　火葬場の移転と施設改良　384
(2)　火葬場にみられる習俗　389
1　火葬技術と差異化　389
2　火葬場取締規則と拾骨　390

三　現代の公営火葬場での火葬〝文化〟の展開　393
おわりにかえて　397

Ⅴ　実践と提言

…………………………………………　403

民俗芸能の継承への提言―民俗芸能研究は今何ができるのか―　大石　泰夫　405
序―継承への危惧―　405
一　問題の所在　409
二　伝承地域へのこだわり　414
三　広域の地域で民俗芸能を伝承する　416
(1)　早池峰神楽　416
(2)　黒森神楽　418
(3)　九戸神楽　420
(4)　大乗神楽　422
四　様々な民俗芸能団体の協議会等（民俗芸能団体のネットワーク）　423
五　継承への提言　426
結　び　432

目　次

博物館と民俗学―市民参加の活動を巡って―　加藤　隆志　435
はじめに　435
一　フィールドワークを中心とする講座と民俗調査会　437
二　参加者の調査「道祖神を調べる会」　440
三　収蔵資料の整理「福の会」・「水曜会」　442
四　地域博物館と市民参加　446
五　博物館活動と地域　449
おわりに　450

あとがき　459
執筆者一覧　466

装幀／寺村　隆史

伝承文化研究の現代的課題

Ⅰ　意義と機能

魔除け再考―「結び」と「自我」―

小川　直之

一　新型コロナウイルス感染とアマビエ―「文明持続の民俗原理」という視座―

大地震、洪水、土砂崩れ、ウイルス感染など、現代社会は文明では抗しきれない猛威にさいなまれている。最先端かつ最大限の科学的対応が行われてはいるが、しかしそれは、人間の心に安寧をもたらすまでには至っていないのではなかろうか。こうした場面で浮上するのが、生活のなかに存在する伝承文化であり、そこには過去から存在し生活に伏流している魔除けのような呪的な思考や行為によって、僅かながらも安寧を求めようとする心意がうかがえる。新型コロナウイルスの感染拡大と科学的、医学的対応への焦燥感のなかで登場したのが、たとえばアマビエなる妖怪像で、この図像の掲示や所持によって感知できないウイルスの難を防ごうというものであった。その流行は時限的で、感染症蔓延の恐怖がメディアなどによって喧伝されなくなるとともに、今や忘れ去られようとしている。しかし、ここで注視しなければならないのは、このアマビエは新規の呪的防禦として登場したのではなく、すでに湯本豪一が明らかにしているように、その存在は幕末の瓦版に淵源するようで、これが明治初期には新聞記事によって拡大している。(1)瓦版は、弘化三年(一八四六)四月中旬という紀年をもち、「肥後国、海中より毎夜光物出ル」とし、所の役人がその姿を見て図に描く。光物は、自ら海中に住むアマビエであると名のり、これから六年間、諸国は豊作だが、病が流行する、早々に私の姿を写して人々に見せろ、と言って海中に入ったと記されている。姿を写して人々に見せて喧伝しろという事由については何もなく、不可解であるが、アマビエが言っていることは豊作と病流行の予言である。

アマビエがもつ海中からの発光をともなう発現、豊作と病流行の予言、図像の顕出と喧伝という構図は、水界からの仏も含む神霊出現とその祭祀という縁起譚と同じである。水界出現の神霊は、場合によってはこの縁起譚を再現するかのような浜降祭などの祭礼も形成している。(2)こうした水界出現の神霊は、観念的な存在ではなく、多分に石や木による具象的な像などであり、この具体的な事物が社寺の祭神や本尊となって、縁起と祭祀が在地化して伝承されているのである。アマビエの流布には、このような日本列島・琉球諸島に広範に存在する水界出現の神霊伝承が基盤にあり、アマビエ自身からの図化要求も、神霊具象化の文脈にあるといえる。

弘化三年(一八四六)四月の肥後国のアマビエは、明治十五年(一八八二)七月十日の『郵便報知新聞』には「あま彦」として登場する。それは、本所外手町の老婆が見つけた摺物に、肥後国熊本で海中から夜に光り物として出て、猿の声で人を呼ぶ「あま彦」が、柴田五郎右衛門なる人物に、当年より六年間は豊作だが、諸国に病が多く六分の人間が死ぬ。しかし、自分の姿を画き記す者は病気にはあわない。このことを諸国に触れろといって消えたとあった。老婆は、これは江戸で安政五年(一八五八)にコロリが流行したときにこの画像を印刷して市街に配って利を得たのと同様のもので、古市着の中に入れてあったこのビラを翻刻して配ったが、記者は、今はこの様なことで安心する者はいないと評した記事である。湯本は、この記事を始めとして明治八年(一八七五)の『東京日日新聞』、明治九年(一八七六)の『長野新聞』などから同類の記事を見出し、メディアによるアマビエの流布、展開を具体的に示している。

本章で論ずるのは、アマビエ自体のことではないので、以上の紹介に留めるが、アマビエは弘化三年(一八四六)瓦版では病除けの護符的な主張はなかったが、明治期以降の新聞記事では豊作と流行病の予言とともにその姿の画像に、流行病に対する護符としての機能が強く付加されている。これは安政五年(一八五八)のコレラ流行が関わっているのが予測でき、新聞というメディアの喧伝によってアマビエ・あま彦画像の病除け護符としての位置づけが強化されているのがわかる。

こうしたアマビエ・あま彦図像の護符化には、抽象と具象という護符表象のあり方に関する研究課題もあるが、ここで確認しておきたかったのは、新型コロナウイルス感染の拡大のなかで、市東真一や伊藤龍平が具体的にまとめて論じているように[3]、過去に存在していた呪法が、いわば間歇泉的に顕在化していることで、伝承文化というのは歴史的な時間軸のなかで顕在化と潜在化を繰り返しながら継承されているのがわかる。

本章の目的は、眼には見えない新型コロナウイルスを「魔」とし、忍びよるこの「魔」から自らを守るような行為である魔除けの意味付けを再検討することである。それは、最初に述べたように文明化が進んだ現代の日本社会においても、アマビエ図像のような呪的な護符などを用いた魔除けは必要とされているからで、このことからはウイルス特性や治療に関する医学・医療という科学的文明と、いわば非科学的な魔除け習俗の二者は、時の推移のなかでどちらかを選択するという択一ではなく、両者が生活のなかで交錯しながら存在しているといえる[4]。このことは、現代社会は文明を万能として成り立っているのではなく、非文明的な、語感としては土俗的と言った方がわかりやすい習俗を生活のなかに内在させているともいえる。

つまり、人間生活における科学的文明は、常にその限界への焦燥を孕んでいて、非文明的な呪的習俗によってその焦燥を軽減しながら維持され、進展してきたのである。このことは次にあげるように古代社会にも確認でき、呪的習俗のような伝承文化の存在と継承の思惟、伝承文化持続の意義の一つがここにあるといえよう。そして、こうした文明と習俗の関係性からは、「文明持続の民俗原理」とでもいえる文化認識が成り立つのではなかろうか。これは人間の思惟と行動を、文明と習俗とを並行、対峙させて検討する視座である。

古代社会における、現代の新型コロナウイルスと呪的アマエビの併存と同様な構図は、具体的には疫病や災害に対する朝廷の施策に見られる。『続日本紀』慶雲三年(七〇六)十二月条には「是年、天下諸国疫疾、百姓多死。始作土牛大儺」とあり、疫疾鎮圧のために「土牛」による「大儺」儀礼が行われている。「儺」は鈴木正崇によれば、古代中国に淵源し「儺は人々の生活を脅かす病い、不作、火事、天変地異などの原因を神霊や鬼、死霊の祟りや作用に求め、それを慰撫、鎮送、或いは駆逐し、豊穣祈願や生活の安寧を祈願する広い意味での悪疫退散の儀礼[5]」である。また、廣田律子によれば、現代中国の「儺戯」は山西省以南の地域に広く仮面劇として伝承され、これは「悪疫を祓い災いを除き、福を招くことに主眼を置いて演じられる芸能[6]」であるという。日本の八世紀初めの「天下諸国疫疾、百姓多死」の際の「大儺」は中国習俗の受容と考えられるが、『続日本紀[7]』によれば、「大儺」以前の慶雲年間には、

元年(七〇四)十二月　是年夏、伊賀・伊豆二国疫。並給医・薬療之
三年(七〇六)閏正月庚戌(五日)　京畿及紀伊・因幡・参河・駿河等国並疫。給医・薬療之。是日、令掃浄諸仏寺并神社
三年閏正月乙丑(二十日)　勅、令禱祈神祇。由天下疫病也
三年四月壬寅(二十九日)　河内・出雲・備前・安藝・淡路・讃岐・伊豫等国飢疫。遣使賑恤之
三年七月乙丑(二十四日)　丹波・但馬二国山災。遣使奉幣帛于神祇。即雷声忽応、不撲自滅

とあって、疫病蔓延や自然災害が各地で起こり、朝廷は医薬の給付と寺社の浄化、神祇への祈禱や祭祀などを行っている。とくに慶雲三年には春から初夏にかけては疫病が流行り、もっとも重篤であったのが十二月の疫疾で、「大儺」となったのである。ここで注目されるのが、当時の文明といえる医薬による対応と、公的な祭儀習俗といえる「掃浄諸仏寺并神社」「禱祈神祇」が行われていることである。医薬の給付は、これ以前の文武天皇二年(六九八)三月丁卯(七日)にも「越後国言疫。給医・薬救之」(『続日本紀』)とあり、また、後の宝亀元年(七七〇)六月甲寅(二十三日)には「祭疫神於京師四隅、畿内十堺」(『続日本紀』)とあって、京師と畿内それぞれに通ずる路の堺で疫神祭を行っている。ここに「疫神」という神が登場するのであり、この翌日、乙卯日には「京師飢疫。賑給之」とあって、京都で飢餓と疫病が広がっていて、その疫神祭はこれへの対応だったと判断できる。「疫神」の祭りは、宝亀二年(七七一)三月壬戌(五日)に「令天下諸国祭疫神」、宝亀四年(七七三)七月癸未(十日)に「祭疫神於天下諸国」とあって、「疫神」祭祀は京都・畿内から「天下諸国」へと拡大されている。

以上のように、七、八世紀の疫病への朝廷の対応は、医薬による文明的＝科学的な対応と呪的儀礼である儺儀や神祇・疫神祭祀が併行して行われている。ここには医薬効果への焦慮が推測できるが、八世紀後半からは、疫病を起こす「疫神」と、これを祭ることでの鎮圧に「祭疫神」が行われて、この祭りが次第に慣例化に向かうのがうかがえる。歴史過程で起き続けている疫病や災害への対応・対抗は、これが社会化、文化化することで習俗(民俗)として生活のなかに沈着し、持続しているが、[8] 要は、現代の新型コロナウイルス感染症拡大時にみられた文明と習俗との交錯は、その具体相に差異はあっても古代社会の疫病への対応・対抗にもあったといえる。しかも、ここには疫病防禦のアマビエ、大儺の「土牛」と、ともに何らかの意味が付与された造形物が存在している。悪疫の防禦には、古代から形ある呪的物実が必要だったのであり、その造形物のデザインには言説からの想像が働いているといえよう。

アマビエの場合は、「神社姫」など下敷きとなった図像があったのかもしれないが、鱗は海中出現を、突き出た口は発見者への語りかけを想像させている。「土牛」は、土の牛と説明されているが、その造形の想像出所は春耕の表象による寒気(陰)祓いが考えられる。(9) 先の「文明持続の民俗原理」というのは発達史的な文化原理をいうのではなく、通時的な継続史観にもとづく文化認識であり、ここからは、古代社会においても、科学的医薬と寺社の浄化や神祇への祈禱、疫神祭祀の併存と補完という構図が見えてくるのである。そして、このことは歴史過程においては、古代以降も様相を変えながら同様な社会的・文化的構図として現在に至っているといえる。

二　魔除けの諸相

魔除け習俗を再考する一つの現代的課題には、以上に述べてきた文明と習俗との関係をどのように考えるかがある。前述したように明治十五年(一八八二)の『郵便報知新聞』の「あま彦」記事では、記者は、今はこの図像の所持で安心する者はいないと、その存在価値は低いと論評している。しかし、この図像は二十一世紀に再び魔除けとして隆起し、顕在化してくるのである。

それでは「魔除け」とは何か、という問いに入っていくと、昭和二十六年(一九五一)一月に初版が発刊された柳田國男が主宰した民俗学研究所編の『民俗学辞典』(10) は、「魔除け」は「外から来襲する鬼魔・疫病神などを防禦し退散させる呪物やこれを用いる行事」であると定義し、多種があるとして、神仏の守札や呪文をかいた護符、種々の対抗呪物や呪法、さらに正月や節分などの年中行事のなかでの呪物や呪法を例示している。こうした魔除けの定義は、現時点で日本の民俗についての最も大きな辞典である『日本民俗大辞典』でも、次のように説明されている。

まよけ　魔除け　外部から侵入しようとする魔ものを防ぎ退散させるための呪物またはその行事のこと。日本では古くから災厄というものは邪悪な悪霊や厄神の働きによってもたらされると考えてきた。魔除けはそうした魔ものの来訪を防御し退散させる儀礼や呪物の総称で、厄除けとほぼ同義として使われている。（以下略）（佐々木勝）[11]

「厄除けと同義」というのは、『民俗学辞典』にはなかった説明であるが、魔除けの定義自体はほぼ同じで、『日本民俗大辞典』では先の文章に続いて具体例として、家や集落といった居住空間の出入口、境界での呪物表示や行事、乳幼児や死者への魔除けなどをあげている。

こうした説明から、魔除けは、事象としては生活領域や身体に侵入、憑依しようと外界から来襲する鬼魔・疫病神、魔もの（悪霊や厄神）を、その境界で防禦したり、退散させたりするために、その効力があると考える呪物を設置したり、効力を発揮させる行為を行ったりすることといえよう。その境界というのは、住居・建造物、村落・町内、農耕地などの生産領域と、人や家畜の身体と外部との接触面に存在し、これらの内部への侵入や憑依を防禦するということである。いうまでもなく、鬼魔・疫病神、魔もの（悪霊や厄神）が境界を越えて内部に侵入したり、憑依したりすれば、病気になったり、災害が起きたりして、生命や生活の安定を崩すと考えるからである。

『日本民俗大辞典』では、「魔除け」は「厄除けとほぼ同義」としていて、この項の執筆者の佐々木は著書で、悪霊や厄神との遭遇回避には禁忌と呪術があり、禁忌には事物にこれらが取り憑かないようにする「形代禁忌」、悪霊・厄神が出現する期日の「外出禁忌」がある。呪術には防塞系と祭祀系があって、防塞系は、その方法から「防御型」「鎮送型」「攻撃型」「潔斎型」があるとしている。[12]これは魔除けというより、人間の社会や生活を脅かす悪霊・厄神への対応・対抗習俗の全体像を捉え、このなかで魔除け習俗を相対化する試みといえる。

ただし、ここには習俗となっている禁忌と呪術、これらの中の各類型には悪霊・厄神観に差異があるのかないのかという、両者の関係性が課題として横たわっている。いわば「魔」の正体と習俗との関係である。さらには、魔除け研究の課題には、先の両辞典がいう来襲する鬼魔・疫病神、魔もの(悪霊や厄神)の防禦や退散を目的とする特定のものや行為が、何故、そうした機能を持つと考えられているのかもある。本章の標題を「魔除け再考」とした具体的論点の一つは、この課題の一端を検討することに拠っている。それは、たとえば『民俗学辞典』がいう神仏の守札、呪文をかいた護符などの意味付けということであるが、魔除けに使われるものがもつ呪的な力の淵源についての検討は、先行研究では、常光徹が著書の『魔除けの民俗学―家・道具・災害の俗信―』[13]のなかで行っている。この書冊は常光の「俗信」論の一つをなしていて、この中で次のような指摘をしている。

魔除けの方法とその際に用いられる呪物は多彩である。動植物を利用するのは一般的だが、この場合は、呪物自体が帯びている独特の臭気や味覚、形状、色彩、音など、いわば五感(五官)に訴える刺激をも

とに退散を迫る例が顕著である。(14)

そして、道具類も魔除けの呪物となり、たとえば箒は「掃き出す」という実用からの連想を軸にして呪的な効果を派生しているといい、(15)「多彩な魔除けのなかでも、刃物や箒の用いられる頻度が高いのは、これが実際に物を切り裂き、払い除ける作用にすぐれているからだろう」という。また、「禁忌と魔除けの呪具」の章では、鍋を取り上げ、鍋墨が魔除けに使われるのは「鍋尻を焼く火炎の勢いが結晶したものが鍋墨であり、鍋墨の呪的な力の源には火の威力が控えている」(17)と、魔除けに用いる物実がもつ機能、使用法からの連想に呪力が淵源するとしている。

写真1　スイジガイの魔除け（沖縄県今帰仁村）

神社や寺院、さまざまな宗教者から発給される護符や呪符を魔除けとする場合は、その力が宗教的権威によって担保される。その典型例は、玄関など家屋の入口に神札や仏札を貼付しての門守りで、これには呪文や神の眷属、仏や高僧などの図像もある。呪符ともいえる神札・仏札については、たとえば山里純一は沖縄の民俗にみられるフーフダなどの呪符の研究を進め、神格、真言、真文などの流布と習俗化を明らかにしている。(18)また、宗教的権威を象徴的に示す護符のイコン研究には、宮家準「稲荷信仰の展開と護符」などを収めた千々和到編『日

写真2　シャコ貝の魔除け（沖縄県うるま市勝連津堅）

本の護符文化』[19]があり、こうした研究が必須となる。魔除けとしての呪力の淵源については、こうした研究が必須となる。

しかし、魔除けの門守りを見ていくなら、野本寛一が「門口の呪術」として実相を明らかにしているように、これには蘇民将来符、狼神札、鍾馗（絵札・像）といった宗教者による呪物と、スイジガイやアワビなどの貝殻、猿の頭骨や彫刻・図像、猪頭骨、タカアシガニの甲羅、ニンニク、蜂の巣、オモトダケ、サルノコシカケなどの自然物があり、とくに後者の自然物は多岐にわたっている。野本は、このなかで沖縄県に広く見られるスイジガイの門守りについては、八重山の小浜島での、軒に吊したスイジガイの突起に蓑笠を掛けておくことで出る蓑笠の擦れ音が魔除けになるという伝承などから、この門守りの力は貝の突起や蓑笠の音だけでなく、海彼からの来訪神信仰が関係するのではないかとしている。これも沖縄県でみることができるシャコ貝の魔除けは、貝の噛み合わせの造形に呪力・威力を感じるだけでなく、先島諸島などではこの貝を刃物の鉈に用いたこととの関係もあげている。また、アワビの貝殻については、妖しい反射光と突起の穴に呪力を考えたことを予測している。[20]

ここでは野本が具体例をあげながら論じている門守りとしての魔除けの呪物について、すべてをあげて検証することはできないが、アワビについては、藤田稔がこれを船として神が来訪して祀るようになったり、あるいはアワビ自体を御神体としたりする全国の神社信仰をあげて論じている。『日本書紀』の允恭天皇十四年の条には、淡路島の海士である男狭磯の大アワビと真珠伝承があり、さらに茨城県の、七十二年ごとに日立の水木浜に浜降りする東西金砂神社にも九穴のアワビ伝承があることなどから、アワビには玉(真珠)を依代として、これを御神体とする神信仰があることを述べている。[21] また、庚申の晩に「にんかん」というものを食べて限りない長寿を得た常陸坊海尊・清悦の伝説には、食べたものは「九穴の貝」の場合もあり、[22] アワビを魔除けとするのは、この貝からの反射光や突起の穴からの連想では済まされない趣意がある。

三　魔除けの「結び」

これまで「魔除け」習俗がどのように論じられてきたのか、その一端をあげながらここに存在する課題をいくつかあげてきた。特定のものや儀礼・行事などがもつ「魔」を除ける呪力の淵源は何であるのかは、単純ではないことは右にあげたスイジガイと蓑笠、アワビだけからもうかがえるが、次には全国各地に見られるススキ(カヤ)などの先端をR字型に結んで魔除けとする習俗を取り上げ、ここからうかがえる「魔」を除ける呪力について検討してみたい。

この習俗の典型的な例は沖縄県の伝承で、例えば那覇市旧首里の年中行事として、八月にはシバサシ(柴差し)とヤシチヌウグヮン(屋敷のお願)が次のように行われる。柴差しというのは、

ススキの葉を結んで(ゲーン)を作り、桑の枝をたばね、軒の四角や門にさし、魔除けに用いた。

また、この日は「屋敷のお願」として、線香十二本を一束にして、お米、お酒(ンパナウザキ)、モチ、饅頭等をお供えしてお願の筋を申し上げる。四角(ユシン)八角(ヤシン)中央(ウナカジン)御門の守り神(ウジョーウマムイ)、厠(フドゥー)の神さま、どうか悪い風も(風邪のこと)けがれた風(伝染病)もお押しのけになさって下さいまして一年間何の異変もないように、お屋敷に住まわせて下さいという意味のお願いである。[23]

ここで行われているススキの葉を結んだゲーンと桑の枝が魔除けの呪物で、これを家の軒の四隅や門口に挿している。それは「屋敷のお願」の祈願内容である風邪や伝染病除け、平穏無事と連動している。八月は八日から十一日までは、ヨーカビーといって魔物が現れる時で、八日はタマガイ(魂の火)が見える日とされていて、この日の夜には爆竹を鳴らして悪魔を追い払うことが行われており、[24]シバサシや屋敷のお願は、ヨーカビーとも心意的な連関がある。

ヨーカビーと柴差しの連関は那覇市の旧那覇ではさらにはっきりしていて、旧那覇では八月十日を中心に九日から十一日までの三日間をヨーカビーといい、悪魔や悪霊の退散のために爆竹を鳴らし、家々の軒や屋敷の隅々にシバサシの魔除けをする。シバサシは桑の小枝にススキの穂を添えたものである。旧真和志でも、旧八月八日には、柴差しということでススキの葉を円く結んだものを魔除けとして家の軒に差す。旧小禄村でも同

写真3　糸満市・ゲーン

写真4　うるま市勝連津堅のゲーン

様で、八月十日がカシチーで、字栄原ではゲーン(ススキ)を刈って結び、桑の葉を縛って家の四隅に立てると伝えている[25]。

那覇市ではこのように八月のヨーカビーに悪霊が屋敷や家に入ることを阻止し、安寧を得るための魔除けとしてゲーンと桑の枝のシバサシが行われていたが、現在のシバサシはススキのゲーンのみとなっていて、これは写真のように糸満市やうるま市津堅(津堅島)でも行われている。写真3の糸満市の市街地の家では郵便箱の横に、これも魔除けの意味をもつ木のフーフダ(符札)も取り付けている。写真4の津堅では、家のブロック塀に「石敢當」の石が埋め込まれ、屏の上にゲーンがあり、魔を除ける呪物が重複して取り付けられている。沖縄本島とその周辺では各地でこれが行われており、ゲーンといえばススキ三本で、一本の場合のサンと区別している場合が多い。ゲーンはヨーカビーのシバサシだけでなく、墓での死者の法要に際しては、遺骨を納める墓内を祓う際にも用いられている。写真5は糸満の門中墓に法要後に取り置かれたもので、三本のススキを束ねて上端をR字型に結んでいる。写真6は、大宜味村喜如嘉の根屋に置かれたゲー

写真５　糸満市の墓のゲーン

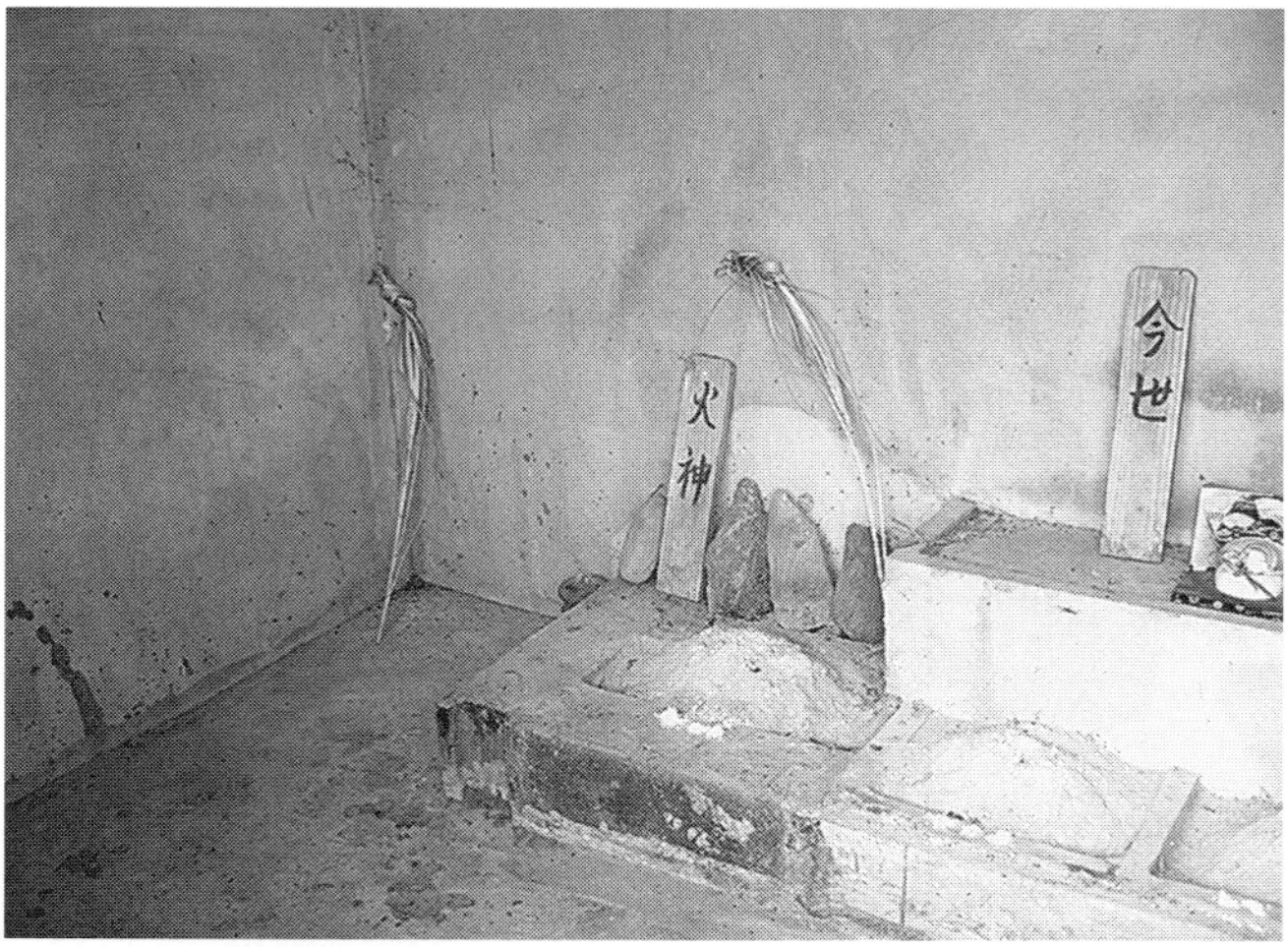

写真６　大宜味村喜如嘉の根屋のゲーン

ンで、この拝所の祓えなどに使用されたものと思われる。

かつてのシバサシに用いられていた桑は、これによる生薬を仙薬とするような効能が説かれ、また、桑弓による祓え、雷に対する「桑原（くわばら）」の呪文などからわかるように呪的な存在であり、別途考える必要が

写真7　竹富町竹富島・粟種蒔きのフキ

あるが、那覇など沖縄本島の柴差しのゲーンと同様なものによる魔除けは八重山諸島にもある。竹富町の例をあげると、竹富島では新暦十月・十一月の新節の後、甲申の日から壬辰までの九日間にわたって種取祭が行われている。芸能奉納はその七日目に玻座間集落、八日目に仲筋集落が行っているが、祭りの五日目である戊子の日は種蒔きの日で、現在も粟の種蒔きを行っている家がある。実際の農耕上の種蒔きの時期とは異なるので儀礼としての性格が強く、円く耕した一、二坪の畑に種子を蒔き、写真7のようにその畑にフキ(茎)と呼ぶ中程を片結びにしたススキ三本を挿している。ここでは種子を蒔いた畑にフキを挿すことについては、昔、海へ出て漁をすることが好きな農夫のアールマイが海上で人や作物に憑く病気の種を満載した病魔神の船に出合い、病魔神から港の場所を教えれば畑の作物を稔らせ、病気にもならない方法を教えるといわれ、港の場所をそれとなく教えた。そして、アールマイは急いで島に戻って、島人たちの畑や集落の入口に病魔神から教えられたことを行い、この神による難から逃れた。病魔神に教えられた魔除けの方法が、畑には葉先を結んだススキを立て、集落や家の入口には注連縄を張ることであるという伝説が伝えられている。[26]

ススキの先をR字型に結んだフキを畑に挿すことが種取祭の期間中に使われることと、魔除けの方法を病魔神から教えられているのが特徴であるが、ススキなどの葉先を結んで魔除けにすることは八重山諸島各地で確認できる。石垣市では、

ススキ・藁・芭蕉・草などの片方を結んだものをサンと呼び、それは、悪霊を払う強い呪力を持つと信じられた。（中略）ススキのサンは、フタバームヌン（草葉物忌）といって、穀物を害虫から守るための祈願の際に田や畑に立てられ魔除けとする。[27]

という。サンはこうした利用だけでなく、病人の枕元、産婦や生まれたばかりの赤児の枕元に置いて魔除けとし、赤児を連れて外出する時にはこれを持って出かける。また、供物の料理を戸外へ持ち出す時には、料理の上にサンを載せて運ぶ。子どもがタマシィを落としたときに、その場に行ってタマシィプサイ（霊魂拾い）を行う時には、サンを持って出て、不気味な場所や死者がいる場所を通る際にこれを振る。墓の中に入った後にも悪霊が付いてこないようにサンを振る。葬列を見送る子どもにはサンを持たせ、葬式で墓の扉を開けた時には、墓に棺を入れるまでは墓口にサンを立てておく。

このように魔除けが必要、つまり悪霊が出現したり、依り憑いたりすると考えられる場面においては、サンを持ったり、振ったりするのである。こうした伝承からは、悪霊がどのような時空に出現するのかなど、これ

に対する信仰が具体的にうかがえ、サンは悪霊への対応・対抗の呪物であるのは確かである。さらに石垣市のサンは、占有の表示としても用いられる。『石垣市史』から引用すると、具体的には次のような内容である。

> 個人所有の原野にサンが立てられている場合、そこは他人が立ち入ることを禁じ、中の草や茅を勝手に取ってはならないという無言の立て札と同じである。また、刈り取ったサトウキビ、または牛の飼用に刈り取った草などを野原や道端に置いてある場合でも、そこにサンが立てられていれば、それは所有者がいるという印である。こうしたサンの利用法も、他を寄せ付けないという広い意味の魔除けとして習慣化されたものであろう。[28]

魔除けの呪物が場所や物の占有標にもなっているのがわかる。上端を結んだススキなどが魔除けであるとともに物の占有標にもなっていることは、大正十年（一九二一）七月に沖縄本島各地で民俗採訪を行った折口信夫の『沖縄採訪手帖』にも書きとどめられている。「のしとしめと」という標題をつけた記事で、次のように記している。

> 島袋氏の話に、よりあひがあつて出なかつた人の処へ、是非膳部をやりたい場合には、さいといふものを添へる。膳の上へ載せることもあり、馳走の上におくこともある。此は、なまぐさ物は持つて行かないから、其代りに置くのだとも、魔よけだともいふが、後者らしい。藁の心或は、かやの葉などをほとけ結びにするのである。摩文仁の先生たちの話では、其辺ではさんといふ相である。山・畑の刈つたものを翌日迄そこに置く時は、何でも持ち主のあるしるしに上に立てゝ置く。国吉あたりで逢うた人に問ふとちぢゅ

いだというた。島袋氏は、禁止《チヂ》ゆんから出たのだとした。同氏は、国頭では、やはりさいという筈だというふ。[29]

この記事は沖縄本島のことで、「さい」「さん」「ちぢゅい」という名で、手帖には「ほとけ結び」の図も描いていて、膳部を贈る魔除けであり、山や畑で刈り取ったものの占有標にもなっていて、先にあげた石垣市での占有標としての意味付けは沖縄本島にもあるのがわかる。

八重山のサンについては、喜舎場永珣が「草葉物忌」のなかでまとめており、[30]また、沖縄県内のゲーンやサンについては、土井美生子が八重山諸島から薩南諸島にかけての具体的事例をその図とともにまとめている。[31]これらによってより詳しくわかるので、具体的な例示は以上に留め、沖縄県のゲーン・サンの機能や意味を、ここにあげた以外の事例も含めてまとめると次のようになる。

①ススキ三本を束ねたもの、あるいは一本の葉先をR字（輪）のように結んだものをゲーンとかサンと呼び、魔除けなどの呪具となっている。ススキに桑の枝を添える場合もあり、これをシバとも呼ぶ。
②旧暦八月のシバサシにはシバやゲーンを屋敷の四隅や軒、畑の隅にさして、悪霊・魔物から守る。
③葬式にはゲーンを棺桶の上に置いたり、墓堂に棺を収めるときにはこれで墓の中を祓い、葬式後には会葬者の祓えもこれで行ったりする。
④沖縄本島では、一本の藁やススキ、芭蕉の葉でつくったゲーンの小型ものがサンで、祭りや墓参りの供物、食べものを運ぶときには、これを上に載せる。供物・食べものには悪霊・魔物が憑きやすいので、それを防ぐためという。

⑤サンは人間の誕生時にも、これと刃物を産室に置いたり、生まれた赤子の枕元に刃物とともに置いたりする。

⑥種蒔きをした農地にゲーン(八重山ではサン)を挿すことで豊作がもたらされる。

⑦八重山のサンや沖縄本島のサイ・サンは、山野という場、山や畑での刈りものや収穫物の占有標にもなっていて、沖縄本島では禁止を意味するチヂュイの呼称もある。

ススキなどの先を結んだものの名称は地域によって差異があるなど、わかりにくいので、以下ではこれを「草結び」と総称すると、③の草結びは、死者や会葬者に悪霊・魔物が取り憑くことを除け、棺を収める墓堂に居るかもしれない悪霊・魔物を排除するのが目的と考えられる。⑤も③同様、赤子の悪霊・魔物からの防禦、⑥は作物の不作は悪霊・魔物によってもたらされると考え、これを防禦することでの豊作祈願といえる。先にあげた竹富島のアールマイの伝説は、このことを如実に語っている。

七点にまとめた草結びの機能や意味は、このように理解できるが、魔除けや占有標の意味をもつ沖縄県のゲーンやサンの最も大きな特徴は、①にあげたようにススキなどをそのまま挿すのではなく、先端がR字型に結ばれていることである。結びがなく挿されていれば、生えている草と同類ということになり、この結びに意味があるのは明白で、結びが行為者の魔除けや場・物の占有の意思表示となっている。そして、このことが地域社会の共通理解として存在し、さらにこれが規範となることで魔除けや占有標としての機能が担保されているのである。つまり、魔除けと占有は草結びに併行して存在する機能と考えるのが妥当で、両者に共通するのは外界の悪霊と他人という他者の排除という意味である。

沖縄県での草結びの民俗は、どちらかといえば魔除けとしての機能が強く、これに場や物の占有標としての機能が加えられているという観がある。これに対して九州から本州にかけての草結びは、沖縄県とは逆に占有標としての機能が顕著で、魔除けの呪具としての色彩は薄いといえる。

四　魔除けと占有

九州から本州にかけての草結びについても先にあげた土井美生子の研究があり、土井は宮崎県椎葉村から福島県檜枝岐村までの範囲での実地調査の結果をまとめている。たとえば椎葉村の草結びは竹の棒の上部に草を横に結びつけたもので、下福良尾田山中では「共有の草刈り場で草刈りをする際には、刈りたい人の数に合わせて草場を分けることになる。このとき、一株の草を生えたまま結んで境を示すシルシとした。境に沿って一定の間隔を置いて結ばれるこのシルシは、ムスビともよばれていた」という。岐阜県徳山村（現揖斐川町）の櫨原では草を結んだ占有標をシオリとかホクボ、オクボなどと呼び、五月の田植え時期に草を刈ろうとする場所のまわりに、生えたままの草の上部を結んだ。福島県檜枝岐村では採りたいキノコを見つけると、その場所に生えているカヤやクマザサをクサムスビにして所有権を示したという。[32]

このような占有を示す草結びについては、土井の研究によって具体相がより明らかになったが、民俗学界では早くから注目されてきた。昭和十六年（一九四一）刊の『分類山村語彙』には「採取物占有」という項目が立てられ、占有標識の呼称を基準にして、マンガンダテ（宮城県気仙沼市大島）、シメ（富山県南砺市五箇山、宮崎県椎葉村）、シメクサ（鹿児島県鹿屋市）、ホテ（瀬戸内沿海地方）、ボンボリ（秋田県大館市比内町）、ツト（長野県阿南町・売木村）、ツチタテ（長野県下伊那郡）、トビサ（新潟県刈羽郡）などが列記されている。(33) いくつかを引用しておく。

シメ　まだ採取せぬ茸を占有するために、柴を結んで之をシメといふことは越中五箇山あたりの風であるが、同じことは日向の椎葉山でも行はれてゐた。乃ち共有山の萱を刈る時は、数本の萱の頭を結んでシメをする。かうすればシメの上手の萱を刈るという表示になる。下方にシメするのは山口から近いからである。又焼畑や伐採には木をきり、二三本立てかけて標示する。この場合はサギッチャゥをしておくと云ふ。焼畑のまはりに猪害をさける為に設けるヤエジメ・キリシメなども、共にそのこゝろは一つで占有の標示であつた。

シメクサ　占有標。大隅百引あたりでは薪或は苅つた萱草などを積んだ上に尖を曲げた竹、又は二本の竹を立てゝその上を結びあはせこれをシメクサといふ。かうすれば誰も手をつける者はない。（以下略）

ツチタテ　スガレの巣をみつけた時、その傍へたてゝ置く占有標。芒の穂などを結んでたてる（下伊那方言集）。（以下略）

トビサ　越後刈羽あたりの農村でいふ占有標。藁や薄のさきを一寸結んだもので、トビサヲユフと謂ひ、いご稲や落葉などにもさしておく。他人は一切手を触れるなどの表示ゆゑ、土堤の草の他人には刈らせたくないものにも、或ひは道ではない所で人の通行を防ぐ為にも用ゐられる。それゆゑ、道傍の鎌もトビサが附いて居れば落し物ではないといふことが判るわけである（高志路四巻八号）。（以下略）

『分類山村語彙』では「占有標」という用語で説明しており、本章もこれに従った。こうした伝承情報の集積が土井の研究にも役立てられている。占有標というのは、各地の伝承からは、落葉、茸、草、薪にする枯れ枝、蜂の巣など、集落に近い里山も含めた山でこれらを採取して集めたり、発見したりしたときに、これに特定の形状のものを取りつけたり、立てたりして所有者がいることを表示するものといえる。これがその地域の社会慣習としてあり、先にあげた福島県檜枝岐村では、茸や山蜂の巣を発見した者が草を結びあわせて占有権が示されていると、「こうしたシルシのある物を盗むことは、鍵のかかった他家の倉を破って物を盗むのと全く同様な重大な犯罪とされている」という。[34]草結びによる占有標示は厳重に守られていたのであるが、ここからはその事物のある山（土地）の所有権と、そこに棲息する茸や蜂の巣の所有権とは別という慣習があったこともわかる。[35]

このような「採取物占有」について研究を行ったのが、『分類山村語彙』の編者の一人である倉田一郎である。それは倉田没後に大藤時彦が倉田の単著として編んだ『経済と民間伝承』に収録された論文で、同書は「家の経済」に始まり、次いで「「私」の発生—社会経済に於ける—」、「「私」の発生—家の経済に於ける—」の章があって、「占有標の発達」となっている。「私」の発生では、私財の成立を民俗学からどのように考えるかを論述しており、この課題のもとで占有標を取り上げている。[36]倉田は「「私」の発生—社会経済に於ける—」で土地所有を「神有から村人のモヤヒへ、モヤヒからワタクシへと変遷」としている。この見解については、疑義を持たざるを得ないが、私有財産のあり方、大仰にいえば資本主義の成立と展開についての民俗学からの研究であり、この倉田の著作は再評価すべきものといえる。

倉田の「占有標の発達」は、本章で取り上げている草結びだけでなく、家印、木印、船印などいくつもの占有標識を取り上げ、占有には、「共有地域」と「私有地域」の二種がある「地域占有」と、「自然物・共有物」と「私有物」の二種がある「財物占有」があることを示した上で、占有標の具体例をあげながらその発達推移

を論述している。このなかで占有標には「記号的占有標」と「呪術的占有標」があること提示し、両者の関係については、

この両者を一つの発達段階における前後者とみるものである。即ち呪術的占有標は記号的占有標に先だつて発生したものと見るのであるが、これは決して恣なる見解ではあるまいと思ふ。この場合も日本民俗学の誇るべき方法の一つである西南諸島の古風を比較する作業を採用する事によつて、之を稍〃力づよく裏書することが出来ようと思ふ[37]。

としている。西南諸島である琉球・沖縄にヤマト（本州から九州）の民俗の古風が存在するという、当時の通念を根拠に、琉球・沖縄に顕著な草結びの魔除けとしての意味付けから見解を提示しているのである。このことは「占有標の発達」の最後の「むすび」でも、

我国の占有標が一種の呪法を起原とした呪物に始まり、漸次その呪術宗教的意味を剥落して単純な占有標へと推移し、更に呪術的占有標から記号的占有標を発生し、そこに多少の発達とみるべき事象を伴なつたことが知られる[38]。

としている。論述としては、占有標の二型の措定や、「記号的占有標に家の観念を盛り、之を形象化したのはワタクシの確立を意味するものである。即ちこゝに至つて占有に於ける私用、占有による私有が発生する訳である[39]」と、「家」と「ワタクシ」、さらに「占有」の「私用」と「私有」を区別しながら論理立てを行ってい

る。このことは、現時点でも「私有」、さらには私権の検討として傾聴すべき見解と評価できる。しかし、「日本民俗学の方法として」「西南諸島の古風(40)」をいうのは適切とはいえない。「西南諸島の古風」は、この地域の文化の位置づけであって、研究法ではないからでもある。

さて、倉田がいう草結びがもつ「記号的占有標」と「呪術的占有標」の内容は、先にあげた実態からは、沖縄県ではその両方が併存し、本州から九州にかけては呪術的な使用はあまりみられない傾向にある。しかし、沖縄とヤマトに共通しているのは、草結びは場や物の占有を標示して他者を排除するということで、人や場所、物に依り憑こうとする悪霊・魔物を阻止あるいは追放する呪的な草結びも、この論理の中にある。つまり、先をR字型に結んだ草は、これを持ったり、挿し立てたり、取り付けたりすることで、そこに占有者が存在することが示され、他者が排除される。呪的な意味をもつ草結びは、その他者が依り憑こうとする悪霊・魔物ということである。そして、他者を排除する力の淵源は、草などの先端を結ぶことで、そこに籠められる行為者の意思にあると考えられる。草に施された「結び」というイコンの意味はここにあるといえよう。従って、倉田による「記号的占有標」と「呪術的占有標」の関係は、一系の先後関係をもつのではなく、表裏の関係にあり、草結びに両者が併存するのが沖縄県、一方が強調されているのがヤマトということである。

倉田は「占有標の発達」のなかで、沖縄のサンは「妖異を攘却し、触接を禁止する事の結果として、占有が全うせられたもの(41)」というが、これは論理が逆で、「占有が全うせられるから」「妖異を攘却し、触接を禁止する」ことができる。つまり、この占有標は、占有の表示であるが故に、呪物としての機能・性格が付加されるのである。

五　魔除けの論理

本章で言いたいのは、草結びがもつ魔除けとしての機能は、草に行為者の占有の意思が結ばれることで、その力が発効するという思考の存在である。魔除けというのは宗教的権威、物実がもつ機能・使用法からの連想、五感に訴える刺激だけではなく、場や物の占有の意思もあるということである。

占有の意思の表示による他者の排除を端的に示しているのが「名前」で、名付けというのは、自己の確定である。これを裏返せば他者の排除となる。その端的な例としては、十四世紀半ば成立の『神道集』巻第八、第四十六話「釜神事」にある名付けをあげることができる。この説話は、旅の途次の甲賀山で日が暮れて、山中の大木の元で野宿をした百姓が、夜半にこの大木の東の枝に飛来した大きな光物の会話を聞いた。それは、今夜、由良の里の東西の家で同時に出産があるので、「疾名付テ候、七才以前ニ取ントテ候ヘハ、親共賢シテ、胎内ニテ名付テ候、不レ及レ力語レバ」云々という話である。[42] ここに出てくる「光物」が魔物で、この魔物は生まれてくる赤子に取り憑いて七歳までに命をとってやろうとしたが、親が賢くして生まれる前から名前を付けていたので力が及ばなかったという話である。胎内にいるときに付けられた名前が、その子の肉体の占有標となっているのであり、赤子の肉体にはすでに占有者がいて、「光物」は侵入できなかったのである。ここでは「名前」が赤子の肉体を占有することで魔除けになっている。

名前は、先の倉田の用語でいえば家印や木印、船印とともに記号的占有標である。名前と家印などの間には、個人と家との関係をどのように考えるかという課題が存在するが、人が死に瀕した時に行われた魂呼び習俗からいうなら、名前はその人の霊魂の表象ということができる。名前を呼ばれる者の家の屋根や枕元、井戸などで行われるのであり、(43)その霊魂は居住空間、つまり家と不可分の関係をもっている。原田敏明は、「本来名そのものの発生は、我々の人格を表示し、あるいはこれを代表するため」のもので、名前は自分の霊魂とさえされるという。(44)「魂呼び」習俗を支える論理の一つがここにあるが、先の草結びに戻ると、同じく原田敏明は「霊魂は我々の持つ人格観念に基づき、その全人格を表す記憶心象である」と指摘しており、(45)ここからは草結びに結ぶ占有の意思は、その行為者の霊魂ということができる。

日本文化にみられる「結び」の論理をみていくなら、先に具体例をあげた草の結びは『万葉集』にも詠われている。草だけでなく樹木や紐なども加えると約四十首がある。

君が代も我が代も知るや岩代の岡の草根をいざ結びてな（巻一・一〇番歌）

岩代の浜松が枝を引き結びま幸くあらばまたかへり見む（巻二・一四一番歌）

二人して結びし紐をひとりして我は解きみじ直に逢ふまで（巻十二・二九一九番歌）

これらの歌は、「岡の草根」「浜松が枝」「紐」を結ぶこと、またその「結び」に何らかの思いを込めていることは明らかで、一〇番歌の「結び」には、中西進は「草の葉を結ぶことは、結びとめる行為の中に、その人間の命が結び込められると考える古代信仰」があるとしている。(46)『万葉集』の「結び」の歌を集約して、紐の結びについて東城敏毅は「結び目に自分の魂をこめる呪的な行為」と解している。(47)『万葉集』研究者のこうした現在の理解は、すでに折口信夫が指摘していることで、大正十五年（一九二六）十一月の「小栗外伝　餓鬼阿弥蘇生譚の二　魂と姿との関係」（『民族』第二巻第一号）では次のように説く。

留守の妻其他の女性も、自身の魂の一部を自由に、旅行者につけてやる事が出来た。これが万葉に数知れずある、旅行者の「妹が結びし紐」と言ふ慣用句の元である。下の紐を結んだ別れの朝の記憶を言ふのでなく、行路の為の魂結びの紐の緒の事を言うたのであつた。着物の下交《ガヒ》を結ぶ平安朝以後の歌枕と、筋道は一つだ。下交を結ぶのは、他人の魂を自分に留めて置くのである。其が、呪術に変つたものであらう。皆、生御魂《イキミタマ》の分割を信じて居たから起つた民間伝承であつた。恰も、沖縄の女兄弟が妹神《ウナイガミ》即巫女の資格に於て、自らの生御魂を髪の毛に託して、男兄弟に分け与へ、旅の守りとさせたのと同じである。[48]

旅に出る夫の下交の紐を妻などの女性が結ぶことは、その女の魂をここに籠めて「旅行中は厭勝として、門出の際に紐を結ぶ[49]」のであり、「厭勝」つまり魔から守る呪術であると説明している。この解釈は、沖縄の妹神を例示していることからわかるように、女の霊力と「生御霊の分割」という霊魂論の文脈のなかにあり、さらに折口は、昭和三年(一九二八)九月の「万葉集研究」では、

家々の成女戒を経た女たちは、巫女である。其故、呪術を行ふ力を持つてゐた。愛人や、夫の遠行には、家族の守護霊でもあり、自身の内在魂であるものを分割して与へる。男の衣装の中に、秘密の結び方のたまの緒で結び籠めて置く。さうして、旅中の守りとした。後には、女の身にも男の魂を結びとめて置く様になつたのだ。[50]

と、その論理を進展させている。

「結び」に魂を籠めることは、その後の『伊勢物語』一一〇段にある「思ひあまり出でにし魂のあるならむ夜深く見えば魂むすびせよ」、『源氏物語』「葵巻」にある歌「嘆きわび空にみだるるわが魂を結びとどめよしたがひのつま」は、自分の身体から遊離する魂を結びとどめる行為としての「魂むすび」である。さらに『三代実録』貞観二年（八六〇）八月二十七日条に記されている清和天皇の「主上結御魂緒」（主上の御魂を緒で結ぶ）などからは、「魂むすび」は時代を超えて持続する観念であり、行為であるのがうかがえる。このことについてはすでに別稿で論じたが[51]、要は「結び」によって行為者の魂を籠めることで、「結び」自体に何らかの効力があると考えることは、現在の草結びにもつながり、日本では通時的に存在する観念といえる。

また、「結び」は通時性に加え、右にあげた事柄だけでなく、妊婦が妊娠五か月目などに腹に結ぶ腹帯や頭に締める鉢巻き、さらに習俗としては死者の湯灌に際して、これを行うものが締める帯や襷など、さまざまな場面に帯や紐、縄などを結ぶ行為が伝承されており、「結び」はいくつもの事象（習俗）に存在している。腹帯習俗は、歴史的には『小右記』の永観三年（九八五）五月一日条に「午時、以白色衣令着児、以産者腹結絹用之、女子云、前々以件絹用之者[52]」とあり、公家の世界では産婦の「腹結絹」を生まれた赤児の「白色衣」にする慣行があったのがわかる。現在確認できる習俗においても、腹帯を生児の産着に用いることがあり、「腹結絹」は腹帯と考えることができる。後の『山槐記』の治承二年（一一七八）六月二十八日条には、妊娠している中宮徳子に高倉天皇が「御帯」を結ぶ場面があって、「取御帯、二倍（六尺也）爾天、自御小袖左方袖引入テ、御後方ヲ引廻テ、諸輪奈爾被奉結[53]」とあり、夫である主上が妊婦の中宮に腹帯を結んでいる[54]。夫の主上が妊婦の妻の腹帯を結ぶのは、主上の霊魂を腹帯に結び籠めることで、中宮と胎児を守護すると考えられていたといえる。国内各地で確認できる習俗としての腹帯にも、『山槐記』にあるような複雑な結び方をしたり、夫の褌を腹帯としたりする伝承があり、腹帯の「結び」の意味は行為者の魂を籠めてとどめる「魂ふり」のことと考えられる。

湯灌の帯や襷については、ここでは具体例をあげないが、これを行う者は藁を叩かずに綯った荒縄を腰に締めるとか、襷のようにするという伝承が各地にある。湯灌は親族が行うのが通例であるが、こうした帯や襷を締める行為は、肉体から霊魂が離脱した死者や湯灌を行う者に悪霊が取り憑くことを防ぐ呪法と考えられよう。また、頭に締める鉢巻きについては、折口信夫は、これは「かづら」に由来するもので、物忌みの表象としているが[55]、物忌みの意味とともに、鉢巻きがもつ「結び」としての意味の再検討が必要となろう。

魔除けにもどると、草結びなど「結び」をもつ魔除けの呪具は、草を結んで自分の霊魂をここに籠め、これを事物や場などに立てたり、持ったりして占有者の存在を示すことで、他者の接触や侵入を排除するという論理によって成立しているのである。鬼魔・疫病神、魔もの(悪霊や厄神)から守るという魔除けの力は、その呪具に付加した自らの霊魂の力に拠るといえよう。これが本章の結論である。魔除けとなる力は、真言や呪文などの宗教的権威、魔除けに用いる物実がもつ機能・使用法からの連想、そのものがもつ五感(五官)に訴える刺激だけではないのである。さらにいうなら、呪力の淵源は先にあげた沖縄のスイジガイと蓑笠、アワビのことでも指摘したように、連想や刺激によるという単純な論理では済まされないのではなかろうか。

また、ここで取り上げた草結びの魔除けは、自己の霊魂の付与による占有表示に起因することからは、草結びはこれを行った者の「人格」の発現ということもいえる。先にあげたように原田敏明は「霊魂は我々の持つ人格観念に基づき、その全人格を表す記憶心象である」としている。ここには「人格」と「記憶心象」の概念をどのように考えるかの問題があるが、己を己たらしめる観念を「霊魂」とし、その表象を「人格」というなら、草をR字型に結んだものには、「人格」を表象する名前などは記されてなく、これは無名占有標といえる。家印や木印、船印などの有名占有標[56]には地域社会で共通に認識される個人や家が記号などで明示されており、これによって人や家の「格」は分かりやすいが、無名占有標は、それが匿名であっても占有効力が地域社会で担保されていたのである。

誰かはわからないが、占有者・所有者がいるという認識を与えるのが草結びであり、匿名であっても、誰かという個人がいるということである。高取正男の『日本的思考の原型　民俗学の視角』は、日本の社会や文化をどのように考えるか、さまざまな視座を提示してくれているが、このなかの「第一章　エゴの本性」の「個人のシンボル」の末尾で、主婦の全体像を示す事物としてシャモジとマス(枡)があることを示した上で、日本人の個人意識について次のように述べている。

主婦の手にするマスは、シャモジとひとしく主婦そのものである。これで主食の分配をうける家族たちの茶わんも、所持者個々の生命活動に対応し、それぞれの実存と直接かかわっている。必然的に、これらは枕とおなじく、余物でもって代替できない霊的特質をそなえ、使用者の霊力が内在すると信じられてきた。こうした思考方式によって存在が具象化され、意識化されてきた個人のありようは、近代的自我とちがって分析的には呈示できないのはもちろんである。しかも現在の私たちが抱いているきわめて理性的な自我意識の内部に、霊力をはらむ事物によって象徴するしかないような、如上の前論理的な個人意識が、エゴの本性のように伝承され、潜在していることを認める必要があると思う。(57)

ここにいう「霊的特質」というのは、たとえばシャモジは魔除けの門守りなどとして、マスは魂呼びの際に屋根の上で叩くものなどとして、茶わんは使用者の出棺にあたって割るなど、枕は使用者の埋葬時に墓に納めるなどの習俗からわかることで、個人意識はこうした霊力を内包する事物によって表象され、それが近代的＝

理性的な自我と同居している。そして、前論理的な個人意識を「エゴの本性」としているのである。

この高取の指摘は、先の原田の霊魂認識に通ずるところがあり、高取の見解からも、本章で扱ってきた草結びは、霊力をもった個人意識を表象する事物といえる。そして、これは他者を排除するものであり、ここに「エゴの本性」、つまり「自我」の発現があるということになる。こうした論理からは、ムラを守る魔除けは自分のムラを、家の魔除けは自分の家を、個人の魔除けは自分を、という自明の行為の背後には、他者を排除する「エゴの本性」があるのがわかる。

高取がいう「前論理的な個人意識」という表現は判りにくいが、この意識の伝承・潜在と「理性的な自我意識」との同居は、本章の最初に取り上げた習俗と文明の関係性にもつながるとともに、これも「文明持続の民俗原理」をいう具体的事象ということができる。近代的で理性的な自我意識は、私たちの生活のなかでは前論理的な個人意識と同居、交錯しながら持続しているのである。

また、本章で述べてきた「結び」の鎮魂《たまふり》論理による魔除けや高取がいう個人意識、エゴの本性からは、「魔除け」は、従来の「俗信」のカテゴリーでは捉えきれない事象であるのは明白である。「俗信」という用語は、柳田國男が大正七年（一九一八）九月に折口信夫が主宰した『土俗と伝説』一巻二号に「杓子と俗信」の標題の論考、同一巻四号の「杓子・柄杓及び瓢箪」に「杓に付ての俗信」の章を設けるなど、民間伝承研究の早い段階に提示している。さらに柳田は昭和七年（一九三二）には、「私は所謂俗信の調査の重要性を認め、是が完全に考察せらるるのを以て、日本民俗学の成立との目標とさへして居る者である」[58]と述べている。重視した研究領域であるが、しかし、小嶋博巳は、民俗学における「俗信」認識は、信仰の「断片として存在し」「組織をなさない」「雑然たるもの」などとされ、「知識や信念の領域の中から「俗信」を区別する指標」は、「①非体系的性格、②呪術的性格（個人的・臨時的・道具的・操作的・非情緒的性格）、③非権威的・周辺的性格」であったと指摘している。[59]
その後、井之口章次の『俗信の研究』(一九七五年、弘文堂)を下敷きに、常光徹の『しぐさの民俗学―呪術的世界と心性』(ミネルヴァ書房、二〇〇六年九月)、『妖怪の通り道　俗信の想像』(吉川弘文館、二〇一三年)、板橋作美の『俗信の論理』(東京堂出版、一九九八年)、花部英雄の『まじないの文化誌』(三弥井書店、二〇一四年一月)等など研究進展が認められるが、呪術や予兆、卜占、禁忌といった括りを再考するとともに、「俗信」という包括語を捨てる段階に来ているのではなかろうか。「俗信」という用語には、先の小嶋博巳がいうようなイメージがつきまとっているし、魔除けを「俗信」といっている限り、その理解はいつまでも事物の行為・機能からの連想とか、事物がもつ刺激という見解から深まらないと思えてならない。
新たな用語の設定は容易ではないので、呪術、予兆、卜占、禁忌といっておくと、これらは文明の進展のなかで生活のなかに伏流し、時に再想像・再創造されて表面に隆起するのであり、民俗学からは、人間社会は文明の限界性を乗り越え、持続させるために、一方に非科学的で非合理的な思惟や行為を生活のなかに同居させ、補完することで安寧を維持してきたといえる。これが魔除けのような習俗がもつ機能であり、継承の意義で、このことは、日本では古代社会から認められ、本章では、従来の魔除け研究を再考するとともに、こうした「文明持続の民俗原理」という視座も提示した。[60]

注
(1)　湯本豪一「予言する幻獣―アマビコを中心に―」小松和彦編『日本妖怪学大全』小学館、二〇〇三年四月。
(2)　拙稿「川と民俗」『相模川』第二十六号、相模川をきれいにする協議会、一九七八年三月。入江英弥「漂着神と浜降祭」千葉県史料研究財団編『千葉県の歴史』別編民俗Ⅰ、千葉県、一九九九年三月。

（3）　市東真一「しづかアマビエの展開―長野県松本市での実践について―」『長野民俗の会会報』43号、二〇二〇年十二月。伊藤龍平は「流行神はコロナのなかに―予言譚「アマビエ」（『怪談の仕掛け』青弓社、二〇二三年六月）で、アマビエの流行神としての位相を描いている。

（4）　このことは、その主題は日本思想史の分野であるが、丸山真男（「原型・古層・執拗低音―日本思想史方法論についての私の歩み―」、武田清子・丸山真男ほか『日本文化のかくれた形』所収、岩波書店・同時代ライブラリー84、一九九一年十月）がいう、日本思想にみることができる「古層」であり、「執拗低音」論にあてはまる。これを援用するなら、新型コロナウイルスへの対応の主旋律は医学・医療文明であっても、アマビエ図像のような、魔除け習俗は「執拗に繰り返される低音」（「執拗低音」）として存在し、生活上のコロナ禍対応として表面に隆起したといえる。このように考えられるなら、現代社会の文明は「執拗低音」である習俗なしには持続することができないということになる。

（5）　鈴木正崇『東アジアの民族と文化の変貌』風響社、二〇一七年八月。

（6）　廣田律子『中国民間祭祀芸能の研究』風響社、二〇一一年一月。

（7）　『続日本紀』は、新日本古典文学大系12『続日本紀』一（岩波書店、一九八九年三月）、同15『続日本紀』四（岩波書店、一九九五年六月）に拠る。

（8）　このことについては、すでに別拙稿「災疫に対応・対抗する民俗をどう考えるか」（『東アジア比較文化研究』21、東アジア比較文化国際会議日本支部、二〇二二年七月）で具体例をあげながら論述した。

（9）　野村伸一は中国古代の農事開始時の臘祭が儺儀と密接に結びついていることを指摘しており（『東シナ海文化圏東の〈地中海〉の民俗文化』講談社選書メチエ、二〇一二年七月）、この習合が考えられる。この野村の指摘と鈴木正崇の前掲（5）「追儺の系譜」での論述をもとに、敷衍すると、牛は農耕役畜としての表象で、陰から陽への転換をもたらすものと解せる。なお、史料的には後代になるが、「牛頭天王」信仰からは、「牛頭」と「土牛」には何らかの関連があると予測することができよう。

（10）　東京堂、昭和四十五年には三十七版となっている。

(11)　福田アジオ・新谷尚紀ほか編『日本民俗大辞典』下、吉川弘文館、二〇〇〇年四月。
(12)　佐々木勝『厄除け―日本人の霊魂観―』名著出版、一九八八年九月。
(13)　常光徹『魔除けの民俗学―家・道具・災害の俗信―』角川選書六二三、二〇一九年七月。
(14)　前掲(13)一二頁。
(15)　前掲(13)一三頁。
(16)　前掲(13)一一二頁。
(17)　前掲(13)一八八頁。
(18)　山里純一『呪符の文化史』三弥井書店、二〇〇四年六月。
(19)　宮家準「稲荷信仰の展開と護符」千々和到編『日本の護符文化』弘文堂、二〇一〇年七月。
(20)　野本寛一『軒端の民俗学』白水社、一九八九年十月。
(21)　藤田稔『茨城の民俗文化』茨城新聞社、二〇〇二年七月。
(22)　野村純一「庚申の夜の客」『野村純一著作集』第一巻・昔話伝承の研究〈上〉、清文堂、二〇一〇年十月。
(23)　那覇市市史編集室『那覇市史』資料編第二巻中の七那覇の民俗、一九七九年一月。
(24)　前掲(23)。
(25)　前掲(23)。
(26)　上勢頭亨『竹富島誌　民話・民俗編』法政大学出版局、一九七六年八月。
(27)　石垣市史編集委員会編『石垣市史』各論編民俗下、石垣市、二〇〇七年三月。
(28)　前掲(27)。
(29)　『折口信夫全集』18、中央公論社、一九九七年十一月、一四一頁。
(30)　喜舍場永珣『八重山民俗誌』上巻、沖縄タイムス社、一九七七年二月、二三〇・二三一頁。
(31)　土井美生子「草を結んでシルシをつくる民俗(1)」『近畿民俗』第一八四号、二〇一八年三月。
(32)　土井美生子「草を結んでシルシをつくる民俗(2)」『近畿民俗』第一八五号、二〇一九年三月。

(33) 柳田國男・倉田一郎編『分類山村語彙』信濃教育会、一九四一年五月。
(34) 今野円輔『檜枝岐民俗誌』刀江書院、一九五一年七月。(『日本民俗誌大系』第9巻東北所収、角川書店、一九七四年七月)。
(35) 現在は、その場所が森林法の定める「森林」の場合、その所有者ではない別の者が無許可で茸や山菜などを採取すると森林窃盗罪が適用される場合がある。
(36) 倉田一郎『経済と民間伝承』東海書房、一九四八年三月。
(37) 前掲(36)一二一頁。
(38) 前掲(36)一三三頁。
(39) 前掲(36)一二八頁。
(40) こうした考え方は、柳田國男や折口信夫の論述からの影響と考えられる。それは、たとえば折口信夫は大正十四年(一九二五)の「古代生活の研究　常世の国」で、琉球諸島の現在の生活は、「私どもの古代生活の研究に、暗示と言ふより、其儘をむき出しにしてくれる事すら度々あつた」(『古代研究』民俗学篇1、大岡山書店、一九二九年四月。『折口信夫全集』2所収)。これ以前の大正十二年の財団法人東照宮三百年祭記念会の補助による沖縄島・石垣島の民俗採訪の記念会への報告である「沖縄に存する我が古代信仰の残孽」(『折口信夫全集』18所収)では、沖縄にヤマトの古代があることをより直裁的に言う。柳田國男も伊波普猷の還暦記念論集である『南島論叢』(伊波先生記念論集編纂委員会編『南島論叢』沖縄日報社、一九三七年七月)に「玉依彦の問題」を寄せ、この中でヲナリを取り上げて女性司祭(巫女)を論ずるなかで、これはヤマトでもたどることができるが、「是に反して沖縄ではや、衰頽の姿ながら、眼の前に尚古風の女性生活が見られるだけで無く、語り伝へられて居る昔の出来事にも、存外に写実的な消息が窺はれる」と、沖縄にはヤマトでは見えにくくなった古風の文化があるとしている。
(41) 前掲(36)一二七頁。
(42) 近藤喜博編『神道集　東洋文庫本』角川書店、一九五九年十一月。
(43) 鈴木慶一「「魂呼び」の方法と全国的様相」小川直之編『民俗学からみる列島文化』アーツアンドクラフツ、

二〇二三年十二月。
(44) 原田敏明『宗教と民俗』(東海大学出版会、一九七〇年)の「名と不滅」。
(45) 原田敏明『宗教と民俗』(東海大学出版会、一九七〇年)の「霊魂観念」。
(46) 中西進『万葉集全訳注　原文付』(一)、講談社学術文庫、一九七八年八月。
(47) 辰巳正明ほか監修『万葉集神事語辞典』國學院大學、二〇〇八年六月。
(48) 折口信夫「小栗外伝　餓鬼阿弥蘇生譚の二　魂と姿との関係」(『民族』第二巻第一号)『折口信夫全集』2、中央公論社、一九九五年三月、三四三頁。
(49) この表現は、折口信夫が『万葉集辞典』(文会堂書店、一九一九年一月。『折口信夫全集』11所収)の「紐」の解説にある。折口はこの段階では「結び」に「たまふり」の意味の鎮魂とは言ってないが、その後、鎮魂の意味に解するようになる。
(50) 折口信夫『古代研究』国文学篇、大岡山書店、一九二九年四月。(『折口信夫全集』1所収、三八二頁)。
(51) 拙稿「むすび」の精神史―折口信夫の「むすび」論」『折形デザイン研究所の新・包結図説』折形デザイン研究所、二〇〇九年十一月。
(52) 増補「史料大成」刊行会編『増補史料大成　小右記』一、臨川書店、一九六五年九月。
(53) 増補「史料大成」刊行会編『増補史料大成　山槐記』二、臨川書店、一九六五年九月。
(54) 妊婦の着帯儀礼については、拙稿「生と死の民俗・再考」『民俗学論叢』第三十一号、二〇一六年七月を参照願いたい。
(55) 折口信夫「はちまきの話」『古代研究』民俗学篇二、大岡山書店、一九三〇年六月。(『折口信夫全集』3所収)。
(56) 個人的なことだが、かつて私の家で生産した梨や甘藷などの農産物の木箱には、「正の焼印(後には紙にこのスタンプを押したもの)を押して出荷した。これはカネ正ということで、カネは金田村、正は私の祖父の名前の一字をとったもので、ある世代の個人名が家の標識となった。有名占有標には、個人名と家名の関係をどう考えたらいいのかという課題があるが、持続的な家名であっても、地域社会では時代ごとに個人が認識されている。

(57) 高取正男『日本的思考の原型　民俗学の視角』講談社現代新書、一九七五年八月。

(58) 柳田國男「俚諺と諺との関係」(『笑の本願』に「笑の教育」と改題して収録)『定本柳田国男集』第七巻、一九六八年十二月、筑摩書房)。

(59) 小嶋博巳「「俗信」覚書―概念の再検討に向けて―」『民俗学評論』第二十三号、一九八三年十月。

(60) 「文明持続の民俗原理」という視点で列島の諸伝承をみていくと、たとえばすでに古墳の造築などからは、この時代の土木技術は高度な段階にあったといえよう。その後、時代の推移とともにその技術はさらに高まったが、現在の「想定を超える」(地震、津波)の言説からわかるように文明は万全ではない。山の土砂崩れや洪水といった災害に対して、「蛇抜」や「法螺抜」の伝承のような龍蛇や法螺貝の猛威とする怪異譚、あるいはこれらの祭祀は土木技術の向上と併存してきた。また、コンピュータとインターネットという科学技術の普及進展のなかで、ウエッブ上での怪談や奇談などの流布は文明の生活化という、災害などとは異なる文明持続の方途である。いずれも生活のなかでは、土木技術か怪異譚か、コンピュータ・インターネットか怪談・奇談かという二者択一ではなく、両者が併存し、交錯しながら存在してきたし、このことは今後も継続していくと思われる。文明は次々と新しい技術や思考を生み出していくが、これらに対峙する非科学的・非合理的な習俗・伝承も再想像・再創造されていくと予測できる。翻って柳田國男や折口信夫の学問を考えてみると、近代の文明進展のなかで民間伝承を求め、これを研究の対象として生活の変化・変容などに着目して民俗学を構築したのは、本章にいう「文明持続の民俗原理」によるとも思える。

〔附　記〕

本章は、拙稿「「むすび」の精神史―折口信夫の「むすび」論」(『折形デザイン研究所の新・包結図説』折形デザイン研究所、二〇〇九年十一月)、「「結び」の民俗史―アジアからの視点―」(『東アジア文化研究』第六号、國學院大學大学院文学研究科、二〇二一年二月)、「災疫に対応・対抗する民俗をどう考えるか」『東アジア比較文化研究』21、東アジア比較文化国際会議日本支部、二〇二二年七月）の論述をもとに、さらに一歩進展させ、魔除け論の再検討、「文明持続の民俗原理」という民俗学の文化認識の提示を意図して執筆したものである。従って、右の稿と本章には一部重複があることを断っておく。

「天真名井」伝承にみる土地人の意識—地域の特質を知る手がかりとして—

大館　真晴

はじめに

宮崎県西臼杵郡高千穂町には、天岩戸・天安河原・槵觸《くしふる》峰など神話ゆかりの地が数多く存在する。そのような神話ゆかりの地の一つに「天真名井《あめのまない》」がある。(1)「天真名井」は天孫降臨伝承の残る槵觸神社(高千穂町三田井)の境内地にある清泉で、現在でも土地人から御神水として信仰を集めている。

この、「天真名井」については、天村雲命《あめのむらくものみこと》という『古事記』『日本書紀』に登場しない神の伝承が残されている。以下、この伝承を考察することで、現代につながる高千穂町三田井地区の特質の一部を見定めたい。

天真名井（宮崎県高千穂町三田井）　※画像は高千穂町観光協会提供

一　近世期の天真名井の伝承―伊勢神道の影響―

まず、高千穂町に伝わる「天真名井」の伝承を考察するにあたり、以下に掲げる『高千穂庄神跡明細記』（以下、『神跡明細記』）に注目する。

【資料①】『高千穂庄神跡明細記』（高千穂神社蔵）[2]（※傍線部及び「ママ」は引用者）

天の真名井

出口延佳の著神宮秘伝抄に云古伝云皇孫降臨の時天村雲命に命して［一名天二上命とと（ママ）云い（ママ）再ひ天上之義及ふなりと云］天の真名井の水をとり下りて高千穂宮藤岡山と云所に安置し給ふより此界の水清シたると也こゝを移して丹州真名井原へ移され夫より伊勢に移さるミな移したる所もこゝに習ひて藤岡山といへりとあり是その真名井也此水ハ天上より下りし不増不滅の水なりといふされハ不浄なるもの此水を汲めハ忽及水尽て出す故に所にてハ不浄の者を禁すといへり又悪しき病あるに此水を用て治し此水を用ふる家にハ昔より悪しき病なしと云へり奇といふへしこは名代にハあらす。

藤岡山

真名井の上にある小山なり神代よりの古名也丹波伊勢同名あり

神祇百首　度会元長

花咲けハ真名井の水をむすふとて藤岡山にありしふなせそ

『神跡明細記』は、文久三年（一八六三）に延岡藩の国学者であった樋口種實が藩命により高千穂地方の神跡を調査し記述したものである。【資料①】は、その樋口種實が記した「天真名井」についての伝承である。その伝承の主な要素を示すと、以下のようになる。

イ、天村雲命を主人公とする天孫降臨の際の物語である
ロ、天孫は天にある真名井の水を持ち帰るよう天村雲命に命ずる
ハ、天村雲命が天に登り水を地上に持ち帰る
ニ、天村雲命が持ち帰った水を高千穂宮藤岡山に安置する
ホ、高千穂の「真名井」の水は後に丹州真名井原に移され、さらに伊勢に移される
ヘ、悪い病がある場合は此水で治す
ト、昔から此水を用いる家は悪しき病にかからない
チ、度会元長の和歌が記される

まず、イについてである。【資料①】の伝承の主人公は天村雲命で、天村雲命は『古事記』『日本書紀』に登場しない神である。ただ、『先代旧事本紀』（巻三・天神本紀）に「天牟良雲《あめのむらくも》命　度會神主等の祖」[3]と記される。注目すべきは、『先代旧事本紀』において「天牟良雲《あめのむらくも》命」が「度會神主等の祖」とされている点である。「度會神主」とは周知の如く、豊受大神宮（外宮）の禰宜として累代奉仕してきた度会氏のことである。本居大平に師事した樋口種實[4]は、この天村雲命と度会氏との関係性を十分に理解していたと考えられる。樋口種實は『神跡

明細記』にて度会氏の学説を引用する形で、「天真名井」の起源を記す。具体的には【資料①】の冒頭部に、「出口延佳の著神宮秘伝抄に…」とあり、出口延佳(度会延佳：以下、度会延佳)[5]の著作とされる『神宮秘伝抄』を引用している。しかし、筆者の管見の限りでは、度会延佳の著作において、『神宮秘伝抄』という典籍は確認できなかった。ただし、度会延佳の著作には、『神宮秘傳問答』(万治三年：一六六〇)があり、そこには以下のような記述がある。

【資料②】『神宮秘傳問答　上』[6](※傍線部は引用者)

問テ曰ク忍穂耳ノ尊ノ水徳ノ證如何　答テ曰ク天真名井《アマノマナ井》ニ濯《フリス、キ》給フ瓊《タマ》ヨリ生シ給フ由日本紀ニ詳《ツマヒラカ》也其真名井ハ丹州真名井ノ原ニ有リト齊部《イムベ》氏ノ説ナレドモ今外宮ノ坤《ヒツジサル》方ノ藤岡《フヂオカ》山ノ麓《フモト》ニアリ此ノ水ヲ天孫瓊々杵ノ尊御降臨ノ時持テ下リ給ヘキヲ遺置《ワスレオキ》給フ故ニ度會ノ先祖《トホツオヤ》天牟羅雲《アマノムラクモノ》命又天上ニ登テ持下リ日向國高千穂ノ宮籐岡山ト云所ニ安置《アンチ》シケルヨリ此ノ界ノ水モ清タルト也今モ此ノ水ニテ毎日朝夕ノ大御饌《オホノミケ》ヲ炊備《カシキソナ》ヘ奉ル天上ヘ二度登リシ故ニ天牟羅雲《アマノムラクモノ》命ヲ天二上命《アマノフタノボリノミコト》ト名ヲ賜シ也丹州真井ノ原ヘ移《ウツ》シタレドモ雄略《ユウリヤク》天皇ノ御宇ニ丹州ヨリ外宮ヘ御遷坐《センザ》ノ時又伊勢ヘ移シ給フ日向ニテ真名井有シ所ヲ藤岡山《フヂオカヤマ》ト云故ニ丹州ニテモ其ノ所ヲ藤岡山ト名付今又伊勢ニテモ其在所ヲ藤岡山ト云也　(後略)

【資料②】『神宮秘傳問答』には、「日向國高千穂ノ宮籐岡山ト云所ニ安置《アンチ》シケルヨリ此ノ界ノ水モ清タルト也」(傍線部)とあり、[7]【資料①】『神跡明細記』とほぼ、一致する表現がみられる。さらに、【資料②】『神宮秘傳問答』は、先掲のイ、ロ、ハ、ニ、ホの要素も含み持つ。以上の一致点から、樋口種實は【資料②】にみる度会延佳の言説を用いて、「天真名井」の起源を説いたものと理解できる。これは、伊勢神道中興の祖と称される度会延佳の学説に依拠することで、「天真名井」の権威を高めようとした行為だと理解できる。樋口種實や当時の三田井の人々にとって、「天真名井」は、度会氏の言説に依拠し、権威付けを行うほど重要な泉であったと考えられる。

ただし、『神宮秘傳問答』では、【資料①】のチの要素である度会元長の歌はみえない。そのかわりとして、度会元長（室町期）[8]が記した『詠太神宮二所神祇百首和歌』に以下の記述がある。

【資料③】『詠太神宮二所神祇百首和歌』（春二十首）[9]

花開ハ真名井ノ水ヲ結トテ藤岡山ニアカラメナセソ

件ノ真名井ノ水ハ自天上降坐ス始ハ筑紫日向ノ高千穂ノ山ニ居置給フ其後丹波與佐之宮ニ移シ居置タマフ豊受太神勢州山田原ニ御迁幸仍彼水ヲ藤岡山ノ麓ニ居祝奉リ朝々ノ大饌料トナス［私ニ云此水ニ付種々子細アリ］

【資料③】『詠太神宮二所神祇百首和歌』（以下、『神祇百首』）の歌は、結句「アカラメナセソ」を除いて【資料①】の歌と表現が一致する。『神跡明細記』の著者である樋口種實が、この『詠太神宮二所神祇百首和歌』を参照した可能性は高い。また、【資料③】『神祇百首』の左注には「真名井ノ水ハ自天上降坐ス始ハ筑紫日向ノ高千穂ノ山ニ居置給フ」とあり、【資料①】ニの要素に近い表現をみることができる。ただし、同左注では、天村雲命や天孫が登場することはない。このことから、【資料①】『神跡明細記』のイ、ロ、ハ、ニの要素は度会延佳の『神宮秘傳問答』の影響を受けたものと考えられる。そして、チについては、度会元長の『神祇百首』の影響を受けたものだと考えられる。

【資料①】『神跡明細記』に伝わる「天真名井」の記述は、『神宮秘傳問答』『神祇百首』という二種の度会氏の言説に依拠し、その二つが組み合わさる形で記述されている。高千穂町三田井に伝わる「天真名井」の伝承は、度会氏の学問の影響を強く受けた伝承であるということができよう。そして、その影響の背景には、「天真名井」を重要視し、「天真名井」をより権威付けようとした土地人の意識があると考えられる。

二　昭和初期の天真名井の伝承―土地人の水への意識―

次に、昭和初期に記された「天真名井」の伝承に着目する。ここでは、近世期の伝承である『神跡明細記』との相違点に注目する。

【資料④】『日向の伝説』所収「天真名井」[10]（※傍線部及び「ママ」は引用者）

三田井の町はずれに串触神社《くしふるじんじゃ》がありその裾を神代川が流れている。この流れはもとくましろがわと呼んだが今はじんだいがわといっている。この川の神社の反対側の方に天の真名井という清泉がある。この泉は千年も経たかと思われ欅の大木の根元から湧出ていて夏も氷のように冷たい。不思議なことに旱天にも豪雨にも水量が変わ（ママ）ない。

天孫が天降られた時天村雲命も扈従された。天孫は命に「倉国《おすくに》（ママ）の水は熟《うま》くない。天祖のもとへ行って申上げろ。」といわれた。命は詔に従って高天原に上った。天祖は天の忍石《おいし》の長井の水を取って「食国の水に濯《そそ》ぎ和して天孫の朝夕の御饌に供へ申せ」（ママ）お教えなさった。そこで天村雲命はその水を携え下って高千穂の宮の御井に濯ぎなさった。これが即ち今も清き水の湧く真名井である。付近には水が乏しいので里人は飲用の水を之に仰いでいる。背後の丘を藤岡山という。神祇百首に渡会之長《わたらひのゆきなが》の歌として

花咲けば真名井の水をむすぶとて藤岡山にあからめなせそ

というのがある。

上古伊勢の外宮は丹波にあった。そしてそこにも真名井と藤岡山とがある。これは日向のを移し名付けたのである。雄略天皇の御宇に外宮が伊勢に遷された。かくて伊勢にも真名井と藤岡山とがあることになった。

【資料④】の伝承は、『日向の伝説』（初版は昭和八年）に掲載された「天真名井」の伝承である。この昭和初期の伝承においても、先掲【資料①】『神跡明細記』のイ、ロ、ハ、ニ、ホ、チの要素をみることができる。これは【資料④】『日向の伝説』においても、『神宮秘傳問答』『神祇百首』等の影響が及んでいるものとして理解できる。特にチ、歌の要素については、【資料①】『神跡明細記』が「ありしふなせそ」とあるところを、【資料④】『日向の伝説』は「あからめなせそ」としている。この【資料④】の表現は【資料③】『神祇百首』の「アカラメナセソ」と一致する。この表現の一致は、『日向の伝説』が度会元長の【資料③】『神祇百首』の「アカラメナセソ」をもとに、【資料①】『神跡明細記』の記述を校訂したものと理解できる。[11]

ただし、水の用途については、度会氏の言説と、高千穂の伝承との間には、相違がみられる。まず、度会氏の『神宮秘傳問答』『神祇百首』には共通して、毎日のオホミケ（「大御饌」「大饌料」）に真名井の水を用いるとある。しかし、【資料①】『神跡明細記』では「悪しき病あるに此水を用て治し此水を用ふる家にハ昔より悪しき病なしと云へり」とある。つまり水の用途については、度会氏の言説と高千穂の伝承とは異なる部分がある

のである。さらに、【資料④】『日向の伝説』では、「天孫の朝夕の御饌に供へ申せ」という度会氏の言説を継承した表現がある一方で、「付近には水が乏しいので里人は飲用の水を之に仰いでいる」(傍線部)との表現がある。つまり、【資料④】『日向の伝説』には、土地人の視点による新たな要素が付け加わっているのである。

この水の用途をめぐる度会家の言説と高千穂の伝承との相違点について、筆者は、度会家の学問の影響を強く受けつつも、それでも記さざるを得ない高千穂町三田井地区の特質があらわれていると考えている。特に【資料④】において、「付近には水が乏しい」と表現される土地人の意識は重要である。この「付近には水が乏しい」(傍線部)という認識については、以下に掲げた『日向襲高千穂神代図』においても確認することができる。

【資料⑤】『日向襲高千穂神代図』「藤岡山、天真名井」[12](※傍線部は引用者)

天真名井ハ、天孫此地ニ天降坐シ時、国ワカクメーズ、水ナクテ叶ザルニヨリ、天村雲命ニ勅シテ、天ヨリモチ降ルベシト有シニ、村雲命再タビ天ニ登リテ天照大神ニ奏シテ、大神ノ降シ玉フ水ヲ持降リテ奉リシヨリ、日本ノ水スミケルナリ。其水ノ余リヲウツシ玉フ御井ナルニ依、天ノ真名井ト号ク。此村雲ノ命天ニ再ビノボリ玉ヒシ故ニ、天ノ二ノボリノ命ト唱フ。此井霊水ナル故、汚レアル時ハ水出デズ、穢ヲハラヘバ水モトノ如ク出ル也

【資料⑤】『日向襲高千穂神代図』は嘉永六年(一八五三年)に刊行されたもので、水の問題については、「水ナクテ叶ザルニヨリ、天村雲命ニ勅シテ、天ヨリモチ降ルベシ」と表現されている。この伝承中の「水ナク」という表現については、当時の高千穂三田井の人々の現実問題が背景にあると考えられる。それは、高千穂町

三田井の人々が、少なくとも近世以来、水の問題に悩まされ続けてきたという問題である。そのことを示す資料として、以下の【資料⑥】を掲げる。

【資料⑥】水無し村の「陳情書」[13]（※傍線部は引用者）

御免下さるべく候杉の事

一、杉壱本［廻り六尺　長三間半］

一、同壱本［廻り四尺五寸　長弐間］

右は岩戸の内、大平村並びに三田井の内大戸口村、右両所竈数拾八軒御座候、御存の通り水御座無く候に付いて、大川（岩戸川）より樽を以て、水荷い申し候、夫に付き此の八年以前に願い出候得ば、御免下され候、最早、樽いたみ申し候に付き、願い出申し候間、御相談の上、右の杉弐本御免下され候様に頼み奉り候

左、御座無く候得ば右拾八軒の者共、ひしと迷惑仕り候間、急度御免下され候様に頼み奉り候、以上

岩戸庄屋
清右衛門　（印）
三田井庄屋
九兵衛　（印）

未ノ三月十一日

佐藤弥五左衛門殿
黒　勘兵衛　（印）

隠　文左衛門　(印)
九　吉左衛門　(印)
戸　惣右衛門　(印)

右は岩戸、三田井両庄屋書き出しの通り、右、両村水御座無く候に付き、大川より水荷い申すに付き、樽木のため願い出申し候儀、紛御座無く候、
右、杉弐本無代銀に御免下され候様に、御相談頼み奉り候
己上
右　同日　佐藤弥五座衛門　(印)
一　水冨右衛門殿
西杢右衛門殿

【資料⑥】は、元禄期に、岩戸村と三田井村の庄屋が連名で代官に提出した陳情書である。その内容は岩戸川から水を汲み上げてきた樽が破損したので、杉二本を払い下げてほしいというものである。この【資料⑥】には、「右、両村水御座無く候に付き」(傍線部)という表現があり、当時の岩戸村、三田井村が水不足という問題を抱えていたことが理解できる。さらに【資料⑥】の文書について、『高千穂町史』は以下のように述べる。

水無し村の〝陳情書[14]〟
高千穂町大字岩戸大平地区は、その一部尾野口が、江戸時代から岩戸川を隔てて、対岸の大字三田井地区

に所属していた。同地区四十三戸は、昭和四十八(一九七三)七月から高千穂峡お塩井を水源とする、町上水道が、岩戸川をまたぐ国道・雲海橋(長一九九・高一一〇)を渡って給水される。それまでは、同地区の小規模簡易水道で給水されていたが、その水も事欠くことが多く、住民は水田に引く灌漑《かんがい》用水と共に飲料水に至っては、数百年にわたって悩まされて来た。止もう得ず〝命の水〟として専ら汲み上げて来たのが谷底の岩戸川の水である。(後略)

【資料⑥】からわかるように、高千穂町岩戸地区・三田井地区の水に関する問題は近世期から続く切実な問題であったといえる。これらの記述から「天真名井」の湧水が高千穂町三田井の人々にとって、いかに貴重なものであったかは想像に難くない。このような土地人の意識が度会家の学問に依拠した「天真名井」の権威付けにつながり、度会氏の言説にない要素を「天真名井」の伝承に付加していったものと考えられる。

三　「天真名井」の伝承から現代の高千穂を考える

本節では、先に述べたような水への意識が現代の高千穂町三田井の人々とどのように結びつくのかを見てみたい。

平成二十七年(二〇一五)に、高千穂町、五ヶ瀬町、日之影町、諸塚村、椎葉村は「高千穂郷・椎葉山の山間地農林業複合システム」として、国際食糧農業機関(ＦＡＯ)により世界農業遺産の認定を受けた。その主な構成要素の一つに「山腹用水路と棚田」がある。山腹水路とは山腹をぬうように等高線沿いに建設された水路のことで、高千穂郷・椎葉山地域全体では総延長五〇〇キロメートル以上にも及ぶ。その内、高千穂用水は総延長六九・二キロメートルにも及び、その受益面積は九四ヘクタールにも及ぶ（着工・完成：明治二十年〈一八八七〉～大正八年[15]〈一九一九〉）。

前掲【資料⑤】の古文書が示すように、近世末の高千穂町三田井では、人々は馬の背に水桶を乗せ、岩戸川までの往復約四キロメートルをかけて水汲みに行く現状があった。高千穂用水の整備は高千穂町三田井の人々に多大なる恩恵を与えたことであろう。

この高千穂用水は、文政八年（一八二五）に高千穂町三田井中川登に生まれた福嶋辰弥という人物の貢献により建設されたものである。高千穂町ホームページでは、福嶋辰弥について以下のように記す。

【資料⑦】高千穂土地改良区の歴史[16]

文政八年（一八二五年）九月九日、大字三田井中川登に生まれた福嶋辰弥は、自分の住んでいる地域の人々が、水不足で困っていることに、いつも心を痛めていました。水がないため、この地域では米を満足に作ることができなかったのです。何とか水を引いて米を作りたい。これが福嶋辰弥の願いでもありました。

嘉永年間（一八四八年～一八五三年）福嶋辰弥は有志とともに用水路作りを計画しましたが、無理だというものが多く、計画を進めることはできませんでした。（中略）

福嶋辰弥らは、用水路着工にあたり、工事の詳しい設計図を作成し、すぐ工事にあたりましたが、すでに、明治二十三年（一八九〇年）、福嶋辰弥は65歳になっていました。着工にあたっては、反対者の嘲笑や罵倒は、大変なものでありました。

用水路作りを計画して四十数年の月日が過ぎていました。起工式をして八年、明治二十八年（一八九五年）に至って、ようやく一六キロメートルに及ぶ水路を完成することができました。同士の興梠森蔵は、完成の喜びを待たずして、二年前に亡くなっていました。

この用水路完成のおかげで、何と今までの五〇〇倍もの田を広げることができました。この計画に反対していた村民はただただあやまるだけでした。

上記の記述をみても、高千穂町三田井の人々は、水の問題と少なくとも近世以来、向かい合ってきたといえる。この歴史的経緯は「天真名井」の伝承にある水への意識と密接に結びつくものであろう。十六キロメートルにも及ぶ水路を山の斜面に建設した人々の心には、「天真名井」の伝承に含まれるような水への渇望があったと考えられる。

その後、高千穂用水はコンクリートによる補強工事が重ねられ現在に至る。また、その維持・管理は地域住民の協力によって行なわれている。

『高千穂郷・椎葉山地域農業遺産』のホームページでは、この高千穂用水について、田崎耕平氏（水土里ネット高千穂理事長）の以下のような言葉が掲げられている。

先人たちがそれはもう大変な、筆舌に尽くしがたい苦労をして作り上げた用水路です。それが代々管理され、受け継がれて、今もこの地域の暮らしを支えています。私たちも、先人たちの思いが詰まった用水路を、次の代にできるだけ維持しやすい形でバトンタッチしたいのです。

以上の田崎氏の発言には、三田井地区の先人達に対する敬意の念があり、現代を生きる人間として、高千穂用水を未来に引き継いでいこうとする強い意志を見ることができる。この、田崎氏の言葉にある思いは、「天真名井」の伝承にあらわれるような水への意識と通底するものといえよう。

結

本章では、宮崎県高千穂町三田井に残る「天真名井」の伝承について考察を行ってきた。その考察では、まず、近世期における「天真名井」を重要視する土地人の意識を確認した。そして、その意識が度会家の学問に依拠した「天真名井」の権威付けへとつながることを指摘した。

以上のような、三田井地区の人々の水への意識は、現代においても変わらず引き継がれている。少なくとも近世より続くこのような意識が、現代における高千穂用水の維持管理に結びつき、世界農業遺産での評価につながったのであろう。

日本各地に伝わる神話伝承には、それぞれの地域が持つ特質が内包されている。その特質を考察していくことは、現代の地域社会が持つ個性や特質を見定めることにもつながるのではないだろうか。本章の考察がその一例となれば幸いである。

注

（1）天真名井については、京都府宮津市、三重県志摩市、鳥取県米子市、福岡県宗像市等に伝承地がある。本章の考察対象は、宮崎県西臼杵郡高千穂町三田井にある「天真名井」についての伝承である。高千穂町三田井の「天真名井」を指す場合は「天真名井」と表記する。

（2）『高千穂庄神跡明細記』の引用は『宮崎県史　別編　神話・伝承資料』（宮崎県・平成六年三月）に拠る。同書の解説には、以下のようにある。

本書（異筆）は文久三［癸亥］年延岡藩の国学者樋口種實が藩命によって高千穂の神跡を調査して記述したものである。それを当時調査に協力した岩戸村庄屋土持信贇が写本したものが本書であって、樋口種實の原本は宮内庁図書寮にある由である。

（3）『先代旧事本紀』の引用は『先代旧事本紀注釈』（工藤浩・松本直樹・松本弘毅、花鳥社、令和四年（二〇二二）二月）に拠る。

（4）樋口種實については、高千穂町歴史民俗資料館（高千穂町コミュニティセンター）のホームページに以下のようにある。

延岡の国学者で歌人。商家に生まれ、本居太平に師事し、天保十三年（一八四二）には国学館から日本史校合の命を受けました。猿楽の研究や神跡調査を行い、土持完治の協力を得て「高千穂庄神跡明細記」、また「高千穂百首」・「古事記私考」など一〇余冊の遺稿が残されています。

「本居派と高千穂の国学者たち」http://www.komisen.net/kokugaku.htm

（5）度会延佳は江戸初期の神道家、国学者であり、伊勢神道の復興に注力した人物である。主な著書に『陽復記』

『中臣祓瑞穂抄』『鼇頭古事記』『鼇頭旧事紀』等がある。

（6）『神宮秘伝問答』の引用は早稲田大学古典籍総合データベースによる。

https://www.wul.waseda.ac.jp/kotenseki/html/bunko 31/bunko 31_e 1142/index.html

（7）傍線部の度会延佳の言説については、『神道五部書』「鎮座本紀」に以下の記述がある。樋口種實が引用する度会延佳の言説は中世以来の度会氏の説であったと理解できる。

『神道五部書』「御鎮座本紀」

御井水。天孫降臨以來。天村雲命理治于虎珀之鉢。［金剛夜叉神所化　也。徑一尺八寸。］天降居留也。［為守護七星十二神羅列座。光明如明星坐也。］皇太神皇孫之命天降坐時尓。天村雲命御前立天。天降仕奉。于時。皇孫之命。天村雲命乎召詔久「食國之水波未熟。荒水尓在介利。故。御祖天御中主神之御許尓奉上。此由言天來。」止詔。即天村雲命恭登弖。天孫之御祖之天照太神。天御中主神之御前尓。皇御孫之申上宣事乎。子細申上時尓。御祖天照皇太神、天御中主皇太神、正哉吾勝尊、神魯岐、神魯美尊。神議詔久「雜尓奉牟者。行奉下弖在止母。水取政到於波遣天。天下復飢餓久在介利。何神乎加奉下牟度思問尓。勇乎志弖恭登來。」度詔天。天忍石乃長井乃水乎取。八盛天誨給久「此水持下弖。皇太神乃御饌尓八盛獻天。」遺水波。天忍石水止術云天食國乃水於爾灌和天朝夕御饌尓奉獻禮。即時。日向高千穗宮乃御井定崇居焉奉仕矣。自爾以降。但波真井石井尓鎮移居。

※傍線引用者

『神道五部書』「御鎮座本紀」の引用は『新訂増補　國史大系第七巻　古事記・舊事本紀。神道五部書』（黒板勝美編・吉川弘文館・昭和十一年四月）に拠る。

（8）岡田莊司「解題」（『神道大系　古典注釈編八　中臣祓註釈』神道大系編纂会　一九八五年）を参照した。

（9）『詠太神宮二所神祇百首和歌』の引用は、国立公文書館デジタルアーカイブによる。『群書類従』神祇部巻二十八所収。

https://www.digital.archives.go.jp/das/meta/M 1000000000000055497.html

（10）　鈴木健一郎『日向の伝説』文華堂・昭和四十七年十二月。初版は昭和八年四月。

（11）　『詠太神宮二所神祇百首和歌』は度会元長の著作である。しかし、『日向の伝説』は度会之長としている。管見の限りではあるが度会之長なる人物の著作で『神祇百首』という書物は確認できなかった。著者が推測するに『日向の伝説』は草書体の「元」を「之」に見誤ったものかと思われる。

（12）　『日向襲高千穂神代図』の引用は、松尾宇一『日向神代聖蹟文献史料』（日向郷土史研究会・昭和十五年十一月）に拠る。

（13）（14）　『高千穂町史　郷土史編』高千穂町・平成十四年三月に拠る。

（15）　『高千穂郷・椎葉山地域　世界農業遺産コンセプトブック』世界農業遺産高千穂郷・椎葉山地域活性化協議会（発行宮崎県）に拠る。

（16）　高千穂町ホームページ「高千穂土地改良区の歴史」（1、福嶋辰弥）
https://www.town-takachiho.jp/top/soshiki/nochiseibi/2/2/324.html

（17）　世界農業遺産　高千穂郷・椎葉山地域ホームページ。
https://takachihogo-shiibayama-giahs.com/

キツネガリ行事と子ども集団

服部比呂美

はじめに

日本の年中行事の中で、小正月には多種多様な民俗が存在している。たとえば、左義長やドンドヤキなどの火祭りをはじめ、鳥追いやもぐら打ちなどの除災儀礼、繭玉や削り掛けなどの作り物、成木責め・尻叩きなどの予祝儀礼、粥占いなどの卜占儀礼、ナマハゲに代表される来訪神行事などである。

また、地域社会の中で子ども集団が司祭者となって行事を遂行する事例も顕著に見られる。東日本では、小正月のサイノカミ祭祀に子ども集団が顕在化している。たとえば、山形県鶴岡市羽黒町手向の「セノガミ(サイノカミ)祭り」は、大黒天の木像を背負い、御幣のついたボンテンと呼ばれる棒を持った「大将」をリーダーに、子どもたちが集落の各戸を回って「福の神　どっさどっさ　どっさり舞い込んだ」と唱えながら、家の中で何度も跳ねる。また、静岡県賀茂郡西伊豆町宇久須の「サイノカミ祭り」では、榊の枝や石像のサイノカミを手にした子どもたちが集落の各戸を訪れ、「ハライタマエ　キヨメタマエ　ナムサイノカミサン」と唱えて歩く。こうした子どもたちには、集落を言祝ぎ、災厄を祓う役目が期待されていたといえよう。

福井県若狭地方でも、小正月には、キツネガリ・キツネガエリ・ガリアイ・ガンヤリ・カイロ講・戸祝い・ホトト・フクイレなどの呼称をもつ行事が行われ、子ども集団が、唱え言をしたり祝い棒で門口を叩いたりする呪術的な行為をともないながら集落を巡行し、その目的は害獣祓いと招福にあると理解されてきた。

キツネガリ行事は、兵庫県や京都府、大阪府、鳥取県でも行われていたが、現在ではほぼ中絶している。その一方で、若狭地方では現在も複数箇所で行事が継承されている。本章では、この要因を探るため、令和三・四年(二〇二一・二二)に若狭地方で現地調査を行った。この結果をふまえ、行事を担う子ども集団の特性や子どもたちを取り巻く地域社会のあり方を検討し、民俗伝承の可能性を考察したい。

一　キツネガリ行事の先行研究

民俗学では、古くからキツネガリ行事に関心を寄せてきた。その中で、祭日は小正月やその前日であることや、丹後・丹波・但馬・播磨・因幡・伯耆・若狭などのエリアに濃厚に分布していること、さらに、男児の集団が鉦や太鼓を叩いたり、棒や木刀、御幣などを持ったりして、狐を威嚇する唱え言をしながら、集落や家々を回るという行事のあり方が明らかにされてきた。

多くの研究では、各地の事例報告とともに、行事の呼称、行事に際して用いられる採り物、あるいは唱え言などの差異などから、稲荷信仰との関わりを中心に行事の意味付けに関する議論が重ねられてきた。

こうした研究に先鞭をつけたのは柳田國男であり、後の研究も柳田の分析の延長線上にあると考えられる。

これまでのキツネガリ行事に関する先行研究では、この点が十分に掘り下げられていないと思われるため、本章ではまず、キツネガリ行事の研究史をたどってみたい。

(1) 柳田國男の研究

1 『おとら狐の話』

キツネガリ行事に関する柳田の叙述は、早川孝太郎と分担執筆し、大正九年(一九二〇)に玄文社から刊行された『おとら狐の話』(炉辺叢書第二編)の解説が古いものであろう。

この中で、大正期に鳥取県の山村で行われていた「狐狩」が紹介されている。それは、旧暦正月十四日に、昼間は男児、夜は青年がこれに加わって、鉦や太鼓などで面白く囃しながら、集落内を何度も回って歩く行事であった。柳田は「狩るとは謂つても駆逐するので無く、やはり斯して仲間の中に狐憑を人造し、其年の吉凶を豫言せしめ、又機嫌を取つて倍舊の愛顧を求めた風習の名残であらう」として、囃子によって眼に見えないものを動かし、狐の霊を里に駆り出す手段であったと述べている。また、「狐狩でも何かの方法で、狐を代表する中の小佛をきめて、其に色々の事を訊ねたものが、後には他の多くの古い儀礼と同じく、半分以上遊戯化してしまつたものと思ふ[1]」と言う。

柳田の解釈は、キツネガリ行事は、稲荷下しの役目を担った子どもが尸童となり、狐から吉凶禍福の託宣を聞くことが目的であり、狐を祓う役目については言及していない。

重要なことは、柳田がキツネガリの担い手として「子ども」の存在に注目していたことで、同様の解釈は、柳田の『こども風土記』の中にもあり、「地蔵遊び」「中の中の小仏」「かごめかごめ」などの遊戯は、輪の中の人に神霊が憑依して託宣した信仰的な所作だけが子どもに引き継がれたと論じている。(2)

2　『歳時習俗語彙』

続いて柳田は、昭和十四年(一九三九)の『歳時習俗語彙』(民間伝承の会)に複数の事例を紹介している。若狭の佐分利村(現在の福井県おおい町)の「狐狩」の唱え言として、「わりやどこ祭るぞ。若宮祭るとて狐狩りやんれい。狐のすしは、七桶になから　八桶に足らぬとて狐狩りやんれい。」というものが紹介され、「鮨にするのにまだ半桶分不足だと謂ふのは、どこかで聴いて居るであらう狐を脅かす文句らしい(3)」と解釈している。

さらに、播州の事例として「オロロオヒ」をあげ、「オロロ」は元々は狐を狩る時の掛声であったが、追われるものの名前のようになったと柳田は述べる。十七歳以下の男児の群が「オロロやオロロ　わりやそこで何しよるぞ　若宮さまにやとはれて　ツツヲダンゴ揉むわ、ほい〳〵」と唱えて集落を巡り、村はずれに左義長の竹を二本ずつ立ててトンドを焼く所もあるという。これに続けて次のように述べている。

神崎郡では此晩にサイノトウと謂つて、子供の組が

狐狩りやホロロ
ホロロやホロロ

といふ文句をくり返しつゝ、村の路を走り下る習はしの村も元はあつた(民族一巻二號)。サイノトウは此日の道祖神祭のことなのだが、近世は其行事が無くなつて、其家を狐狩の頭屋にして居たのである。(4)

このほか、「ヨメノシリハリ」の項目では、丹後中郡(現在の京丹後市)の例として、正月十五日に子どもたちが行う「ヨメノシリハリ」あるいは「狐狩」と呼ばれる行事を紹介しており、これらが一連のものであるという。子どもたちは「狐狩り候、穴なり候」と唱え、鉦や太鼓を鳴らして村内を巡り、新婚の家では藁縄を丸めたもので嫁の尻を叩き、懐妊を促している。(5)

本書の記載からは、『おとら狐の話』とは異なり、柳田が「狐を祓う」ことを「狐狩」の目的ととらえているようである。唱え言が「狐を脅かす文句」や「狐を狩る時の掛声」であるという記述がそれを裏付けている。また、サイノトウと狐狩、あるいは狐狩と嫁の尻叩きというように、キツネガリ行事の中に複合的な要素があることを指摘している。播州の事例があることから、柳田の本行事への関心は、自身の民俗体験が影響を与えているのかもしれない。

3 「狐飛脚の話」

キツネガリ行事に関する柳田の叙述の中で、もっともまとまっているものは『孤猿随筆』に収録された「狐飛脚の話」(6)といえる。ここでは、昔話・説話と「キツネガリ」や「狐施行」、「狐憑き」などの習俗を関係づけながら日本人の狐神信仰の変化を論じており、その転換は宗教者の関与によるものであるという。ここで柳田は、狐について次のように書いている。

> (前略)とにかく人間の知らぬことを知っていて、頼めば教えてくれるという信仰が下にあって、感謝も尊敬もそれから出ているのだから、この饗応をしなかったら寧ろ義理が悪いのである。
>
> 越後その他の北国の山村には、村の狐という言い伝えが、伝説の形になって今も時々は注意せられる。

むろん今日はもう続けてはおらぬのだが、昔はたいてい小正月の晩とか除夜とかの神聖なる時刻に、谷の奥から大きな声を揚げて、来るべき一年の吉凶を住民に告げ教え、或はその一人のよくない者の、隠し事などもすっぱ抜いたという話さえある。これは我々の共同生活の古い要件で、他の多くの土地では村人が神に扮し、夜更けに戸を叩いて祝福の語を伝えてあるく風が、今も痕跡ばかり残っているのだが、村によってはこの役目を、年経た老狐に委ねていたわけである。(中略)それを物々しく祠に祀り、到る処に朱色の鳥居などを見かけるようになったのは、これもまた中間にこの信仰によって、衣食を得ようとする職業の者が、発生して来てから後の現象であったかも知れぬのである。(7)

こうして、「大きな何稲荷の前に額ずき禱る者は、相場師とか請負師とか茶屋のおかみさんとか、それこそ活馬の眼も抜きかねない鋭どい人ばかりである」(8)と述べている。都市では狐が「稲荷神」として篤く信仰される一方、農村では「格別の助勢を農民に与えようともせず、ただ時々やって来て鶏を盗んだり、路の辻に待ち伏せして酔人の藁苞を狙ったり、さては招きもせぬのにか弱い女どもに取り憑いて、家の平和を紊したりする」(9)害獣と見なされるようになる。これは、狐施行とキツネガリは、都市と農村で正反対のキツネ観が反映した結果であると言う。

最後に、柳田がキツネガリについて指摘したのは、行事分布の偏りであった。

(前略)今一つ注意して置いてよいことは、この奇抜なる狐施行の風習に接触して、京都・兵庫の二府県の北部から、若狭と因幡とのかなり弘い地域にかけて、主として農村に行われている狐狩という行事がある。これも期日は旧正月十四日の晩、すなわち昔の歳越の宵であって、以前は必ず一年の兆候を謹聴するために、狐を款待《かんたい》した記念の日であったろうと思うのに、今はとにかくに狐狩といっているのである。正月を大切に守っている人たちの考え方では、いかなる式でもこの日行うておくのが最も有効だとしていたので、鳥追い・土鼠追いから病魔・睡魔、時としては押売り・旅商人の類まで、何でもいやなものは皆追い払っておこうとしたのだが、狐をそのリストに入れているのはこの地方ばかりで、しかも面白いと思うことは、その折の唱えごとには若干の遊戯分子があって、そう古くから厳重に、踏襲していた式でないように思われる。(9)

さらに、「狐のすしは七桶ながら　八桶に足らぬとて狐狩するよ」や「狐を喰ったらうまかった　まんだ歯ぐきに挟まってる」と言う唱え言は、多年の親しみの産物としてこれらが威嚇の言葉でありながら「笑いの文芸」の要素を残しており、ここに「狐の寒施行と何か脈絡がありそうに思われる(10)」と述べている。

このように、小正月に狐を祓う地域が限定された地域であることや、狐施行とキツネガリの分布が重複していることについての結論は出さず、「他日あるいはこの方面から、以前は狐を狩るのではなく、むしろそのありかを見つけ出して、年の始めのめでたい祝言を聴こうとした式であったこと、またそれほどにも人と狐との間柄が親しいものだったということを知る時が来ようかと思う(11)」と結んでいる。

柳田の残した課題を解決する明確な根拠は未だに提示されてはおらず、キツネガリが全国的に分布をしていない理由も明らかになってはいない。ただ柳田は、こうした行事に子どもが関与していることを重要な要素としてとらえていたことは確かである。

(2)　戦後のキツネガリ研究

戦後のキツネガリ行事の研究は、柳田が提示した課題を中心に、大阪府豊能郡能勢村(現・能勢町)や兵庫県播磨地方や但馬地方、京都府丹後地方などの詳細な報告と並行しながら行われてきた。こうした中から、いくつかの先行研究についてふれておきたい。

1　井之口章次「狐施行のこと」[12]

井之口は本稿で、柳田が「狐飛脚の話」で残した、「狐施行」と「キツネガリ」は相反する目的をもった狐に関する行事でありながら、近隣や同じ場所で行われているという未解決の問題に取り組もうとした。柳田は、それぞれの行事の相反する目的の理由は歴史的な変化によるものであると一応は結論付けていたが、井之口は、成立時期の違いは考えにくいのではないかと疑問を投げかけている。鉦や太鼓を叩いて唱え言をしながら村境に送り出すという形式は、中世の御霊信仰の流行が元にあり、これがキツネガリとして在地化するのは近世になってからであるため、狐施行も今のような形になったのは近世のことと見なければならないからであると述べる。[13]

それでは、なぜ同時期に相反する目的を持つ狐に関する行事が併存できたのか、という新たな疑問が生じる。これについて井之口は、キツネガリは村の行事で担い手は子どもであるが、狐施行は稲荷を祀る家の行事で担い手は宗教者であるとして、「司祭者の違い」にあるとする。[14]

しかし、キツネガリや狐施行が全国的に見られない問題は、井之口も解決には至らず、事実の確認が進まない限り残される課題であると結んでいる。

2 辰巳衛治「キツネガエリ考[15]」

キツネガリ行事の研究において、行事の呼称を主題にしているものは少なくない。その嚆矢に、辰巳衛治の「キツネガエリ考」がある。辰巳は「狩る」と「かえる」という言葉の違いから、行事の変化と意味づけを検討し、福の神を招く神事であったキツネガエリから、狐を狩り出すキツネガリへと変化したと結論付ける。その根拠として、近畿地方の事例に見られる子どもたちの行為をあげ、精進潔斎やオコモリ、貧乏神を追い出し福の神を招き入れる唱え言などには、追放するという意味では説明がつかない要素があることをあげている[16]。しかし、柳田が播州の事例としてあげた「オロロ」などは、どのように位置付けるかというような問題も残り、根拠は十分とは言えない。

行事の呼称や唱え言に関する研究の多くは、唱え言の構成の整理にとどまり、行事の変化や要因の根拠となるまでには至っていない。特に、子どもが主体となって行う行事では、唱え言は言語遊戯の側面があり、考察はより困難である。

3 大森恵子「狐狩リ・狐ガエリ行事の諸形態と民間信仰―特に、但馬地方を中心として[17]」

近畿圏のキツネガリ行事は、長年に亘って事例報告が蓄積されてきた。但馬地方では、口佐津の「初ギツネ」では、集落の男児の仲間入りをする機会であり、刀で嫁の尻を打つ「シリハリ」や柿の木を脅す成り木責めなどから、予祝的な性格がキツネガリ行事に見られる点が指摘された[18]。また、京都府丹後地方の「キツネガエリ」では、子どもたちが赤子の生まれた家からホウの木で作った刀や長刀を預かって行事の後で返したり、藁で作ったシリハリを持って赤子の生まれた家を祝福して歩いたりし、家々ではシリハリと刀や長刀を門口に吊るして魔除けにしたという[19]。

但馬地方のキツネガリ・キツネガエリの事例を悉皆的に収集し、事例分析を行ったのが大森惠子の「狐狩り・狐ガエリ行事の諸形態と民間信仰―特に、但馬地方を中心として」で、行事の形態から次の三分類を提示している[20]。

a　鍋敷きや鍋つかみ・草履などを竹に吊す・掛けるなどして、村境に鎮送する形態

b　木製の刀や槍・長刀を持って行列に参加する形態

c　祝福・言祝ぎ儀礼をともなう形態

また大森は、行事の目的については、a悪い狐を村外へ狐を追い出すことに主眼をおくもの、b狐を神と信じて丁重な神送りをするものと二分類し、それぞれに解釈を加えている。前者は御霊信仰を根底に発生した宗教行事で、その本質は祟りやすい中間神霊である若宮(御霊)を祭祀して和霊となし、御霊神から恩寵神へ変質させることにあったとする。後者は、祖霊神の象徴である狐を村外、すなわち常世へ鎮送する観念が強く表れたものであると述べる。さらに、「屋敷神と稲荷」の研究から、狐神は祟りをなす御霊神にも変化し、祖霊神もまた祟りを顕わして御霊神にも変質する点をあげている[21]。

しかし、屋敷神を稲荷として祀る習俗は、キツネガリやキツネガエリの分布よりも広範囲に見られるもので、この根拠には再検討の余地がある。また、若宮との関係性は唱え言を根拠としているが[22]、唱え言の「若宮」の部分は、地域によって「地頭」や「サイノカミ」、「キンダンドン」など、入れ替え可能な部分に当たる

ため、在地の信仰との関係性で論じるべきなのではなかろうか。

ところで、金田久璋は、若狭地方のキツネガリについて論じた『森の神々と民俗』(一九九九年)中で、「若宮の祭り」の唱え言は、若宮祭としてのキツネガリが点在したところに残されたもので、福井・京都・兵庫の三県にまたがって「地頭」という唱え言が見られるのは、地頭に命じて小正月の行事の中にキツネガリを組み込ませた者がいるのではないかと述べている。この根拠として、豊臣秀吉の養女が狐の祟りによって狐憑きの症状となったため、日本国中の狐を毎年狩るように命じたという狐狩りの伝承をあげている。(23)

4　赤田光男「狐の施行と稲荷行者(24)」・「小正月の狐狩り行事(25)」

キツネガリと狐施行の関係性についていては、柳田や井之口の先行研究でも論じられてきたが、赤田光男は「狐の施行と稲荷行者」の中で、稲荷信仰の発展途上に職業的な人が出現し、彼らが中心となって狐施行を始めたとする井之口の見方に対し、民俗の古層に農業神としての霊獣、霊鳥に食べ物を与えて稲の豊穣を願う行事があり、農業神としての狐に対する信仰が稲荷信仰に結びついて展開した結果、「野撒き」から「施行」へと名称が変化し、オダイサンなどの宗教者が関与することになったと論じている。しかし、伏見稲荷の社家の勢力が絶大であることや、狐憑きの俗信が全国的にありながら、狐施行は近畿地方を中心に行われている点は不可解であり、今後の課題としている。(26)

また赤田は、「小正月の狐狩り行事」では、京丹後地方の「キツネガリ」・「キツネガエリ」と呼称される行事について、その内容に狐の排除と歓待という善悪両面の狐観があるという視点から、次の四分類を提示している。

a　威嚇追除型　キツネガリ（囃子道具あり）悪狐

b　饗応追跡型　キツネガリ（囃子道具あり）悪狐

c　饗応型　キツネガエリ（囃子道具なし）善狐　狐施行と同質

d　寿言予祝型　キツネガエリ（囃子道具なし）善狐　狐施行と同質

注目すべき点は、こうした分類が、行事に参加する子どもたちの行為を指標としていることである。たとえば、bの子どもたちは、宿で接待を受けてから太鼓や唱え言で狐を送り出しており、cの子どもたちは、村巡りをせず、各戸を訪れて小豆や米を集め、宿で共食している。さらにdの子どもたちは、各戸を言祝いで食べ物や祝儀をもらってから、宿で共食している。つまり、cとdには御霊信仰的な要素は見られず、子どもたちの行為は狐施行と同質のものであると判断しているのである[27]。

また、大森が但馬地方の事例から、祖霊神の象徴である狐を常世に鎮送する行事の意味付けを行ったことに対しては、丹後地方の事例から、各家を訪れて予祝する福神的な神狐を饗応するという意味づけを行い、それは、民俗的な野狐信仰が神道的な稲荷信仰と複合することによって、野狐への福神視観が高まったのではないかと推測している。このほか、享和元年（一八〇一）刊行の『閑田耕筆』に書かれた、伏見の稲荷山に諸国の狐が輪番で集まり、その番狐に逢いに稲荷山に里人がやってくるという記録をあげ、ここには「野狐が稲荷山に番狐となってやってきて神狐になり、やがて村里に帰って福狐となるという思想」があり、その背景には稲荷信仰を地方に伝播した唱導者の姿がうかがえるという[28]。

以上、キツネガリ行事の先行研究をまとめてきたが、柳田以来、行事の変化とその意味付けが主眼であったといえる。しかし、明確な根拠を提示することはできておらず、今後、この点から研究を進めるとすれば、新たな文献等が発見できなければ困難であると思われる。

そのため本章では、キツネガリ行事が「なぜ子ども集団によって継承されてきたのか」を課題とした。但馬地方や丹後地方では、行事はほぼ中絶しているが、若狭地方では複数箇所で継続していることから、まず、若狭地方のキツネガリ行事の実態をとらえ、唱え言や採り物、参加者の構成や役割などの点から行事を再検討する。ここから、こうした子ども集団と地域社会とはどのような関係性にあるのかを考察し、民俗行事の継承という現代的な課題に対峙してみたい。

二　若狭地方のキツネガリ行事の実態

本章では、行事に随行した三方郡美浜町新庄寄積、若狭三方上中郡若狭町上吉田、若狭町三方上中郡持田、おおい町名田庄三重兵瀬、名田庄三重下三重、さらに部分的に参加した若狭町武生、上野木、海士坂、三生野、玉置などの調査結果から、若狭地方のキツネガリ行事の実態を明らかにする。

(1)　三方郡美浜町新庄寄積　カイロ講

若狭地方のもっとも南側に位置する新庄は、耳川本流に沿う馬場・岸名・浅ヶ瀬・松屋と、支流に沿う寄積・田代・奥の七集落で形成されている。

寄積では、毎年一月六日に「カイロ講」が行われているが、旧暦の頃には一月十四日に行われていたという。小学校六年生までの男児が参加するもので、祝い棒などは持たず、家々を訪れて唱え言をし、翌七日の早朝にも七草粥をうながす唱え言をする。

令和三年（二〇二一）はK家の小学生の兄弟が参加した。寄積にはこの二人の下に男児はいないという。午後四時前に二人は父親とともに家を出ると、集落二十四軒の屋号が書かれた地図を手に、決めた順番で回りはじめた。訪問先の家の玄関に着くと、兄が音頭をとって唱え言をはじめる。

今年の年は　めでたい年で　背戸には背戸蔵　門には金蔵　中には不動の宝蔵　西から東おっとり　回して　スッカラカンノカン　狐の鮨は七桶ながら　八桶にさそうて　カイロカイロノ

このように、カイロ講の唱え言には、祝言と狐祓いの両要素がある。唱え言を聞いて出てきた家の人は、兄弟に餅や菓子、お年玉を渡す。お年玉は屋号と氏名が書かれた祝儀袋に入っている。これらを受け取ると、再び

ますます繁盛しまするように　カイロカイロノ

と唱え、兄が受け取ったものをノートに記録してからリュックに入れる。大人は行事には関わらないのが原則であるが、すべての家を回ると餅や菓子がかなりの重さになるため、父親はこれを持つ手伝いとして参加しているという。唱え言は道中でもすることになっているが、子ども二人では次第に声が小さくなる。この時は父親が「声が訪れる合図になるから」と励ましていた。一時間ほどで予定していた家を回り終え、帰宅後は兄が主となって餅や祝儀を分配する【写真1】。これにも大人が関わることはなかった。

【写真１】　祝儀・餅の分配　美浜町新庄寄積

翌日は、早朝五時から「オカユダキの歌」を唱えて集落を一周する。この時の唱え言は「寝過ごした　寝過ごした　おかゆだきに　起っきゃれや」であるという。

昭和四十年(一九六五)頃のカイロ講については、宮原兎一・花島政三郎が、「若者組とその消滅過程[29]」の中で、次のように報告している。

カイロコウは若狭地方の他の地区に見られる戸祝いや狐狩りと同じく小正月の予祝行事である。前もって子供たちは、家の大きさ、待遇の良さ等を考慮してカイロコウの宿を選定し、十三才の子供が宿を頼みに行く。六日の晩は十二才以下の者も混って、各自祝い槌を手に持って、「今年の年はめでたい年で背戸にせど蔵、門には金蔵、中には不動の宝蔵、ますます繁昌しますように、カイロウ、カイロウ」、或いは「狐のすしは七桶ながら　八桶にさそうてカイロウ、カイロウ、西から東へオットリまわしてスッカラカンノカン」といって一軒一軒の家を廻る。各家では餅や金を与える。また前年に嫁(あるいは聟)をとった家では酒一升またはそれに相当する金を、三三歳(女)、四二歳(男)、六一歳(男女)の厄年の者は酒一升と大餅一重ねを出す。[30]

これに続いて、子ども組の行事に対して小若衆は監督や指導を行うことも記され、子ども組から若者組への連続性がうかがえる。

このように、現在と五十年ほど前の寄積のカイロ講では、いくつかの変化がある。まず、現在では子どもたちは何も持たずに集落を回るが、かつては「祝い槌」を手に持っていた。[31] また、カイロ講のための「宿」があり、これを頼みに行くのは最年長の十三歳の役目であった。さらに、カイロ講の子どもたちは、前年に結婚した家や厄年の家を訪れており、ここでは特別なもてなしを受けていた。そして、子どもたちの集団の上には、これに続く若者組が関与していたこともうかがえる。

また、昭和四十年(一九六五)前後の習俗が収録された『日本民俗地図Ⅱ』にも、新庄の一月六日・七日の行事が記されている。

カイロ講。子供の行事で、夕方、祝い棒で戸をたたきながら「今年の年はめでたい年で、せどにはせど蔵、かどには金蔵、中には不動の宝蔵、ますます繁盛しますようにかいろかいろの。狐のすしは七桶ながら八桶さそう(かいろかいろの)。西から東へおっとり回してすっからかんのかん。」とはやして、銭や餅をもらって回り、宿に泊まる。

七草がゆ。カイロ講の子供が朝早く「寝すごした、寝すごした、かゆたきに起きやれや。」とはやし

て回る。せりと餅を入れたかゆをたく。（後略）[32]

ここでも、「祝い棒」が確認でき、これで戸を叩いている。子どもたちは宿に泊まり、ここから翌朝のオカユダキを唱える行為に出発している。

(2) 三方上中郡若狭町上吉田　戸祝い・ホトト

上吉田は、北川右岸、上中平野の中央に位置し、宅地の周囲には広々とした田が広がる農村で、中世には禁裏御領処の吉田荘であったという。ここでは、この行事を「戸祝い」や「ホトト」と呼んでいる。かつては一月十四日に行われていたが、現在は一月の第二月曜日の午前中に行われており、令和四年（二〇二二）は一月十日に実施された。構成員は、小学生から中学二年生までの男女児であり、最高学年が「大将」と呼称されている。もともと男児だけで行っていたが、子どもの減少にともない、平成元年（一九八九）から女児も加わるようになった。

子どもたちは、家々で作った「ホトトバイ」を手にして集落を回る。バイは、長さ二十～三十センチメートル、直径は五～八センチメートルで、松の表面の皮をむいたところに、俵、小判、鶴亀、蔵、金袋、千両、百足、打出の小槌、松竹梅、蔵の鍵、蓑、笠、鍬、筍、枡などを描いたものである。名前のほか「家内安全」「無病息災」などの文字を書くこともあり、切り口には宝珠を描く。かつては毎年作っていたが、現在は表面を削って翌年に再利用する。子ども自身がマジックで描くことが多いが、祖父や父親が描く家もある。

当日は、九時に子どもたちと子ども会役員らは春日神社に集合し、まず「ホトト」を練習する。子どもは二人一組になり、一人がバイを横にして持ち、もう一人がこれを上から叩きながら唱え言をする。大将である中学二年生の男児が「祝いましょう」と掛け声をかけ、全員でホトトの唱え言をする。この後、神社の東隣の家から集落を回り始める。

家の玄関では、大将の号令に合わせて次のような唱え言をするが、ここにも祝言と狐祓いの要素が見られる。

祝いましょう　ホトトやホトト　今年の年は　世の良い年で　背戸には背戸蔵　門には門蔵　おれの馬屋に牛が千匹　駒が八百千　八百千　ほったらげろげろ　一は俵踏ん張って　二でにっこり笑わして　三は酒飲まして　四つ酔うように酔わして　五ついつもの若いよに　六つ無病息災で　七つ何事ないように八つ屋敷ひろげて　九つここに蔵を立て　十や十やおさめた　狐の鮨は　七桶八桶足らんとて　ほったらげろげろげ　帰って参じましょう

子どもたちは唱え言をしながら、手にしたバイで、家の前に用意された梯子、丸太、板、竹など叩く(【写真2】)。叩くものが出ていない場合は、神社で練習した時のように、二人一組になってバイを叩きあう。唱え言を聞くと家の人は外に出て来て、終わると大将にお礼を言って祝儀袋を手渡す。大将は祝儀袋を受け取るために肩掛け袋を提げている。祝儀は一軒五百円から千円程度であるという。

集落を回る順序は、七月第一日曜日に子どもたちが行うサイヨーレ(田の神祭り)と同じであるため、迷うことはない。サイヨーレが町指定文化財となったことを契機に、昭和六十三年(一九八八)に発足した「上吉田区伝統行事保存会」は、会長を区の自主学級長(文化体育部長)が務め、子供会世話人、各班から選出された委員

【写真２】　バイで梯子などを叩く　若狭町上吉田

四名、顧問の計七名で構成されている。ホトトには、この保存会のメンバーも数人付き添っているが、見守るだけで口を出すことはない。同行していた古老にホトトへの感想をうかがうと「ずっと続いてくれればいいなと思うけれど……」と言葉少なに答えてくれた。

十時半頃、すべての家を回り終えると春日神社に戻り、最後のホトトを行ってから、祝儀の分配のために集落センター（上吉田生活改善センター）へ向かう。かつては、神社境内にある社務所で行っていたという。集落センターでは、伝統行事保存会の自主学級長と子供会世話人が、部屋を暖めたり、お菓子を準備したりしている。大将は、これとは別に、長机を出して部屋の隅に囲いを作る。その中で大将と副大将二人が祝儀の袋を開け始める。これは古くから引き継がれてきた方法のようである（【写真３】）。他の子どもたちは子供会役員の用意してくれたお菓子を食べて待つ。

なお、副大将は大将の下の中学一年生が不在の

【写真３】　囲いを作り、大将と副大将だけで祝儀を分配する。若狭町上吉田

ためこの年限定の役職で、小学生四人がジャンケンをして、二人が副大将になった。大将たちは、学年に応じて分配の額を決めると、祝儀袋を再利用してお金を入れる。最年少の小学三年生から一人ずつ順番に祝儀袋を受け取る。自分の分を受け取った大将と副大将は、他の子どもたちのいる場所に戻り、分配の儀式は終了した。

大将には分配以外にも、前日の夕方、有線放送でホトトの参加者に集合時間と場所を知らせる役目がある。区民もこれで子どもたちが来る時間をだいたい知ることができる。

ホトトが終了すると、バイは各家で保管しておくが、昔は十五日に小豆粥を焚く際に、バイを焚き物にしたという。ホトトと同日、神社当番が春日神社の本殿の裏では、正月飾りやお守りなどを燃やすドンドも行われている。

(3)　三方上中郡若狭町持田
イワイマショウ

持田は、鳥羽川の右岸、鳥羽谷の入り口に位置している。ここでは、行事はイワイマショウ(祝いましょう)、あるいはトイワイ(戸祝い)と称されるが、イワイマショウが本来の言い方であるという。

かつては一月十四日の夕方に行っていたが、現在は一月第二日曜日に実施され、令和四年(二〇二二)は一月九日に行われた。参加するのは乳幼児から鳥羽小学校に通う六年生までの男女児で、保護者が十人前後同行する。昭和三十年(一九五五)頃までは男児のみの参加で、大人は子供会の役員が一名付き添う程度であった。その後、女児が参加するようになり、昭和五十年(一九七五)を過ぎた頃から、幼児も親が抱いて参加するようになったという。

リーダーは「班長」と呼ばれ、小学校六年生の児童が務めることになっているが、六年生がいない場合は、最高学年の二人がリーダーとなる。令和四年は三年生の二人の女児がリーダーを務めた。

当日、八時半に子どもたちと保護者は持田集落生活改善センターに集合し、熊野神社に参拝してから集落の全戸を回る。子どもたちは各自「バイ」と呼ばれる丸棒型の祝い棒を持ち、唱え言をしながら戸口に用意された梯子や竹などを叩く。

バイはバエとも呼ばれ、各家で大人が用意する。正月前後に持山から樫や桐の木を伐り出してくる。直径五センチメートル程度のまっすぐな枝が良く、三十センチメートル程度の長さにして鉋で表面を削る。子どもの手に合うように、幼児には少し小さいサイズのものを作る。固い方が良い音が出るので、樫の木を使う人もいれば、細工がしやすいので桐を使う人もいる。持山のない人は木を分けてもらうが、近年はホームセンターなどで木材を購入することもあるという。バイの表面には、百足、米俵、蔵、蔵の鍵、大判、小判、枡などの絵を描き、切り口には子どもの名前などを書く。祖父や父親が絵を描くことが多いが、子どもに好きなアニメのキャラクターを描かせたり、シールを貼らせたりすることもある。バイは本来、毎年新しく作るものとされているが、近年は前年のバイの表面を削って作る場合もある。

バイの全面に大きな百足を描くのは、最近のことであるという。子どもたちは、学年が上がるごとに足の本数を増やし、「六年生になったら百本にする」という新しい伝承を生み出していた（【写真4】）。

各家の玄関には竹が準備されている。子どもたちはバイでこれを叩きながら唱え言をする。竹が斜めに設置されている家が多いのは、幼児が参加するようになり、子どもの身長差に合わせたためであるという。このほか、外の柱を叩くこともある（【写真5】）。昭和三十年（一九五五）頃までは、雪囲いをしている家が多く、子どもたちは雪囲いや雨戸を叩いたという。

持田では、唱え言をウタと呼ぶ。班長が「せーの」と声を掛けると、全員が竹を叩きながらウタをはじめる。

祝いましょう　今年の年は　めでたい年で　門には門蔵　背戸には背戸蔵　中には不動の黄金蔵きっちゃるように　おちゃちゃるように　狐の鮨は　七桶ながらに　八桶足らんとて　キツネげーろげろ　かんかん帰りましょ。

この唱え言にも、祝言と狐祓いの要素が混在している。

子どもたちはこの詞章が書かれた紙を首から提げているが、「紙を見なくても歌えます」と告げに来てくれる子どももいた。

唱え言が終わると、家の人は「ありがとう」や「おめでとう」と言いながら、児童一人一人に、五〇〇円硬貨を渡す。各家から渡される袋入りの菓子は、同行する大人が持って歩き、すべての家を回り終わってから子

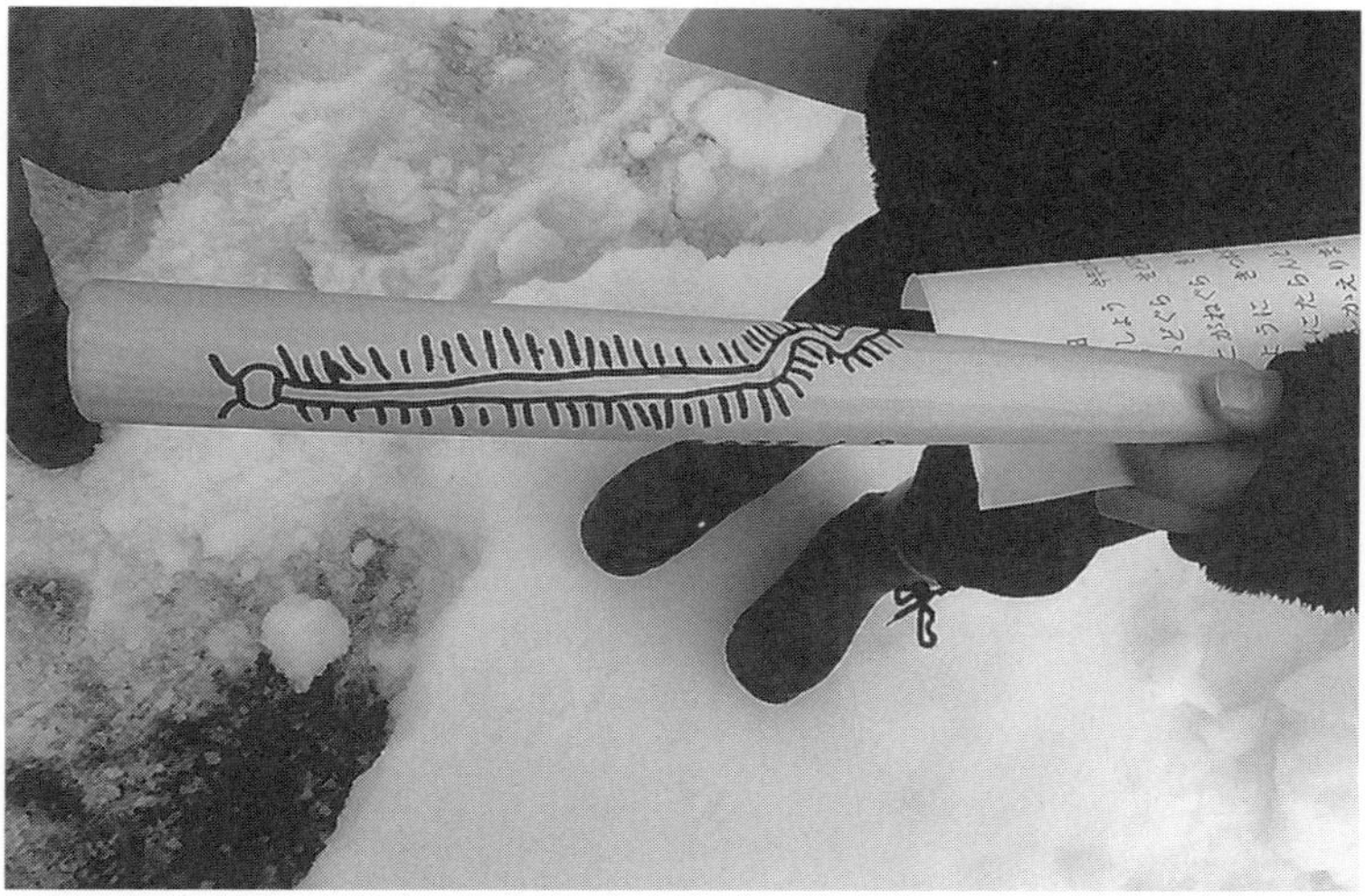

【写真４】　バイの百足　若狭町持田

【写真５】　バイで柱を叩く　若狭町持田

どもに渡していた。五〇〇円硬貨の祝儀は、事前に桝に入れて神棚に供えて準備しておくという人もいた。この枡は「ますます繁盛」の意味で、半升(五合)枡に入れておくという。

一月十四日にイワイマショウが行われていた時代には、十四日の朝ドンドヤキが行われたが、現在は行われていない。

(4) 名田庄三重兵瀬　戸祝い

名田庄は、丹波山地の北斜面に位置し、平安時代の荘園・名田荘に由来する。若狭と京都を結ぶ街道が走り、かつてはここを通って魚介類や塩が運ばれていた。京都とのつながりが深く、陰陽師の安倍氏の子孫である土御門家が京都から移り住み、陰陽道の流れを受け継いだ地でもあるという。平成十八年(二〇〇六)、大飯郡大飯町と遠敷郡名田庄村が合併しておおい町が新設された。三重区はおおい町の東部、小浜市の南西に位置し、若狭湾に注ぐ南川を挟んで旧来の下三重、尾之内、山田、秋和、兵瀬の五集落がある。

兵瀬では、行事の内容にキツネガリ・フクモライ・フクイレという要素がある。住民はこれらの行事を「戸祝い」と言ったり、「フクイレ」の部分を「戸祝い」と言ったりするが、以前は「キツネガエリ」と「フクイレ」という行事であったという。

かつては一月十四日に行っていたが、成人の日が変更されたことで日程にも変化が生じ、令和四年(二〇二二)は一月八日に行われた。

参加者は、幼児から中学三年生の男女児である。以前は中学二年年生までの男児のみで、女児は参加していなかったが、平成四年(一九九二)頃から女児も参加するようになった。フクイレを行う子どもは、人数に関わりなく「七福神」と呼ばれている。

フクイレの祝い棒は丸棒形の木の表皮を削って、子どもの手に合うように成形したもので「ボウ」と呼ばれている。正月が明けると、子どもの父親が作ることが多いが、子どもが好きな絵を描く場合もあるという。ボウには墨でめでたい図柄を描いたり、「家内安全」「交通安全」「学業成就」などの願いごとや子どもの名前、年齢を書いたりする。切り口の部分には三つ巴や宝珠を描く。ボウは、新しく作ることもあるが、前年のボウの表面を削って再利用することもある。

四十年ほど前は、父親が山からユリダの木を伐り出して、毎年新しく作るものだった。長さは一尺二寸、「年徳大善神」「日光天子」「月光天子」「七福神」「八将神」「鶴亀」「金倉」は必ず書くことになっていた。

十六時に子どもたちは兵瀬集会場に集合する。近年、兵瀬では「行事検討委員」が設けられ、行事の一週間ほど前から、子どもたちは集会場で委員の指導による唱え言やボウの使い方の練習をすることになっている。しかし今回は、参加者が少ないことから出発前に少し練習を行った。

午後四時半になると、上級生がキツネガリに出かける。この時にはボウは持たず、集会場から南川沿いをキツネガリの唱え言を言いながら回る。

わりやなにすりゃえ　うらきつねがりするわ　きつねのすしは　ななおけやから　やおけにたそとって

きつねがり　やぁーい　やい

これが終わると集会場に戻り、下級生の子どもたちとともにここに祀られた三体の仏像の前に並び、「お地蔵さん」から「フクモライ」をする。年長者の「せーの」の合図で唱え言をはじめ、合間合間でボウを打つ。

はやけれども　かどからふくを　もらいましょう（一打）　ことしははじめてよいとしで（一打）　あきほうより　えびすだいこく　ふくのかみ（一打）　せんがんぶくろを　せなにかけ　（一打）せどにはぜにぐら　かどにはかねぐら　なかにはふどうのこがねぐら（一打）　まーずめでとう　とをいわを（一打）　もひとつかえして（連打）

フクモライが終わると、集落内の各戸を回り「戸祝い（フクイレ）」をはじめる。戸祝いには保護者も数名同行する。子どもたちの声が聞こえると、家々では戸を開け、玄関先に正座して待つ（【写真6】）。ボウを打つ場所には、あらかじめ板を置く家もある。迎える家では、子どもの人数分のポチ袋にお金を入れ、家の恵比寿さんや神棚の前にあげて準備をしておく。

はやけれども　かどからふくを　いれましょう（一打）　ことしははじめてよいとしで（一打）　あきほうより　えびすだいこく　ふくのかみ（一打）　せんがんぶくろを　せなにかけ　（一打）せどにはぜにぐら　かどにはかねぐら　なかにはふどうのこがねぐら（一打）　まーずめでとう　とをいわを（一打）　もひとつかえして（連打）

大きな音を出すために、板にボウを強く打ち付ける。最後の連打が終わると、家の人が「ありがとう」という言葉をかける。

戸祝いが終わると一人一人にポチ袋が手渡されるが、お菓子も渡す家もある。行事の終了は午後九時頃にな

【写真６】　正座で子どもたちを迎える　名田庄　三重兵瀬

るという。

翌朝行われるドンドヤキの火で、前日使ったボウをあぶり、神棚に供えて置いておく。子どもが行事を卒業すると、ボウをドンドヤキで燃やす家もある。

戸祝いの日には、集会場でお日待ちも行われる。床の間には般若心経の軸が掛けられ、午後八時過ぎから講員が集まって飲食をする。深夜零時になると、僧侶とともに般若心経を唱えてから、寶積寺のお札をいただく。

子どもが多かった時代には、戸祝いは子どもだけで行った。子どもたちが集落内を流れる南川に架けられた橋に集まり、キツネガリは、橋から数十メートルのところまでふれ回ってから橋まで戻るようにして行われたという。その後上級生七名は七福神と呼ばれ、兵瀬集会場に祀られていた地蔵堂の前でフクモライをした。下級生とは最初に訪問する家の前で合流して集落の各戸にフクイレを始め、家々からお盆の上にのせた硬貨を一人ずつ貫ったという。このように兵瀬では、祝言と狐祓いの要素が行事の中で連続性を持ちながらも独立する形式が継承されており、唱え言も混在することなく唱えられている。

(5)　名田庄三重下三重　フクイレ

下三重は、兵瀬と同じく三重区に属している。地区内には、十五世紀創建とされ、「山の神」とも称される熊野神社や十七世紀の創建という曹洞宗の慈眼寺と寶積寺がある。

下三重では、一月十四日に「キツネガエリ」と「フクイレ」の行事が行われてきた。現在では、成人の日の祝日の前週の日曜日が祭日となっている。ただしキツネガエリは、数年前から省略されるようになった。少子化の影響であるというが、継承が途絶えた要因には狐祓いの必要性がなくなったこともあるのではなかろうか。

フクイレは、令和四年(二〇二二)は一月九日に実施された。参加者は乳児から中学三年生までの男女児で、乳児は母親に抱かれて集落を回る。かつては男児のみであったが、二十年程前から女児も参加し、十五年程前からは安全のために保護者も同行するようになった。下三重には子供会も組織化されているが、この行事は子供会とは関係なく行われている。

フクイレに参加する子どもが手にする丸棒状の「ボウ」は、家々で準備する。ボウの材料となる木はユリダの木が良いとされるが、材料に決まりはないという。ボウの寸法はおよそ長さ三十センチメートル、直径五センチメートルで、表面には「年徳大善神」「熊野大権現」あるいは「熊野神社」「弁財天」「福の神」「大黒天」などの神名のほか、子どもの名前や祭日、願いごとや絵がマジックでかかれている。毎年新調するのではなく、修正する部分を鉋で削って使う。初めてフクイレに子どもが参加する家では、山から木を伐り出してくるほか、ホームセンターで木を買ったり、別の家からボウを譲り受けて修正したりして用意する。唱え言を「ウタ」と呼び、フクイレではウタを唱えながらボウを叩く。

午後五時半頃、子どもたちは熊野神社からフクイレを始める。かつてはこの前にキツネガエリがあり、小学五年生から中学三年生までの子どもたちが次のような唱え言をしながら、集落を回ったという。

きつねのすしは　なおけやから　やおけにたそとて　きつねがり　やーいやい

現在では熊野神社でフクイレの唱え言をする。このとき二人一組となって、一人の子どもがボウを横に持ち、もう一人がそれを叩く。神社でフクイレをすることは「山の神から福をもらう」ことであり、その後、家々に福を入れるそうである。保護者が「せーの」という音頭をとると、ボウで一定のリズムを刻みながら次のような唱え言をする。

ふくをもらいましょう　ことしははじめて　よいとしで　あきほうより　えべすだいこく　ふくのかみ
まあずめでとう　とおいわお　せどにはぜにぐら　かどにはかねぐら　なかにはふどうのこがねぐら　そらしってーてい　もひとつかえしてしてててのて

各戸の玄関前に来ると、子どもたちは全員で「ふくを入れましょう」と告げる。家の人が戸を開けると、子どもたちは玄関に入り、用意された板の前に並ぶ。玄関に入りきらなかった子どもは、戸の外で二人一組となる。保護者が「せーの」と掛け声を発すると、子どもたちは板をボウでたたいたり、ボウとボウを叩いたりしながら、唱え言を始める。

ふくをいれましょう　ことしははじめて　よいとしで　あきほうより　えべすだいこく　ふくのかみ　まあずめでとう　とおいわお　せどにはぜにぐら　かどにはかねぐら　なかにはふどうのこがねぐら　そらしってーてい　もひとつかえしてしててのて

終わると、迎えた家の人は「ありがとう」「ご苦労さん」と言いながら、子ども一人一人にオトシダマを手渡す。二時間程度で家々を回り、最後に慈眼寺と寶積寺を訪れてフクイレは終わる。

フクイレの日は、慈眼寺と寶積寺では夕方からお日待講があり、住職と檀家が集まって、家内安全や五穀豊穣の祈願が行われてきた。また、翌朝は、集落内の空地でドンドヤキがあり、この火でボウの先端を火であぶってから家に持ち帰り、翌年のフクイレまで神棚に祀る家もあるという。

三　若狭地方のキツネガリ行事と子ども集団の要素

前節では、若狭地方で行われているキツネガリ行事について、限られた地域ではあるが、その実態を述べた。本節では、ここから子ども集団の要素を抽出し、それぞれを分析しながら、行事の継承について考察したい。なお、考察にあたっては、『記録作成等の措置を講ずべき無形の民俗文化財　福井の戸祝いとキツネガリ調査報告書』（福井県教育委員会　令和五年〈二〇二三〉三月）の内容を一部参照した。

(1) 行事の呼称

行事の呼称は、寄積の「カイロ講」をはじめ、上吉田の「ホトト」、持田の「イワイマショウ」、兵瀬の「トイワイ」、下三重の「フクイレ」など複数あり、この他にも、小浜市下田や名田庄三重秋名、山田の「キツネガエリ」、若狭町神谷の「キツネガリ」などがある。しかし大まかに分類すれば、それらはキツネガリ系と戸祝い系の二系統に分けることができそうである。

キツネガリ系統は、子ども集団が「狐の鮨は　七桶半ら　八桶足らんとて……」と唱えながら集落内を回るという内容である。唱え言には「狐の鮨が七桶半あるが、八桶に足らないから狐を狩り出そう」という意味があり、狐を威嚇して祓うことを目的としている。

一方、戸祝い系統は、子ども集団が集落内の各戸を回り、祝い棒で玄関先を叩きながら「今年の年は　世の良い年で　門には門蔵　背戸には背戸蔵　中には黄金の土蔵倉……」などと唱え、家々を言祝ぐことを目的としている。

しかし、兵瀬の「トイワイ」や下三重の「フクイレ」のように、戸祝い系統の呼称でありながら、実態は二系統の内容を持っているという事例は少なくない。これらの地域では、かつては「キツネガエリ」と「フクイレ」という二つの行事の呼称があったといい、名田庄三重の山田では、一九七〇年代にはまだ「トイワイ」や「フクイレ」という呼称は浸透していなかったという[33]。また、小浜市下田の「キツネガエリ」では、狐祓いの要素は山に向って一声叫ぶだけで、その後にバイで家々の玄関先を叩きながら言祝いでいる[34]。このように、行事の呼称と内容は必ずしも合致していない。

なお、宝暦七年（一七五七）成立の木崎正敏著『拾椎雑話』や明和四年（一七六七）成立の板屋一助著『稚狭考』には、小正月行事として「狐狩」の呼称は記録されているが、他の呼称は見当たらない。二五〇年という時間経過とともに、行事の内容と呼称は変化し、次第に齟齬が生じていったのであろう。

(2)　子ども集団の範囲と参加者

若狭地方のキツネガリ行事は、地区や集落ごとに結成された子ども集団によって行われている。彼らが巡行する範囲は集落内や区内で、「顔を見知った範囲」で行われていると言える。

参加者は、かつては男児だけで、場所によっては若者組の下部組織として集団が形成されていた。しかし、平成十二年（二〇〇〇）頃からは、女児も参加するようになり、その背景には当然ながら少子化という問題があった。さらに近年は、母親に抱かれた乳幼児が参加することも増えており、少子化問題がさらに深刻さを増している。寄積では、調査時には兄弟二人がカイロ講を行っていたが、集落内には彼らの下に続く男児が存在しないということであった。

こうした状況下では、子ども会会長をはじめとする大人の手助けは不可欠なものとなっている。調査地でも、子どもよりも付き添いの保護者の唱え言の声が大きい場合もあった。ただし、大人が関わる理由は、若狭町上野木では、交通量の増加、防犯上の問題、屋号や家の並びを子どもたちが把握していないなど、少子化以外にも理由がある。(35)

それでも、寄積では、大人が手助けする場面は、祝儀の餅の荷物持ちをすることに限定され、上吉田でも、上吉田区伝統行事保存会の古老がホトトに同行していたが、あくまでも見守るだけであった。

(3) リーダーの存在と役割分担

キツネガリ行事を担う子ども集団には、特別な呼称をもつリーダーが存在することがある。持田では「班長」、上吉田では「大将」であったが、他でも「大将」という呼称は使われている。

大将の役割でもっとも多く見られるのは唱え言の音頭取りで、大将が最初に「せーの」といった掛け声をかけている。このほか、祝儀の分配も大将の大きな役割である。

上吉田では、大将の役割が複数確認できた。まず、有線放送で大将から行事の開始が集落に伝えられる。各戸で行うホトトでは、大将の「祝いましょう」という言葉に続いて全員が唱え言を発している。家々の祝儀は大将に渡され、集落センターに戻った大将は、他の子どもたちには見えない囲いの中で学年ごとに差をつけて祝儀を分配し、一人一人に手渡している。また上吉田では、副大将の二人も祝儀の分配に関与しており、上吉田の子ども集団には、明確な階層と役割が確認できた。

また、「大将」のように特別な呼称はもたないが、上級生と下級生の果たす役割が異なることで、集団内の階層を明確にしているところもある。兵瀬では、上級生が「キツネガエリ」の役を担い、集会場から大きな声で狐を祓う唱え言をしながら集落内を回る。また、かつては上級生七名が「七福神」と呼ばれ、地蔵堂の前でフクモライをする役目に就いていた。

このように、序列がある集団は、自立・自律的に機能する結束力の強い集団であると言えよう。

(4)　唱え言

キツネガリ行事の呼称には「キツネガリ系」と「戸祝い系」の二系統があることは前述したが、唱え言の中にもこの二系統が混在している場合が多い。

たとえば、寄積では「今年の年は　めでたい年で　背戸には背戸蔵　門には金蔵　中には不動の宝蔵　西から東おっとり回して　スッカラカンノカン　狐の鮨は七桶ながら　八桶にさそうて　カイロカイロノ」であり、前半は言祝ぎ、後半は狐祓いの構成となっている。

上吉田でも、「祝いましょう　ホトトやホトト　今年の年は　世の良い年で　背戸には背戸蔵　門には門蔵　おれの馬屋に牛が千匹　駒が八百千　八百千　ほったらげろげろ　一は俵踏ん張って　二でにっこり笑わして　三は酒飲まして　四つ酔うように酔わして　五ついつもの若いよに　六つ無病息災で　七つ何事ないように　八つ屋敷ひろげて　九つここに蔵を立て　十や十やおさめた　狐の鮨は　七桶八桶足らんとて　ほったらげろげろげ　帰って参じましょう」であり、持田でも「祝いましょう　今年の年は　めでたい年で　門には門蔵　背戸には背戸蔵　中には不動の黄金蔵　きっちゃるように　おちゃちゃるように　狐の鮨は　七桶ながらに　八桶足らんとて　キツネげーろげろ　かんかん帰りましょ」というように、前半は言祝ぎ、後半は狐祓いの構成になっている。

兵瀬や下三重では、狐祓いと言祝ぎが独立して行われ、唱え言もそれぞれに付随したものになっている。もともとはこうした形式であったものが、狐祓いの儀礼が衰退し、それでも唱え言の中には過去の姿が残存しているということなのではなかろうか。

また、こうした唱え言では「スッカラカンノカン」や「ほったらげろげろげ」「かんかん帰りましょ」など、子どもたちによって創造されたと思われる囃しの部分がある。ここには子どもの豊かな言語創造能力を認めることができ、こうした囃しのフレーズやリズムが、行事における言語伝承の一端を担ってきたともいえる。

祝い棒を打つタイミングも昔とは異なっているところもあり、変化は子どもたちが自律的であればあるほど起こり得る。行事の継承を促してきた一因には、子ども集団の選択を許容する社会が存在していたからである。

(5) 祝い棒

祝い棒は、多くの地区で「バイ」や「バエ」と呼ばれているが、上吉田では「ホトトバイ」、平瀬や下三重では「ボウ」と呼称されている。いずれも叩いて音を出す「桴」や「棒」に由来していると思われる。

祝い棒に用いられる木材の多くは、加工しやすいヌルデで、「ユルダの木」とも呼ばれている。この他にも、樫や桐、松なども用いられている。木材は主に大人が山から伐り出してくるようであるが、若狭町上野木では、神社の門松を下ろした後、木の皮を剥いで鉋で削り、祝い棒に仕上げている。[36] 近年は、ホームセンターで購入した木材を利用する場合もある。

祝い棒の多くは丸棒型で、寸法もおおよそ長さは二十センチメートル～三十センチメートル、直径は五センチメートル程度である。この他の形状として、木槌型（【写真7】）や横槌型があり、上野木の祝い棒は、丸棒型に半紙の先端を丸めた渦状の御幣を巻き付けた削りかけのような形である（【写真8】）。

祝い棒には、墨やマジックで様々な絵や文字が描かれる。もっとも多いモチーフは、松竹梅、鶴亀、隠れ笠、宝袋、宝珠、蔵や蔵の鍵、百足、小判、稲穂、蜜柑、筍などの縁起物で、小正月の訪れ者にふさわしい絵柄である。このほか「歳徳大善神」、「七福神」、「蛭子大黒福ノ神」、「諸天善神」、「慈八祥神」、「寛日光天子」、「大月光天子」など様々な神名が記されることもあり（【写真9】）、特に名田庄の祝い棒には顕著である。[37]これは、かつてこの地に住んだ土御門家の影響があることも考えられる。

子ども自身が、アニメやゲームのキャラクターを描いたり、カラフルなシールで棒を巻いたりしているのは、新たな装飾方法である。持田では、祝い棒の全面に一匹の大きな百足を描いていたが、これは、学年が上がるごとに足の本数を増やし、六年生になったら百本にするという新しいルールで、無意識に年齢階梯が反映されていて興味深い。

祝い棒の作り手は、現在も子どもの父親か祖父であることが多い。若狭町内では、表札を二枚掲げている家が少なくない。一枚には戸主の名前、もう一枚には「〇〇庄太夫」「〇〇久兵衛」「〇〇三郎助」「〇〇六治郎」など、代々戸主が引き継ぐ名前が書かれており、かつては戸籍の名前も改めたと聞く。祝い棒の作り手が父や祖父であることは、キツネガリ行事がこうした社会で重視されていることを裏付けているのではなかろうか。

キツネガリ行事が一月十四日に行われていた頃は、祝い棒は翌日のドンドヤキで燃やされたり、小豆粥の焚き付けにされたりして役目を終えた。[38]現在では、祝い棒を毎年作り直すことは少なくなっているが、表面を削って新たな絵や文字を描くという方法で、新たな年の力を宿した聖なる木への再生を図っている。

なお、若狭地方には、祝い棒は持たずに唱え言だけをする地域もある。もともと無かったのか、寄積のように後に無くなったのか、そうであるならなぜ無くなったのかを考察することも今後の課題となる。

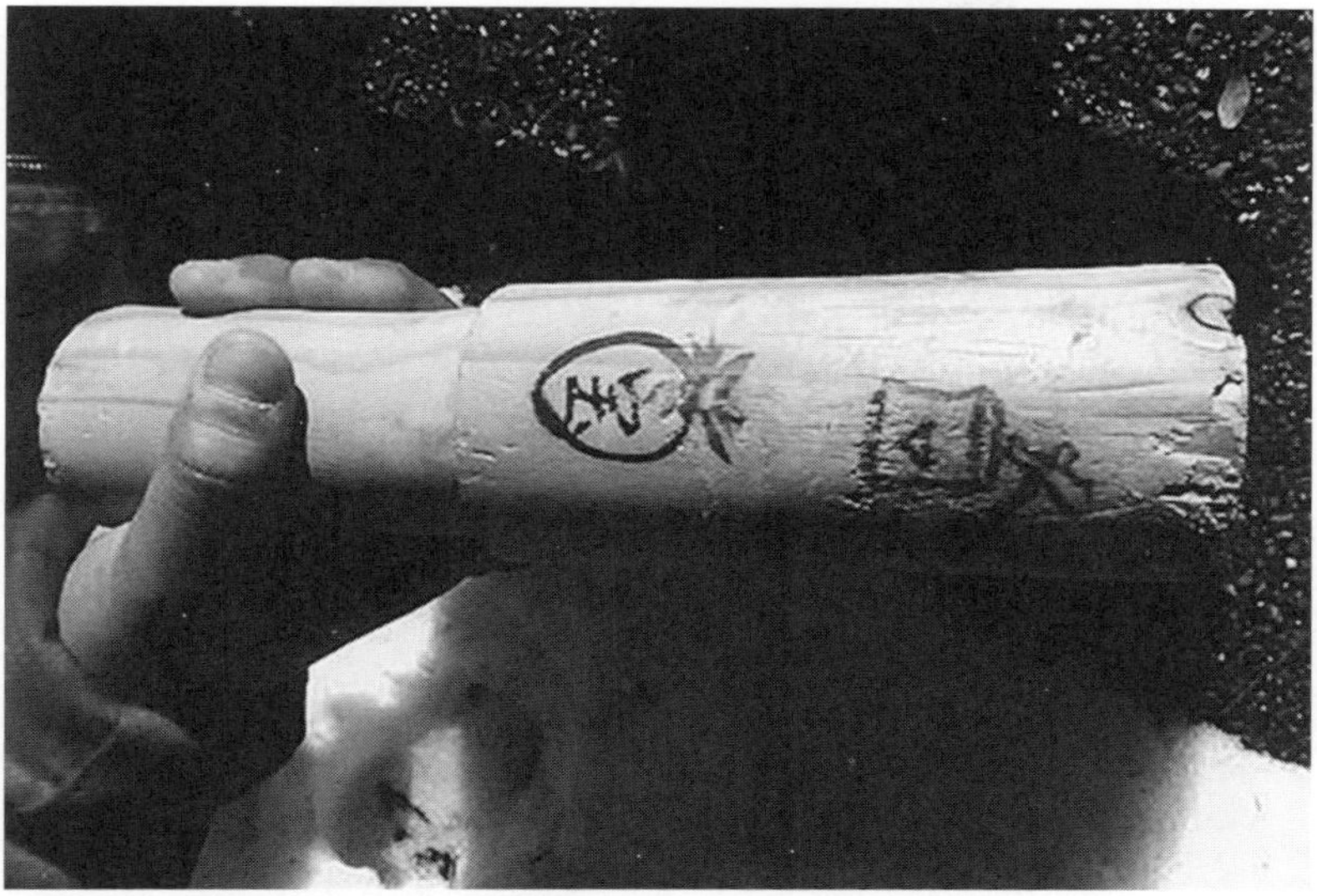

【写真７】　木槌型の祝い棒　若狭町大鳥羽

【写真８】　御幣を巻き付けた祝い棒　若狭町上野木

【写真9】　歳徳大明神の祝い棒
若狭町玉置

⑹　祝儀の内容

子ども集団を迎える家々では、祝儀や年玉などの金銭や菓子を与える。金額は五〇〇円から一〇〇〇円程度で、大将にまとめて渡す地区もあれば、一人一人に手渡す地区もある。

持田では、五〇〇円硬貨を五合枡に入れ、神棚にあげてから子どもたちにあげている。五合枡は「半升＝繁盛」の意味であるという。

小浜市下根来や若狭町玉置では、小判型の菓子が配られている（【写真10】）。竹原製菓舗に尋ねたところ、小判菓子は小麦粉で出来た楕円形の焼き菓子で、小浜では今も節分の時期になると店頭に並び、枡に入れて神棚に供える家もあるという。

多くの地区では、箱入りや袋詰めの菓子が配られる。菓子を入れるために子どもが大きな袋を持参する地域もあり、付き添いの保護者の話では、小さな子どもはお金よりも菓子をもらえることを喜び、抱えきれないほどの量になる菓子も、毎日のおやつですぐになくなってしまうという。

このように各家の人びとが、祝儀や菓子などを子どもたちに与えることや、「お願いします」と言ったり「ありがとうございました」と言ったりして頭を下げているのは、子どもたちの特別な役割、言い換えれば神仏の司祭者であることを認めているからである。

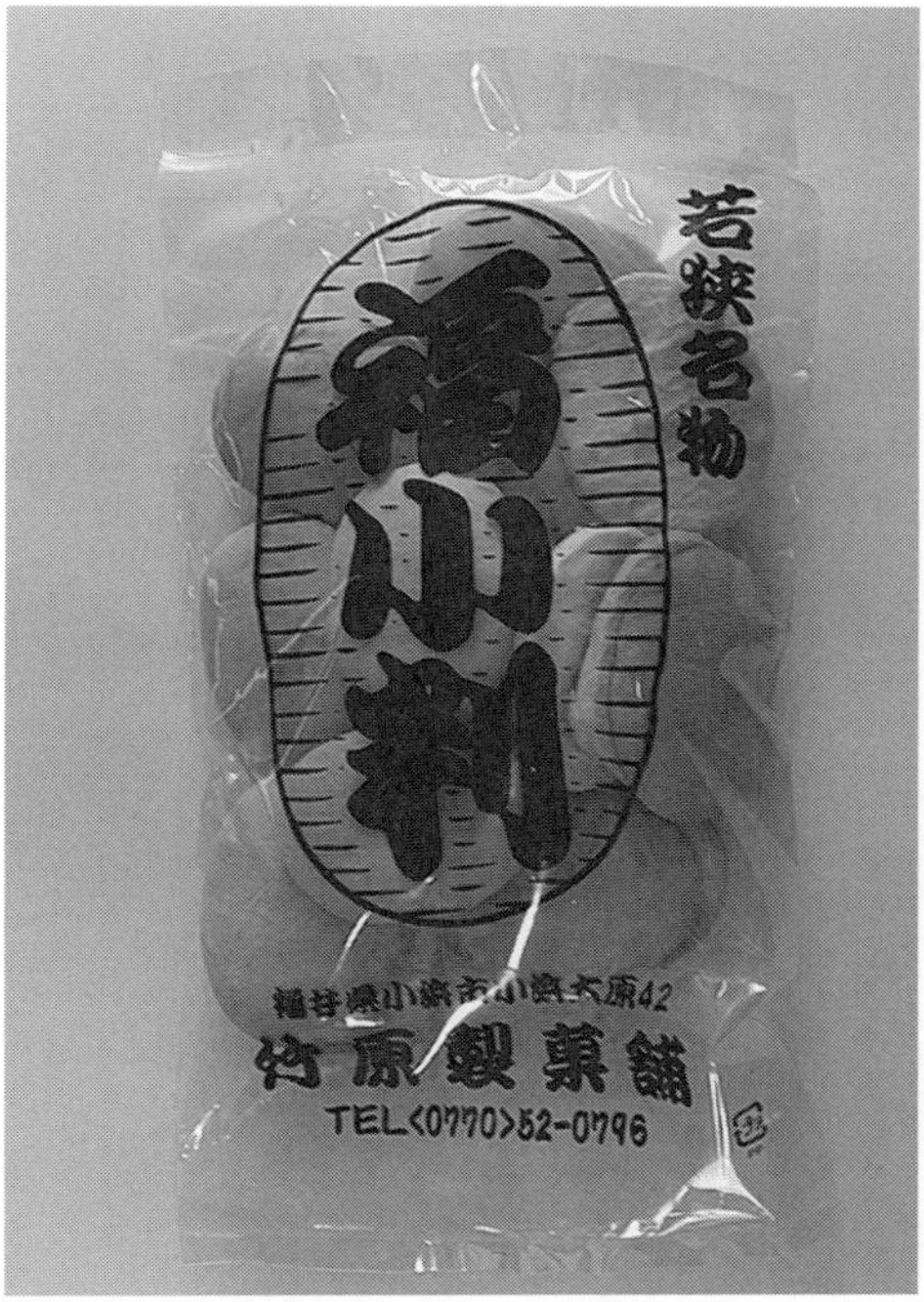

【写真10】　子どもに配られる小判菓子
小浜市小浜大原　竹原製菓舗

兵瀬では集会場内に祀られた地蔵から、下三重では熊野神社(山の神)から、フクモライをする。神仏から福を授かって、司祭者となる資格を得てから、各戸にフクイレをしているのである。こうした意味で、キツネガリ行事の子どもは、聖なる「訪れ者」ということができる。

(7)　行事内容の変化

前節でも紹介したが、『日本民俗地図Ⅱ』では、福井県内のキツネガリ行事が複数確認できる。この中から、三方郡三方町向笠の事例をあげておきたい。

ここでは一月十四日の夕方、「狐狩り」「戸祝い」が行われていた。

狐狩り。夕方、子供たちが「狐のすしは七桶ながら、八桶にたらいでおき山の狐がえるやがえるや。」と唱えながら、村の中を回り、新婚の家には「祝いに参じました」といってはいり、タモの木でこしらえたシリハリバイで女の人をつついて回った。そのときに「玉のようなよい子を生むように、すっぽろぽん」といってはやしたが、大正の初めごろ風紀を乱すといって小学校長がやめさせたという。

戸祝い。晩にあずきがゆをたくが、それをまぜた祝いづちで家の主人が「戸祝い、戸祝い、今年の年はめでたい年で、せどにはせど蔵、かどには金蔵、おつまるように、早稲は3升せ、中稲は5升5合せ、晩稲は、1斗3升5合せ、5合までではからず箕ではかれ、ここの門へ福をどっさり。」と唱えながら大戸、土蔵、納戸の戸をたたく。[39]

かつての子ども集団は、祝い棒によって新たな「いのち」を地域社会に引き出す役割も担っていたことがうかがえるが、現在のキツネガリ行事に子授け祈願の要素は確認できない。衰退のきっかけは、本文中あるように「大正の初めごろ風紀を乱すといって小学校長がやめさせた」ことにある。

小正月に子どもたちが祝い棒で新嫁の尻を打つ民俗は、各地で変化を遂げている。長野県南佐久郡川上村原の「オカタブチ」では、新嫁のまわりを子どもが幣を振りながら回るだけになり、鹿児島県や中部地方の例でも、新嫁の家の垣根を叩いたり、障子を破ったりするようになったという(40)。学校教育の介入だけではなく、女性がこうした民俗を拒絶できるようになったこともシリハリバイ衰退の一因であろう。

さらに向笠では、子どもではなく一家の主人が戸祝い行事を行っており、言祝ぎをしながら、小豆粥をまぜた祝槌で家の大戸や土蔵、納戸の戸などを叩いてまわっている。キツネガリは、集落の厄祓いが期待され、戸祝いには家の繁栄が期待されている。家への強い意識が、一家の主人が担う「戸祝い」や代々名前を継ぐ民俗に結びついているとも言えよう。また、若狭地方の近世の文献に見られない「戸祝い」は、品種改良や農薬の改良などによって米の収穫率があがった近代以降、富の蓄積が可能となったことによって生じた民俗なのではなかろうか。

(8) 行事の継承と子ども集団が担う年中行事

若狭地方では、同一メンバーによる子どもたちが、複数の年中行事を遂行することがある。特に若狭町ではこうした傾向が強いが、こうした行事の重層性は、より強く、より自律性の高い子ども集団であると認めることができる。ここでは、キツネガリ行事を担う子どもたちが遂行している他の行事をあげておく。

1 天神講

「天神講」は、若狭町内の各所で伝承がある。大鳥羽では、初天神の一月二十五日前後の土曜日か日曜日に天神講が開催される。小・中学生が対象で、石桉比古比売神社の天満宮に参拝し、大鳥羽会館で開講の儀の後、保護者がお供えの御洗米などでカレーを作る。その後、冠句の披講が行われる。当地では冠句が盛んで、三世代に伝承されているという[41]。海山では、かつて一月に天神講があり、子どもたちが大将の家や寺に集まり、上級生が炊事をし、大将の親も手伝った食事をご馳走になったという[42]。

2　シャカノススメ

「シャカノススメ」は、キツネガリや戸祝いと同様、子ども集団が唱え言を言いながら集落を回って祝儀をもらう行事で、若狭町兼田や武生で行われている。兼田では二月の第二日曜日に行われ、兼田区の小学生全員が公民館に集まってから各戸を回って祝儀をもらう。戸祝いの祝儀もこの時に渡される。かつては下兼田だけで行われており、小中学生が男女に分かれて新入生の家を宿にして集まった。最上級生全員が大将で、大将を先頭に家々を回り、祝儀も大将が分配したという[43]。上野木でも、二月十日前後の日曜日に行われ、兼田と同じく戸祝いの祝儀はここで受け取る。子どもたちは唱え言とともに各戸を回ってご祝儀をいただき、集会所でカレーを食べる。かつては大将の家でご馳走になったという[44]。

3　田の神祭り

「田の神祭り」は、田植え終了後、子ども集団が豊作を祈願して田の神の子ども神輿を繰り出す行事で、若狭町無形民俗文化財に指定されている。『若狭の田の神祭り』（福井県教育委員会・福井県若狭歴史民俗資料館刊一九八五年）には、小浜市と旧山中町の事例が報告されており、本行事が北川に沿って分布していることが指摘されている。

上吉田ではこれを「サイヨーレ」と呼び、現在は七月の第一日曜日に行う。子ども集団が集落の各戸を回るが、順番はホトトと同じなので子どもたちは迷わないという。ここでも大将が祝儀を分配する。武生や玉置では「ヤスンギョウ」と呼ばれており、玉置ではかつてはヤスンギョウで大将を交代したという。(45)

4 地蔵盆

小浜市阿納や下根来では「地蔵盆」がある。下根来では八月二十三日の地蔵盆に、字ごとの小堂に安置された地蔵を外に出して祭り、最後に賽銭を子どもたちで分ける。(46) 小浜市内では子ども集団による地蔵祭祀が広範囲に分布し、中でも西津地区は、子どもたちが毎年石地蔵を塗り替えて祭る化粧地蔵の習俗が知られている。(47)若狭町内でも、大鳥羽や長江で地蔵盆が行われ、上兼田ではこれを「地蔵祭」として、八月二十三、二十四日に行う。区内の小学生が県道沿いのお堂に祀られた地蔵をきれいにして、鉦を叩いて参拝を促す。お供えは年長者を中心に分配するという。(48)

おわりに

本章の第一節「キツネガリ行事の先行研究」では、これまで等閑視されてきた行事に関する研究史を整理した。多くの研究は行事の意味付けを主題としており、次の課題が見えにくくなっていた。これをふまえて本章では、キツネガリ行事継承の要因を探るという新たな課題を設定し、第二節「若狭地方のキツネガリ行事の実態」では現地の実態を確認し、第三節「若狭地方のキツネガリ行事と子ども集団の要素」では行事の担い手である子ども集団の特色と、これがもつ地域社会における意義を考察した。

その結果、第一には、若狭地方のキツネガリ行事では、子どもたちが狐祓いや言祝ぎの唱え言とともに、祝い棒でその力を発動させ、集落の司祭者の役目を果たしてきた。しかし、その資格は、若者集団に加入する年齢になると失われてしまう。限りある時間であるからこそ、大人たちは子どもたちの神聖性を認めてきたともいえよう。神仏の司祭者であり、聖なる訪れ者である子どもたちを、大人は丁寧に迎え、感謝の言葉と祝儀を与える。子どもたちはこうした大人の態度から、地域社会の中で自分たちが果たす役割を自覚することができる。

第二に、この子どもの集団には、内部にリーダーが存在したり階層があったりし、子どもたちが自立・自律的な集団として機能しており、時には修練の場となることもある。こうした体験を経ることで、子どもたちは実年齢よりも高い精神年齢を獲得することができ、地域社会のリーダーとしての手腕を発揮してきたと言えよう。

第三に、この行事の継承において、近世文献からうかがえる「集落から狐を祓う」目的から、「各家を言祝ぐ」目的への変化・変容が確認できることである。また、こうした歴史的展開をもちながらも、集落行事として継承されてきたのは、大人たちが、現在の行事の中にかつての自分を見出すことで、行事持続の循環が形成されているからではなかろうか。それは、この行事で使われる祝い棒の作り手に顕著で、ここには祖父から父、父から子という父系伝承の要素がみられるのである。さらに、世代も性別も超え、キツネガリ行事を経験した者たちの記憶は、地域社会に蓄積され重層的に共有されてきた。そうであるからこそ、唱え言に新たな囃子が加えられたり、祝い棒に描かれたモチーフが変わったりしても、大人たちがそれを容認できたのである。古老の「ずっと続いてくれれば良い……」という言葉は、行事を遂行する限られた時間を受け継ぐことで、地域社会の永続性が可能となることを願うからではなかろうか。民俗行事がもつ地域社会持続の論理には、各世代がもつ体験記憶の累積があるといえる。

注

（1）柳田國男「おとら狐の話」（『定本柳田國男集』第三一巻　筑摩書房、一九七〇年、五九頁。
（2）柳田國男「こども風土記」（『こども風土記・母の手毬歌』岩波文庫、一九七六年、一九～二六頁）。
（3）柳田國男『歳時習俗語彙』民間伝承の会、一九四〇年、二七八～九頁。
（4）前掲（3）二七九～八〇頁。
（5）前掲（3）二四九～二五〇頁。
（6）柳田國男「孤猿随筆」（『柳田國男全集』第二四巻　一九九〇年　ちくま文庫　四五四～四九三頁／初出「狐飛脚の話」『動物文学』六巻一一号、一九三九年一一月）。
（7）前掲（6）四七一頁。
（8）前掲（6）四九〇頁。
（9）前掲（6）四八九頁。
（10）前掲（6）四九一～四九二頁。
（11）前掲（6）四九二頁。
（12）井之口章次「狐施行のこと」（『日本民俗学』第八八号、日本民俗学会、一九七三年八月）。
（13）前掲（12）三一～二頁。
（14）前掲（12）三二頁。
（15）辰巳衛治「キツネガエリ考」（『柴田實先生古稀記念　日本文化史論叢』柴田實先生古稀記念会編・刊、一九七六年）。

(16)　前掲(15)五二四頁。
(17)　大森惠子「狐狩リ・狐ガエリ行事の諸形態と民間信仰―特に、但馬地方を中心として」『京都民俗』七号　京都民俗学会　一九八九年十二月)。
(18)　小林裕子「但馬の狐狩　―兵庫県城崎郡香住町―」(『西郊民俗』第九九号　西郊民俗談話会　一九八二年六月)。香住町の奥佐津、口佐津、長井、余部の事例が報告されている。
(19)　伊藤廣之「丹後大宮のキツネガエリ」(『近畿民俗』第一〇四号　近畿民俗学会　一九八五年六月)。京都府丹後地方の中郡大宮町森本・三坂・河辺地区の聞き取り調査から行事の意味付けなどを考察している。
(20)　前掲(17)八九~九〇頁。
(21)　前掲(17)一〇四~一一〇頁。
(22)　前掲(17)一〇八頁。
(23)　金田久璋『森の神々と民俗』白水社、一九九九年、六三頁。
(24)　赤田光男「狐の施行と稲荷行者」(『朱』第四八号　伏見稲荷大社　二〇〇五年二月)。
(25)　赤田光男「小正月の狐狩り行事」(『朱』第五八号　伏見稲荷大社　二〇一五年二月)。
(26)　前掲(24)二〇六~七頁。
(27)　前掲(25)三一~六頁。
(28)　前掲(25)三九~四一頁。
(29)　宮原兎一・花島政三郎「若者組とその消滅過程」(和歌森太郎編　『若狭の民俗』吉川弘文館　一九六六年)。
(30)　前掲(29)九一頁。
(31)　錦耕三は「若狭新庄民俗採訪録」(橋本裕之・垣東敏博編『若狭路の暮らしと民俗』錦耕三遺稿集Ⅱ、岩田書院、二〇〇六年、四六四頁)の中で、新庄のカイロ講を紹介し、馬場・岸名・寄積・田代・浅ヶ瀬、松屋の唱え言も記録している。この中には、かつて作った槌の図も紹介されている。槌は二つあり、一つは横槌型、もう一つは拓本を採るタンポのような形で、これを叩いたとある。

(32) 文化庁編『日本民俗地図Ⅱ　年中行事2』国土地理協会刊、一九七一年　二八三頁。
(33)『記録作成等の措置を講ずべき無形の民俗文化財　福井の戸祝いとキツネガリ調査報告書』(福井県教育委員会二〇二三年三月)　二二八頁。
(34) 前掲(33)一〇〇頁。
(35) 前掲(33)一九四頁。
(36) 前掲(33)一九五頁。
(37) 前掲(33)二七九～二八〇頁。
(38) 斎藤たまは『行事のもののけ』(新宿書房、一九八八年、一四五・一四七～五〇頁)の「尻叩き」の中で、小正月に叩かれるのが嫁だけでなく、家や蔵、生り木などに及ぶことから、これが者や物について厄介な悪神を叩き出すための祓いであったのではないかと述べる。また、唱え言は「孕め」ではなく「祓え」が正しく、祓いの対象とされるものは、窪みや穴など、モノの入り込みやすい場所だったとしている。
(39) 前掲(32)二八二頁。
(40) 前掲(32)五七頁。
(41) 前掲(33)一二二頁。
(42) 前掲(33)一一八頁。
(43) 前掲(33)一七五頁。
(44) 前掲(33)一九九頁
(45) 前掲(33)一八九頁。
(46) 前掲(33)一〇七頁。
(47) 拙著『子ども集団と民俗社会』(岩田書院、二〇一〇年)収録の「福井県小浜市西津地区の地蔵盆」二四四～二五一頁。
(48) 前掲(33)一七六頁。

Ⅱ　認識と発見

オモロと琉歌の歌唱法―琉歌発生論の再検討―

狩俣　恵一

一　近世琉球の公事オモロ（第二十二巻）

『おもろさうし』は、地方オモロ（第二・第五・第七・第十一・第十五・第十六・第十七・第十八・第十九・第二十・第二十一）、ゑさオモロ（第十四）、ゑとオモロ（第十・第十三）、こねりオモロ（第九）、あすびオモロ（第十二）、名人オモロ（第八）、神女オモロ（第一・第三・第四・第六）、公事オモロ（第二十二）に分類される。[1] それらのオモロの謡い手は、高級神女（三十三君）とオモロ主取及び男性官人、それに阿嘉犬子《あかいんこ》・おもろ音揚《ねやがり》り・饒波《ねは》のお祝付《おゑつ》き《き》などと称されるオモロ歌人（名人オモロ）である。地方を中心に活躍したオモロ歌人に対して、中央王府のオモロは聞得大君と高級神女が中心的な担い手であったが、王府儀礼等の担い手は、オモロ主取及び男性官人が中心的な役割を果たすようになった。その要因は中央の高級神女の衰退だったが、島村幸一は次のように述べている。

> 君とノロは、前者は否定された神女であり、後者が再編強化された神女だったといえよう。ノロは、王権の村落支配、間切支配に重要な存在だったのである。一方、君々の役割は、基本的に聞得大君・ノロ制の、聞得大君もしくは三平等ノ大アムシラレへ解消されていったのだろうか。〈中略〉ともかく近世期の羽地朝秀が摂政だった時代の前後期を大きな転換点のひとつとして、君とノロのあり方が大きく変わったことは想像できる。[2]

羽地朝秀は、中央の高級神女たちの力を衰退させると同時に、地方統治を強化するために地方在住のノロを重視するようになった。また、『球陽』の尚貞王五年（一六七三）は、「改めて当官を知念・玉城・久高に遣はし、諸嶽を代祭せしむ[3]」と記す。国王及び聞得大君の知念・玉城・久高島への行幸を中止して代祭させたのである。おかげで、祭祀における聞得大君及び高級神女のオモロは衰退したが、それとは逆に、オモロ主取及び男性官人たちが大きな役割を果たすようになった。

第二十二「みおやだいりおもろ御さうし」（公事オモロ）の全四十七首（尚家本は四十六首）は、オモロ主取を中心に男性官人が謡ったと考えられるが、その詞章はいわゆる詞書きによって分類される。ちなみに、一五〇八～一五一六番の九首は、「稲の穂祭之時おもろ」、一五一七～一五二八番の十二首は「稲の大祭之時おもろ」、一五二九～一五四五番の十七首は「知念久高行幸之御時おもろ」、一五四六番は「雨乞の時おもろ」、一五四七～一五四九番の三首は「昔神世に百浦添御普請御祝ひの時」、一五五〇番は「唐船すらおるし又御茶飯の時」、一五五一～一五五三番の三首は「祝ひのとき」、一五五四番は「御冠船之御時おもろ」に分けられる。

島村は『琉球国由来記』第二巻「官職位階之事」の「九二　御唄」に記されたオモロ主取等の「職事」と第二十二の公事の場を記した詞書が重なっていることから、「『おもろさうし』書き改め時（一七一〇）の段階では、オモロは既に第二十二に記されたウタしか謡われなかったことを意味している」とし、第二十二巻全四十五首の、神女オモロ及びオモロ主取等の重複オモロについて述べている。(4)

おもろ主取等が謡ったと考えられる第二十二のオモロには、神女オモロと重複している。いいかえれば、神女オモロから採られたウタが多くある。第一・三・四・六の神女オモロと重複しているオモロは一三首あり、これに神女オモロに準ずる第十二「いろいろの遊《あす》びおもろ御双紙《さうし》」と重複しているオモロ九首を加えると、第二十二にある重複オモロ四五首中、二二首が神女オモロからとられていることになる。これを、おもろ主取が謡ったということになる。これは、オモロの大きな変質というほかない。

第二十二「公事オモロ」四十五首は、おもろ主取及び男性官人が謡ったオモロであるが、その半分の二十二首が神女オモロと重複している。つまり、神女オモロが男性歌唱者の謡うオモロへ変わったということである。換言するならば、祭りの中心となる聖なる場所で謡われた神女オモロが、王権発揚の祭祀及び儀礼の場における男性官人のオモロへと変貌したということである。そして、オモロ歌唱者及び場の変更は、オモロ詞章の解釈を困難にした。その一例が、次の一五五四番歌の「御冠船之御時おもろ」の詞章である。(5)

一　しよりおわる　てだこが　　(1)首里にいらっしゃる太陽なるお方様が
　おもいぐわの　あすび　　愛し子様の遊びは
　なよりばの　みもん　　踊る姿の見事なことよ

波照間永吉のこの訳は原歌に忠実であり、大意・解説でも「首里にいらっしゃる太陽なるお方様が【愛し子様の遊びは踊る姿の見事なことよ】という意か」と述べている。が、理解し難い大意である。「御冠船之御時おもろ」（冊封儀礼のオモロ）の詞書きを反映していない解釈であると言わざるを得ないからである。というのは、「琉球国王の愛し子の踊る姿の見事なことよ」と讃える詞章は、冊封儀礼の場のオモロとは思えない。その場で国王の幼い愛し子が踊ることはないからである。ところが、『中山世鑑《ちゅうざんせいかん》』は尚宣威《しょうせんい》即位式で謡われたオモロとしてこの詞章を記している。池宮正治は、その即位式について次のように述べる。(6)

> 聞ゑ大君に依りつくキンマモンは、国王慶賀や即位の際に出現したことがわかる。これを「キミテズリノ百果報事」という。尚宣威の即位及び退位の記述は、尚真《しょうしん》即位の正当性を主張する必要があるので、真偽の程は疑問だが、即位年の二月にやはり出現したことをつげる。ところが、その時の君々・神々の出現は旧例に違うものだったので「上君ヲ初トシテ、下老若男女ニ至ルマデ、是ハソモ何ヤラント、魂ヲ冷シ、手ヲ握リ、カタヅヲ飲テ居タル処ニ、宣託《ママ》」があったという。

尚宣威（尚円王の弟）即位式の折、幼い尚真（尚円王の子）は傍にいた。そのとき君々は「首里におられるテダ子の愛し子（幼い尚真）の遊び、踊る姿の見事なことよ」というオモロを神のお告げとして謡った。新国王の尚宣威を祝福するオモロではなく、幼い尚真を讃えたのである。しかも、慣例ならば歌唱者は首里城正殿に向かうはずだが、正殿を背にして反対側の奉神門に向かって謡ったので、参列者は固唾を呑んで見守ったという。

そして、そのことがあって、尚宣威王は間もなく退位し尚真が王位に就いたのであった。

尚真を褒め称えたこのオモロは言霊が満ちあふれており、ミセゼル（神託）と同じはたらきをしている。しかし、その詞章は、来琉した冊封使が同席する〈場〉にはふさわしくない内容である。「御冠船之御時おもろ」が冊封儀礼の〈場〉であったにもかかわらず、尚宣威即位式のオモロの詞章をそのままに謡っているからである。ただし、このオモロが冊封儀礼の場で謡われたのは、尚宣威を退位に追いやった詞章の内容よりも、国王即位式のオモロとして謡われたからであろう。要するに、このオモロは場や詞章の意味を慎重に検討せず、慣例的に謡われたということである。

また、一五四五番歌には重複オモロとして、第十二―六六三番歌の「いろいろのあそびおもろ御さうし」がある。節名は「たくしたらなづけが節」で、その詞章は次のとおりである。

一　首里　おわる　てだこが　　(1)首里におられる太陽なる国王様が
おもい子の遊び　　愛し子様の遊びは
見物遊び　　見事な遊びであるよ
なよればの　見物　　踊る姿の見事なことよ
又　ぐすく　おわる　てだこが　　(2)グスクにおられる太陽なる国王様が
又　鷲の羽　差しよわちへ　　(3)鷲の羽をお差しになって

この〈一・又・又〉は連続部で、〈一　首里　おわる　てだこが〉〈又　ぐすく　おわる　てだこが〉は対句の主部であり、〈又鷲の羽　差しよわちへ〉は述部である。そして、連続部の詞章の訳は〈(1)首里におられる太陽なる国王様が〉〈(2)グスクにおられる太陽なる国王様が〉〈(3)鷲の羽をお差しになって〉と訳される。それに対して、繰返し部の詞章は、「愛し子様の遊びは、見事な遊びであるよ、踊る姿の見事なことよ」と解される。要するに、繰返し部は囃子詞のようなもので、連続部と繰返し部の意味的な繋がりはない。その観点から、一五五四番歌に戻って考えると、連続部の「首里おわるてだこが」は「首里におられる太陽なる亡き国王様の」となり、繰返し部の「おもい子の遊び　見物遊び　なよればの　見物」は、「愛し子の新国王様のお姿は美しいよ、立ち居振る舞いの見事なことよ」と解することで整合性を保つことができる。

二　オモロの歌唱者と歌唱法

オモロ主取及び男性官人のオモロは、独特な歌唱法で謡われた。山内盛彬は、琉球王府最後のおもろ主取・安仁屋真刈からそのオモロを聞き取っている。「あおりやへがふし」「おしかけぶし」「かくらふし」「あかすめづらしやかふし」「しよりゑとふし」の五曲六節であり、ＣＤに収められている。[7] 次は、その一つの「しよりゑとふし」である。

しーヰーヨーンンオーヰーよーオ、　ンオーヰーりーイーヨーオーンウ、
ンオーヰーうーウォーンウ、　わーアーンンオーヰーるーウォーンウ、
てぃだーアンオーヰーくーウォーン、　ンオーヰーかーウォーンウ
うむいーウォーンンオーヰーくーウォーンウ、　わーアーンンオーヰーぬーウォーンウ
あしびーウォーンンオーヰーなーウォ、　ンオーヰーゆーウォーンウ、
りーヰーヨーンンオーヰーばーウォ、　ンオーヰーぬーウォーンウ、

みむんーウォーンオーキーンウーンウ、

○の部分を繋げると、「しよりうわる　てぃだくか　うむいくわぬ　あしび　なゆりばぬ　みむん」となる。この歌唱法は産み字を多用するメリスマ唱法であり、これがオモロ主取及び男性歌唱者の謡い方である。このオモロのカタカナ部分は、ひたすら声をのばして謡うところであり、このように長くのばして謡う歌唱法ならば、謡いながら踊ることは不可能である。つまり、オモロ主取及び男性官人のオモロは、踊りを伴わないオモロだったと考える。

また、伊波普猷が『琉球戯曲集』に記した尚育王冊封（一八三八、通称「戌の御冠船」）にも、オモロ主取と男性官人のオモロ歌唱について記されている。同書仲秋宴の踊番組の一番は、「神歌《おもろ》こねり」と記し、安仁屋掟親雲上《ウッチユペーチン》以下六人のオモロ人数の名前とオモロ歌唱者の着付けを記す。その「神歌《おもろ》こねり」について、伊波普猷は「もと神前でオモロに合せてコネる（躍る）の義。ここでは、単にオモロをフク（謡ふ）の義」と注記している。換言するならば、「戌の御冠船」の踊番組では、オモロ歌唱者の髪型・衣裳を詳細に記しているが、オモロの踊り手の衣裳等はいっさい記されていない。伊波普猷は、踊り手の衣裳が記されていないことから、「ここでは、単にオモロをフク（謡ふ）の義」と、わざわざ注記したと思われる。

ところで、先述した第二十二―一五五四番「御冠船之御時おもろ」と、山内盛彬採譜の安仁屋真刈の「しよりゑとふし」は同じ詞章であるが、おそらく伊波普猷の『琉球戯曲集』の「神歌《おもろ》こねり」も同じ詞章であったと推察される。そして、それらオモロ主取及び男性官人のオモロは、一節～二節の短い詞章をメリスマ唱法で謡った。熟練したメリスマ唱法こそが、霊妙なる声とされたからであろう。

一方、神女オモロは、謡いながら踊ることが基本であり、集団で謡い踊られるオモロであった。例えば、第九「いろいろのこねりおもろ御双紙」は、こねり手や押す手などの「舞いの手」の注記があり、踊りを伴っていたことがわかる。しかも注記は、自由に踊るのではなく、全員が揃って踊ったということの証左でもある。いわゆるカチャーシーのように自由に踊るならば、注記は不要と考えられるからである。また、とり立てて手振り・身振りの注記がないオモロでも、神女オモロの場合は、簡単な振りで揃えて踊られたと思われる。というのは、奄美諸島の八月踊り・首里のアヤメ（アヤーメー、母舞い）・宮古島狩俣の祖神祭《ウヤガン》の神歌・八重山の巻き歌などは、全員が手足を揃えて踊っているからである。祭祀における歌と踊りは一体であり、次の宮古島狩俣の祖神祭で謡う「ミャームギヌフサ」にも、簡単な振りが付いている。

くぬぞーんーンー　おーりてぃよー　　この地に降りて
くぬみゃーくに　おーりてぃよー　　この宮古に降りて
おーりしょりーてぃーイー　からよーい　　降り揃ってからは
んみゃちみゃてぃ　からやよ　　皆が集まってからは

全員が謡いながら身体を揺らして踊る。一節目の「んーンー」、三節目の「てぃーイー」はメリスマ的唱法とも言えるが、オモロ主取の歌唱法とは異なり、比較的単調なメロディーである。ただし、それらの詞章は長く、すべてを覚えるにはかなりの努力を要とする。それで、一人～三人がすべての詞章を暗誦し、他の謡い手は同じ詞章を繰り返して謡うのである。いわゆる一唱百和形式である。おそらく、神女オモロも、そのような歌唱法であったと思われ、長い詞章を覚える努力が必要であるが、同時に言霊による呪力あふれる長詞形のオモロとして謡われた。

それに対して、オモロ主取及び男性官人の歌唱法は難しく鍛錬を必要とすると同時に、第二十二の「公事オモロ」に記しているように三節以下の詞章は無用とされ省略された。そして、鍛錬されたメリスマ唱法は霊妙なる歌声とされ、呪力あふれるオモロとされた。換言するならば、オモロの短詞形化は、長くのばして謡う男性オモロの歌唱法に起因すると考える。長詞形の叙事から抒情へと詞章が短詞形化したとする文学ジャンル（形態）の交替（改変）ではないと考えるのである。

三　オモロ歌唱の鍛錬

神女オモロは、謡いながら踊ることができる。比較的謡いやすい歌唱法であるが、オモロ主取及び男性官人のオモロ歌唱法は難しい節回しや抑揚であり、鍛錬しなければ謡うことができない。次の『球陽』の湛氏の記事は、オモロの歌唱法を鍛錬したことを示している。(8)

首里湛氏（数明親雲上）は、原来、美里郡伊覇村の人なり。幼稚の時より深く神歌を嗜み、朝夕詠謡して敢へて懈怠せず。壮年に及ぶころ、詠謡妙を得たり。嘉靖年間、聖主、久高島に行幸す。湛氏、神酒司頭と為り、神酒を捧献して久高島に到る。時に聖主、鷁船に下来し、将に返棹せんとして帆を掛く。湛氏、鷁船に乗り、神酒を奉献す。中洋に回到するや、黒雲四に起り、風雨頻りに至り、東西分たず、狂浪澎湃として進退共に難し。是に於て、湛氏、鷁船の頭に立ちて、神歌の曲を謡ふ。再三歌謡して、風波漸く静かに、天面四開して、鷁船恙無く与那原に到る。聖主より深く褒美を蒙り、家来赤頭職に擢んでられて、神歌頭と為り、黄冠を頂戴す。

湛氏は、幼少の頃よりオモロを深く嗜み、朝夕怠ることなくオモロを詠唱し、壮年の頃には高度な歌唱法を身につけた。嘉靖年間（一五二二〜一五六六年）の尚清王の久高島行幸で、突然黒雲が湧き起こり、進退が窮まったとき、湛氏が神歌《オモロ》謡うと風雨が静まり、つつがなく与那原に到着した。その功により国王から褒美を賜った。そして、赤頭職に抜擢され、神歌頭（おもろ主取）となり、黄冠を叙せられた。

要するに、幼少の頃より歌唱法を鍛錬し、壮年に及ぶ頃には「詠謡妙を得たり」となった。換言するならば、オモロの歌唱法は難しく、長きに亘って鍛錬することで、霊妙なる謡い方を習得したのである。おそらく湛氏も、先述した山内盛彬採譜のメリスマ唱法で謡い、微妙な抑揚や節回しを習得したことであろう。また、池宮正治は「おもろ主取家が下庫理（筆者注、正殿一階）に所属し、王の儀礼に深くかかわり、恒例と臨時の儀式に出て、他の人たちとともに、おもろを謡って興をそえた」と述べ、湛氏の「数明親雲上がおもろ主取に任命されたことにとどまらず、この一族が次々とおもろ歌唱者に任ぜられていることである。後の安仁屋家のようなおもろ歌唱集団であったことはその家譜で確認される」と述べている(9)。要するに、湛氏は十六世紀、安仁屋家は十七〜十九世紀のオモロ主取であり、王府儀礼のためのオモロ歌唱者集団だったということである。

湛氏のオモロ歌唱でもう一つ注目すべきは、暴風雨が収まり、つつがなく与那原に到着したことである。湛氏オモロの呪力は、詞章の言霊よりも、霊妙なる歌唱法にあったということである。

また、鬼大城が阿麻和利に嫁いだ尚泰久王の娘モモトフミアガリを背負って夜中に逃げたときのオモロ第六―三四二の行間には「大城、大声ニ而おもろ仕候処、俄に黒雲おこり、北方へは石あめほり、炬松火をきし候付、打手可及行様無之候」と記されている。鬼大城がオモロを謡ったおかげで、俄に黒雲がおこり、石の雨が降って松明が消えた。おかげで、追っ手に捕まる危機から脱出できたのである。すなわち、波照間永吉が指摘しているように、オモロを謡ったのは男性の鬼大城であり、女性のモモトフミアガリではない。湛氏と同じく男性歌唱者が謡うオモロに呪力があったことがわかる。と同時に、その歌唱法はオモロ主取及び男性官人のそれと同じであった。まさしく霊験あらかたな歌唱法であった。

　ここにおいて、オモロの短詞形化は叙事から抒情へという文学形態の問題ではなく、メリスマ的歌唱法への変化が呪力を発揚させたという音楽の問題であることがわかる。

昔節（五節）	作田節（約10分）	首里節（約８分）	ぢゃんな節（約８分）	諸屯節（約９分）	暁節（約９分）
大昔節（五節）	茶屋節（約14分）	昔蝶節（約15分）	長ぢゃんな節（約15分）	仲節（約27分）	十七八節（約14分）

四　琉歌（昔節・大昔節）の御前演奏

　昔節・大昔節と呼ばれる琉歌は歴史的に古い歌とされ、スローテンポの独特な歌唱法の難曲である。また、昔節・大昔節及びそれ以外のスローテンポの難曲を大節《ウフブシ》と言うこともある。上表は、昔節・大昔節の演唱時間であるが、個人差による長短がある。また、古い録音の金武良《きんりょう》仁《じん》や古堅盛保《ふるげんせいほ》などの演唱時間は短く、新しい歌三線歌唱者のＣＤの演唱時間が長い。ちなみに、人間国宝の故島袋正雄は、生前「意識的にゆっくりと演奏するようにしている」と筆者に語ったことがある。それは時代が進むにつれて、逆に長くのばしてうたうようになり、演唱時間が長くなったということである。

　また、表の昔節は、およそ八分～十分程度、大昔節はおよそ十四分～二十七分程度であり、大昔節の演唱時間のほうが長い。ちなみに、表は個人差を平均した演唱時間である。つまり、昔節・大昔節の相違は、「昔」「大昔」の歴史的な古さではなく、演唱時間の長短であると思われる。尚、湛水親方（一六二三〜一六八四）を祖とする湛水流工工四には、作田節・ぢゃんな節・首里節・しよとん節・暁節の昔節が記されている。阿嘉直識《あかちょくしき》（一七一一〜一七八四）の遺言書には、「琉球三味線は、首里の聞覚と申人より、昔ふし、ぢやんなふし、首里ふし、作田ふし、茶屋ふし、はべるふし、長ぢやんなふし、長中ふし、十七八ふし迄不残伝受いたし置候。三味線の手数迄別紙に書付置候間、其方事も（中略）余力の時分に稽古可有之事」と記している。阿嘉直識は、昔節・大昔節を中心とする難曲を繰返し稽古するよう遺言している。サムレー（士）の間では、歌三線が必須の教養とされていたからであろう。また、「三味線の手数迄別紙に書付置候間」とあるのは、三線楽譜の工工四のことと思われる。

琉球では、舞踊家や組踊役者よりも、歌三線奏者のほうが歴史に名を残している。了線《りょうせん》（一六一五〜一六六三）・湛水親方（一六二三〜一六八四）・聞覚《もんかく》（一六八二〜一七五四）・屋嘉比朝寄（一七一六〜一七七五）・知念績高（一七六一〜一八二八）・安冨祖正元（一七八五〜一八六五）・野村安趙（一八〇五〜一八七一）などであるが、池宮正治は了線について次のように述べている。[10]

三歳足らずで盲目となり、三線を習って少年の時すでに「巧者の名」を得ている。三線に長じているために、来琉していた薩摩の儒学者泊如竹《とまりじょちく》から「了線」の名をもらい、尚豊《しょうほう》王からは女官真世仁金《まぜにかね》を妻に、そして月々の糧米を下賜され、そして尚質王からも家宅と糧米を支給され、三線までも与えられている。（中略）尚豊・尚賢・尚質の三代の王から寵愛されている。

盲目の了線は、三代の国王から寵愛を受けるほどの歌三線の巧者であった。彼がたびたび登城してうたった琉歌は、湛水流の工工四や「阿嘉直識遺言書」（一七八七年）に記された昔節・大昔節を中心とした大節《ウフブシ》であったと思われる。要するに、了線は高度に洗練された歌三線奏者であり、それを聴く国王もその歌に感動する感性を持っていたということである。そのことと関連することだが、与那原恵は、尚泰王（一八四三〜一九〇一）の楽師として仕えた勢理客《ジッチャク》家九代目の町田宗玉について述べている。(11)

かつての宮廷芸能家たちも王国崩壊後は失職し、弟子をとって教えたり、遊郭街の「辻」の座敷で演奏したり、芝居小屋の舞台に立ったりして生きた。彼らが琉球古典芸能をいまに伝える礎となるのだが、（宗玉は）王家の人びとの前でしか演奏しなかった。月に四、五回、中城御殿でつとめて屋敷に帰ると、門の前に家族がせいぞろいして迎え、宗玉はすぐに仏間に入り、位牌を拝み、滞りなく演奏したことを祖先に報告したという。晩年、病に伏したときには、尚泰、尚典の見舞いの使者が勢理客家に遣わされたほど愛された。宗玉は宮廷芸能家としての生涯をまっとうしたのである。

宗玉が御前演奏を終えて帰宅すると、家族が総出でお迎えし、仏間でご先祖に報告した。宗玉は、並々ならぬ覚悟で御前演奏をつとめたのであった。このエピソードは、王府の歌三線が単なる娯楽ではなく、礼楽思想にもとづいた歌三線であることを示している。そして、いつしか「かぎやで風」「恩納節」「中城はんた前」「長伊平屋節」「特牛《こてぃ》節」の御前風五節《いつふし》も、琉球国王の御前で演奏されるようになったと思われる。

御前演奏者に選ばれることは歌三線奏者の誉れであったが、そのルーツは古琉球時代の名人オモロ（オモロ歌人）にあったと思われる。彼らは領主に仕え、オモロを謡って領主を讃美し、豊作と繁栄を祈ったが、その伝統が近世琉球の王府に継承されたのである。名曲・難曲の鑑賞は、国を統治する国王のつとめであり、それを聴いて評価する鑑賞力は国王には必須の教養であり、琉球の音楽（歌・三線）は、礼楽思想に基づいて行われたのであった。

五　礼楽思想と琉歌の歌唱法

難曲の昔節・大昔節が尊重され、高度に洗練された芸術性を備えているのはなぜだろうか。そのような琉歌について、池宮正治は次のように述べている(12)。

物事の発達からいって、古ければ古いほど素朴で単純であるはずである。例えば、童謡・わらべ歌のように、音の一つびとつに言葉の一字一音がつくといったものが、古いのである。音楽と詞の関係から言って、言葉が音楽よりも優先した歴史のほうが、人類の歴史のなかでは圧倒的に長い。歌謡が祭祀に取りこまれていた長い歴史がそれである。ところが、この「昔節」「大昔節」は、工工四の他の楽曲と比較しても、言葉の一音を長々と引き延ばして歌っている。繰返しが少なく、一曲がいったいに長いのである。一曲のうちに転調するところもある。これもうひとつの難曲たるゆえんでもあるが、これらの曲は、琉球列島の歌謡のなかであまりに特異で、これを別の角度から言えば、いかにも人工的、作為的である。つまり、これらの歌・曲は自然発生的に三線歌曲に昇華したというものではなく、誰かが作曲したといった、つまりは芸術音楽なのである。

池宮の見解は、個人の創作音楽こそが芸術音楽であり、集団で歌う民俗音楽やわらべ歌は洗練された芸術音楽ではないとの観点が窺える。そして、そのことは音楽にかぎらず、絵画や文芸においても納得できる見解である。ところが、先述した昔節・大昔節の作曲者は知られておらず、古い時代の三線歌（琉歌）の世界では、複雑で難解な音曲を歌いこなしていた。それを可能にしたのは、礼楽思想をもとに三線歌を演奏したからである。琉球王府では国王をはじめ、ストイックで求道的な三線歌の演奏が行われていたのである。

東恩納寛惇は、『琉球音楽考』の序文で「三線は礼楽の太宗として国家の保護を受け、士人の間に保存せられ、高雅なる品格を備え、独特な発達を遂げた」と記している。つまり、歌三線は礼楽の大元であり、その中核が御前演奏であった。ちなみに、礼と楽は、中国儒教の根本的規範であり、士及び知識人の教養の六芸（礼・楽・射・御・書・数）のはじめにおかれている。「礼」は日常生活から公式儀典まで、正しい心の外への表現を規定し、「楽」は音をもって節度のある心を表わすものとされる。つまり、社会の秩序を定める礼を学び、人の心を和ませ感化する楽を実践することは国王及び士大夫のつとめとされていた。それゆえ、サムレー（士）たちは、礼を学び、楽（歌三線）を享受したのである。

ところで、一五三四年に来琉した陳侃の『使琉球録』は「楽は絃歌を用ゐる。音はすこぶる哀怨なり」と述べ、一六八三年に来琉した汪楫の『使琉球録』巻三では「酒半ばにして、曼声《まんせい》にして歌ひ、三絃を搊《つまび》きて之に和す。其の音哀怨、抑《よく》して揚《あ》げず」（酒宴半ばにして、声を長く引いて歌い、三線を弾いて和す。その音は哀怨で、歌声は抑えて揚げることはない）と記す。いずれも「哀怨」に聞こえたのであり、声を長くのばして歌う琉歌の特徴を捉えている。陳侃の『使琉球録』と汪楫の『使琉球録』巻三は、「絃歌」と記すので、三線歌（琉歌）であることがわかる。また、徐葆光の『中山傳信録』の中秋之宴では、太平歌を聴いて「まるで梵唄（声明）のように声をのばして歌う」と述べている。「太平歌」と記していることから、長くのばして謡う声明のような歌

（梵唄）はオモロではなく、琉歌であったと推察される。要するに、陳侃の『使琉球録』・汪楫の『使琉球録』巻三・『中山傳信録』の太平歌の演唱は、三線歌（琉歌）であり、声明のように声を長くのばして歌っていたのである。

六　オモロ歌人（名人オモロ）について

オモロの担い手には、神女（君々）やオモロ主取（男性官人）の他、名人のオモロ歌人がいた。比嘉実は、第八「おもろねやがりあかいんこがおもろ御さうし」には、おもろ音揚《ねやが》り・おもろ殿原《とのばら》・せるむ殿原・せるむ音揚り・おもろ真声子《まごゑこ》・音揚り・阿嘉のお祝付き・饒波《ねは》のお祝付き・阿嘉の子・饒波の子・饒波犬子・饒波犬お祝付きという名人のオモロ歌人が記されていると述べる。そして他の巻では、いちよのし・いちらこ・鍋樽《なべたる》・さはちきよ・あかわり・島尻・あかみねま・もとみねま・国頭《くにがみ》・まみちけ・まかるこ・あかともい・いちやはな・あぢはゑ・君加那志・石てん・金てん・兼城大親・おもろする大親・天久仁屋・天久子・糸数・久場の子・おもろ小太郎つ・真金子・おぎやか子・よたい人・山内子・山内仁屋・大きて・太郎子思い・世玉子《せたまこ》・世《せ》玉仁屋《たまにや》というオモロ歌人の名前をあげている。(13)

また、比嘉は、それらのオモロ歌人の名前に、「子」や「仁屋」の階層が出てくることや、『混効験集』の「おもろてだ」（おもろ王）という言葉に注目し、「オモロ歌人の男性説を証明するものとなりうる」と述べている。(14) 伊波普猷は『おもろさうし選釈』で、「第八おもろねやがりあかいんこがおもろ御さうし」のオモロネヤガリとアカインコについて、「アカインコを謡つたオモロは四十首ほどもあるが、これを能く調べて見ると、彼は単に詩人や音楽者であるばかりでなく、航海者でもあり又建築者でもあつた」と述べ、「オモロネヤガリが京のうちで幅をきかしたおもろとのばらであつたに反して、彼は三味線一挺を提げても、うらを放浪したおもろてだであつた」と述べた。[15] つまり、放浪するアカインコは詩人・音楽家・航海家・建築家・三線演奏家であると同時に放浪するオモロテダ（オモロ王）であったと述べ、首里城京《けお》の内《うち》のオモロネヤガリとは別人であったと述べたが、後の「あまみや考」では次のように述べている。[16]

「おもろねやがり」関係のオモロと「あかいんこ」関係のオモロとを具に比較して、その主人公が何れも尚真王時代の宮廷詩人「米次世のぬし」で、「下の世のぬし」（南方の領主）と呼ばれ、世務を開き、公益を宏めた為に、「按司の又の按司」と称へられたことを知つた。かうして、二人の「神歌按司《ゑいとてぃだ》」が、同じ時代に、同じ采邑を領し、しかも同じ仕事をなしたとは、実際考へられないことだから、これはいづれも「阿嘉犬子」といふ「おもろ詩人」のことだ、と断定してよからう。

要するに、オモロネヤガリとアカインコは同一人物で、即興詩人であり、国家社会を開き、公益を広めたため「米須世の主」「下の世の主」（南方の領主）と称されることもあり、「按司の中の按司」と讃えられたと述べている。換言するならば、アカインコ（オモロネヤガリ）は地方領主であると同時に、オモロを謡う即興詩人だったということである。それに対して比嘉実は、「第八おもろねやがりあかいんこがおもろ御さうし」のオモロ歌人について伊波の領主説を否定しつつ、次のように述べている。[17]

おもろ歌人は常に政治的権力者にまといついている存在であった。ある者は権力者の庇護を受けて定着し、権力者を讃え、その領有する土地・城郭を讃仰するミニ宮廷歌人になり、ある者は地方に割拠する豪族を訪い、彼らを讃仰するおもろを謡って食い扶持を得る漂泊の歌人となった。

比嘉は、オモロ歌人は地方領主を讃美する立場であり、領主ではなかったと考えると同時に、第八の名人オモロは祭祀的なものを引きずりつつも祝宴に広がる内容であるとしたのである。また、伊波普猷は「尚真王の中央集権によって、三山の按司部は首里に永住しなければならないやうになつた。この時氏神を中心として叙事詩を歌つてゐたオモロの詩人たちは、さしあたり職業を失つたので、銘々の郷里を離れて、放浪生活を送り、従つて叙情詩などを歌ふやうになつたらう[18]」と述べる。そして、比嘉は「おもろ歌人の消息は尚真王時代でほぼとだえていて、後の時代の音楽、歌謡の脈絡は何も解明されていない。今後の研究の大きな課題である[19]」と指摘している。

要するに、尚真王の時代に地方領主が首里に居住するようになると、地方で活躍したオモロ歌人は姿を消すようになった。それらのオモロ歌人たちは、按司（地方領主）にかかわる人物であり、地方を放浪する吟遊詩人でもあったと考えられる。彼らの実像は曖昧模糊としているが、『おもろさうし』には、神女が謡ったオモロと、オモロ主取及び男性官人が謡ったオモロの他、おもろ歌人が謡った名人オモロがあるということに注意したい。よって、オモロ歌人の歌唱法についても、再検討を要すると考える。

七　アカインコの琉歌

オモロネヤガリ・アカインコなどのオモロ名人について、仲原善忠は「彼等名人はおもろ作者—詩人ではなく、歌唱者—音楽家であった」と述べる。[20] それに対して、比嘉実は「彼らは仲原善忠が言うような単なる歌唱者ではなかった。詩人も兼ねそなえていた筈だ。詩人と歌唱者と作曲家がそれぞれ分離していたとは考えられない」と述べる。[21] いずれにしろ、オモロが謡われた当時、重視されたのはその歌声であるが、その場に応じて詞章を改作して歌い出すことも想定される。

ところが、アカインコ・ネヤガリはオモロ歌唱者でありながら、琉歌の歌唱者とも伝えられている。しかし、アカインコはオモロ歌人であり、琉歌及び三線の演唱者ではない。また、『混効験集』「坤、人倫」は、オモロネヤガリについて「往古のおもろ名人なり。御神親愛し給ふと也」とあり、アカインコは「おもろの名人にておもろねやがりと世を同うせし人也」とある。それらの記述や尚真王代以前のオモロ歌唱者であることからも、アカインコ（オモロネヤガリ）はオモロ歌唱者であり、中国伝来の三線を演奏することはなかったと考える。が、アカインコは三線演奏家や琉球舞踊家の間ではウタ三線の鼻祖とされ、読谷村楚辺では毎年アカインコ祭りが行われている。

また、乾柔節流・独節流・覧節流の三部作からなる「琉歌百控」には、次のアカインコ・ネヤガリにかかわる琉歌一首（二番歌）を記すだけでなく、アカインコ作の琉歌四首を載せている。[22]

2　歌と三味線の(ウタトゥサンシンヌ)　むかし初や(ンカシハジマリヤ)
　犬子音東の(インクニアガリヌ)　神の御作(カミヌミサク)

この歌は乾柔節流の冒頭部であるが、インク(犬子)はアカインコ、音東はオモロネヤガリであり、先述したとおり同一人物と思われる。そのウタは「歌と三線の始まりはアカインコ(ネアガリ)であり、それは神のなせるワザである」と解される。

ちなみに、「琉歌百控」は、節名(曲名)一つに付き、関連する二首の琉歌を記載するが、この乾柔節流の冒頭二首については節名がなく、1番歌は琉球の創世神話のアマミク神の琉歌で、2番歌は琉歌と三線の創始者はアカインコという琉歌である。つまり、琉球の国土創成のアマミク神とウタ三線を創始したアカインコを同列に並べている。おそらく「琉歌百控」は、琉球国の繁栄を願ってこの二首を冒頭歌としたのであろう。その意味において、「琉歌百控」は国家の繁栄を願って編纂された日本の勅撰和歌集にならったようにも思える。

乾柔節流の1番歌と2番歌につづく、初段古節部の3番・4番歌には、「作田節」と節名が記され、「赤犬子神・音東神両人作」と注記している。次の二首がその「作田節」の琉歌である。

3　穂花咲出は　塵泥も附ぬ　　フバナサチディリバ　チリフィジンツィカヌ
　白ちやねやなびち　畔枕ら　　シラチャニヤナビチ　アブシマクラ

4　銀春なかい　金軸立て　　ナンジャウスナカイ　クガニジクタティティ
　計てつき余そ　雪の真米　　ハカティツィチアマス　ユチヌマグミ

3番歌は「稲の穂花が咲き出て塵も泥もつかず、稲穂は風になびいて畦を枕にしている」で、4番歌は「銀の臼に黄金の軸（杵）を立てて脱穀すると、あり余るほどの雪の白米」とうたっている。つまり、3・4番歌は、「稲穂が風になびき、雪のような白米をたくさん収穫する」という同一テーマの豊穣予祝歌である。両歌は密接に繋がった連作歌であるが、豊作の琉歌は国家の繁栄の象徴でもある。また、乾柔節流三段古節の冒頭歌（通し番号23・24）の「柳節」も、「読谷山間切楚辺村生赤犬子作」と注記する。

23　柳は翠　花は紅　　　ヤナジワミドゥリ　ハナワクリナイ
　　人は只情　梅は匂ひ　フィトゥワタダナサキ　ウミワニヲゥイ

24　花の盛は　三月四月　ハナヌサカリワ　サングヮツィしグヮツィ
　　月のさかりは　十五夜かさかり　ツィチヌサカリワ　ジュグヤガサカリ

23の歌は伊勢踊歌や「隆達小歌集成」の中によく似た歌があり、[23] 24歌の類歌は「松の葉」にも記される。つまり、本土で流行した小歌が琉歌の「柳節」として定着したのである。その琉歌の作者が、アカインコでないことは明らかである。また、3番歌は七七八六形式であり、小歌の七七形式と琉歌の八六形式を合わせた仲風形式である。4番歌は、七七七八形式であり、小歌の七七・琉歌の八八を合わせた形式である。いずれも、小歌と琉歌の形式を融合させた短詞形であり、長詞形のオモロの歌形とはまったく異なっている。よってこの「柳節」も、アカインコ作とは言えない琉歌である。

それにもかかわらず、乾柔節流の2番歌は「琉歌と三線のはじまりをアカインコ」とされ、後続の3番・4番・23番・24番をアカインコ作としている。アカインコと琉歌は密接に繋がっているとの認識があったからであろう。少なくとも「琉歌百控」成立当時、アカインコが琉歌と三線の鼻祖であるとの言説は真実とされていたことは疑いのないことである。が、古琉球時代に地方領主に仕え、地方を巡遊したオモロ歌人のアカインコが「琉歌と三線の祖」とされたのは、なぜだろうか。

八　オモロ歌人の歌唱法から琉歌の歌唱法へ

礼楽思想の大元である三線は、十五世紀頃に中国から伝来した。王府のサムレー(士)たちは三線を愛好したが、三絃伝来以前の王府はオモロが中心であった。オモロには、神女たちが謡うオモロと、おもろ主取りを中心とした男性歌唱者のオモロ、それにオモロ歌人(オモロ名人)が謡うオモロがあった。

神女おもろには、「こねり」「おす手」「なより」など、オモロ歌唱に伴う身体の動きがあった。つまり、神女たちは、オモロを謡いながら全員が手足を揃えて踊ったのである。その踊りは、定式化した集団の踊りであったが、身振り手振りが入る神女オモロは、比較的リズミカルなメロディーだったと推察される。

それに対して、オモロ主取及び男性官人のオモロは、湛氏や安仁屋家を中心に継承された。安仁屋家のオモロは、山内盛彬歌唱のCDからもわかるように難しい歌唱法である。その山内成彬採譜のオモロについて、比嘉実は「一音を長く引きのばして謡う唱法は、仏教の声明に似ており、古典音楽の大昔節としての十七八節に著しく類似している」と述べる。[24] 比嘉が歌唱法に注目したことは研究者の見解としては画期的なことであるが、その見解には疑問を抱かざるを得ない。というのは、オモロ主取の歌唱法と大昔節の十七八節は、確かに一音を長く引きのばす唱法であると同時に、声明に似た歌唱法でもあるが、両者には決定的な違いがある。というのは、前者のオモロ主取の唱法にはコブシのような歌い方が入るが、後者の十七八節(琉歌)は小刻みな音の上げ下げを嫌うからである。琉球古典音楽(琉歌)は民謡や演歌のようなコブシを嫌うのである。琉球古典音楽(琉歌)の唱法では、芯が入ったような直線的なうたい方であり、声を揺らすビブラートの歌い方は嫌われる。そして、その歌唱法は地方の神歌や八重山のアヨーなどにも継承された。

ちなみに、琉歌の「十七八節」は大昔節の例にもれず、一音を長くのばして歌う。およそ十四分の長い演唱時間である。その歌詞は、「ゆすずめのなれば、あいちをられらぬ、たまこがねつかいの、にやきゆらとめは」(夕暮れになると、居ても立っても居られない、玉黄金のような使いが来るかと思うと)であるが、その解釈は二通りに分かれている。そのことについて、池宮正治は、次のように述べている。(25)

一つは、仏典から由来したと主張する説で、浄土三部経の中の弥陀四十八願中の第十七願第十八願の内容をとったために「十七八節」と呼ぶのだというのである。もう一つは恋歌説で、娘の代表的な年齢を十七八歳とするところから名付けられたとする考え方である。

前者の仏教典拠説は琉球古典音楽演唱家に多く、「昔節大昔節の歌詞について」(野村流古典音楽保存会編『琉球音楽』一九五九年)や富原守清の『琉球音楽考』(一九九四)も同見解である。それに対して、後者の恋歌説は研究者に多く、東恩納寛惇や池宮正治「十七八節雑考」(『琉球文学論』沖縄タイムス社、一九七六年)が代表である。ちなみに、東恩納は「十七八節」の仏教典拠説を次のように批判している。

然らばこの歌がどうしてそんなに事むづかしく解釈されるやうになつたかと云ふに、第一には、この歌の曲節が早期のものに属するだけに、声明の匂が濃厚に残つていかにも幽玄な調子を現してゐる事、第二に田辺尚雄氏が十七八節と云ふ曲目は昔京都辺にもあつたらしいと云ふヒントを与へた事、第三に桑江翁の紘声の巻に盛者必滅の理を歌ふと云ふ語が見えてゐる事、以上のやうな諸条件を取りまとめて富原守清君が哲学的解釈を下したことに原因がある。[26]

要するに、東恩納は、「十七八節」の歌詞の解釈を重視したが、曲節を軽視した解釈であることは明らかである。そして、「専門家達には由来歌の貫禄を付ける為めに強いてむづかしく解釈したがる癖があつて、この歌の場合でも有り触れた恋歌とするより弥陀本願の法悦を詠じたものとする方が有り難味が多いやうに未練を残して無理な解釈を下してゐるものである[27]」と、実演家の見解を厳しく批判している。しかも、研究者と実演家の見解の相違は、既に述べたように「ウタと三線のはじまりをアカインコとするか、それを否定するか」という問題とも相通じるものがある。

というのは、研究者は歴史的な事実や歌詞を根拠に論じているが、実演家は歌詞の意味よりも、歌唱法を中心に考えているからである。ところが、東恩納は「第一には、この歌の曲節が早期のものに属するだけに、声明の匂が濃厚に残つていかにも幽玄な調子を現してゐる事」と述べ、いわゆる音楽的な側面からの歌唱法について指摘している。つまり、「十七八節」をはじめ、早期の琉歌には声明の匂いが濃厚に残っているが、それは名人オモロや男性オモロの歌唱法を継承されたものと考えているようである。

要するに、おもろ歌人(名人オモロ)は「その名前から男性歌唱者であった[28]」。そして、長くのばして歌う歌唱法は、三線歌の琉歌に継承された。そして、その観点に立つならば、歌三線(琉歌)の始まりの時代に昔節・大昔節のような難曲がうたわれたことは自然なことであり、歌三線(琉歌)の創始者がオモロ歌人のアカインコ・ネヤガリであるとする見解に対しても不自然なことではないと考える。つまり、歌三線奏者や舞踊家は音曲や歌唱法の観点から、歌三線（琉歌）の創始者をオモロ歌人と考えているのである。

要するに、長くのばして歌う名人オモロの歌唱法は三線歌の琉歌に継承され、それがオモロの短詞形化を招くことになったと考える。つまり、オモロの短詞形化は歌唱法によるものであり、外間守善の説くところの長詞形の叙事から短詞形の抒情へという文学的な琉歌発生論ではないということである。

注

（1）『仲原善忠全集第二巻』一四一〜一四二頁、沖縄タイムス社、一九七七年（初版『おもろ新釈』琉球文教図書、一九五七年）。
（2）島村幸一『『おもろさうし』と琉球文学』三二一〜三二二頁、笠間書院、二〇一〇年。
（3）球陽研究会『球陽　読み下し編巻十』四六三項二一〇頁、角川書店、一九七四年。
（4）前掲注（2）三三九頁。
（5）波照間永吉『琉球文学大系2　おもろさうし下』七〇八頁、株式会社ゆまに書房、二〇二三年。
（6）池宮正治『琉球文学の方法』八九頁、三一書房、一九八二年。
（7）沖縄伝統文化ＣＤ制作委員会、株式会社フォンテック市販グループ。e-mail : info@fontec.co.jp
（8）前掲注（3）二一一項一六六頁。
（9）前掲注（6）七六頁。
（10）『池宮正治著作集2　琉球芸能総論』三三四頁、笠間書院、二〇一五年。
（11）与那原恵『首里城への坂道　鎌倉芳太郎と近代沖縄の群像』筑摩書房、二〇一三年。ちなみに、勢理客家《ジッチャク》の町田宗玉は〈ウタジッチャク〉と称されていたという。
（12）前掲注（10）三三五頁。

(13) 比嘉実『古琉球の世界』一九九～二〇五頁。
(14) 前掲注(13)二〇五頁。
(15)『おもろさうし選釈』(『伊波普猷全集第六巻』一二二～一二三頁、平凡社、一九七五年)。
(16)「あまみや考」『伊波普猷全集第五巻』四四二頁、平凡社、一九七五年)。
(17) 前掲注(13)二四四頁。
(18) 前掲注(15)一二三頁。
(19) 前掲注(13)二四四頁。
(20) 仲原善忠『仲原善忠全集』第三巻五〇六頁、沖縄タイムス社、一九七七年。玉城政美「名人オモロをめぐって」(『琉球大学法文学部紀要国文学論集』第一二号、一九六八年)、波照間永吉「オモロ歌唱者アカインコの相貌」(『沖縄文化』一〇六号、二〇〇九年)も、オモロ名人を歌唱者・声楽家とする見解である。
(21) 前掲注(13)二一一頁。
(22) 外間守善校注「琉歌百控乾柔節流」二番歌(『田植草紙　山家鳥虫歌　鄙廼一曲　琉歌百控　新日本古典文学大系』三六八頁、岩波書店、一九九七年)。
(23) 前掲注(6)二二六～二二七頁。
(24) 前掲注(13)二〇八頁。
(25) 前掲注(6)二〇四頁。
(26)「十七八節について」(『東恩納寛惇全集8』四三二～四三三頁、第一書房、一九八〇年(初出は『おきなわ』第一巻第七号、一九五〇年)。
(27) 前掲注(26)四三三頁。
(28) 前掲注(13)二〇七頁。

性に関わる病の伝承—「南無薬師」歌と流された女—

佐伯和香子

はじめに

小野小町や和泉式部といった有名人をはじめとして、女性の伝承は数多くあるが、そのなかでも特に女性には病を語る話が目立つように思う。たとえば柳田國男が『女性と民間伝承』で指摘したように、小野小町と和泉式部はどちらも「瘡」にまつわる伝承を持つ。あるいは折口信夫が「雛祭りの話」で書いた淡島様の話のような、婦人病によって流された女の伝承もある。こうした女性の病の伝承は、いずれも性的な要素を持っているようだ。なぜ女性には性に関わる病の伝承が多いのか。ここではこのような病の伝承を整理しつつ、それぞれの話の性格を検討していきたいと思う。

一　小野小町と和泉式部

「そも〳〵清和のころ、内裏に、小町といふ、色好みの遊女あり[1]」というのが、お伽草子『小町草紙』の冒頭である。また、お伽草子『和泉式部』は、「中ごろ花の都にて、一条の院の御時、和泉式部と申して、やさしき遊女有り[2]」という冒頭を持つ。小野小町と和泉式部、平安期を代表するこのふたりの女流歌人が、お伽草子ではどちらも「遊女」とされているのは有名な話だ。このように彼女たちはしばしば好色のイメージをもって語られ、性的な伝承がまとわりつく。二度の結婚の間に親王たちとのスキャンダルを起こし道長に「うかれ女[3]」とからかわれた和泉式部はともかく、小野小町の人生に関してはほとんどよくわかっていないにもかかわらず、である。

絶世の美女であり好色の女、男を拒絶する驕慢な女、老いて惨めな末路をたどった女。そんなふうに語られることの多い小野小町の伝承は、すでにその萌芽が『小町集』に見えることが片桐洋一によって指摘されている[4]。その後『玉造小町子壮衰書』を経て説話集や歌学書の中で成長した小町像は、お伽草子で色好みの遊女となった。

いっぽうで和泉式部もまた、説話の中でその好色のイメージを増幅させていく。特に『宇治拾遺物語』巻一冒頭話で語られた道命阿闍梨との関係は『十訓抄』などにも見え、お伽草子『和泉式部』にいたると「遊女」和泉式部とその子道命との近親相姦の話となる。

このように、好色や遊女という共通するイメージを持つふたりは、口承の世界においても共通点を持っていた。それが「瘡」にまつわる伝承である。たとえば菅江真澄は『雪の出羽路　雄勝郡一』の中で次のように記している。

郷民の物語に、いにしへは小野小町老て故郷に帰り来て小野に住けるに、瘡の出だるを憂て此社に通夜しねぎごとしていのりつれど、つゆのしるしもあらざればうらみ奉りて、

　南無薬師衆病悉除の神なれば身より仏の名こそ惜けれ。

とぞ堂の柱に書つけゝる。こは、衆病悉除身心安楽といふ薬師本願経の意をもてよめるにこそあんなれ。其夜の夢の中に神出まして、

　群雨は唯一ト時キのものなればそこにぬぎおけおのがみ《身》のかさ《笠》。

夜明れば、かいぬぐひたるがごとく身の瘡ひとつなく愈へたりとなむ、歌のこゝろこそ叶ひつらめ。己と小野とは仮字のかなはざる、薬師仏もかなづかひはえしり給はぬ事かとひとりほゝゑまれたり。これをおもふ、むかし泉式部悪瘡になやみ京の平等寺の因幡堂にまうでゝ、

　南無薬師衆病悉除の願なれば身より仏の名こそをしけれ。

と口号み礼しければ、内陣の奥より微妙の御声にて、

　村雨はしばしのほどに通り行其身のかさをこゝにぬぎおけ。

これは稲葉堂の縁起のよし也[5]。

真澄は郷に伝わる小野小町の「南無薬師」歌の話を知って、京の因幡堂における和泉式部の話を思い出すのである。

「瘡」とは何か。『日本国語大辞典』で「瘡」をひくと、①に「天然痘、できもの、はれものなど、皮膚病の総称。また、傷の治りぎわにできるかさぶたをもいう」、②に「特に、梅毒をいう」とある。[6]柳田は『女性と民間伝承』で「南無薬師」歌の話の瘡について、「悪疾」「この世の中でいちばん不愉快な病気」「難病の瘡」「世にも情けない難病」[7]としか言っていない。いっぽうで明川忠夫はこれについて、「ハンセン氏病や梅毒をさすのではないか」[8]と指摘し、細川涼一も「瘡とは癩病を含む皮膚病の総称であったが、室町後期に梅毒が伝播してからは、とくに梅毒のことを指すことになった、ということができるであろう」[9]と述べている。『三国名勝図会』における和泉式部を主人公とする日向法華岳寺の「南無薬師」歌の話で、彼女の病を「癩病」[10]としていることを見ても、この「瘡」は、業病とされたハンセン病や、賤視された遊女が患うことの多かった梅毒を想起させるものであったといえよう。

二　「南無薬師」歌の世界

小堀光夫[11]によれば、小野小町を主人公とした「南無薬師」歌の話は全国十一か所に伝わっている。また、和泉式部の話とするものは先に挙げた真澄の記事のほかに、日向法華岳寺のものが知られている。

さらにそれ以外に、小野小町や和泉式部の名前を持たない話が残る。先に挙げた、真澄が「むかし泉式部悪瘡になやみ京の平等寺の因幡堂にまうでゝ」と記した因幡堂は、寛永十年(一六三三)頃に刊行された『新撰狂歌集』にも「南無薬師」歌が詠まれた場として登場しているが、そこに見られる瘡病みの主は和泉式部ではなかった。

むかし五条・高辻に住ける人、瘡をいたはりて因幡薬師へこもりて
南無薬師諸病失除の願なれば身より仏の名こそ惜しけれ
とよみければ、内陣より返し
村雨はたゞ一時のものぞかしをのが蓑笠そこに脱ぎをけ[12]

瘡を病み、薬師如来に向けて歌を詠んだのは「五条高辻に住ける人」とされている。因幡堂は高辻通とかつての五条大路(現在の松原通)に挟まれた場所にあるので、近くに住む人が因幡薬師に参詣したということなのだろう。この人物の名前も性別もわからないが、五条という地名はやはり好色の世界を連想させるものであり、和泉式部とも結びつくものであった。たとえば『浄瑠璃物語』には、和泉式部が五条において千人の男と契りを結ぶ話が見えるし、五条の橋はお伽草子『和泉式部』で遊女とされた和泉式部が子どもを棄てた場所である。また、先に挙げた『宇治拾遺物語』巻一の冒頭話で和泉式部と同衾した道命の読経を聞きに来ていたのは「五条西洞院の辺に候翁[13]」であり、ここにも五条地名が見える。この翁は五条の道祖神であったが、道祖神は別名「百大夫」とも言われ、『梁塵秘抄』の歌「遊女の好むもの　雑芸鼓小端舟　簦翳艫取女　男の愛祈る百大夫[14]」に見えるように、遊女たちの信仰の対象でもあった。好色、そして遊女といったイメージを持つ和泉式部の説話に登場するにはふさわしい神だったのである。

また、お伽草子『猿源氏草紙』で猿源氏が恋をした螢火は因幡堂のすぐ東に位置する「五條の東の洞院」の遊女とされたが、明応九年(一五〇〇)頃の成立とされる『七十一番職人歌合』にも五条の遊女が登場する。

三十番

宵のまは選りあまさる､立君の五条わたりの月ひとりみる[15]

新日本古典文学大系の「立君」の注には、「五条立傾城とも呼ばれ、多く五条橋から清水寺への道筋を生業の場としていた」とある。五条は遊女たちと縁の深い地であった。『新撰狂歌集』の「五条高辻に住ける人、瘡をいたはりて」ということばからは、このような遊女の世界につながる好色のイメージが立ち現れてくる。あるいはまた、柳田が「和泉式部の足袋」や『女性と民間伝承』の中に記した『醒睡笑』（一六二三）の話では、比叡山の稚児が「悪瘡」にかかっている。

山門北谷に児あり。悪瘡のいたはりに、根本中堂へ参籠す。七日満ずれども、あへて効なし。うち恨みて、下向に短冊を内陣へ投げ入れ参らせたり。

南無薬師衆病悉除の願ならば身より仏の名こそ惜しけれ

即ち内に御声ありて、

村雨のふるとは見えで晴れにけりそのみのかさをそこにぬぎ置け

本坊に帰れば、瘡みなあとなし。[16]

『醒睡笑』を著わした安楽庵策伝は浄土宗の僧侶で、京都・誓願寺の法主である。明川忠夫が『醒睡笑』の稚児の瘡について「若道によるものだろう[17]」と指摘したように、比叡山の稚児といえば男色で有名であった。本来、最澄がはじめて比叡山に登ったとき、最初に稚児が現れ、次に山王が影向した故事にもとづく「一稚児二山王」ということばは、転じて「比叡山の僧侶たちが山王権現よりも稚児を愛し尊んで、男色にふけったことをあざけっていったことば[18]」となった。そのくらい僧侶の世界と男色は結びついていたわけで、江戸時代の小咄には僧および稚児の乱倫を揶揄した話が多い。当然、安楽庵策伝が記したこの話も比叡山の稚児の好色を下敷きにしたものであろうし、その果ての病の瘡、という文脈で読むべきものだろうと思う。

では、寛文十二年（一六七二）の刊記がある『一休関東咄』に載る話はどうだろうか。三河の国、峯の薬師（鳳来寺）に瘡の治癒を願う話である。

おなしきくにみねのやくしハ、れいげんあらたにましませハ、てうせきまうずる人たえざりけり。こゝに当国やはぎといふ所に、かさをやむもの有て、七ゝ日のぐわんをたて、まいにちをこたらずまうでける。[19]

話はこのように始まるが、四十日以上祈ってもまったく霊験を得られない。そのため、瘡を病む者は都から下ってきた一休にすがることにする。すると、「今晩まうで、これをよむべし」と一首の狂歌、すなわち「南無薬師」歌を授かった。深更、言われたとおりに歌を詠むと、内院震動して「村雨ハ」の返歌があり、瘡は跡形もなく落ちたという。最終的には「こつずいにとをつてとをとく思ひ、すぐにほつしんしてしよこくしゆぎやうしけるとかや[20]」という発心譚となっている。

柳田國男は「和泉式部の足袋」でこの話を取り上げて、「これは関東咄だから三河鳳来寺の有名な薬師の名を仮りたとも見られるが、ただ何でもなく矢矧の里の住人といったのを考えると、前からこのあたりに行われていた話を採り上げたもののようである」として、諸国を廻り発心譚を語る僧尼たちはこの歌を諳んじていれば薬師の道場を巡拝しやすく「それにはまた全国に名の知られた峯の薬師と、矢矧の里の住人とを説くことが、便宜も効果もともに多かったろうと思われる[21]」と述べている。

鳳来寺といえば、浄瑠璃姫の伝説で名高い。浄瑠璃姫は鳳来寺の薬師如来の申し子であり、矢矧の宿の遊女の長者の娘であった。この話で瘡を病むのが矢矧の住人とされたのは、鳳来寺と縁の深い浄瑠璃姫の伝説から導き出されたものであろう。そして矢矧という地名は、浄瑠璃姫の背後に広がる遊女たちの好色の世界を連想させるものであった。『一休関東咄』上巻の第二に置かれたこの話の後に、「第三　一休衆道ぐるいの事」「第四　けいせいにいんどうわたさるゝ事」といずれも好色につながる話が続いていることも、そのような読みを支える要素として挙げておきたい。

三　紫式部と「南無薬師」歌

いっぽうで、意外な人物が「南無薬師」歌の詠み手としてあらわれてくる例もある。紫式部がその人である。「南無薬師」歌の記録としてはかなり古く、十五世紀、京都の東福寺の住持をつとめた季弘大叔の日記『蔗軒日録』に見えているものだ(22)。その文明十八年（一四八六）八月一日条によれば、病を得た紫式部は太秦の広隆寺の薬師如来に祈ったという。

ムラサキ式部病、詣大秦廣立〔隆〕寺之藥師、祈之不痊、作哥云、南化《無》藥師衆病悉除ノ願ナラハ身ヨリ仏ノ名コソヲシケレ(23)、

紫式部が詠んだとされる「南無薬師」の歌は、確かにこれまで見てきたものと同じ歌である。しかし、紫式

部がかかっていた病がどのようなものであったかは記されていないうえ、薬師如来の返歌もない。したがって砂上の楼閣になるかもしれないが、ここではとりあえず、これまで挙げてきた話の登場人物と同じように紫式部を難病の瘡病みと捉えて、彼女がなぜ「南無薬師」歌の詠み手として現れてくるのかを考えてみたい。

紫式部は和泉式部とともに中宮彰子に仕えた女性であり、『源氏物語』の作者としてあまりにも有名だ。小野小町や和泉式部と同じく、紫式部ももちろん歌人であったが、類まれなる美人であったとか、恋の醜聞にまみれたとかいった話は聞かない。少々艶めいた出来事といえば、『紫式部日記』に記された道長との歌のやり取りと、それに続く彼の訪れであろうか。

源氏の物語、御前にあるを、殿の御覧じて、例のすずろごとども出できたるついでに、梅のしたに敷かれたる紙にかかせたまへる。

すきものと名にし立てれば見る人の折らで過ぐるはあらじとぞ思ふ

たまはせたれば、

人にまだ折られぬものをたれかこのすきものぞとは口ならしけむ

めざましう、と聞こゆ。(24)

梅の下に敷いた紙に書いたため、「すきもの」に「好き者」と梅の縁語である「酸き物」をかけた歌である。道長歌の歌意は、「好き者ということで評判になっているあなたなので、見る人が自分のものにしないで放っておくことはないと思う」くらいだろうか。紫式部はそれに対して「めざましう」と不満そうだ。そして日記はこのあと、夜、渡殿の戸を叩く人があり、紫式部が返事もしないで夜を明かすと、翌朝道長からの文が届く、という流れになっている。

道長がなぜ紫式部を「すきもの」と呼んだのかといえば、歌の直前に道長が目にした「源氏の物語」がその理由である。すなわち「実際に式部が好色者の評判であったからというのではなく、物語で恋愛の種々相をみごとに描いてみせた彼女を、その道に精通した女性と見立ててのものと解すべき[25]」であり、そこには作品世界と書き手とを同一視する視線がある。道長の歌は「物語の前半にくり広げられる光源氏の行動の好色性から、それを書いた作者までも同じ性質であろうと揶揄した[26]」歌なのであった。そして、紫式部と「南無薬師」の歌の結びつきにもこれに通じるものがあると思われる。つまりそれは紫式部自身の問題というよりは、彼女の著した『源氏物語』の問題であった。

平安時代の終わりごろから、紫式部堕地獄説なるものが登場する。すなわち、紫式部は『源氏物語』を著わした罪により地獄に堕ちているというのである。この紫式部堕地獄説を記した代表的なものに、文治三年（一一八七）頃の成立とされる『宝物集』がある。『宝物集』は、仏教における戒のひとつである「不妄語」について「見たる事を見ずといひ、見ざる事を見たるといひ、すべて虚言をせぬを申たる也[27]」として、次のように述べている。

ちかくは、紫式部が虚言をもつて源氏物語をつくりたる罪によりて、地獄におちて苦患しのびがたきよし、人の夢にみえたりけりとて、歌よみどものよりあひて、一日経かきて、供養しけるは、おぼえ給ふらんものを。[28]

ここからわかるのは、『源氏物語』という絵空事を書いたことが紫式部の罪であるとされていることと、そのために地獄に堕ちている紫式部が夢に現れたので、歌人たちの手で供養がなされたことだ。いわゆる源氏供養である。こうした源氏供養の場では、導師が表白文を唱えて供養を行ったらしい。『宝物集』とほぼ同じ頃の成立と見られる、天台宗の僧澄憲によって書かれた「源氏一品経」や、その子聖覚による「源氏物語表白」は、そうした源氏供養の場で唱えられた「表白文の模範例として伝えられてきたもの[29]」であった。その「源氏一品経」では、「古來物語中以之爲秀逸」と『源氏物語』が優れた物語であることを認めつつも、「艶詞甚佳美心情多揚蕩、男女重色之家貴賤事艶之人、以之備口實以之蓄心機、故深窓未嫁之女、見之偸動懐春之思、冷席獨臥之男、披之徒勞思秋之心[30]」と非難している。すなわち、色を好む者はこれをもって自分を正当化する口実とし、未婚の男女はこれを読んで恋愛に心惹かれる、としており、そこで示される紫式部の罪は「虚言をもって源氏物語をつくりたる罪」のみならず、『源氏物語』の好色性にまで及んでいるといえそうである。

男女の性愛を描いた『源氏物語』を著わしたことによって、紫式部は好色のイメージをまとうことになった。その端緒はすでに、紫式部を「すきもの」と呼んだ『紫式部日記』における道長の歌に現れていたように思う。紫式部の「南無薬師」歌は、道長が戯れに詠んだ歌のような、作品世界と作者を同質と見る視線のなかで生まれたものではなかったか。

ただし、紫式部の「南無薬師」歌伝承は、これ以上の広がりを見なかったようだ。その理由のひとつとして、紫式部にまつわる好色、あるいは性愛のイメージが、彼女自身に由来するものではなく、あくまでも彼女の書いた物語に由来するものであったことが挙げられよう。紫式部と好色というイメージの結びつきは、紫式部が男女の性愛を描いた源氏物語の作者であること、またそれゆえに地獄に堕ちているということを知識として持つ人々の間でしか共有できないものであった。そのため話としての広がりを見ず、文字の世界にとどまったのではないだろうか。おそらく中世から江戸時代にかけての一般大衆にとっては、紫式部堕地獄説などあずかり知らぬ話であったに違いない。

四　流された女

これまで見てきたように、「南無薬師」の歌には好色や遊女といった性的なイメージがまとわりついており、そこには好色の果ての瘡病という構図があるようだ。いっぽうで、性にかかわる女性の病の伝承は「南無薬師」歌の話だけにとどまらない。それは淡島神に代表される、流された女の伝承である。折口信夫は「雛祭りの話」で、淡島神の縁起について次のように記している。

其由緒《ユカリ》はかうである。昔住吉明神の后にあはしまといふお方があつて、其が白血《シラチ》・長血《ナガチ》の病氣におなりになつた。それで住吉明神が其をお嫌ひになり、住吉の社の門扉にのせて、海に流したのである。かうして、其板船は紀州の加太の淡島に漂ひついた。其を里人が祀つたのが、加太の淡島明神だといふのである。此方は、自分が婦人病から不爲合せな目を見られたので、不運な人々の爲に悲願を立てられ、婦人の病氣は此神に願をかければよい、といふ事になつてゐるのである。(31)

「白血・長血の病気」とは婦人病のことで、白血はおりものが増える状態を指し、長血は長期にわたる不正出血を指す。したがって、「南無薬師」歌の場合とは異なり、こちらは明らかな「下の病」であった。『大日本地名辞書』ではこの淡島神の病気を「帯下の病」(32)といい、江戸時代の随筆『続飛鳥川』では「うるさい病」(33)としている。

淡島神が婦人病のために離縁され流されたという伝承は、近世に淡島願人という下級の宗教者が語り歩くことによって広まったらしい。同型の話が四国や九州に多く伝わっている。

まだ向田の里も人まばらのころのある日、小迫海岸に打ちあげられた一隻の小舟があった。それにひとりの女人が乗っていた。それを助けた漁夫が見ると、顔はふた目と見られぬ醜女であるのに衣服は華やかで美しく、宮人を思わせる姿であった。ふしぎに思って漁夫が尋ねると、女は喘ぎながら、「私は、太政大臣平清盛の七人娘の一人だが、不孝なことに婦人病となり、このような姿と変わり果て、姉からも妹からもきらわれて流されてきました。今この身は召されて昇天するが、魂魄はこの世に留まって、腰から下の病いを救う神になりたい」と告げてこときれたのである。

見れば、この小舟を壊した石がちょうど男根に似ていたところから、亀頭にあたる部分を上にして、五寸角大の穴をほり立て。姫の魂安座の場として、海の見晴らしのよい地を選んで祀ったのが始まりである。

それから、婦人病の神、粟嶋神社となって今日に至っている。(34)

これは大分県国東市に伝わる話だが、婦人病によって流された女は、このように高貴な女性とされることが多い。また、高貴な女性の病を語る話ではあるが、そこに小野小町や和泉式部といった女性の名前を見出せないという特徴がある。この大分県の話などは「婦人病となり」と言いつつも、「顔はふた目と見られぬ醜女である」「このような姿と変わり果て」とあって、ハンセン病や梅毒によって容貌が変化したようにも読める。

しかしながらそこには、「南無薬師」歌に見られた好色のイメージを持つ女たちは登場しない。その代わりに登場してくるのは、清少納言である。

しらちながれで不縁になつて流されて來たさうです。流されたといふのだから、きつと寵愛を受けてゐたのでせう。それがひどいしらちながれになつて、婿さんに嫌はれたのださうです。それで流されたのだと言ひます。此方に流されて來てからも、それをしきりに苦にして、どうかこんな病氣に苦しんでゐる人々みんなの苦しみを救ひたいと、いつも願ってゐたさうです。あまり病氣を苦にして到頭あそこを切つて海の中に棄てた。それが瀬戸貝になつたと言ひます。此處に住んでゐた尼さんが、あまり氣の毒だといふので、その清少なごの死骸を丁寧に葬つたのが、あの尼塚だといひます。それであそこにお詣りすると、必ずしらちが治ります。しらちだけではなく、下の病ならなんでも必ず治ります。あまりよくきくので、それは不思議です。あそこを切つて棄てたとも言ひますが、死骸とあれとが別々になつてあがつたとも言ひます。(35)

柳田も「和泉式部の足袋」で取り上げていた、鳴門に伝わる清少納言の尼塚の伝説である。なんとも凄まじい話だが、これには、流れ着いた先で清少納言が懸想されたか辱められたかしたために、みずから陰部を切り取った、あるいは切り取られたといった話が付随するものもある。(36)また、柳田が挙げた『以文会筆記抄』には、恨みを飲んで死んだ清少納言の祟りによってこの浦には病を得るものが多かったため、「いかなる故はしらず、蛤貝に穴を穿ち絲にて七つ八つをぬき是れを塚に掛けて祈る事なり(37)」と記されている。蛤貝を供えるのは、清少納言が切り取って海に捨てた陰部が貽貝（瀬戸貝）になったことによろう。

清少納言もやはり、「しらちながれで不縁になって流されて來た」女である。先に見た大分県国東市の話のほうは「娘」とあるので、結婚する前に流されたのであろう。婦人病のために離縁された女と、結婚しなかった女。婦人病によって流された女たちには孤独の陰が見える。

菅原千華は、流される淡島神の伝承について「新婚にして血の道の病を患うことは、そのために子がなせぬことを意味し、夫住吉神との性交の不一致をも物語っている」と指摘し、この神を「子を生めぬ石女《うまずめ》や性の欠陥という負の因子を宿した神」であると位置づけた。[38] このような性格を持つ淡島伝承と同型の話の中に、なぜ清少納言の名前が現れてくるのだろうか。

五　性的不具の表徴

紫式部に「そのあだになりぬる人のはて、いかでかよくはべらむ[39]」などとひどい言われ方をした清少納言は、小野小町と同じようにいくつかの零落説話を持つ。次に挙げるのは鎌倉時代初期の『古事談』二―五五と二―五七、ふたつの清少納言説話である。

五五　零落したる清少納言、秀句の事

清少納言零落の後、若殿上人あまた同車し、かの宅の前を渡る間、宅の体、破壊したるをみて、「少納言、無下にこそ成りにけれ」と、車中にいふを聞きて、本より桟敷に立ちたりけるが、簾を搔き揚げ、鬼形のごとき女法師、顔を指し出していはく「駿馬の骨をば買はずやありし」と云々〔燕王馬を好み骨を買ふ事なり」(40)。

五七　清少納言、開を出す事

頼光朝臣、四天王らを遣はし、清監を打たしむる時、清少納言、同宿にてありけるが、法師に似るにより、これを殺さんと欲する間、尼たる由いひえんとて、たちまちに開を出す、と云々(41)。

『古事談』二―五七に見える清監とは、清少納言の兄弟である。清少納言が清監と一緒にいたところ、法師に似ていたので、すなわち男のようだったので、頼光の四天王らに殺されかける。そこで尼であることを証明しようと開(陰部)を見せた、という話である。二―五五の説話でも清少納言は尼ではなく「女法師」とされている。清少納言の零落説話には、女性性を失った女の姿が見えるようだ。

あるいは、同じく鎌倉時代初期に成立した『無名草子』には次のようにある。

「……関白殿失せさせたまひ、内の大臣流されたまひなどせしほどの衰へをば、かけても言ひ出でぬほどのいみじき心ばせなりけむ人の、はかばかしきよすがなどもなかりけるにや、乳母の子なりける者に具して、遥かなる田舎にまかりて住みけるに、襖《あを》などいふもの干しに、外に出づとて、「昔の直衣姿こそ忘られね」と独りごちけるを、見はべりければ、あやしの衣着て、つづりといふもの帽子にしてはべりけるこそ、いとあはれなれ。まことに、いかに昔恋しかりけむ」など言へば(42)、

清少納言は、二度の結婚を経験したとされる(43)。一人目の夫と疎遠になったことは『枕草子』に見えるが(44)、二度目はどうなったのかよくわからない。しかし、右に挙げた説話を読むと、その晩年が幸せなものであったと

は言い難い。もちろん説話は史実ではないが、どこにも夫の影が見えないのにはそれなりの理由があるはずである。

『無名草子』では、清少納言は「遥かなる田舎」に移ったとされる。それが『枕草子』の一本の奥書には「あはのくに」と明記され、阿波の鳴門の伝承に繋がっていく。

さるほどにうせたまひにければ、それをうきことに思ひて、またことかたざまに身を思ひたつ事もなくてすぐしけるに、さるべくしたしむべき人もやう〳〵うせはてゝ、子などもすべてもたざりけるまゝに、せんかたもなくて、としおいにければ、さまかへて、めのとごのゆかりありて、あはのくにゝゆきてあやしきかやゝにすみけり。[45]

この奥書の書写年代は不明であるが、年老いた清少納言が親しい人もなく、子どももなく、乳母子を頼って阿波の国に移り住んだということが見える。史実はどうあれこれらの清少納言の零落説話からは、女性性を失った女、家族を持たない女、という清少納言像が浮かび上がってこよう。それは婦人病によって結婚を継続することが不可能になった女に通じる、孤独な女のイメージである。そして、このような説話世界のイメージの積み重ねの果てに鳴門にたどり着いた清少納言は、婦人病で流されたと語られるだけでなく、陰部を切り取るという凄惨な話をもって語られることになる。

いったい、陰部を切り取るとはどういう意味なのか。それは性的不具の表徴ではなかったか。たとえば岡山県津山市の徳守神社の末社、お花宮にまつわる伝説を見ると、そのことはより明らかになる。

お花宮の正式名称はお花善神といい、津山藩森家家老の原十兵衛の邸に奉公していたお花という女性を祀った社である。現在、徳守神社のホームページ[46]で確認できる由来譚は次のようなものだ。ある時、主人の子の子守をしていたお花が誤って子どもを死なせてしまい、奥方に折檻されて亡くなった。しかしその後お花の怨霊が夜な夜な現われ、ついに奥方は狂死してしまう。そのお花の霊を祀ったのがお花宮であるという。ところが、『美作一国鏡』[47]にこれとはまた別の話が記されていることが南郷晃子によって報告されている。[48]それによるとお花は子守ではなく原十兵衛の側室となっており、貞享二年（一六八五）、十兵衛の妻お岸が嫉妬に狂い、夫の留守中に側室であるお花を虐殺したという。『美作一国鏡』における、奥方が狂気となる場面は壮絶である。

　痩せ衰へ柳眉逆立面相変りたる奥方、懐剣引抜やふ、「怨ミニ怨ミ重るお花、今日こそ思ふ存分致し呉ん」と、顔先を始めあたるを幸なぶり切、苦しむお花を見て大ニ笑ひ、やがても丶・《ママ》はきを顕し、陰ふを切り取り串ニさし、「是ハ旦那様之好物なれバ、つけあぶりニして御膳之菜ニ差上けよ」と投け出したり。お花ハもだへ〳〵て死したりとなん[49]

十七歳のお花はその美しさによって十兵衛に乞われて側室となった。それ以来、「主人十兵衛ハ益々お花の色香ニ溺れ」「十兵衛、弥放埒と相成、お花を側近くはなさす、昼夜となく酒宴を催し、何んとなく外勤も怠り勝となりたる[50]」という状況であり、その記述からは十兵衛が性的にお花に溺れていくさまが読み取れる。あわせて周囲の者から虚言を取り交ぜてお花を非難する言葉を聞かされた奥方は、ついに嫉妬に狂い先のような行動に出たのであった。夫が寵愛する側室の陰部を切り取るということ、それは彼女を性的不具者にすることと同義である。「旦那様之好物」であるそれが自分から夫を奪った元凶なのであれば、それを取り除いてしまうほかない。

祀られたお花は女の下の病を治すとされ、花柳界の女たちの信仰を集めたという。[51] ここにも、下の病を治すという淡島神や鳴門の清少納言の尼塚との共通点がある。また、お花宮には男性器を模した陽物が奉納されているという。これも先に挙げた、大分県の粟嶋神社に伝わる話と共通する。お花は婦人病に苦しんだ女でも、それによって流された女でもない。それにもかかわらず、婦人病によって流された女たちと共通の性格を持つのは、両者がともに性的な機能を失った女の表徴だからだ。婦人病で離縁された女と陰部を切り取られた女は、その一点で結びつけられる。

ここで思い出されるのは、小野小町のことだ。小野小町もまた、性的不具者として語られる一面を持つ。どんな男にも靡かなかったと言われる小町は、その理由を身体的欠陥に求められた。江戸期の川柳などに見られる、いわゆる「穴なし小町」である。穴のない待ち針を「小町針」というのは、小町を鎖陰と見たゆえのものであった。

細川涼一は小町の「南無薬師」歌の伝承を「貞操観の規範から外れた女性の末路を、性病を患った小町という形で説いたもの」として、「そして、これは、小町が好色の果てに梅毒にかかったとする伝説とは一見裏腹の、小町の性的不具説(いわゆる穴なし小町伝説)とともに、中世末—近世の単身者女性に対する女性蔑視観の両極の表現だったといいうるのである[52]」と述べている。

婦人病によって流された女たちも、「穴なし小町」と同じ位相にある。それは、離縁された理由、結婚しない理由を、婦人病という身体的な問題に結びつけられた女たちだ。そのように考えると、婦人病に苦しんだ女の伝承に、中将姫の名があらわれるのも不思議ではないだろう。

当地は、以前当麻と称されていた。中将姫が、下の病いのため行き倒れた。あるいは、控舟で漂着したという。その命日は旧三月十四日。村人たちで供養を営んできた[53]。

中将姫といえば、継子いじめを乗り越えて当麻曼荼羅を織った女性として有名である。彼女は継子物の主人公としては異例の、結婚しない女であった。しかも、中将姫はツムラの「中将湯」という血の道の薬の広告塔としても知られている[54]。中将姫の名が婦人病で流された女の伝承に現われ、また血の道の薬を伝えたとされるのは、彼女が結婚しない女だったからではないか。幸せな結婚をもって大団円とする多くの継子物と異なり、唐突にも思える出家という選択をした中将姫の行動が、享受者に「なぜ」という疑念を抱かせたことは想像に難くない。彼女の名が血の道の薬に冠せられたのは、そのような疑念が、独り身の女の背景に身体的な問題があると推測する性的かつ女性蔑視の視線と結びついた果てのものだったように思われる。

おわりに

なぜ女性には性に関わる病の伝承が多いのか、という問いから出発した本章では、「南無薬師」歌の話と婦人病によって流された女の話を取り上げて、それぞれの性格を検討してきた。瘡病みを中心とする「南無薬師」歌の話は小野小町や和泉式部以外の伝承においても好色や遊女のイメージと結びついており、好色の果ての瘡病と捉えることができ、婦人病のために流された女たちは性的な機能を失った女の表徴であった。細川が小町説話について指摘した好色と性的不具という両極は、小町に限らず、性に関わる病を受けた女たちの伝承全体に見られるものであったと言えよう。

これらの伝承に登場する女性たちに、文学史上の有名人が多いのは示唆的である。そこには、女のくせに、女だてらに、という嫉妬のまなざしが透けて見えるようだ。かつて名を立てた女たちは、嫉妬と羨望の果てに病を押しつけられ、海に流され、あるいは成仏することも許されずに彷徨うしかなかったのである。

このような、女性に対する性的・身体的な憶測や蔑視といった視線は、現代においても消え去ったわけではない。もちろん、私たちはかつてよりもずっと自由になった。それでもなお、結婚しない女、不妊の女に向けられる思いやりのない言葉を聞いたことのない者が、いったいどれだけいるだろうか。あるいはまた、恋多き女が「魔性の女」と言われるいっぽうで「魔性の男」なる言葉は聞かないように、恋多き美しい女が、妬まれ、口さがない噂と非難の対象になりやすいことを知らない者が、どれだけいるだろうか。瘡病みとされた小野小町や和泉式部の話に、壮絶な最期を遂げた清少納言の伝説に、「穴なし小町」という揶揄に横たわる性的な女性蔑視の視線は、現代に生きる女性たちにとっても決して無縁のものではないのである。

注

（1）日本古典文学大系『御伽草子』岩波書店、一九五八年。八六頁。
（2）注(1)に同じ。三二二頁。
（3）『和泉式部集　和泉式部続集』岩波文庫、一九八三年。四六頁。
（4）片桐洋一『【新装版】小野小町追跡』笠間書院、二〇一五年。
（5）内田武志・宮本常一編『菅江真澄全集　第五巻』未来社、一九七五年。八六～八七頁。
（6）『日本国語大辞典　第二版』第三巻、小学館、二〇〇一年。
（7）『柳田國男全集10』ちくま文庫、一九九〇年。四五六～四五九頁。

（8）明川忠夫「小町伝説――山城の小町塚」『民間伝承集成5　落人――貴種の末裔』創世記、一九八〇年。二二四頁。
（9）細川涼一『女の中世』日本エディタースクール出版部、一九八九年。二六七頁。
（10）『三国名勝図会』第四巻、青潮社、一九八二年。
（11）小堀光夫『菅江真澄と小町伝承』岩田書院、二〇一一年。
（12）新日本古典文学大系『七十一番職人歌合　新撰狂歌集　古今夷曲集』岩波書店、一九九三年。二〇五頁。
（13）日本古典文学全集『宇治拾遺物語』小学館、一九七三年。五三頁。
（14）日本古典文学全集『神楽歌　催馬楽　梁塵秘抄　閑吟集』小学館、一九七六年。二九九頁。
（15）注（12）に同じ。六二頁。
（16）安楽庵策伝著　鈴木棠三校注『醒睡笑（下）』岩波文庫、一九八六年。二〇頁。
（17）注（8）に同じ。二二五頁。
（18）『日本国語大辞典　第二版』第一巻、小学館、二〇〇〇年。
（19）『噺本大系』第三巻、東京堂出版、一九七六年。六五頁。
（20）注（19）に同じ。六六頁。
（21）「和泉式部の足袋」『柳田國男全集10』ちくま文庫、一九九〇年。三七五～三七六頁。
（22）中野真麻理「溯『醒睡笑』」（『成城文藝』一三九号、一九九二年七月）、および注（12）の脚注に指摘されている。
（23）東京大学史料編纂所編『大日本古記録　蔗軒日録』岩波書店、一九五三年。二一五頁。
（24）日本古典文学全集『和泉式部日記　紫式部日記　更級日記　讃岐典侍日記』小学館、一九七一年。二四九～二五〇頁。
（25）注（24）に同じ。二五〇頁。
（26）伊井春樹『源氏物語の伝説』昭和出版、一九七六年。七七頁。

(27) 新日本古典文学大系『宝物集　閑居友　比良山古人霊託』岩波書店、一九九三年。二二五頁。
(28) 注(27)に同じ。二二九頁。
(29) 袴田光康「源氏一品経」(日向一雅編『源氏物語と仏教　仏典・故事・儀礼』青簡舎、二〇〇九年)二一七頁。
(30) 注(29)に同じ。二二一頁。
(31) 『折口信夫全集　第三巻』中公文庫、一九七五年。四七頁。
(32) 吉田東伍『大日本地名辞書上巻』冨山房、一九〇七年。六八一頁。
(33) 『日本随筆大成　新装版』〈第二期〉10、吉川弘文館、一九七四年。二九頁。
(34) 『国見の今昔』国見町・国見町教育委員会、一九七九年。五八〜五九頁。
(35) 青山一浪「阿波の尼塚」『旅と伝説』第七巻第二号(通巻七十四号)、一九三四年二月。四〇頁。
(36) 注(35)のほか、澤田五倍子『無花果』(坂本書店、一九二六年)、横山春陽『阿波伝説集』(歴史図書社、一九八〇)など。
(37) 三宅米吉編『以文会筆記抄』雄山閣、一九二九年。七〇頁。
(38) 菅原千華「女たちの祈り―紀州加太の淡島信仰―」(八木透編著『フィールドから学ぶ民俗学』昭和堂、二〇〇〇年)。一九六頁。
(39) 注(24)に同じ。二三八頁。
(40) 伊東玉美校訂・訳『古事談　上』ちくま学芸文庫、二〇二一年。三三七頁。
(41) 注(40)に同じ。三四二頁。
(42) 新編古典文学全集『松浦宮物語　無名草子』小学館、一九九九年。二六七〜二六八頁。
(43) 枕草子研究会編『枕草子大事典』勉誠出版、二〇〇一年。
(44) 日本古典文学全集『枕草子』小学館、一九七四年。一八〇〜一八三頁。
(45) 高野辰之『古文學踏査』大岡山書店、一九三四年。一五頁。
(46) https://www.tokumori.or.jp/history.html#d(最終閲覧日：二〇二三年十一月七日)

(47) 明和七年(一七七〇)に成立したが、今日の流布本は明治年間に増訂されたもの。
(48) 南郷晃子「地域社会の「神話」記述の検証――津山、徳守神社とその摂社をめぐる物語を中心に」(『アジア遊学217「神話」を近現代に問う』勉誠出版、二〇一八年三月)および、南郷晃子「花の名を持つ女――むごく殺されるお菊、お花をめぐって」(『性愛と暴力の神話学』晶文社、二〇二二年)。
(49) 岡山県史編纂委員会『岡山県史　第二十七巻　近世編纂物』山陽新聞社、一九八一年。一〇四三～一〇四四頁。
(50) 注(49)に同じ。一〇四二～一〇四三頁。
(51) 『岡山県性信仰集成』岡山民俗学会、一九六四年。
(52) 注(9)に同じ。二六九頁。
(53) 「昭和四十五年度國學院大學口承文芸学術調査団採集稿」『日本伝説大系　第12巻』みずうみ書房、一九八二年。六〇頁。
(54) 中将姫と中将湯のつながりに関しては、田中貴子『聖なる女』(人文書院、一九九六年)に詳細な研究がある。

芸能伝承としての小松市曳山子供歌舞伎

高久　舞

はじめに

(1)　個と集団の伝承

民俗学における「伝承者」とは「ある社会の人々として集団的にとらえられることが、伝承者を論じるときの前提」として考えられてきた(福田アジオほか編　二〇〇〇：一六五)。民俗芸能の伝承者においても同様であり、世代を超えて伝えられてきた人々の集合的事象の一つとして民俗芸能を捉え、個ではなく集団であることが前提とされてきた。

しかし、実際に民俗芸能が伝承される場では、次世代、他空間へ伝承する際には少なからずある特定の個人が伝承の中心となっている場合がみられる。それは、民俗芸能が身体を通じて行われるものであり、その技術、技法は個々人によって差異が表出しやすく、集団を形成している人々は個性のある人物の集合体であるからであろう。民俗芸能という性格上、個人は浮き彫りにしやすいが、もちろんそれは民俗芸能に限ったことではなく、近年の民俗学研究においては、価値の多様化、生活スタイルの個別化のなかで、かつてのムラ社会で見られた一定の集団の中で伝えられる民俗ではなく、個人に目を向ける必要性が指摘されている（安井眞奈美　二〇〇二、門田岳久・室井康成編　二〇一四）。

民俗芸能研究における個の存在に関する研究は以前にまとめており（髙久舞　二〇一七ａ）、重複する箇所も多いが、本章では前提となるため改めて整理しておきたい。

一九五〇年代後半から民俗芸能が継承される過程において個人が影響を与えていることは指摘されていた。例えば、池田彌三郎は、「俳優の分野では、没個性的な面だけに問題を限るわけにはいかない」といい、「よき芸能の伝承者」は「名人上手の同義語」であるため、「名人上手、名優の出現ということを没却できない」（池田　一九五七：九三）と指摘する。三隅治雄も「抜群の技能をもつ者、情熱をもつ者がいて、それが先導して部落の芸能を活気あるものにした」と、地域共同体の中で現れる技能者・情熱者の存在について言及している（三隅　一九六九：一九四）。両者は折口信夫門下であることから、民俗学の集団性を芸能の中に意識せざるを得ず、個に対して深く追究はしていない。しかし、当時から個の重要性について意識していたのは明らかである。

一九九〇年代以降、民俗芸能研究はそれまでの原初的、発生論的研究に対する批判が強くなり「現場主義」「実践主義」が研究の主体となっていく。この文脈の中で改めて注目されたのが、民俗芸能が伝承される際に存在する「個」であった。橋本裕之は自身の著書の中で幾度も「個の領域」に関心を寄せ（橋本裕之　一九九七・二〇〇六）、「実際は美的価値を突出させる特定の個人に依存」することで伝承している場合が少なくなく、「独創的かつ個性的な人物」が「芸能を成立させる上で、おそらく決定的に重要な意味を持つだろう」と述べている。(橋本　二〇一五：二八)。

また、大石泰夫は民俗芸能研究の多くが「社会性・集団性という視点からこれを分析してきた」が、芸能の要素は「個人の身体技術による「芸」によって構成されている」と述べ(大石　一九九三、一七)、特に演技評価の価値基準について「民俗社会と演技者個人の〈知〉や個性によってさまざまに捉え直され、再解釈される中に可変的に位置づけられている」と論じる(大石　二〇〇七：三九一)。

俵木悟も民俗芸能の伝承者を複数の個人ではなく、ひとまとめにして捉えてきたことを批判した上で、さまざまな立場の人々が「一つの民俗芸能の実践に向かうとき、どのような調整が行われ、何が犠牲になるのか、また個々が実践に関わり続ける動機はどのようなものであるか」を丹念に描いていくことの必要性を指摘している(俵木　二〇〇九：八六)。

他にも、松尾恒一は橋本のいう「異常人物」への着目に同意しながら、近年の都市祭礼を例に挙げ、「卓抜とした技芸を有して、群を抜こうとする個人」のほか、反社会的な行為を行う人々、それを制御しようとする人々などの関係性と日常に注目することで、「芸能・祭礼を継続させている要因を発見」し分析することの意義について言及している(松尾　二〇一一：二六一)。

以上のように、一九九〇年代以降各研究者が民俗芸能を伝承する個人についての関心を寄せているが、数例の事例を元に概念的な枠組みを提示するに留まっている。多くの事例を積み上げ、芸能を伝承する際に現れる個人の存在を体系的に捉えることが、筆者の研究の大きな目的である。

筆者の考える民俗芸能の個人への着眼は、先行研究の中では、大石、俵木、松尾に近い。すなわち、「異常人物」なる特異な存在が伝承の中心にいるのではなく、伝承者である個々が様々な立場から芸能との関係性を見出し、その関係性の中で芸能を伝承していくという考えである。

その中には橋本のいう「異常人物」も含まれているが、この「異常人物」を受容するか否かも伝承における一つのあり方であろう。拙著「伝承キーパーソンと祭囃子―東京都大田区、神奈川県川崎市を中心に―」において、「伝承キーパーソン」なる言葉を出したが、この伝承キーパーソンは特別な人物とは限らない。俵木が指摘する「個性的なものと集合的・共同的なものに対立させるのではなく、両者をともに視野に収め、その絡み合いを解き明かす方向性」（俵木　二〇一九：一一七〜一一八）をまずは見出していくべきだと自覚している。

かつて池田彌三郎は、芸能を研究する目的が、民俗芸能研究のそれと背馳するものではないことを根本とするならば、と前置きをした上で「芸能自身の目的の中に、その個的因由ではなく、集団的因由を見出すことが、芸能研究の目的だといっていいだろう」と述べている。そして「日本人は、なぜにそうした芸能を生み出し、維持し、伝承してこなければならなかったのかを、明らかにするのが、芸能研究の目的であり、それは、芸能の目的の中に、探ることができるであろう」（池田　一九六七：七）としているが、筆者は日本人がなぜ芸能を生み出し、維持し、伝承をしてこなければならなかったかを明らかにするためには、集団的因由だけでは理解できないと考えている。前述したとおり、集団的因由と個的因由の影響関係を明らかにしなければ見えてこないものだと考えるからである。

(2)　概念としての芸能伝承

さて、あらためて本章の研究対象が「民俗芸能」でも「伝統芸能」でもなく、「芸能」であることを明示しておきたい。筆者はかつて、戦前から戦後にかけての各研究者の「芸能」概念について提示し論じている（髙久　二〇一七b）。その上で折口信夫・池田彌三郎・三隅治雄の示す「芸能」概念と本田安次が示す「芸能」概念から共通点を抽出して、芸能とは「鑑賞者に対して身体で表現するもの」と定義づけたが(同：一九)、これは誤りであった。そもそも、折口・池田・三隅は「芸能」を「芸能伝承」のなかで捉えているからである。折口は、「芸能」の中に「民俗」を含有している。そのため、「芸能」という語ではなく「民俗芸術」もしくは「民族芸術」と称した論考もみられる。「民俗芸術」の特徴については折りに触れさまざまな表現で示しているが、ここでは昭和三年(一九二八)から五年(一九三〇)の「国文学」の講義から抜粋する。

民俗芸術の特徴として、けつしてはじめの本領を守らず、だんだん変化してくる。変わるのは、他のものを含むことができるからである。万歳、安来節の栄えるのはそれで、八木節がたちまち亡びたのはその反対だつたからである。どんどん変化していつて、自分のもとの本領はとうに失つてしまつても、他の意味で生きていかれることが、民俗芸術の強みである。(折口　一九七一：一四四)

この文章の前段において「江戸時代の芸術の特色で、こうしてしだいに固定の道をたどり、かつ民俗芸術の特色を失っていった」と述べており、固定化すると民俗芸術ではなくなる、つまり動態的存在が民俗芸術(芸能)であるというのである。

折口の死後、池田彌三郎は、単なる動作と行動であったものが、信仰的宗教的意味を持ち型が生まれ、芸能化すると述べ、芸能は「芸術の一歩手前のところにとどまっているもの」と位置づけている(池田　一九七二：四四)。三隅治雄は「かつて日常動作であり、宗教行為であったある種の行動でも、だんだんそれに肉体の緊張を高めていくような美的感動が伴ってくれば、自然その動作は芸能的」になると述べる(三隅　一九七二：二〇)。これらは芸能から芸術へのプロセスを示したものであり、「芸能」がいかなるものかという概念は示していない。本田安次は「(折口は─筆者注)芸能は芸術に達しない段階のものに限るという使用例は、この一時期を除いては曾てないものであった」とした上で、「ただ、折口の教えを受けた人達は、今もこれに従っている」(本田　一九八六：一九)と批判しているが、折口はじめその門弟は「芸能」ではなく「芸能伝承」を念頭に置いていたと考えられる。一方、本田安次の定義は明確である。本田は芸能を「表現者が、鑑賞者と相対して、身をもって表現しようとする」(本田　一九七六：二〇)ものとし、「民俗行事としてとりおこなわれる芸能」(本田　一九八三：八三八)を民俗芸能と定義する。ただ、この定義は折口らのいう「変化して、他の意味で生きていかれる」芸能の概念とは一線を画している。

芸能(民俗芸術、民族芸術)から芸術へのプロセスについて、折口は「江戸時代の小唄なども厳格にいうと、民謡だから民族芸術だが、それを三味線にのせて小唄、端唄、長唄などと称すると、低級な芸術に変わってしまう」(折口　一九七二：一三〇)と、小唄、端唄、長唄といった具体例として挙げているが、これらはいわゆる「伝統芸能」とよばれるものである。さらに折口は「どの様なものにも、芸能と言へる時期があつたし、又、その時期が来る訣である。又演ずる者が、芸術を芸能化する事も出来る」(折口　一九九六：二〇五)と述べており、動態的存在である芸能(いわゆる「民俗芸能」)が静態的存在である芸術(いわゆる「伝統芸能」)へ、もしくは静態的存在の芸術が動態的存在の芸能へと行き来する関係にあるという。折口の「芸能伝承」論は変化することを前提に捉えるべきであろう。「芸能伝承」について、橋本裕之は「芸能が民俗として伝承されている動態を焦点化した」概念であると論じた上で、「当該の芸能が民俗芸能なのか伝統芸能なのかという問いは無意味化するはずである。」(橋本　二〇二二：八九)と、概念としての「芸能伝承」の有効性を指摘している。

ここで、当初の問題意識に戻りたい。

くり返しになるが、筆者は伝承者である個々人が様々な立場から芸能との関係性を見出し、その関係性の中で芸能を伝承していくという考えを持つ。折口信夫は「芸能は一人でなし、必、幾人か複数の人でないと行はれない。例へば、踊りでも、一人のものは芸術であつても芸能ではない」（折口　一九九六：二二六）と述べる。芸能は集団的・共同的なもの、芸術は個的なものと対置して論じているわけだが、これは折口のいう「芸能」が「民俗」を含有しているからであろう。一方で、前述した芸能と芸術のプロセスを述べるに際して、変化の過程で変化を意識した個人の介入は芸術化への一歩であるとも指摘している。加藤秀雄は「伝承を人間の主体性、創造性を対置し、集団でなく個への注目を促す議論」について批判しているが（加藤　二〇二三：四九）、これまで見てきた折口の「芸能伝承」論を踏まえると、この指摘は首肯できる。個と集団は対置される存在ではないのである。

本章では、いわゆる研究上で分類されそれぞれ独立する形で論じられてきた「民俗芸能」「伝統芸能」などの分野を横断的に論じる端緒を開くため、「芸能伝承」という概念の中で、個的なものと集団的・共同的なものの相互関係を、石川県小松市で伝承する曳山子供歌舞伎を通して明らかにすることを目的とする。

一　石川県小松市のお旅まつり概要

(1)　本折日吉神社と菟橋神社

石川県小松市は、寛永十六年(一六三九)に加賀藩主であった前田利常が小松城へ隠居のため入城したことを契機に城下町が形成され、近世から続く織物業や近代に創業した小松製作所を中心とする鉄鋼業で経済発展した町である。城下町は九龍橋川を挟んで南を橋南、北を橋北といい、それぞれ本折日吉神社と菟橋神社の鎮守社とする(地図)。

本折日吉神社は「山王さん」の名で親しまれている。近世期の氏子範囲は東町、西町、八日市町、龍助町、大文字町、寺町、土居原町、八日市町地方であったが、住宅地域が広がり現在は二十六町が氏子町となっている。ただし、橋南地区全域が氏子町ではなく、三日市町、東町・飴屋町・大文字町の一部は多太神社の氏子となる。

『新修小松市史　資料編5　曳山』『新修小松市史　資料編11　民俗』によると、本折日吉神社は前田利常の小松在城時代より前田家の祈祷所として崇敬を受けながら、氏子町内の経済発展と共に正一位の神格を得るようになった。近世においては四月中申の日の祭礼を春祭とし、後述する菟橋神社の春祭とともに城下町の祭礼として賑わいを見せていた。

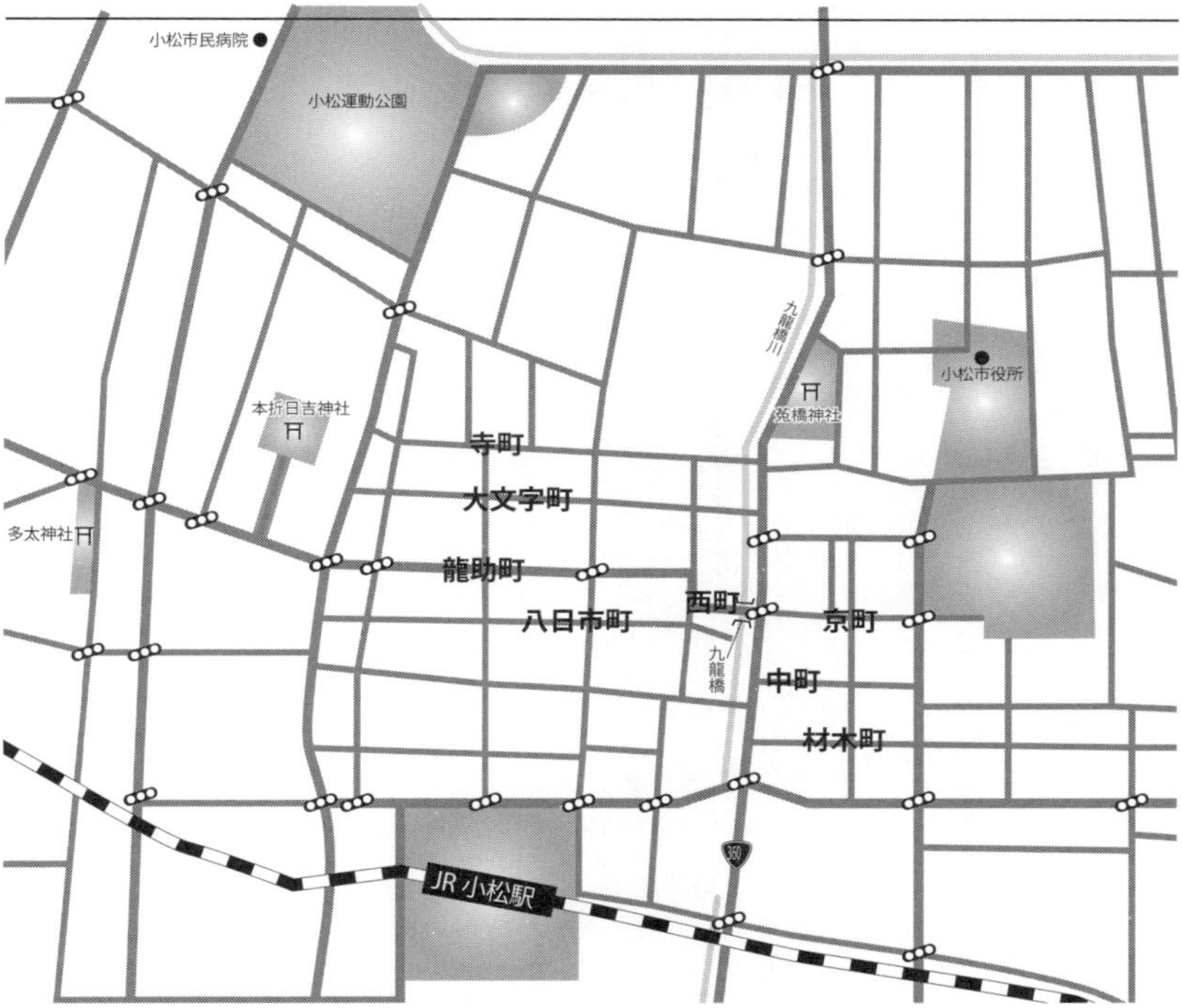

地図　曳山八町所在地（『新修小松市史　資料編Ⅱ　民俗』より転載）

かつては春祭の三日前の深夜（丑時）に本社から境内の神輿堂に神渡しが行われ、中一日あけて神輿は氏子町内に設置される御仮屋に移り、翌日氏子町内を廻って帰座していた。現在は本祭り二日前、本折日吉神社では本殿から神輿堂に魂入れをする神渡しが行われる。神渡しを終えた後、神輿は神社周辺を渡御する。渡御する距離は特に決まっておらず、当番長の差配で大当番の町まで渡御する場合もある。神渡し後の神輿渡御では二基の神輿が出る。本折日吉神社の神輿は安永八年（一七七九）に造営され、慶応四年（一八六八）、昭和七年（一九三二）に一部修繕されたという記録がある（新修小松市史編集委員会編　二〇〇三：四八）。大神輿と呼ばれるこの神輿は重量があり、担ぎ手の減少から神幸祭での渡御が難しくなった。そのため小振りの神輿を造営し、この小振りの神輿は平成十年代から女性が担ぐようになった。

神幸祭は、二日間に亘り行われる。順路は内回りと外回りがあり、内回りは近世の街区形成初期に氏子町を中心とした範囲で、外回りは後に氏子町として加わった範囲が中心となる。神輿渡御には各町で決められた神具が随行する。各町の神具は以下の通りである。

社名旗〔旭町〕、道祖神(猿面)〔本折町〕、輪棒〔本鍛冶町〕、大榊〔土居原町〕、剣旗〔寺町〕、楯〔清水町〕、弓矢〔白山町〕、翳羽〔東町〕、台傘〔栄町〕、長刀〔錦町〕、随神〔八日市町〕、太刀持〔奉賛会〕、金幣〔大和町〕、飾太刀〔本町〕、錦蓋〔西町〕、紫翳〔西町〕、巫女舞〔大文字町〕、子ども獅子舞〔各町〕、大獅子〔竜助町〕

「文政五年(一八二二)頃　小松山王車祭礼諸式」(『能美郡誌』所収)の神輿町渡り御供行列配当の条によると、「一、猿面、出町　一、榊、地方より　一、珍蓋、西町　一、旗二本、東町　一、剣鉢、寺町　一、獅子、龍助町　一、神子、大文字町　一、随神、八日町《ママ》、　一、長柄、鍛冶町　一、御膳櫃、中町人足二人　一、神輿主付、大工町」とあり、多少の差異はあるものの当時から大きな差異はみられない。このなかで、巫女舞〔大文字町〕、子ども獅子舞〔各町〕、大獅子〔竜助町〕は芸能として、その他は神具を持って徒歩で随行する。大獅子についての詳細は別稿で記したのでご参照いただきたい[1]。

菟橋神社は、本社に菟橋大神、諏訪大神を祀っており、親しみを込めて「お諏訪さん」と呼ぶ人も多い。創建年は明確ではないが、能美郡得橋郡内小野村に創建され、中世末に上小松村に遷座したとされる。前田利常の小松在城時代、慶安四年（一六五一）に現在地へ移され、社地の拡大、神輿の建造が行われた。近世の菟橋神社の春祭りは四月十五日で、神輿が三の丸御門前に渡御し、小松・金沢両城と領内の静謐の祈祷を行い、氏子の全町をまわっていた。近世期の菟橋神社の氏子町は京町、松任町、新鍛冶町、細工町、中町、材木町、地子町、新町、中町地方、松任町地方であったが、本折日吉神社と同様に人口増加に伴い現在は十八町に範囲が広がっている。また、菟橋神社神社でも左記の通り神具が随行する。

先導輪鉾〔細工町〕、御弊麺〔新鍛冶町・新町〕、太鼓〔浜田町〕、剣旗・随身〔松任町〕、傘〔殿町〕、神薙〔新大工町〕、蓊〔地子町・鷹匠町〕、社名旗〔丸の内町〕、大獅子・錦蓋〔京町〕、神馬〔小馬出町〕、巫女舞・笛・太鼓〔材木町・中町〕

京町の神具は大獅子であるが、元の所有は浜田町であった。『新修小松市史　資料編11　民俗』によれば、浜田町が「裕福な四町が曳山で演ずる子供歌舞伎の華麗さが羨望の的、せめて獅子舞で肩を並べたい」（菟橋神社誌編纂委員会編　一九九四）と文化二年（一八〇五）に制作したが、納入金が滞り、京町の惣代に頼み京町が立て替えたことで、所有が京町にうつったという経緯があるという。裕福な四町、曳山、子供歌舞伎との記述が出てくるが、これが本章の対象である曳山子供歌舞伎のことである。

(2)　お旅まつりと曳山

本折日吉神社と菟橋神社は四月中申の日、四月十五日にそれぞれ春祭を催行していたが、嘉永六年（一八五三）、四月十五日に祭礼日が統一されることになり、明治六年（一八七三）以降は新暦の五月十二日から十六日となった。現在は五月第二金・土・日曜日に開催される。両神社の春祭は「お旅まつり」と呼ばれ、県内外から多数の見物人が訪れる。彼らの目的は豪華絢爛な曳山と、曳山上で上演される子供歌舞伎の観劇である。

祭礼日の統一は、曳山が祭礼に加わったあとのことになる。曳山の成立は明和三年（一七六六）とするのが通説である。その根拠は『蛍の光』『寝さめの蛍』である。夏爐庵来首（本名：二口某）という人物が文化十四、五年（一八一七、一八）に記したこれらは「傍証とするには弱いところがある」（新修小松市史編集委員会　二〇〇三：九四）としながら、他の資料と併せて検討を行い、明和期には山王社（本折日吉神社）の祭礼で曳山が出され、子供歌舞伎が行われていたことは確実とみてよいと結論づけている。

福原敏男は、曳山の登場によって「藩主や町奉行に対する祭り（神輿渡御）から小松町人主体の祭礼（曳山芝居）へ、という転換」が行われたことを指摘している（新修小松市史編集委員会編　二〇〇三：五三）。小松城下町は先に記した通り、前田利常の小松城入城を契機として形成された。人と物が城下町に集まり、橋南は龍助町・八日市町・大文字町が最初に、その後、西町・東町・寺町が加わって「本町」と呼ばれ、職人集団の多い本鍛冶町・本大工町、農耕者の多い土居原町・八日市地方が「散町」と呼ばれるようになった。橋北では、京町・中町（材木町を含む）、松任町・泥町が本町、細工町や新町は散町である（新修小松市史編集委員会編　二〇〇三：一二）。曳山も橋北・橋南の本町を中心に造営していった。「諏訪社山王社祭礼曳山華美ニ付口上書」（文化四年「小松旧記」第三十二冊）によると、最盛期は両神社の祭礼で合わせて十六〜十八基が出ていたが、寛政の終わりに八基に整理され、文化四年（一八〇七）当時は松任町、京町、中町、龍助町、西町、寺町、大文字町、八日市町に曳山があると記されている。浜田町が大獅子を購入した理由は「裕福な四町が曳山で演ずる子ども歌舞伎の華麗さが羨望の的」であったことは先に述べた。この「四町」がどの町を指すのか判然としないが、曳山をもつ本町と呼ばれる町は祭礼の中心になっていたのである。その後、東町が文化四年(一八〇七)に、材木町が文化十年(一八一三)までに加わり総勢十基となるが、昭和初期の大火により松任町と東町の曳山は焼失した。現在は、京町、中町、龍助町、西町、寺町、大文字町、八日市町、材木町の八基が現存する。

曳山は、神社においては神具の一つとして考えられている。菟橋神社の氏子町である京町、中町、材木町の曳山には神社の紋がある。昭和二十五年(一九五〇)刊行の『むかしの小松』には、曳山は神具であり、神への奉納供献の第一位であるため、かつては曳山のある町を氏子の上位の町としたとの記載がある。この上位の町というのは「本町」を指すと考えられるが、その他の史料には曳山を持つ町が制約されていたことは記されていない。神具とされた曳山ではあるが、藩制期には商売を顧みず曳山に興ずる若者が多く、加賀藩や町奉行の奢侈《しゃし》禁止令が度々発令されている。また、「明治八年八月よりの御布告等留簿」(「明治九年四月副区長より正副戸長衆中への通達」多太神社所蔵文書)には、元来曳山の義は神具であっても、「若輩連《（ママ）》の玩弄物《タワムレノモテアソビモノ》《（ママ）》」であり、『曳山ノ如キ玩物』のために出費をするならば、小学校新築に補う方が住民のためになる」と記されている。曳山には、近世期は行政から、近代以降は一部住民からの反発もあったようである。

一方で、現在においても曳山を運営する人々は神社祭礼の奉納芸能としての意識は強い。例えば、曳山は上演ごとに向きを変えているが、これは曳山の先にある町へ手向けをしているためである。手向けとは「祈念する」という意味であるという。上演初日の「宮参り」を行ってからではないと芝居を上演してはいけなかった。曳山は神聖な場所であるといい、女性は上がってはいけないとの考えをもつ町も多い。また、「踊り子」と呼ぶ歌舞伎を演じる子どもは神の尸童であるとされ、かつては地面に足をつけることを禁じられ、大人に抱えられて移動していたという。

（『新修小松市史　資料編II　民俗』より転載）

内容	儀礼名
次回当番への準備を開始	
町会長、町会役員への挨拶	
前五人衆からの正式な引き継ぎ	当番渡し・引き継ぎ式・台帳渡し
三役（振付け師、義太夫、三味線）の依頼	
出演踊り子の決定	
演目の決定	
五人衆が相談できる場を設置	仮事務所設置
町内への正式な挨拶	芸題発表
パンフレット作成準備	
広告（協賛）集め〔4月頃まで〕	
曳山八町協議会との打合わせ	
三役と踊り子が対面。衣裳、鬘の採寸。台本が渡される	顔合わせ（台本渡し・黄八丈渡し）
踊り子の稽古が開始〔お旅まつり数日前まで〕	稽古始め
小松市との打合わせ、市内外への PR	
曳山を組み立てる	曳山組み立て
各氏子町、協賛先への挨拶	
目録の贈呈	
事務所を設置	事務所開き
曳山八町、町内への挨拶	
踊り子の稽古が終了	稽古納め
町内の人々を招待し、歌舞伎を披露	衣裳付け
神社まで練り歩き参拝。市長訪問、小学校訪問	お練りと宮参り
三日目は八町曳山が一カ所に揃い当番町の上演が行われる	
最後の上演	千秋楽
曳山解体	
アトベントウ	
次回当番への引き継ぎ準備	

表1　曳山行事の流れ

時期
当番年４年前～当番年前年
前年末～３月
４月
５月初め
お旅まつり１週間～４日前
お旅まつり２～３日前
お旅まつり１～２日前
お旅まつり初日
お旅まつり初日～最終日
お旅まつり後

二　曳山子供歌舞伎の概要

(1)　曳山の運営

曳山は、町内の若者組織（若連中・若い衆・若衆）で運営、上演を行う。若者組織の最年長者らは「五人衆」と呼ばれ、出演者の選出、演目の決定、協賛集め、宣伝など、曳山の運営に関わる仕事を行う。曳山は毎年組み立てを行うが、子供歌舞伎の上演は昭和二十六年（一九五一）より、京町と大文字町、材木町と西町、中町と龍助町、八日町と寺町という順番で当番町となり、毎年二町ずつが上演している。四年に一度、当番がまわってくるということになる。

五人衆は、前当番年(四年前)では若連中の最年長として上演の責任を担い、祭りが終わる頃には次期五人衆を意識し始める。そして、翌当番年の五人衆になると、四年間かけて、準備金の積み立て、協賛依頼をする企業や商店の整理などの準備を行う。また、若連中に相当する年齢の若者たちに声を掛ける。対外的に五人衆が公表されるのは、前年の夏から当番年の一月頃までに行われる引き継ぎ儀礼からである。「五人衆渡し」(京町)、「帳面渡し」(材木町)「当番渡しの儀」(大文字町)、「引き継ぎ式」(西町)、「台帳渡し」(八日市町)などと呼ばれるもので、引き継ぎの際には過去の上演記録、これまでの帳面、角印などが渡される。五人衆による準備と曳山行事の流れは表に示した通りであるが[2]、本章では特に踊り子に関わりのある部分について、筆者の調査と『新修小松市史　資料編5　曳山』『新修小松市史　資料編11　民俗』から詳細に記していく。

(2)　三役と踊り子の決定

「三役」とは、芝居の演出及び指導を行う振付師匠、浄瑠璃語りである義太夫、三味線弾きのことである。近年は、長年依頼しているという理由で、毎年変わらないことも多い。「踊り子」と呼ばれる演者は、近世は男児であったが、近代以降は女児も加わるようになった。大西勉・山前圭佑は、「龍助町曳山文書」の記事から明治十五年(一八八二)までの十五回の上演の中で五回女児が登場し、明治二十四年(一八九一)には男女の数が同数となり、大正四年(一九一五)以後はすべて女児となること、さらに昭和十年(一九三五)までの七回は大半の踊り子を金沢の廓から女児を雇っていることを明らかにした(新修小松市史編集委員会編　二〇〇三：三一九)。『むかしの小松』では子供を休ませて稽古に励むことは「青年社会の悪風に染み、子供の無邪気さがなくなる」と小学校より厳重な申し入れがあったため、芸妓見習いに出演させることにしたと、演者が女児に変わった理由を記している(小野寺松雪堂　一九四九：六一)。

戦後になると男児ではなく女児のままで継続され、さらに町内在住の女児であることが出演の条件となった。女児が産まれると「曳山に出演できる」と大喜びしたという。かつては歌舞伎に出演する家は多くのハナ(祝儀)を五人衆に払うことが暗黙の了解であったこともあり、経済力のある家から出ることが多かった。

演目(外題・芸題)の決定は踊り子選出の前後に行う。演目は五人衆だけで決めることはなく、町内の人々や三役とも話し合いを重ねる。平成二十二年(二〇一〇)の寺町では、町内でアンケートを取り、過去の演目から踊り子に合う演目を選出した。一方で先に演目を決定する場合もあり、その場合は演目決定後に踊り子を選出する。ただし、近年は踊り子の選出が難航しており、演目に合わせて踊り子を選出する町は多くない。

(3)　三役と踊り子の公表と稽古

すでに町内には周知されているが、演目、踊り子、三役、五人衆を正式に発表する「芸題発表」は、当番年の新年会前後に行われる。この「芸題発表」を終えるまでは町外に漏えいしてはならないことになっている。踊り子と三役が初めて顔を合わせ、踊り子に配役を発表するのは、前年十二月から当年の三月にかけてである。「顔合わせの儀」(大文字町)、「台本渡し」(京町・寺町)、「黄八丈渡し」(寺町)などと呼ばれている。この際に、台本や稽古着である黄八丈が渡され、衣裳と鬘の採寸を行う。先述した通り、すでに演目を踊り子に合わせる場合が多いため配役は決定しているが、演目と同様に配役はこの儀礼の際に公表されることとなっている。

「顔合わせ」の際に台本が渡されるが、その後の稽古の方法は振付師匠により異なる。演目と踊り子の配役が決まると、ビデオに台詞を入れて各踊り子に送る師匠もいれば、稽古が始まってから台詞の言い回しを対面で伝える場合もある。

振付師匠による対面の稽古は早い町では三月から、遅くとも四月半ば過ぎには始まる。大文字町のように、「踊り子の稽古は二十日間」と決められている町もある。大文字町では稽古初日を「稽古はじめの儀」と呼び、町内の人々を招待するが、他の町では特に名称はない。ただし、初日は稽古場に町内の人々があつまり、振付師や踊り子と挨拶を交わす。

昭和四十年代に踊り子を経験した女性によると、六年生の時に、両親をとおして町内会長から声がかかり、出演することが決まったという。振付師匠と初対面の日に、名前や学年を言ったり、背格好を合わせたり、声の太い、高い、背の高い、低いなどを考慮して、配役が決まったのではないかと回顧する。稽古は、当番年の三月末ころからで、台詞読みから始まった。台詞読みの間に自身の台詞を覚えると、立ち稽古へと入っていく。立ち稽古では、手の指の広げ方や足の割り方などの身体の形については細かく指導を受けたという。稽古は毎日夜八時頃までで、学校行事の遠足は怪我をしないようにするため不参加となり、栄養注射も打って風邪を引かないように細心の注意が払われた。小学生にとって過酷な毎日のようにも思えるが、稽古期間楽しかったという思いのほうが強い。学年を超えて皆が仲良く、若連中は稽古の合間に一緒に遊んでくれる。また、稽古着である黄八丈を着て町を歩くことは誇らしく、新聞社などから取材を受けることで普段とは異なる「スター気分」を味わえたという。

表2　令和元年　お旅まつり　曳山子供歌舞伎上演スケジュール

	大文字町		京町	
10日（金）	午後３時	小屋前（南向）	午後１時30分	曳山事務所前（北向き）
	午後７時	藤川辻（南向）	午後４時	北陸銀行前（東向き）
			午後７時	北國銀行前（東向き）
11日（土）	午前11時30分	よろっさ広場〔五基曳揃え〕	午前10時45分	莵橋神社前（北向き）
	午後３時30分	細工町交差点〔曳揃え〕	午後４時30分	細工町交差点（西向き）
	午後６時	細工町交差点〔曳揃え〕	午後７時	細工町交差点（西向き）
12日（日）	午前11時30分	甘岩辻（南向）	午前11時	山岸前（西向き）
	午後２時	大文字郵便局前（東向）	午後２時	飯田前（南向き）
	午後５時	丹馬辻（北向）	午後５時	中村・国分・川﨑前（北向き）
	午後８時	はなゆう辻〔千秋楽〕（東向）	午後７時45分	曳山小屋前（南向き）

（4）　お旅まつりでの上演

お旅まつり前日は、「衣装付け」が行われる。「衣装付け」は化粧はしないが、本番同様の衣装を着て、町内の人々に完成した芝居を披露する。お旅まつりの上演は各町への手向けとされるが、「衣装付け」は町内への手向けを意味するといい、材木町や八日市町では「衣装付け」を「町内手向け」と呼んでいる。踊り子たちにとって初めて大勢の人前で芝居を披露する機会となる。

お旅まつりの初日は、前述した宮参りから始まる。各町から氏神神社まで「お練り」を行う。お練りは、幣束を先頭に題目札や台本を持つ者が続く。踊り子には傘と役名札を持った「傘持ち」と呼ばれる若連中が一人ずつ付き、その後ろは三役と町会役員となる。一部の町では「傘持ち」を母親が務めることもある。幣束は、当番長か若連中の長が持ち、題目札や台本は五人衆か若連中の年長者が担当する町が大半である。

現在の上演回数は三日間でおよそ十回程度である。令和元年（二〇一九）に当番町であった大文字町と京町の上演スケジュールは表２のとおりである。前述の通り、曳山の上演は曳山の先にある町への手向け（祈念）であることから、上演場所を毎回変更し、さらに曳山の向きも変えている。ただし、二日目の午後は両町とも細工町交差点で上演している。これは上演していない町の曳山も合わせて八基が揃うイベントである。この八基曳揃えのみ、本折日吉神社の氏子町の曳山も莵橋神社の氏子範囲内に入ることが許される。三日目の最後に行われる上演を「千秋楽」と呼ぶ。千秋楽では、若連中が踊り子より先に台詞を言ったり、浄瑠璃を語ったり、違う小道具を踊り子に渡すなど、好きな演出を加えてよいとされ、若連中による遊びが盛り込まれた芝居を上演する。若連中や町内の人にとって、千秋楽は楽しみの一つであるという。

以上のように、お旅まつりの曳山は各町の若者組織を中心に運営される。曳山での歌舞伎上演のため、五人衆は若連中、町内、三役、踊り子それぞれへ配慮しながら準備を進めていく。五人衆はじめ若連中は、子どもたちが稽古をしている間、背景や小道具などの制作をする。「あくまでも主役は子どもたち」であると、五人衆から言われたことがある。プロデューサー・ディレクターとしての役割に徹するのが曳山を持つ町の若者たちなのである。一方、芝居に対して五人衆、若連中が指導をすることはない。指導は振付師匠であり、上演の際の伴奏音楽も浄瑠璃方、三味線方にまかせている。

次節では、三役に焦点をあて芸能としての子供歌舞伎を検討していく。

三　子供歌舞伎をつくる人々[3]

(1)　振付師匠の変遷

近世期の振付師匠は小松内部の者が務めていたことが明らかになっている（新修小松市史編集委員会編　二〇〇三：一〇〇）が、踊り子が芸妓見習いへ変わるに従い、明治四十年代には外部依頼が中心となる（同：一一九頁）。芸妓見習いは主として金沢の廓から雇っていたが、金沢では近世より歌舞伎が盛んで、役者と廓との関係も深かった。詳細は拙著（高久　二〇一七b）に記しているが、外から呼んだ役者ではなく、金沢の地で誕生した役者（地役者）は特に廓の踊りの師匠や後見役を担っていた。地役者の中でも特に名優と名高いのが二世嵐冠十郎（一八一九～一八六四）と初世中村芝加十郎（?～一八六九）である。近代に入ると芝居小屋が立ち並び、興行も盛んに行わるようになる。表3-1は明治・大正期の龍助町の振付師一覧である。[4] この時期に振付師匠を務める沢村吉松、中村雀芝、嵐橘猿、嵐妻三郎、嵐冠舎は、先に上げた二世嵐冠十郎と初世中村芝加十郎の親族や弟子で、金沢で活躍する地役者であった。この当時の地役者と廓は関係が深い。地役者の中には花街の主人を務めたり、踊りの師匠や後見人を務める者もいた。踊り子と振付師匠

表3-1　明治・大正期の龍助町振付師

明治・大正の龍助町振付師		
龍助町		
年代	振付	
明治40年	1907	沢村吉松
明治43年	1910	沢村吉松
明治45年	1912	沢村吉松
大正4年	1915	中村雀芝
大正7年	1918	嵐橘猿
大正10年	1921	嵐妻三郎

表３－２　昭和初期～昭和40年の振付師

振付師／年代		嵐冠十郎系の振付師				市川升十郎系の振付師	
		嵐冠十郎	中村福成	嵐冠吾郎	坂東音芽	市川筵見子	尾上小菊
昭和４年	1929	京町					
昭和６年	1931	寺町					
昭和９年	1934	西町					
昭和11年	1936	材木町	大文字町				
昭和12年	1937	京町					
昭和22年	1947	京町					
昭和25年	1950	京町	大文字町				
昭和28年	1953		龍助町	中町			
昭和29年	1954	寺町		寺町	八日市町		
昭和31年	1956		材木町		西町		
昭和32年	1957		龍助町		中町		
昭和33年	1958		八日市町		寺町		
昭和34年	1959	京町			大文字町		
昭和35年	1960		材木町				
昭和36年	1961				中町		
昭和37年	1962				寺町		
昭和38年	1963				大文字町		
昭和39年	1964		材木町				
昭和40年	1965				中町	西町	西町

表３－３　昭和55年～平成元年の振付師

振付師／年代		嵐冠十郎系の振付師	市川升十郎系の振付師				
		嵐冠吾郎	市川升十郎	市川寿美八	嵐市之丞	市川団四郎	隅田時弥
昭和55年	1980		西町	西町			
昭和56年	1981		龍助町	龍助町			
昭和57年	1982		八日市町	八日市町			
昭和58年	1983	京町	大文字町		大文字町		
昭和59年	1984	材木町					
昭和60年	1985	中町	龍助町	龍助町			
昭和61年	1986		八日市町			寺町	
昭和62年	1987		大文字町	大文字町		京町	
昭和63年	1988		西町	西町			材木町
平成元年	1989		中町			龍助町	龍助町

表３－１、２、３は『新修小松市史　資料編５　曳山』「安政六～平成十四年。各町曳山子供歌舞伎上演演目および諸役」を元に作成した。

のどちらが先に依頼されたのかは明確ではないが、廓から芸妓を雇うことが金沢の役者が小松の曳山歌舞伎に参入する契機となり、さらに外部から振付師匠を雇うという、その後の流れが生まれたと考えられる。

昭和初期から戦後にかけての小松の主要な振付師は、五世嵐冠十郎である（表3-2）。四世嵐冠十郎（嘉永六年〈一八五三〉～大正十四年〈一九二五〉）(5)の弟子にあたる。また、中村福成、嵐冠吾郎も嵐冠十郎系の役者である。特に嵐冠五郎（大正元年〈一九一二〉～平成三年〈一九九一〉）は長年にわたり各町の振付師匠を担当した。彼らと同時期に活躍したのが坂東音芽で、金沢最後の女役者とされる人物である（大井理恵　二〇二二）。

昭和四十年代に入ると、冠十郎系以外の振付師匠を招致する町も出てくる（表3-3）。例えば龍助町では、昭和四十年（一九六五）に市川筵見子、尾上小菊を招いているが、彼女らは名古屋の市川少女歌舞伎の役者である。昭和四十年代に市川少女歌舞伎と関係する振付師匠はこの一度きりであったが、昭和五十年代後半からは市川少女歌舞伎の座長であった市川升十郎らが各町に招致される。現在も升十郎系の振付師匠として市川壽々女氏、壽々女氏からの紹介で平成二十七年（二〇一五）より小松の振付師匠となった中村熊升氏が活躍している。一方で、金沢の嵐冠五郎系振付師匠は昭和六十年（一九八五）を最後に途絶えた。

昭和六十年代に入ると、市川団四郎氏を振付師匠として依頼する町が増えていく。市川団四郎氏は北海道の函館を拠点とし各地の地芝居で振付を行っている。小松では、昭和六十一年（一九八六）の寺町が最初であった。小松の浄瑠璃方である隅田時弥氏を通じて声を掛けられたことが契機であったという。岩井小紫氏は市川団四郎氏の姉に当たる人物で、平成十五年（二〇〇三）以降現在まで大文字町などで振付を行っている。

曳山狂言の上演での地方《じかた》(床)は、いずれも義太夫節である。

(2)　小松の義太夫

小松の義太夫節全盛期である明治期後半には三〇〇名近い太夫と三味線弾きがおり、浄瑠璃大会も盛んに行なっていたことは、後藤長平により明らかとなっている(新修小松市史編集委員会編二〇〇三：一三一〜一五八)。小松の義太夫は子供歌舞伎の地方としてだけでなく、独自の浄瑠璃大会を開催し、切磋琢磨して技芸を高めた。これまで明らかになっている義太夫の系統も踏まえながら戦後の義太夫の動向についてみていく。なお、ここで用いる資料は断りがない限り、角野万昇所有のものである。

そもそも小松の義太夫は、いくつかの系譜に分かれている。太夫筋としては竹本倭国太夫系統、竹本土茂太夫系統、中村治太夫系統がある(笠永次吉編　一九六四)。初世倭国太夫は本名を二口谷嘉兵衛といい西町の出身で、四世嵐冠十郎に芸を絶賛されたとの逸話を持つ。二世倭国太夫(本名・山本湊庄松)は松任町鍛治屋出身、世倭国太夫(本名・飯田吉松　昭和八年没)は大川町の出身で、血縁関係はない。倭国太夫の名は三世で途絶えるが、その後も数多くの弟子がおり、「倭」の名を継承している。

竹本土茂太夫は本名を三都井藤平といい、龍助町の出身である(昭和二十年没)、曳山歌舞伎で活躍した弟子には石田土茂龍、湯浅土茂一などがおり、「土茂」の名を有することが多い。戦後に曳山の太夫として活躍した生駒治生は、三つ目の系譜である中村治太夫の弟子にあたる。生駒は太田治之、後藤治土茂、茶山萬華など、最も多くの曳山歌舞伎の太夫を排出した系統である。

昭和二十四年(一九四九)四月三日に小松市本折町浄誓寺にて「故　吉本友豊　追福浄瑠璃大会」が、昭和三

十三年(一九五八)六月五日に小松市西町称名寺にて「故　三代目竹本吉太夫　追福浄瑠璃大会」が行われる。両会ともに主催は「竹語会」で、二十番組以上の演目が上演された。名を連ねている太夫は、竹本倭国太夫、竹本土茂太夫、中村治太夫の弟子筋であることから、竹語会は芸の系譜を超えた組織であったことがうかがえる。

竹語会と同時期の浄瑠璃の会として、若葉会がある。昭和二十八年(一九五三)に曳山上演の当番年であった龍助町は、曳山上演の地方として若葉会と契約している(笠永編　一九六四：二五一)。また、昭和四十四年(一九六九)十一月九日には若葉会主催の「追福浄瑠璃会」を行っている。出演者は竹本土茂太夫、中村治太夫の弟子筋が中心である。しかし、竹語会、若葉会の名称が見られるのはこの時期までで、昭和四十四年(一九六九)以降の浄瑠璃大会は両会に代わり小松浄曲会が主催するようになる。

龍助町でも昭和三十二年(一九五七)の曳山上演では小松浄曲会と契約しているが(笠永編　一九六四：二六五)、昭和二十八年(一九五三)の太夫は生駒治生、湯浅土茂一、奥田和光、石田土茂龍、昭和三十二年(一九五七)の太夫は生駒治生、湯浅土茂一、寺尾治尾、石田土茂龍であることから、会の名称が変わっただけでその構成員にほとんど変化はないと推察する。

昭和四十六年(一九七一)六月二十日には、東町勝光寺にて小松浄曲会主催の「故生駒治生追福浄瑠璃大会」が開催される。この会で上演した「仮名手本忠臣蔵七段目」では太夫らが役者として出演しているが、当時、振付師匠として活躍していた嵐冠五郎が振付をする本格的なものであった。このような盛大な追悼会を催されるほど、生駒治生は小松の義太夫、曳山子供歌舞伎にとって重要な存在であった。二年後の昭和四十八年(一九七三)十一月四日には、寺町真行寺において「故大田治之　故島田団玉　追福浄瑠璃会」が催される。大田治之は師匠である生駒治生とともに昭和三十年代から昭和四十年代半ばの曳山子供歌舞伎の浄瑠璃を支えた人物である。また、島田団玉は三味線弾きだけでなく、玉初の名で昭和四十年代まで大文字町の芸妓としても活躍していた。

戦後の小松義太夫および曳山子供歌舞伎を牽引していた人々が相次いで逝去し、世代交代が起きたのは昭和四十年後半のことである。また、義太夫の太夫、三味線弾きともに人数が減少していった時代でもあった。小松浄曲会はこの危機を乗り越えるため、新たな取り組みを行う。それが浄瑠璃、三味線教室の開講である。浄瑠璃、三味線教室要項は以下のとおりである。

浄瑠璃、三味線教室要項

1　趣旨　子供曳山歌舞伎と共に代々受け継がれてきた伝統芸能「小松浄瑠璃」及び「三味線」の、保存と次世代への継承のため、浄瑠璃教室、三味線教室を開催し、後継者を育成するとともに小松の町衆文化の振興、隆盛に寄与しようとするもの。

2　受講者　おおむね四十五才迄で、小松市民であること。各教室とも定員二十名。

3　内　容　浄瑠璃教室　浄瑠璃素語りを基本から習い稽古する。
三味線教室　三味線を基本から習い稽古する。
浄瑠璃教室、三味線教室合同で年一、二回の発表会を行う。

4　日時、回数
浄瑠璃教室
（1）定例教室　毎週日曜日　夜七時三十分～九時　三十回

三味線教室
（1）定例教室　毎週日曜日　夜七時三十分～九時　三十回
（2）特別教室　必要に応じて随時開催

対象者は「おおむね四十五才迄で、小松市民であること」、開講回数は浄瑠璃、三味線ともに三十回であることからも、地元の若い世代へ小松浄瑠璃を伝えていこうとする本格的な取り組みであったことがうかがえる。昭和六十三年(一九八八)に始まった浄瑠璃、三味線教室は、その後も開催される。主催は小松浄曲会であるが、共催として小松市教育委員会が入り、後継者の育成に力を入れていった結果、曳山の太夫・三味線弾きとして角野万昇、北野櫻子を輩出している。

昭和四十年代後半以降、太夫の中心的存在となった後藤治土茂、隅田時弥は積極的に外部から振付師匠を招来した。しかし、義太夫はあくまで小松市内で育てようとしていたのである。

四　子供歌舞伎と振付師匠

曳山子供歌舞伎は、お旅まつりの中で上演される芸能である。子供歌舞伎を運営するのは各町の若者組織であり、彼らにとっては通過儀礼としての意味合いをもつ。曳山は神社の神具であり、上演前の祈願や出演する子供の扱いなどからも信仰的側面が強い。また、演者も皆、素人である。以上の面から考えると、曳山子供歌舞伎はいわゆる「民俗芸能」に分類されるものである。

しかし、子供歌舞伎を演じる際には、プロの振付師が指導に入る。振付師匠と呼ばれる彼らは町の若者組織に雇われる形で稽古に携わり、技芸の部分は全面的に任されている。振付師匠は町の住民でない場合が大半である。特に明治から戦前にかけては、金沢の花街との関係性の中で地役者が招来された。昭和二十年代以降も金沢の地役者の関係者が大半の町を指導していたが、昭和四十年代に入ると地役者の系譜も続かなくなっていった。そこで新たに招来されたのが、市川升十郎などの元役者で各地の地芝居で指導をしていた人々である。金沢は小松と地理的にも近く物や文化の交流もあり、元々あったネットワークを生かしたと考えられるが、新たに参入した振付師匠らはある意味縁もゆかりもない人物たちであった。彼らに声をかけたのは浄瑠璃太夫と三味線弾きによって構成される小松浄曲会である。いずれも師匠が異なり各々の系譜を持つが、特に小松における義太夫節の最盛期である明治期から昭和三十年代にかけて、系譜・系統の枠組みを超えて、共同的に曳山の音楽を支えてきたといえる。

振付師匠は各々で演出、稽古方法、振付方法が異なり、師匠が変われば歌舞伎自体も変化する。和田修は小松の曳山子供歌舞伎について「絵本太閤記」十段目尼崎の段を例に挙げた上で「現在の東京の歌舞伎が、団菊・由菊の型を基本に固定してしまっているのに比して、曳山の子供狂言は歌舞伎本来の柔軟性を残しているともいえる」と評価する（小松市史編纂編集委員会編　二〇〇三：一二一）。外部の「伝統芸能」である歌舞伎を生業にした、個的な存在といえる振付師匠が各々の個性を活かすことで、それを受容する側の「民俗芸能」の曳山子供歌舞伎は動態的存在として機能しているのである。

ただ、もし地方《じかた》も近代の早い時期から外部にプロを依頼していたらどうなっていただろうか。長年曳山で浄瑠璃太夫を務めていた角野万昇から「自分ではわからないけれど、どうやら小松義太夫は訛があるらしい。だからプロの三味線弾きからすると合わせづらいようだ」と言われたことがある。小松の義太夫節は演者が豊富にいたため、閉じられたローカルな地域の中で伝えられてきている。外部の振付師匠が各々の個性を前面に出した演出を加え、指導し、都度変化を加える一方で、ある種共同的・集団的にローカルの中で伝承してきた小松義太夫は、小松らしさを担保する存在であるといえよう。

おわりに

本章では個的なものと集団的・共同的なものの相互の関係を分析し、曳山子供歌舞伎の伝承の在り方を明らかにしてきた。曳山子供歌舞伎においては、変化を掌る存在として外部の振付師匠がいる。ただ、その変化は折口信夫が示す「芸術」へと変わるわけではない。曳山という限られた場所のなかで、子供たちが演じる芝居を魅力的に見せるために加えられた変化なのである。一方義太夫も、浄瑠璃会を盛んに行い、内部で切磋琢磨して技芸を磨いてきた。彼らは小松の曳山歌舞伎に特化した芸能の演者として曳山子供歌舞伎を支えている。さまざまな存在が絡み合い一つの芸能を作り上げているのである。

最後に本章の主題とは少し離れるが、小松の曳山子供歌舞伎の現状に触れておきたい。各町での世帯数の減少、五人衆の負担、少子化などにより上演が危ぶまれる町も増えている。青年組織としての若連中、五人衆は徐々に姿を消し、各町が保存会を設立して町内一丸となって曳山の運営にあたっている。新型コロナウイルス感染症の感染拡大により、丸三年間お旅まつりは開催を見送った。令和四年(二〇二二)度より復活したが、コロナ禍以前からの問題が解消されたわけではない。クラウドファンディングなど新たな取り組みを始めた町もある一方で、現状をなんとか維持することで精一杯の町も存在する。これまでの運営形態に固執せず、曳山子供歌舞伎のように変化を楽しみながら続けてほしいと、小松の子供歌舞伎ファンの一人として願っている。

注

（1）高久舞『芸能伝承論：伝統芸能・民俗芸能における演者と系譜』（岩田書院、二〇一七年）の「第二章　獅子舞の家元」。
（2）二〇一一年から二〇一三年にわたる調査を元に作成したものであるため、現行の流れとは異なる町もある。
（3）本節は『新修　小松市史　通史編Ⅱ』における調査を元にしており、同書の第四章第二節「曳山子供歌舞伎：子どもを育む芸能」を一部加筆修正したものである。
（4）本節で示した表は、『新修小松市史　曳山編』に掲載される「安政六～平成十四年　各町曳山子供歌舞伎上演演目および諸役」の一覧表より作成したものである。
（5）三世嵐冠十郎の次男で、大正十二年に引退する。「加賀の團十郎」と呼ばれた名優である。

参考文献

池田彌三郎　一九五七『日本人の芸能』岩崎書店
池田彌三郎　一九六七『日本芸能伝承論』中央公論社
池田彌三郎　一九七二『芸能と民俗学』岩崎美術社
菟橋神社誌編纂委員会編　一九九四『菟橋神社誌』菟橋神社
大井理恵　二〇二二「金沢歌舞伎最後の女役者」石川県立歴史博物館編『石川県立歴史博物館紀要』三十一巻、石川県立歴史博物館
大石泰夫　一九九三「シンポジウムにむけて「民俗芸能の継承・断絶・再生がめざすもの」『民俗芸能研究』第十八号、民俗芸能学会

大石泰夫　二〇〇七『芸能の〈伝承現場〉論』ひつじ書房
小野寺松雪堂　一九四九『むかしの小松』第一巻、むかしの小松刊行領布会
折口信夫　一九七一「昭和三、四、五年　慶應義塾大学文学部「国文学」講義」『折口信夫全集ノート編』第五巻、中央公論社
折口信夫　一九七二「芸能伝承の話」『折口信夫全集ノート編』第六巻、中央公論社（初出：昭和十三年、郷土研究会講義）
折口信夫　一九九六「地方文化の幸福の為に」『折口信夫全集』19、中央公論社（初出：昭和二十三年『やま幸』三集）
折口信夫　一九九六「日本芸能史序説」『折口信夫全集』21、中央公論社（初出：昭和二十五年二月『本流』創刊号）
笠永次吉編　一九六四『小松の曳山』小松曳山保存会
加藤秀雄　二〇二三『伝承と現代：民俗学の視点と可能性』勉誠出版
門田岳久・室井康成編　二〇一四『〈人〉に向き合う民俗学』森和社
新修小松市史編集委員会編　二〇〇三『新修小松市史　資料編5　曳山』石川県小松市
新修小松市史編集委員会編　二〇一四『新修小松市史　資料編11　民俗』石川県小松市
髙久　舞　二〇一七a『伝承キーパーソンと祭囃子―東京都大田区、神奈川県川崎市を中心に―』『國學院雑誌』第一一八巻四号
髙久　舞　二〇一七b『芸能伝承論：伝統芸能・民俗芸能における演者と系譜』岩田書院
橋本裕之　一九九七『王の舞の民俗学的研究』ひつじ書房
橋本裕之　二〇〇六『民俗芸能研究という神話』森話社
橋本裕之　二〇一五『芸能的思考』森話社
橋本裕之　二〇二二「芸能伝承・二次創作・動態保存―阪神虎舞の理論的挑戦―」日高真吾・橋本裕之・中川眞編『URP先端的都市研究シリーズ29　阪神虎舞の誕生　被災地芸能の文化的脈絡の拡張』大阪市立大学都市研究プ

ラザ
俵木　悟　二〇〇九「民俗芸能の「現在」から何を学ぶか」『現代民俗学研究』第一号、現代民俗学会
俵木　悟　二〇一九「民俗芸能を開く／拓く」『日本民俗学』三〇〇号　日本民俗学会
福田アジオほか編　二〇〇〇『日本民俗大辞典　下』（項目「伝承者」（古家信平））吉川弘文館
本田安次　一九七六「概説」『日本民俗芸能事典』第一法規出版
本田安次　一九八三『民俗芸能の研究』明治書院
本田安次　一九八六「芸能史論―折口芸能史の位置づけ―」『日本民俗研究大系』第六巻、國學院大學
松尾恒一　二〇一一「柳田国男と芸能研究、柳田国男の芸能研究」小池淳一編『国立歴史民俗博物館研究報告　第一六五集〔共同研究〕日本における民俗研究の形成と発展に関する基礎研究』国立歴史民俗博物館
三隅治雄　一九六九「民俗芸能の生き方」『伝統と現代』第七巻（民俗芸能）学芸書林
三隅治雄　一九七二『日本民俗芸能概論』東京堂出版
安井眞奈美　二〇〇二「村（ムラ）」小松和彦・関一敬編『新しい民俗学のため：野の学問のためのレッスン26』せりか書房

〔謝　辞〕
本章は、小松市史編纂事業として刊行された『新修小松市史　資料編11　民俗』と『新修　小松市史　通史編Ⅱ』における調査を元に執筆した。前者は二〇一一年から二〇一三年にかけて、後者は二〇一九年から二〇二二年に調査を行っている。およそ十年にわたり、曳山子供歌舞伎に関わる方々には多大なご協力をいただいた。特に小松市立図書館（現・こまつ曳山交流館みよっさ館長）の山崎みどり氏、貴重な資料を多数用意してくださった故・角田万昇氏には大変お世話になった。記して感謝いたします。

Ⅲ　継承と変化・変容

民俗文化の変容と継承への視座―和歌山県での継続調査から―

藤井　弘章

一　対象と目的

本章の課題は、現代社会のなかで民俗学的な調査・研究をおこなう意義を述べることと、伝承文化の変化・変容論から現代社会がもつ特質を明らかにすることにある。本章では、これまで議論されている枠組みから出発するのではなく、筆者自身が調査で体験し、見出してきたことを土台として述べることとする。特定の地域に根差したうえで、多角的な事例から検討するため、本章では、筆者自身の出身地であり、大学院生時代から継続して調査をおこなってきた和歌山県を対象として論じることとする。

和歌山県における筆者の民俗調査は、一九九〇年代後半から二〇〇〇年代初めにかけての時期には自治体史や博物館・神社などの要請にもとづいた調査が中心であった。その後、二〇一〇年代以降は、大学の授業の一環としての訪問や、地域における活動に協力した調査が増えつつある。なお、筆者自身は歴史学を学んだのちに民俗学を専門とするようになったため、歴史民俗学的な視野でおこなう調査・研究が中心となっている。

前提として、和歌山県における民俗調査・報告は、他府県に比べると少ないという実態がある。県全体でいえば、歴史学的な調査や宗教民俗的な調査などは進んでいるが、一般的な民俗調査は限られている。たとえば、県史には民俗編がなく、市町村史にも独立した民俗編は少ないのが実情である。

そのようななか、和歌山県においては、二〇〇〇年代以降、過疎化・高齢化が急速に進行し、伝承文化（本章では民俗文化と呼ぶこととする）が劇的に変容してきている。筆者が二十数年調査してきたなかでも、古い習俗を体験・記憶している古老が少なくなってきたと感じる。筆者が調査を開始した九〇年代後半から二〇〇〇年代初めには大正～昭和初期生まれの古老が多くおられた。しかし、現在ではその子ども世代が古老となってきており、古い習俗を尋ねても知らないという方も多くなり、知っていても親から聞いている程度、という場合が増えてきている。

このように民俗文化が希薄化するなかで、従来のような民俗学の調査・研究をおこなうことにはどのような意義があるのであろうか。結論的に述べると、筆者がおこなっているような歴史民俗学的な調査は、変容または消滅する寸前の民俗文化を記録化することにつながるため、急務で重要な課題であると感じている。和歌山県で進んでいる歴史学的な研究との接合のためにも歴史民俗学的な調査・研究は大いに意義がある。

一方で、和歌山県では地域の資源を活かした地域起こしも活発化しつつある。こうした動きに、歴史的・民俗的な視点を加えることは、地域の個性を理解したうえでの地域振興につながることが期待される。したがって、歴史民俗学的な調査・研究は現代の地域社会に貢献するという意義も大きいといえよう。

二　民俗文化の特徴と社会の変容

現在の和歌山県は、古代から紀伊国(紀州)と呼ばれ、木が豊富であったといわれている。山の資源のみならず、里・川・海において、古くより自然を相手にした生業が営まれてきた。昭和中期までは農山漁村にも多くの人々が暮らしており、地域ごとにさまざまな民俗文化が存在していた。

和歌山県の地域差は、北部(紀北)と南部(紀南)に大きく分かれ、河川流域(紀ノ川・有田川・日高川・日置川・熊野川など)ごとに文化圏が形成されている。さらに、河川の上流域・中流域・下流域でも地域差がみられる。郡単位(伊都郡・那賀郡・海草郡・有田郡・日高郡・西牟婁郡・東牟婁郡)でも文化圏があり、また大きく山間部と平野部という区分も設定可能である。さらに、江戸時代の村(集落)が複数集まった範囲、つまり明治時代に成立した町村程度の範囲でも、一定のまとまりのある文化圏を形成している。このように、和歌山県の民俗文化は地形・自然環境、および歴史的な背景などが影響して、大小さまざまな民俗的な文化圏が形成されてきた。

生業面においては、概して中流域から下流域にかけての平野部に水田が広がり、上流域から中流域にかけては傾斜地を利用した棚田、および畑が開かれていた。上流域から中流域にかけては、山林資源を利用した生業も盛んであり、下流域ではそうした資源を集積して加工をおこなう産業などが発達した。

信仰面では、北東部の山間部に高野山、南部に熊野三山があり、それぞれに周辺地域に大きな影響を与えてきた。とくに、高野山の場合は、中近世において山麓一帯を寺領として統治していた。したがって、北部の山間部は真言宗地帯となっているだけでなく、日常生活においても高野山とのかかわりが濃密であった。一方で、人々の往来が多い街道沿いや河口部に発達した港町・宿場町・城下町では、中近世以降にさまざまな宗派の寺院が広がってきた。

和歌山県では、以上のような地域的な特徴をもとにした個性が存在していた。しかし、昭和中期の高度経済成長期以降、全国的な傾向と同様に和歌山県においても社会構造が大きく変貌し、それにともなって民俗文化も変容を迫られてきた。全体的な傾向としては、第一次産業従事者が減少し、平野部・都市部の企業・官公庁などで働く人が増加した。その結果、県内では北部の平野部(和歌山市・海南市・岩出市・紀の川市・橋本市など)および南部の一部(田辺市街地周辺)に人口が集中し、北部の場合は大阪方面へのアクセスがよいところに住宅地が広がる傾向が強まった。しかしながら、和歌山市の場合でも、中心部においては人口減少が進行し、買い物客も旧市街には集まらなくなった。車で往来が便利な郊外型の店舗が増え、車で大阪府(泉南方面)にショッピングに行く人々が増えている。その結果、二〇〇〇年代には和歌山市中心部の老舗百貨店が閉店し、周辺の商店街も空き店舗が増え始めるという現象が生じている。

和歌山県全体の近年の特徴としては、高野山、熊野三山が世界文化遺産となったことに象徴されるように、歴史と自然を活かした観光資源を発信する地域が増えている。最近ではいわゆる観光地のみではなく、川・海などでの体験型のアクティビティが増加し、郊外の農村地帯にできたカフェなどに遊びに行く人たちも増えている。

それでも、観光客が集まる場所は限られており、県全体でいえば過疎化・高齢化が進行し、限界集落が増加、消滅する集落も出始めているという実情がある。若い世代が少なく、高齢者ばかりが残り、空き家が増加し、学校は休校・廃校となり、集落機能が維持できなくなっているところも増えている。また、農耕放棄地が拡大し、鳥獣害が広がり、手入れが行き届かず災害に弱い山林などが増えるなど、さまざまな問題が連鎖して深刻な事態が生じている。以上のような問題は、山間部の地域で広く共通しているものの、当然ながら集落の規模、立地、生業の内容、などによってそれぞれの課題は異なっている。

三　生業の変容

(1)　田畑

和歌山県の水田は、紀ノ川下流域などでは古代から開発が進み、江戸時代にも長大な用水を整備して紀ノ川両岸の河岸段丘には新田が広がった。北部山間部では中世には棚田が盛んに開かれている。しかし、全国的な傾向と同様、昭和中期以降に水田稲作が減少した。山間部の棚田は維持が困難になり、耕作放棄が進行している。

和歌山県の特徴としては、平野部の水田が昭和三十年代以降、大規模に果樹畑に転換したことである。果樹栽培は、江戸時代からおこなわれており、有田のみかん、南部《みなべ》の梅などは江戸時代から盛んに栽培されていた。ただし、昭和中期までは基本的に傾斜地に果樹を植え、平地は水田とする傾向が強かった。それが、昭和中期に国の減反政策や人々の米離れなどの影響を受けて、一気に平野部にも果樹栽培が拡大したのである。地域ごとに特定の果樹に特化して栽培する傾向が強まった。

以上のような変容を民俗学的に考えた場合、生業複合から特定作物への特化が進んだ、と理解することができる。紀ノ川下流域のように水田が広がっていた地域では、稲作と商品作物の組み合わせがあり、上中流域の山間部ではわずかな水田と畑作物・半栽培植物・林産物などを組み合わせた生業が営まれていた。ただし、このような変化が昭和中期のみの傾向であったと考えるのは危険である。文献や聞き取り調査を合わせると、地域ごと、家ごとに、江戸時代から栽培植物の組み合わせには変遷があったことが分かる。たとえば、紀美野町のある農家では、昭和初期以降に桑(養蚕)→サツマイモ・麦→みかん→柿、と変化させてきたという。昭和中期以前においても、農作物は決して静態的なものではなく、時代の流れにしたがって、より収益があがる農作物に転換してきたといえる。江戸時代には藩や庄屋など、明治以降は自治体や農会などの推奨で特定の作物栽培が広まることがあった。

なお、現在の和歌山県の田畑をめぐる動向としては、世界農業遺産「みなべ・田辺の梅システム」(みなべ町・田辺市)や日本農業遺産「下津蔵出しみかんシステム」(海南市)、日本農業遺産「みかん栽培の礎を築いた有田みかんシステム」(有田市・湯浅町・広川町・有田川町)として伝統的な農業システムの評価、国の重要文化的景観「蘭島及び三田・清水の農山村景観」(有田川町)として棚田を含む農村景観の評価、などの価値づけもおこなわれている。

(2)　里山・山

和歌山県では、とくに江戸時代から昭和中期まで、スギ・ヒノキなどの木材を伐採・搬出する林業が発達してきた。昭和中期ごろには全国的な木材需要の高まりを受けて、和歌山県でもスギ・ヒノキの植林が拡大し、雑木林などは減少した。その後、山林業は停滞した状態が続いてきた。昭和中期までは、炭焼きも盛んであり、黒炭と白炭が焼かれていた。黒炭は日常生活で使用するために需要も多く、昭和中期までは北部・南部ともに盛んであったが、その後は需要が激減したために衰退した。現在ではおもにウバメガシを利用した白炭（備長炭）がブランド化して日高郡・西牟婁郡方面で継承されている。

昭和中期までの和歌山県の里山・山では、半栽培植物や特用林産物と称されるような植物の栽培が盛んであった。タケ（竹）は籠・竿・建築用材など、さまざまに利用された。コウゾ（楮）・ミツマタ（三椏）は和紙の原料となった。ウルシ（漆）は漆器、ハゼ（櫨）は木蝋の原料となった。シュロ（棕櫚）は束子・箒・縄の原料として重宝された。ニッケイ（肉桂）は香料、フシ（五倍子）は染料の原料となった。以上のようなものは、加工製品の産業が停滞・衰退し、需要が減少した結果、放置され顧みられなくなったものも多い。需要が低下すると、これらの植物は山で放置された。なかでも、竹林の拡大は地域の問題となっており、新たな竹の活用法が模索され始めている。

県全体で、田畑の畦畔などに茶を植えることも多かった。山間部では寒暖差などの気象条件を活かして茶の産地（白浜町、田辺市、新宮市など）となるところもあった。現在では、紅茶を売り出しているところもあるが（那智勝浦町）、大半は高齢者が自家用に栽培している程度となっている。

サカキ（榊）・シキミ（樒）・ヒサカキ（ビシャコ）・高野槇など、神仏に供えるハナの栽培は現在でも盛んである。昭和中期までは、山間部で採取したサカキ・シキミ・ヒサカキを、自家消費するだけでなく、近隣の平野部に販売していた。その後、昭和後期以降に都市部への出荷を目的に大規模に栽培されるようになった。高野槇は、江戸時代から高野山で参詣者に販売されることがあったが、本格的に栽培が始まったのは昭和中期以降であった。

山間部の農林業の評価も高まりつつあり、日本農業遺産「聖地高野山と有田川上流域を結ぶ持続的農林業システム」（高野町・かつらぎ町・有田川町）に認定されたところもある。

狩猟としては、山間部においてイノシシ猟が盛んにおこなわれてきた。昭和中期ごろまでは、山間部では集落ごとに複数の狩猟好きの人がいたという。冬の楽しみとしておこなわれていた。ところが、現在では農作物への被害を減らすために駆除という感覚でイノシシ猟をおこなっている人が多いようである。

養蜂は江戸時代に熊野の産物であったが、昭和中期には楽しみおよび自家消費でおこなう人が多かった。現在では、蜜蜂の減少も深刻で、山間部において高齢者がおこなう自家用の養蜂は減った。しかし、平野部周辺の里山において一定の規模で養蜂をし、蜂蜜を販売する人たちもいる。

(3)　川・海

和歌山県の河川や池などではさまざまな川魚や淡水生物を捕獲し、食用としてきた。紀ノ川や熊野川では鮎漁が盛んであった。小さな河川や水田ではウナギも捕獲された。紀ノ川などでは収入を得る漁師もいたが、大半は楽しみとしての漁獲であり、自家消費であった。川漁の特徴としては、河川ごと、および上・中・下流域で、漁法や漁獲する魚種が違っていたことである。しかし、昭和二十年代から三十年代にかけての水害やダム建設などで河川環境が変化したこと、娯楽としての価値が相対的に下がったこと、などの理由が重なり、河川での漁は減少している。現在では、京阪神方面からの釣り客が鮎漁を楽しんでいる姿をよく見かける。

一方、海の漁業は生計を立てるための手段であることが多かった。北中部の紀伊水道沿岸ではシラス・タチウオ・サバなど、南部の太平洋岸ではカツオ・マグロ・サンマ、またクジラ・イルカなども漁獲されてきた。

太平洋岸では、江戸時代初期からクジラ・イルカを捕獲する捕鯨が盛んであった。現在、捕鯨は国際的な批判を受けることもあるが、歴史的な価値を評価して日本遺産「鯨とともに生きる」として認定されている。一方、太平洋岸では楽しみとしてウミガメ・マンボウなどを突き捕って食用としていたが、食糧事情の向上、都市部の人からの忌避、動物保護活動の活発化、などの理由が重なり、現在では継承されなくなってきている。

(4) 伝統産業

第三節第二項で述べた半栽培植物・林産物の製品化は、①栽培地近くの山間部で加工してきたものと、②都市部・都市近郊に集積して大規模に加工したものに分かれる。前者としては和紙・竹製品などがあり、後者としては近世以降に発達したシュロ製品・木蝋などがある。後者は明治以降にさらに発展するものもあり、地場産業と呼ばれるようになったものもある。

①の一例としては、コウゾ・ミツマタを原料とした和紙製造である。山間部での和紙製造は、近代化の波に乗れず、需要も低下したために衰退した。現在、産業としての価値は高くないが、地域資源や文化財という意識を中核として維持されている(九度山町、高野町、紀美野町、有田川町、田辺市)。なかには、地域の子どもたちや観光客に紙漉きを体験させる工房も存在している。

②の一例としては、シュロ産業(海南市、紀美野町、紀の川市など)がある。シュロの樹幹の繊維は束子・箒・縄などに加工された。昭和三十年代までは全国的にも大きなシェアを占めていたが、シュロに代わる素材が輸入、開発されるようになったことで、海南市のシュロ産業は家庭用日用品産業に転換した。ただし、一部の会社が和歌山県産のシュロを用いて束子などを作り続けており、有田川町のシュロ林も部分的に維持されてい

写真１　復元した水車（すさみ町　2023年）

る。また、シュロの箒を作る職人も技術を継承している。

以上のように、伝統産業の変容としては、衰退してしまったものだけではなく、地域資源や文化財として継承しているもの、会社・職人が伝統素材にこだわって製造しているもの、などがみられる。一方で、伝統産業から地場産業へと展開し、経営の多角化で展開しているものもある。代表的な事例は蚊取り線香産業であろう。明治初期にヨーロッパから除虫菊（シロバナムシヨケギク）を取り入れ、現在の有田市周辺では除虫菊粉末を練り込んだ蚊取り線香製造が発達した。大正以降は複数の会社が成立して一大産業が展開した。しかし、昭和中期以降、蚊取り線香以外の殺虫剤などが増加したこともあり、経営を多角化して多様な製品を製造することで会社を存続させる努力がおこなわれている。

他方、伝統産業の復活・再産業化の動きもある。たとえば、線香、ハゼ（櫨）・木蝋、カヤ（榧）などである。線香（仏事用）の製造は、和歌山県南部で江戸後期から昭和中期までおこなわれてきた。蚊取り線香と異なり、

写真２　関係者によるハゼの収穫作業（有田市　2022年）

仏事用の線香の原料はスギの葉、タブの葉（高級品の場合は香木などを入れる、タブは粘結剤）を粉砕し、粉末を捏ねて棒状にし、乾燥して製造する。江戸中期以降、大阪府の堺市で盛んとなったが、原料の調達先のひとつであった和歌山県南部でも製造されるようになった。また、富田川、日置川、古座川、熊野川流域では、水車を用いて原料のスギ・タブの葉を粉砕してきた。和歌山県の線香原料製造業、線香製造業は零細で個人経営的なものが多く、昭和初期から中期にいったん廃絶した。ところが、現在では有田市で線香製造をおこなう会社があるほか、すさみ町で水車による原料製造および線香製造を復活しようとする動きがある。これは、昭和中期まで水車を用いて線香原料製造をしていた家の子孫たちが中心となり、郷土史家などが水車小屋に注目し始めたことを契機として、地域を巻き込んで地域の資源と試みるプロジェクトとなっている（写真１）。

ハゼ・木蝋は、江戸中期以降に北中部の沿岸部を中心として栽培・製造がおこなわれ、昭和初期までは一大産業であった。ハゼの実を採り、実から油を搾って木蝋を製造し、この木蝋は蝋燭などの原料となった。北部の沿岸部では、蝋燭製造をおこなう家もあった。しかし、現在では県内にごくわずかな櫨栽培者がいるだけで、木蝋を製造する製蝋所は一軒のみとなっている。蝋燭については県内で製造するところは残っていない。昭和時代になると、ハゼ栽培は紀美野町・有田川町などの山間部が中心で、製蝋はより沿岸部の海南市・有田川町などでおこなわれてきた。このハゼ・木蝋産業は、栽培者、製造者ともに廃業寸前といえる状況であった。平成末期から、地元の高校、地域の有志、県の農政部局・林業試験場、製蝋所などが連携して、ブドウハゼ（通常のハゼよりも実が大きい、紀美野町に原木がある）の栽培を拡大、接ぎ木技術を継承してきている（写真2）。

カヤの場合は、歴史的にいえば、とくに実から搾った油が、高野山で使用する灯明油や食用油として重要視されてきた。したがって、江戸時代までは高野山が山麓地域に栽培を推奨していたようである。ハゼ・木蝋よりも歴史は古いが、史料は断片的で、聞き取りで確認できる内容も限られている。高野山麓一帯にカヤの巨木が残っているものの、現在では利用することはほとんどなくなった。カヤノキは成長が遅いといい、紀美野町で伐採した方によると、直径四メートルほどの木で樹齢六百年であるという。現在、紀美野町では、町内に残るカヤの木を調査して、高野山とのかかわりの歴史性を含めて価値があると認め、実が大きいヒダリマキガヤの一群を県指定の天然記念物とした。また、紀美野町の高校では、地域の資源を調べて発信する授業を実践している。二〇二二年からは地域の資源として、ハゼとカヤから製造したハンドクリームを製造している。ハゼから作ったクリームに、カヤの実から抽出した香りを付け加えたものとなっている。

四　信仰習俗の変容

(1)　地域の行事

和歌山県には、学術的または観光面で有名な祭礼や民俗芸能が多く、国指定、県指定、市町村指定を合わせて無形民俗文化財になったものが複数ある。ユネスコの無形文化遺産に登録された芸能もある(那智田楽)。指定を受けていない祭礼、地域の信仰的な行事は膨大な数にのぼる。ただし、有名なものであっても、担い手の確保や行事の継承には課題も多いのが実情である。

県指定の無形文化遺産に指定されている海南市大窪の笠踊りは、昭和中期までは雨乞いのための神事として演じられていた。現在では、保存会を結成して、伝統芸能の保存継承が図られており、東京などで開催される民俗芸能大会で演じることもある。この場合は、地域の人々による地域の人々のための神事・芸能から、不特定多数の観客に見せる民俗芸能へと変化してきているといえよう。

維持が困難になっている行事として、地域の講(伊勢講・庚申講など)があげられる。とくに衰退が激しいのは山間部の講である。山間の集落でも集落のなかに複数の講が存在していた地域が多い。昭和中期までは、講の集まりは信仰のみならず、娯楽も兼ねていた。講員たちが定期的に当番の家に集まり、講の神仏の掛け軸を掛けて拝んだあと、飲み食いをしながら雑談をすることが楽しかったという。ところが、現在では熱心に参加していた世代（大正〜昭和初期生まれ）が引退しつつあり、労働環境も変化したために忙しくなり、家族単位で出かけることも増え、食事の用意をすることも手間に感じられるなど、さまざまな要因が重なって講を廃止するところが増えている。当番の家で管理してきた講の黒箱（掛け軸や道具、文書を入れた箱）を博物館などに寄贈する講も出ている。

一方で、和歌山県において熱心に維持されている行事としては餅撒きが特徴的である。有名な寺社の祭礼において大規模な櫓を組んで、大量の餅が撒かれることもあるが、山間部の小さな集落の講において餅が撒かれることもある。餅撒きはあくまで寺社や集落の行事のなかの一部であるが、行事全体のなかで餅撒きだけが異様な盛り上がりを見せる。もともとは、厄除け、娯楽の意味合いが強く、昭和中期までは食料としての餅を得るという意味合いもあった。ところが、現在では食料としての餅の価値は高くないようである。菓子類なども多く撒かれており、子どもたちはむしろ菓子類を喜んで拾っている。高齢者もビニール袋などを持参して熱心に拾うが、楽しいから拾うという程度で、拾った餅はそれほど必要ないという。餅撒き終了後、後ろで撮影していた筆者に対して袋ごと餅をくださる方もいるぐらいである。コロナ禍で餅撒きを中断していたところも多いが、二〇二三年から再開したところも出てきている（写真3）。過疎化・高齢化した山間部の集落でも、餅撒きになると子育て世代や子どもたちがあふれていることもある。都市部に出ている子ども・孫世代が行事に合わせて帰ってきて、祭礼行事全体ではなく餅撒きだけに参加しているということも多い。コロナ禍をも潜り抜け、限界集落においても餅撒きが現代に受け継がれている状況は大変興味深い。

先述したように、民俗芸能としての雨乞い踊りが継承されている事例はある。しかし、雨乞い習俗というものは全体的にほぼおこなわれなくなっている。昭和中期以降に農業用水が整備されたことで水田の水不足が深刻化しにくくなったこと、同時期に水田から果樹畑への転換が推進されたこと、などが影響している。昭和中

写真３　復活した餅撒き（有田川町楠本　2023年）

期までは和歌山県には多様な雨乞い習俗が存在した。広く分布した雨乞い習俗としては、高野山奥之院の火をもらってきて、集落の背後の山などで大きな火を焚いて雨を祈るというものがあった。民俗の報告書などには、雨乞い習俗は比較的記述されているものの、現代では記憶している古老も少なくなり、継承されなくなっている。紀美野町と有田川町の境にそびえる標高約八〇〇メートルの生石山《おいしやま》頂上付近に、雨乞いの火を焚いた跡がある。火上げ岩と呼ばれる巨岩があり、その岩の前で昭和中期まで火を焚くことがあったという。現在、火上げ岩はＳＮＳ映えするといわれ、県外からも若者が集まる人気のスポットになっているが、雨乞い習俗の跡であることは発信されていないようである（写真４）。

この生石山には、山麓の人々が盆過ぎに登り、カシ（樫）の枝を持ち帰って、風除けのために家の玄関や田に立てるという習俗がある（写真５）。生石参りと呼ばれている。紀美野町西部・有田川町中部に広がっていたが、現在では紀美野町の一部の地区で継承されてい

写真4　観光客が撮影する火上げ岩（有田川町生石　2022年）

る。山岳霊場のハナを持ち帰る習俗の一事例といえる。歴史民俗学的には大変貴重な事例であり、一部の地域とはいえ現在まで継承されてきたという点も興味深い。

(2)　家の行事

家単位の行事の場合、都市部（和歌山市など）は山間部に比べるともともと簡素な傾向があった。たとえば、盆行事などは典型的である。高野山周辺の山間部・平野部では、家々で先祖の祭壇を設けて祀るほかに、無縁仏を祀る棚を庭や縁側などに設置する傾向が強い。ところが、和歌山市周辺では個人の家で無縁仏の棚を祀ることはほとんどみられない。このような地域差があるなかで、都市部の盆行事は近年では核家族化が進み、住空間の変化もあるため、さらに簡素化してきている。高野山周辺の山間部・平野部では過疎化・高齢化が進行している地域もあるものの、現在でも先祖の祭壇とともに、無縁仏の棚を祀る家が多いという特徴がある。

高野山周辺の山間部・平野部でも、個人の家の盆行事が変化した部分もある。たとえば、亡くなって一年以内の新仏の祀り方である。この地域では、先祖の祭壇とは別に、軒下に竹を立ててヒバ(檜葉)やマコモで覆うような棚を設置して新仏を祀ることが多かった。このような棚は、近所の人が手伝って設置していた。しかし、近年では注文を受けた葬儀屋が新仏の祭壇を屋内(座敷など)に設置するようになってきている。新仏の棚を軒下に設置するのは、新仏が屋内に入りにくい(新仏は恥ずかしがるなどと語られる)、親戚・近所などが初盆参りに来てくれたときに外から拝んでもらいやすい、などの理由があった。ところが、葬儀屋から購入する祭壇は先祖の祭壇と並べて座敷に設置することが多い。新仏の棚の設置場所、形態、作成主体の変化というだけではなく、高野山麓全体で他界観の変容が起こっているといえよう。新仏の棚を作らなくなったのは、棚を作るような器用な人がいなくなった、集落の人々に頼むと振る舞いをしないといけないから業者に頼むように

写真５　田んぼに立てた樫の枝
（紀美野町安井　2011年）

写真６　復活した盆棚
（紀の川市北長田　2022年）

写真7　納骨の草鞋・杖・弁当（紀美野町大角　2019年）

なった、などといわれることが多い。しかし、いったん廃絶したあと、地域の若者が有志で復活させている事例もある（紀の川市北長田）（写真6）。

　個人の家単位でおこなわれる行事でも、納骨習俗のように根強く伝承されているものもある。人が亡くなると、和歌山県北部では真言宗の家に限らず高野山に納骨に行く習俗が広がっている。山間部では昭和後期までは土葬が広がっており、髪の毛と爪の一部を持参した。また、徒歩で高野山まで行くことも多かった。現在では、火葬となったために喉仏などを納骨するようになり、都市部のみならず山間部からでも車で高野山まで行くようになっている。納骨習俗にも地域差が残っている部分がある。山間部の紀美野町・有田川町では、納骨に行く際に、草鞋・弁当・杖などを持参し、道中の谷などに置いてくる習俗がある。かつては家々で草鞋などを用意したものであるが、現在では手間がかかるために簡略化する傾向が強い。ただし、紀美野町や有田川町では現在でも草鞋などを持参する習俗は続いており（写真7）、有田川町では草鞋などを共同で作成して販売するところもある。ところが、高野山近くの車道沿いに草鞋などを掛けることは減少している。地域の人々の語りとしては、観光客が不気味に感じるために、高野山近くの交通量の多い道路では人目をはばかっておかないようになったという。

外部の人の目に触れたり、奇異な目でみられることを避けて、やめてしまう習俗もみられる。一例としては、高野山麓にあったナノカガエリという初七日の習俗があげられる。有田川町下湯川などでは、初七日に木を組んで麦藁帽子をかぶせたカカシを作った(写真8)。夜に班の人たちが川沿いの道端にカカシを置いて拝み、その後、初めて通った人はかばんの中のもの(お供えの金など)をもらってカカシを川へ蹴り落とした。カカシを設置したことのある人によると、暗い中にカカシのろうそくの光だけがともっていて、寂しい感じがするという。釣り人から「へんなもの」を川へ落とすことはやめてほしいと言われたり、夜に通行する車のライトにカカシが照らし出されると寂しい、などという理由で、平成二十二年(二〇一〇)ごろにやめたという。

写真8
調査のために再現したナノカガエリのカカシ
(有田川町下湯川　2020年)

一方、家単位で食べている正月の年取り魚については、現在でも地域差が根強く残った形で継承されている。和歌山県北部のなかでも、和歌山市などの下流域(沿海部・都市部)ではタイが多い。中流域の平野部ではカツオであったが、現在では次第にタイへと変化しつつある。ところが、中・上流域の山間部では現在でもサバが多い。山間部ではサバを串に刺して焼き、一人一匹食べていた。家庭ごとの家族も少なくなり、家ごとにサバを焼いて食べることは減っている。ただ、店で焼いたサバを購入して食べるなど、正月にサバを食べる習慣は残っている。

五　研究の意義と課題

本章では和歌山県における民俗文化の変容について、筆者の調査をもとに生業と信仰を中心に述べてきた。本節では、ここまで述べてきた事例をふまえながら、現代社会のもつ特質、および民俗学の調査・研究をおこなう意義について検討してみたい。

(1)　変容していく民俗文化へのまなざし

現在の和歌山県は、全国的にみても過疎化・高齢化が進行している県である。筆者が子どものころの昭和後期、和歌山県の人口は百万人を越え、和歌山市では四十万を越えていたが、現在ではいずれも大幅に下回っている。山間部の集落の場合、事態は一層深刻で、過疎化・高齢化が進行して、地元の人々が「ここは限界集落ではなく、極限集落や」と語るほど、機能停止寸前の集落が増え、なかには居住者がいなくなった集落もみられる。二十数年にわたって和歌山県の山間部で調査をしていると、劇的な変化を目の前に呆然とすることがある。たとえば、高野町杖ヶ藪という集落は、平成二十二年(二〇一〇)前後には十数人居住しており、集落の祭礼もおこなわれていた。ところが、令和五年(二〇二三)に再訪すると、居住しているのは二軒のみで、いずれも外部からの移住者となっていた。

近年の地域社会の状況は、昭和中期の高度経済成長期だけでなく、平成中期(二〇〇〇年前後)の社会構造全体の変化が与えている影響も大きい。ただし、山間部の場合には、社会を支えてきた世代の変化という側面も見逃すことができない。具体的にいえば、平成十二年(二〇〇〇)前後までは大正生まれ(一九二〇年代ごろ)、平成二十二年(二〇一〇)前後までは昭和初期生まれ(一九三〇年代ごろ)の人たちが、集落の生業や信仰を担っていた。こうした世代が引退した二〇一〇年代以降、集落の機能を維持したり、従来の生業や信仰形態がそのままでは維持できなくなってきているのである。

このような状況のなかで、歴史民俗学的な調査・研究をおこなう意義は、まずはできる限り民俗誌的な記録として生活のありようを記録しておくことにある。筆者の場合、山間部の集落に移住してきた方から、その集落のことを知りたいという要望を受けて、十数年前の聞き取りメモや写真などを提供したこともある。このような形で、思いを受け継ごうとする人に提供し、活用してもらうことも可能となる。学術的にいえば、山間部での講の調査などは、すでに失われてしまったものも多いが、現時点で把握できるだけ記録しておくことが重要である。こうした調査は、もともとの地域差を把握することにもつながる。

(2) 隠されていく民俗文化へのまなざし

ローカルな文化として継承されてきたものが、外部の人の目に触れて非難され、奇異に思われるなどで、人目をはばかるようになっていった、という例がある。たとえば、和歌山県南部で古くからおこなわれてきたウミガメの漁撈・食習俗は典型的な例である。ウミガメを捕獲すること、食用とすることへの忌避感が広まり、古くからの食習俗が消えつつある。このような習俗の場合は、一般的には発信になじまないものが多い。ただし、国際的な非難を浴びることもある捕鯨の場合は、反転して発信し、自分たちの歴史と文化をアピールしている。これは、太地の町全体が捕鯨とともに育まれてきたという自覚が強いためであろう。これに対して、ウミガメの場合、集落のなかでも、もともと食べる人と、食べない人がおり、価値が揺れ動くものであったため、地域のアイデンティティとなることはなかった。

信仰習俗でも、同様の例がある。高野山への納骨習俗などは根強く継承されているものの、草鞋を持参して道沿いに掛ける習俗は人目をはばかってなくなりつつある。ナノカガエリのカカシも似たような理由でなくなった。ただし、納骨の草鞋の場合は、観光客の目に留まりにくい道沿いでは現在でも継続している。

生石参りの際に、カシの枝を持ち帰る習俗なども、自然保護の観点から変化する可能性もある。類似した習俗として、山岳霊場のハナを持ち帰る習俗は、大峰山(奈良県)や屋久島(鹿児島県)のシャクナゲの場合はなくなった。高野山のコウヤマキ、愛宕山(京都府)のシキミのように、栽培して産業化したもののみが維持・継承されている。生石山のカシの場合は、自生しているカシの枝を持ち帰る、というだけのものである。歴史民俗的には重要な習俗であるが、外部から指摘を受ける可能性もある。

以上のような隠される傾向のある民俗文化について、歴史民俗学的な調査・研究をおこなう意義は、希薄化しつつある文化を記録し、地域固有の文化の意義を見直すことにつなげることにある。観光客からの奇異な目や、ローカルな文化を考慮しない自然保護、などを押し戻しつつ、地域固有の文化の特徴を理解して、変容・継承する力になることが可能であろう。

(3) 流動的な民俗文化へのまなざし

とくに山間部の集落を回っていると、衰退や継承という言葉で単純化できない流動的な状況を目にすることがある。一見すると、人がいないような集落であっても、かかわりを持ち続けている関係者が多数いる場合が多い。また、空き家状態になっている家でも、定期的に子ども世代や親戚・地域の人などが通ってきている場合も多い。ふだんは人がほとんどいないが、盆・正月や、祭礼に出身者が子どもたちを連れて集まることがある。典型的なのは先述したように、ふだんは「人間よりも動物のほうが多い」と語られるような集落に、餅撒きなどの際に若者や子どもがあふれる光景が広がる。このように、出身地に思い入れをもつ世代がかかわりつづけているという現状がある。

一方で、山間部の集落で最近よく耳にする話題として、「近所のおばあさんは知らないうちに亡くなっていた」、「葬式に参ることができなかった」、「初盆にも参ることができなかった」、というような内容がある。これまで隣近所で手伝い合っておこなっていた葬式は、子どもたちが居住する都市部の葬祭場でおこなわれ、初盆も子どもたちの家でおこなわれることが多くなっている。そうすると、集落の人たちは、葬式は知らないうちに終わっていて、初盆の際にも故人にお別れができなかった、という事態が起こる。一方で、昭和中期以降生まれの人々(大正から昭和初期生まれの方々の子どもから孫世代)は、平野部や都市部に出て、そちらに家を建てて家族をもち、そこで仕事をしている場合も多くなっている。子ども世代・孫世代からすれば、「田舎」にしばしば行くことができず、居住地近くで家族葬、初盆までおこなわざるを得ないという事情もある。子ども・孫世代からいえば、集落や親族との関係が薄れつつあり、現在の家族への負担軽減などを考慮した結果の行動といえよう。親世代の看取りや葬儀に関することがらからは、とくに山間部の集落が、都市部の子ども家族へと解体、個人化され、吸引されていく様子がうかがえる。ただし、子ども・孫世代が親の集落にかかわる度合いは、新しい居住地が、地域の拠点集落、周辺の都市部、京阪神、東京など、のように物理的な距離の遠近によっても異なってくる。

このような状況のなかで、歴史民俗学的な調査・研究をおこなう意義としては、まずは集落の変化を見続け、叙述し続けることにあると感じている。従来の民俗学は、伝承母体としてのムラ（集落）を対象としてきたが、集落の構成員が拡散し、移住者などのとの入れ替わりも進みつつあるなかで、調査し続けることには工夫が必要となる。具体的には、地域において世話役となっているような人を接点としつつ、広範囲に拡散しつつある関係者に連絡を取っていくことは可能である。当然ながら、調査者個人が担うことができる課題ではないため、地域の世話役や自治体などと連携しておこなっていくことが求められる。そうすることで、子ども・孫世代にも消滅した集落そのものや、空き家に残された古文書や民具にも関心を持ち続けてもらうことができ、たとえば有形民俗文化財の保存・活用につなげることも可能となる。

(4)　変容しつつ継承している民俗文化へのまなざし

和歌山県の場合、果樹栽培や神仏のハナ（コウヤマキなど）は盛んにおこなわれている。こうした生業について、生業として維持・継承するだけではなく、新たな価値づけの動きがおこっている。農業遺産、日本遺産、文化的景観など、さまざまな価値・ストーリーを組み立てて、魅力を発信しようとしている。伝統産業としては、紙漉き、シュロ、蚊取り線香などが、それぞれの地域・企業の工夫で継承されてきている。

民俗芸能の継承の場合も工夫がみられる。雨乞いの場合は、神事としての雨乞いから、保存・継承すべき芸能として、意味合いを変容させながら残している例である。家ごとの盆棚については、形態が変容しつつ継承されている。とくに新仏の棚については、設置場所、設置主体などの変化から、他界観の変化にもつながっているといえよう。一方で餅撒きのように、保存すべき芸能というわけではないにもかかわらず、熱意をもって継承されている例もある。

生石山の火上げ岩のように、地域の歴史的文脈から切り離されて観光スポット化している例もある。現在の観光のＰＲ、あるいは若者が関心を寄せるスポットを見ていると同様の傾向が認められるものも多数ある。以上のような変容しつつ継承している民俗文化について、歴史民俗学的な調査・研究をおこなう意義としては、まずは正確な歴史的な背景と変遷を知ることにある。たとえば、コウヤマキの利用は古くからおこなわれているものの、高野山周辺でのハナ用としてのコウヤマキの栽培は昭和中期以降であった。歴史的な変遷を正しく把握し、地域社会に伝えることから、将来の魅力発信・活用が見出されてくるはずである。さらに、歴史民俗学的な調査・研究を積み重ね、その成果を付与することで、観光資源しての厚みを増すこともできる。生石山の場合は、歴史的・民俗的な文脈のなかに位置づけて発信することで、より地域の魅力の厚みを増した発信が可能となる。

(5) 伝統産業復活へのまなざし

和歌山県では、世間一般的には忘れられ、廃絶寸前となっていた生業、産業の復活を目指す動きがおこっている。線香、ハゼ・木蝋、カヤなどが典型例である。これらの事例は、歴史民俗学的な調査・研究はほとんどなされてこなかった分野であり、歴史学や植物学との架橋をするためにも、歴史民俗学的な調査・研究は重要な課題となっている。

注意点としては、これらは一貫して地域の産業として継続してきたり、零細な生業として継承されてきたわけではない。かつては産業であったものが、昭和中期以降は零細な生業となってきたなど、変遷があった。そのうえで、歴史学的な立場からも研究が乏しかった昭和時代の実態について、民俗学の立場からできるだけ丁寧な叙述を残すべきである。そうすることで、歴史と現在の架橋を果たすことが可能となる。また、このようなプロジェクトは、行政の地域起こし部局や農政部局などが推進する場合が多い。文化財行政との橋渡しをして総合的な価値を高める手伝いをすることもできる。

線香、ハゼ・木蝋、カヤの再利用・復活のプロジェクトについては、歴史民俗的な価値を付与することで、関係者がプロジェクトの意義を実感し、自信をもつこともできる。マスコミなどの取材に対して歴史民俗的な説明を提供することもできる。歴史民俗学的な調査・研究は、物理的に復活するための手助けになるのみならず、関係者のアイデンティティの醸成につながるといえよう。

ただし、もともとあった文化ではない、異なるものを生み出してしまう危険性もあることから細心の注意が必要である。たとえば、いったん廃絶した盆棚を復活しようとする場合、その集落の盆棚の形態を詳細に記録したものがなければ、記録として残っている周辺地域の盆棚の形が採用されてしまう可能性もある。具体的にいえば、紀の川市北長田で復活した新仏の棚の覆いはマコモであった。しかし、周辺の山間部ではヒバで棚を覆うところがあり、現在でも部分的に残っている。つまり、北長田において復活した棚をヒバで覆った場合は、異なる習俗が発生することになるのである。このように、万が一あいまいな調査報告のみが残されていた場合は、意図しない習俗の変化をもたらしてしまう可能性があるため、民俗的な報告を残す場合はより丁寧な記録・記述が求められる。

産業や生業の復活の動きとしては、線香プロジェクトの場合は子孫が提起し、地域が後押しする形で進んでいる。ハゼ・木蝋については、広範囲な関係者が関与している。このような動きを持続していくためには、子孫や一部の関係者のみが関わり続けるには限界がある。その文化に関心のある人を増やしていくことが必要となる。

現在、全国的に中山間地域では、移住者そのものだけでなく、地域にかかわりを持ち続けてくれる関係人口を増やすことに力を入れている。地域の歴史民俗的な背景を調査・研究することは、地域の若い世代に自分たちの地域のことを知ってもらい、誇りをもち、アイデンティティをもってもらうことにつながる。そうすることで、地域に関心をもつ人々に伝え、その地域の特徴・個性を踏まえたうえでの民俗文化の継承が可能となる。現在、社会が劇的に変化しつつあるなかで、歴史民俗学的な調査はますます重要になってくるであろう。

（筆者がかかわった和歌山県関連の報告・論文、年代順）

藤井弘章　一九九八「和歌山県のウミガメの墓」『和歌山県立博物館研究紀要』三

藤井弘章　一九九八「紀伊半島南部におけるウミガメ漁とその食習俗」『日本民俗学』二一五

藤井弘章　一九九九「マンボウの民俗　紀州藩における捕獲奨励と捕獲・解体にまつわる伝承」『和歌山地方史研究』三六

藤井弘章　二〇〇〇「ふるさとの歳時記①～⑮」『ニュース和歌山』

藤井弘章　二〇〇一「山岳霊場のハナ　―大峰山のシャクナゲを中心に―」『宗教民俗研究』一一

藤井弘章　二〇〇一「鞆淵の年中行事」『和歌山県立博物館研究紀要』七

熊野川町教育委員会編　二〇〇二『町史研究資　11　熊野川町の民俗　家の行事偏』熊野川町教育委員会
熊野川町教育委員会編　二〇〇三『町史研究資料　12　熊野川町の民俗　地域の行事偏』熊野川町教育委員会
日置川町誌編さん委員会編　二〇〇五『日置川町史　1　中世編』日置川町
藤井弘章　二〇〇七「熊野川をめぐる生業と流域の社寺」和歌山県立博物館編『熊野本宮大社と熊野古道』和歌山県立博物館
熊野川町史編纂委員会編　二〇〇八『熊野川町史　通史編』新宮市
藤井弘章　二〇〇八「応其ゆかりの民俗行事　―高野山麓の溜池をめぐる祭祀―」和歌山県立博物館編『没後４００年木食応其　―秀吉から高野山を救った僧―』和歌山県立博物館
丹生都比売神社史編纂委員会編　二〇〇九『丹生都比売神社史』丹生都比売神社
藤井弘章　二〇〇九「和歌山県における有形民俗資料の課題」『和歌山地方史研究』五六
藤井弘章　二〇一〇「江戸時代の紀州における本草学者のウミガメ調査と漁民の民俗知識」『動物考古学』二七
藤井弘章　二〇一一「生石参り」『中世の村をあるく　―紀美野町の歴史と文化―』和歌山県立博物館
高野町史編纂委員会編　二〇一二『高野町史　民俗編』高野町
藤井弘章　二〇一四「民俗調査からみた神野・真国荘地域の生業」高木徳郎編『紀伊国神野・真国荘地域総合調査』（平成二十三年～二十五年度科学研究費補助金　基盤研究（C）研究成果報告書　研究課題「紀の川流域における中世荘園の地域環境史的研究」研究代表者　高木徳郎）
海南市文化遺産活用実行委員会編　二〇一五『大窪の笠踊り調査報告書』海南市文化遺産活用実行委員会
藤井弘章　二〇一五「民俗事例からみた高野山への納骨習俗」和歌山県立博物館編『弘法大師と高野参詣』和歌山県立博物館
藤井弘章　二〇一七「高野山納骨習俗の地域差　―和歌山県北部を中心に―」『近畿大学民俗学研究所紀要　民俗文化』二九
三和インセクティサイド社史編纂委員会編　二〇一九『三和インセクティサイド50年のあゆみ』三和インセクティ

サイド
藤井弘章　二〇一九「みかん　―不老不死の果物―」関沢まゆみ編『日本の食文化　6　菓子と果物』吉川弘文館
藤井弘章　二〇一九「和歌山県高野町の盆棚」『近畿大学民俗学研究所紀要　民俗文化』三一
藤井弘章　二〇一九「和歌山県における櫨の民俗　―紀美野町の栽培・採取を中心に―」『近畿大学民俗学研究所紀要　民俗文化』三一
三木明音ら　二〇一九「抹消天然記念物「葡萄櫨の原木」調査報告」『近畿大学民俗学研究所紀要　民俗文化』三二
藤井弘章　二〇二〇「和歌山県橋本市の盆棚」『近畿大学民俗学研究所紀要　民俗文化』三二
藤井弘章　二〇二一「線香・蚊取り線香原料としてのタブ粉の歴史」『近畿大学文芸学部論集　文学・芸術・文化』三三―一
藤井弘章　二〇二一「線香原料製粉の歴史と民俗　―和歌山県古座川流域・三栖家の製粉場（線香水車）と製粉工程―」『近畿大学総合文化研究科紀要　渾沌』一八
藤井弘章　二〇二一「タブ粉の歴史と民俗　―線香粘結剤に関する民俗知・製造・流通―」『近畿大学民俗学研究所紀要　民俗文化』三三
藤井弘章　二〇二一「和歌山県古座川流域・三栖家の線香原料製粉業と線香製造業　―明治・大正時代を中心に―」『和歌山地方史研究』八二
藤井弘章　二〇二一「海の民俗からみた日本列島のなかの紀伊半島　―ウミガメの利用と信仰の習俗を中心に―」『シンポジウム「紀伊半島をめぐる海の道と文化交流」予稿集・論考集』和歌山県立紀伊風土記の丘
藤井弘章　二〇二二「和歌山県古座川流域・三栖家の線香原料製粉業と線香製造業　―昭和時代を中心に―」『近畿大学文芸学部論集　文学・芸術・文化』三三―二
藤井弘章　二〇二二「和歌山県田辺市鮎川の線香水車　―松本家の事例―」『近畿大学総合文化研究科紀要　渾沌』一九
藤井弘章　二〇二二「和歌山県有田川上中流域における櫨の民俗　―櫨の栽培・採取に関する民俗技術の継承―」

『近畿大学民俗学研究所紀要　民俗文化』三四
藤井弘章　二〇二二「和歌山県高野町における棕櫚の民俗　―生育限界地周辺での棕櫚栽培―」『近畿大学民俗学研究所紀要　民俗文化』三四
藤井弘章　二〇二三「高野山麓の榧（カヤノキ）をめぐる民俗」『近畿大学民俗学研究所紀要　民俗文化』三五
藤井弘章　二〇二四「和歌山県北部における雨乞い習俗の歴史民俗学的考察」『国立歴史民俗博物館研究報告　特集　水をめぐる認知と技術と社会の連環からみた日本列島の歴史過程と文化の形成』二四九

民俗芸能の変容とその要因―遠山霜月祭を中心に―

櫻井　弘人

はじめに

今日、地域で伝承する民俗芸能を紹介する場合、とかくその伝統の古さを第一に強調する傾向にある。それが、文献上で確認できる初見をもって語る例や、それ自体でなくても周辺地域における同類の芸能の初見を適用する例はまだしも、その芸能や祭事の起源をもって漠然と古く遡らせて語る例がみられる。しかも、その古い時代からほとんど変わることなく脈々と受け継がれてきたかのように語る例さえも散見する。

たとえば、神楽であれば、記紀にある天岩戸の前で舞う天鈿女命の神話や、あるいは『古語拾遺』の大同二年(八〇七)や『三代実録』の貞観元年(八五九)の記述など文献上の初見をもって、ただ漠然と当地域の神楽も古い伝統をもつなどと言ったり、また御柱祭であれば、諏訪大社のそれが『諏訪大明神画詞』に桓武天皇の御代からとあるのを適用して、当地の御柱祭も平安時代から続くかのように言ったりする。古いことに価値を認めようとする気持ちはわからないではないが、少なくとも学問的には冷静に見定める必要がある。

そしてなにより、民俗芸能は決して平板な歴史をたどってきたわけではなく、時代のなかで刻々と変化を重ねてきた。長い歴史をもつものであれば、幾多の困難を克服して今日に伝わっているはずである。そしてそれは、社会情勢がめまぐるしく変わる近年にあってはなおさらである。少子高齢化や人口減少が深刻化する一方で、災害が多発し、新型コロナウイルスの流行もある。そうしたなかで危機的な状況にある民俗芸能のも少なくない。なかには大幅な改変や省略を重ねたり、さらには継承を断念して中断するところさえも出てきている。

民俗芸能を考えるとき、古さばかりにこだわるのではなく、それが今日までどのような変遷をたどったのか、そして現在どう変わりつつあるのか、さらにその背景には何があるのかを求める必要があろう。とくにさまざまな困難をいかにして乗り越えてきたのかを探ることは、民俗芸能が地域で果たす役割を見直し、今後の伝承を考える上でも役立つはずである。たとえ起源が新しくても、先人たちがどんな状況のなかで何を願ってその民俗芸能をはじめたのかを探ることは、地域にとっての意義を見なおすことにつながると考える。

本章は、そうした意味で、遠山霜月祭がたどった歴史と変化を中心に据えて、民俗芸能研究のあり方について考えてみたい(1)。

一　遠山霜月祭の概要

遠山霜月祭とは、飯田市上村・南信濃の、いわゆる遠山郷に伝承される霜月神楽である。この祭りは、南アルプスと伊那山地の間、中央構造線に沿う深い谷間において、毎年十二月に開催される。旧暦霜月における冬至の前後の、太陽の衰弱と再生になぞらえて命の蘇りを願う霜月神楽の、本来意味をよく伝えている。それに加えて八幡信仰と御霊信仰が色濃い点に大きな特徴をもつ。

昭和五十四年(一九七九)に国の重要無形民俗文化財に指定された際の指定書には、伝承地として計十六か所を挙げているが、当時の実際は上村四か所、南信濃八か所の計十二か所であった。それは平成のはじめまでそのままに続いたが、現在では上村四か所、南信濃四か所の計八か所に減じている。

さて、この祭りについて八〇〇年の歴史をもつなどと紹介されることがある。その根拠は、皇居公家等に仕えた村人が習い覚えてきて建保元年(一二一三)に湯立をはじめたなどという上町の言説や、和田諏訪神社が承久元年(一二一九)に再建された棟札があったという言い伝えにもとづく。ところが、前者の話は史実とは考えがたく、報告者の創作も加わっていて信用はできない。後者もその棟札は現存しておらず、たとえそれが真実でも、遠山霜月祭が本来遠山氏という領主の御霊をまつる八幡神社の祭りであったことからすれば、諏訪神社の祭りに起源を求めることはできない。ただ遠山郷が鎌倉時代に鶴岡八幡宮寺の神領地であったという史実を考慮すれば、当時荘園儀礼として伝わった湯立神楽が源流となる可能性は想定できる。しかし、たとえそうであったとしても、のちに述べるように今日の面形舞が付属するのは江戸時代初期であるから、今日に近い形が整いはじめるのはその時代からとみなければならない。

また、八〇〇年の歴史をもつなどという表現も、この祭りがその始原からほとんど変わらずに伝えられてきたかのような錯覚を生み出している。しかし、遠山霜月祭にかぎらず、祭りは時代とともに大きく変わってきた。遠山霜月祭の場合、幸いなことにこの祭りに使用される二八六面、引退面四面を含めれば二九〇面にもおよぶ面の編年的な分析によって、以下に述べるように変化の過程を詳細に追うことができるのである。

二　面の基本構成

この祭りは以下の大きく四つのタイプ（系統）に分けてとらえられる（カッコ内は中止となった箇所）。

上町タイプ……上町・中郷・程野
下栗タイプ……下栗・（屋敷）
木沢タイプ……木沢・小道木・（中立／八日市場・小道木・須沢・上島）
和田タイプ……八重河内・和田・（十原・夜川瀬・梶谷・此田）

霜月祭をおこなう神社は、遠山氏御霊を合祀する八幡神社と、そうでない神社とに分けられる。前者を《遠山氏御霊系八幡神社》とし、後者を《非遠山氏御霊系神社》とする。さらに前者は、遠山氏御霊が八面を一組とするかそうでないかによって、《遠山氏御霊（八社神）系八幡神社》と《遠山氏御霊（両大神）系八幡神社》に分けられる。後者の方が古く、遅れて前者が成立したと考えられる。

遠山氏御霊とは江戸時代初期まで遠山谷を支配していた遠山氏のことで、元和四年（一六一八）に改易、すなわちお家取り潰しになって滅びた。それは相続争いを直接的な原因としたが、地元では元和年間（一六一五〜二四）に百姓一揆が起きて滅びたと語り伝えている。そして、のちにその祟りによって疫病が流行ったので、遠山氏の霊をまつる祭りとして霜月祭をはじめた、あるいは霜月祭にまつり込んだとする。一方、北隣に位置す

表　遠山霜月祭を行う神社

○：遠山氏御霊（両大神）系八幡神社
◎：遠山氏御霊（八社神）系八幡神社
△：非遠山氏御霊系神社

系統タイプ	神社名	集落	祭日［もとの祭日］	釜の数	面の数
上町	正八幡宮　◎	飯田市上村上町	12月11日	2□	17面
	正八幡宮　◎	飯田市上村中郷	12月第1土曜日［12月12日］	2□	16面
	正八幡宮　○→◎	飯田市上村程野	12月14日	2□	15面
下栗	拾五社大明神○→◎	飯田市上村下栗	12月13日［12月12日→1月4日］	2□	39面
木沢	正一位稲荷神社　△	飯田市南信濃中立	12月1日［12月8日］〈隔年交代〉＊中絶	2□	25面
	日月神社　△	飯田市南信濃八日市場			
	熊野神社　△	飯田市南信濃小道木・川合	12月第1土曜日［12月14日］	2□	37面
	八幡神社　○→◎	飯田市南信濃木沢	12月第2土曜日［12月10日］	3□	32面
	［白山神社］　△	飯田市南信濃上島	12月第1土曜日［12月12日］＊中絶	2□	35面
	［宇佐八幡神社］　△	飯田市南信濃須沢	12月16日　＊中絶	2□	29面
和田	諏訪神社　△	飯田市南信濃和田	12月13日	1□	41面
	八幡神社　○	飯田市南信濃八重河内	12月15日	1□	
	［遠山天満宮］　△	飯田市南信濃大町	12月23日［12月17日］＊中絶	1□	

る大鹿村の谷では、遠山氏を当地で殺害したのを天正年間（一五七二～九二）とする。おそらくは天正年間に遠山氏を殺害したなんらかの事件があり、のちの改易後の混乱、とくに遠山氏に代わって遠山を支配した千村氏に対して元和八年（一六二二）に目安を提出し罷免に追い込んだ事件の記憶などと相まって、百姓一揆伝承が生まれたと考えられる。

さて、各タイプの基本構成は図1のようになる。以下、概略を述べる。

(1) 上町タイプ

上町タイプとなる上町・中郷・程野の神社は、いずれも正八幡宮を名乗る《遠山氏御霊（八社神）系八幡神社》である。その面形舞は［神太夫夫婦―遠山八社神（八面）―四面《ヨオモテ》（水の王＝火の王、土の王＝木の王）＝宮天伯（上町は富士天伯）］の十五面を基本構成とする。

写真１　八社の神（中郷）

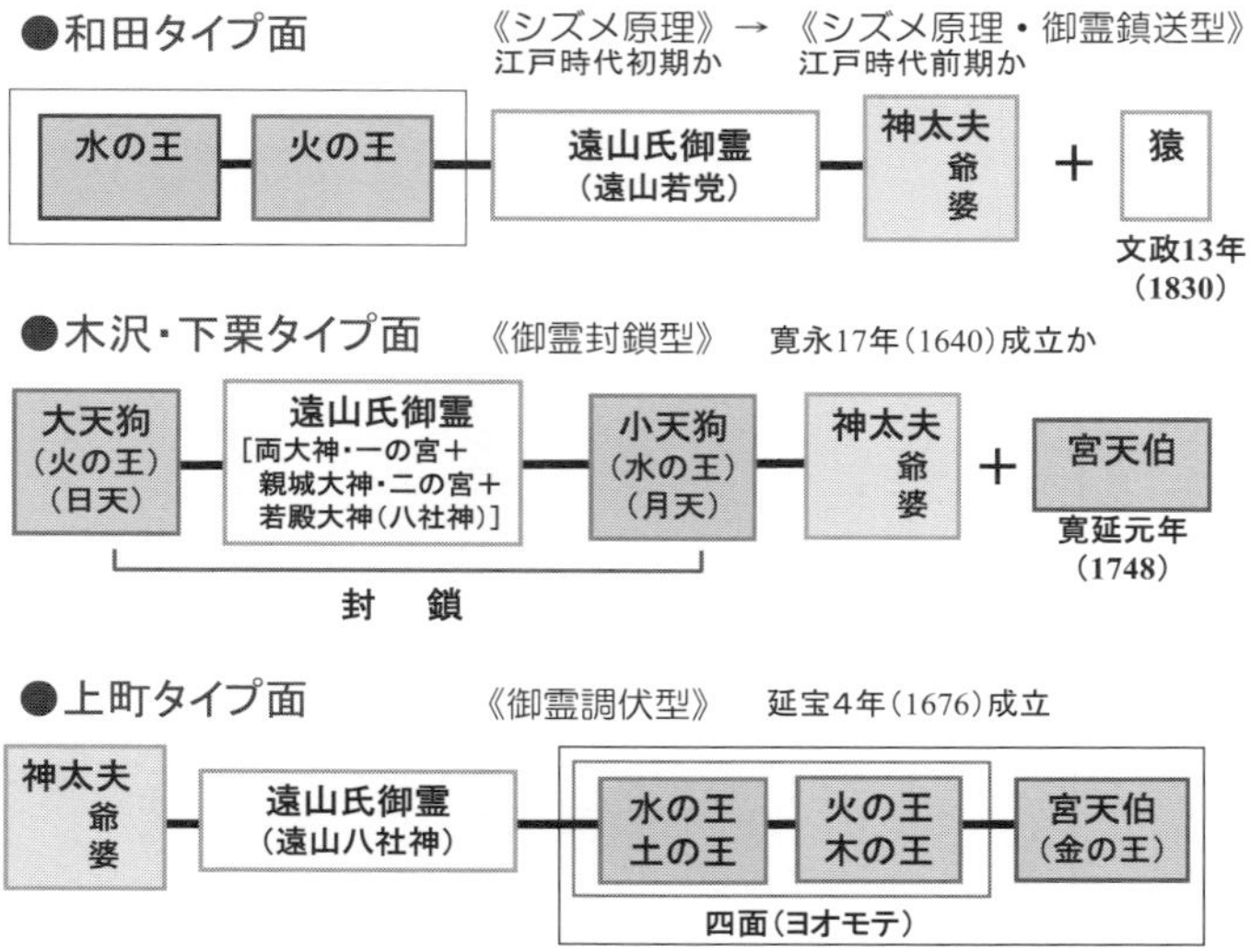

図１　面にみる祭りの性格と変化

遠山八社神は源王大神・政王大神・先祀八幡・後祀八幡・住吉明神・日吉明神・一の宮・淀の明神からなる男神七柱と女神一柱、すなわち遠山氏の大殿・殿と奥方と一族とされる。筆者は十五面の構成について〔御霊調伏型〕と名づけた。その理由は、四面《ヨオモテ》と宮天伯（金の王）からなる五面が、この祭りでさかんに印呪として用いられる五大尊（五大明王）に相当し、その威力をもって遠山八社神すなわち遠山氏の御霊を鎮める意図をもつと考えるからである。

その型が上町の正八幡宮において整ったのは、十五面が創刻された延宝四年（一六七六）であった。それを、中郷の正八幡宮では宝暦九年（一七五九）、程野の正八幡宮では安永十年（一七八一）に踏襲した。ただし、程野ではその年に飯田の仏師が整えた十五面のなかに遠山氏御霊の修復面が三面が含まれることから、それ以前に《遠山氏御霊（両大神）系八幡神社》の面形舞が存在したことが判明する。上町や中郷も同様な可能性をもつ。

(2) 木沢タイプ

木沢タイプとした神社のなかで、唯一の《遠山氏御霊系八幡神社》が木沢の八幡神社である。その他は、小道木が熊野神社、須沢が宇佐八幡神社、中立が正一位稲荷神社、八日市場が日月神社となり、これらはすなわち《非遠山氏御霊系神社》となる。そして、木沢八幡神社の祭りがのちに他へと広まっていった。

木沢八幡神社の霜月祭面は三十二面がある。これらは最初からその数が揃っていたのでなく、順次増えていったものである。その変化の過程を追うと、遠山霜月祭における面形舞の誕生とその後の変化がよくわかる。

三十二面のうち、年代が判明する最古の面は、江戸時代初期・元和二年（一六一六）の遠山氏御霊面三面（両大

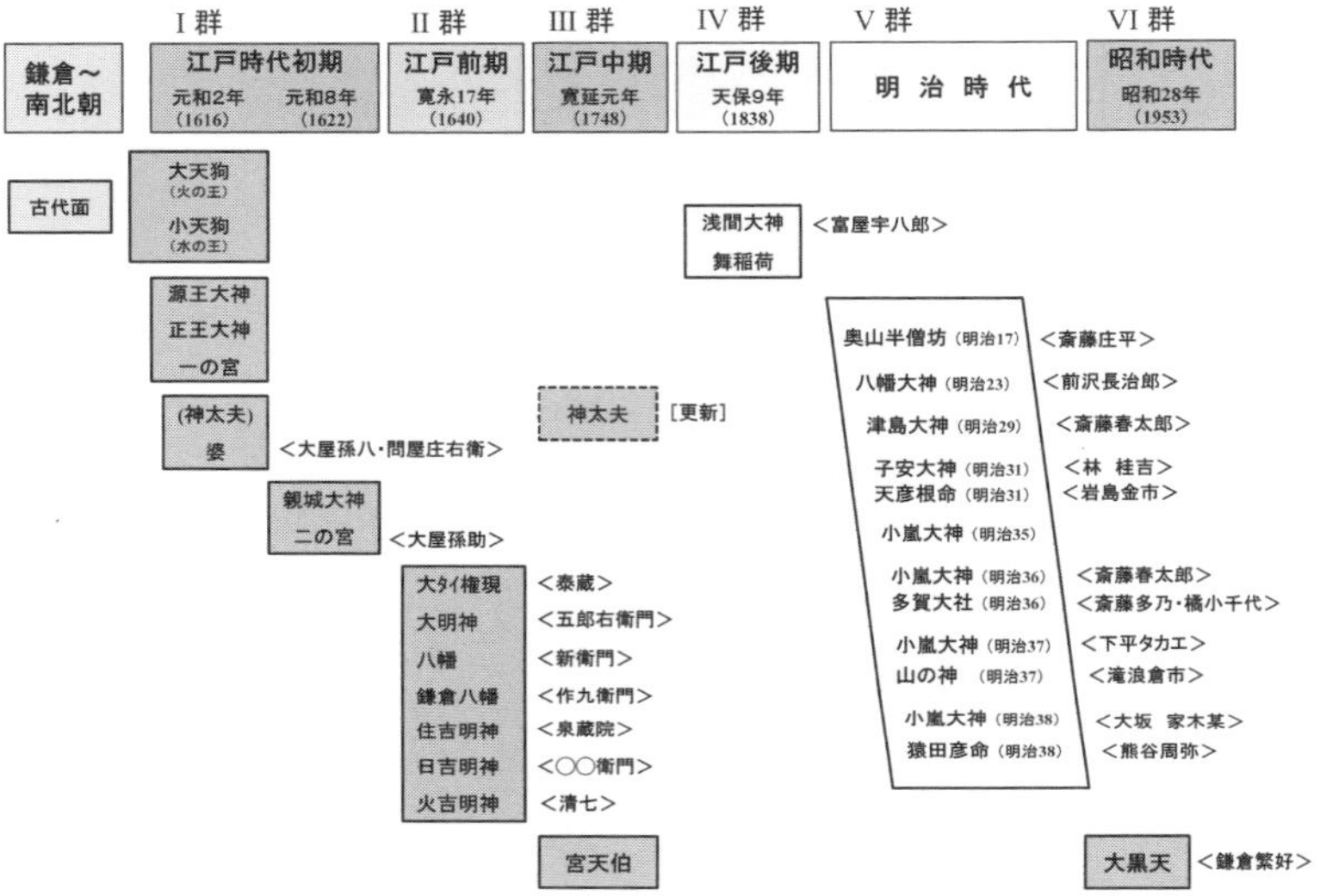

図2　木沢・八幡神社の面　奉納歴

神・一の宮）である。それに大天狗（火の王）・小天狗（水の王）と神太夫夫婦も組み合わさっていたとみられ、さらに元和八年（一六二二）には遠山氏御霊二面が加わって計九面となる。この段階での基本構成は、〔大天狗（水の王）＝小天狗（火の王）―遠山氏御霊面―神太夫夫婦〕であったと推測できる。水の王と火の王が対となり、のちに述べる和田タイプと共通した〔シズメ原理型〕である。

江戸時代前期の寛永十七年（一六四〇）になると、遠山氏御霊である若殿大神八面（遺存は七面）が追加された。おそらくそれは平安時代に京都で成立した八所御霊に倣い、御霊は八柱から成るという考えにもとづくのであろう。そしてそれら御霊を鎮めるために、大天狗（火の王）・小天狗（水の王）が遠山氏御霊を挟み込む、今日の基本構成〔大天狗―遠山氏御霊―小天狗―神太夫夫婦〕に組み替えられたと推測できる。先の〔シズメ原理型〕から〔御霊封鎖型〕への改変である。遠山氏御霊に焦点をおけば、《遠山氏御霊（両大神）系八幡神社》から《遠山氏御霊（八社神）系八幡神社》へと変化したとみられる。

それから一〇〇年余後の江戸時代中期・寛延元年(一七四八)になって、木剣を持って舞う宮天伯が加えられた。それは従来の祭りでは鎮まらない遠山氏の御霊の祟りを、不動明王の威力をもって鎮めようという意図からであろう。これにより［大天狗―遠山氏御霊―小天狗―神太夫夫婦＋宮天伯］となった。

(3) 下栗タイプ

下栗・拾五社大明神は、江戸時代の文書には「霜栗八社御神様」とあり、拾五社大明神・両大神・八社・一の宮・二の宮の五祠をまつることから、《遠山氏御霊(八社神)系八幡神社》といえる。面の基本構成は［日天(火の王)―遠山八社神(八面)―月天(水の王)―神太夫夫婦］の十二面からなり、木沢でいう大天狗を日天、小天狗を月天と呼び変えているものの、基本構成は木沢のそれを受け継いでいる。ただ異なるのは、木沢の遠山氏御霊面が順次面数を増やしたため雑然としていたのに対して、上町に倣ったらしく、整然とした構成となる点である。一方、宮天伯が加わるのは遅くて明治二十三年(一八九〇)まで下る。したがって下栗の基本構成面は、延宝四年(一六七六)から寛延元年(一七四八)までの間、おそらくは日天の面裏に「天……」の文字があったというから、天和年間(一六八一～八四)に成立したと推測できる。[2]

(4) 和田タイプ

このタイプの特徴は、八重河内八幡社に保管する四十一面を納めた面箱を、和田諏訪神社ほかの神社でも持ち運んで祭りをおこなう点にある。八重河内面の当初の基本構成は、水の王と火の王が対をなす［水の王＝火の王―遠山御霊面（二面＋四面）―神太夫夫婦］となる。その成立年代は不明であるが、若宮と称される祠に遠山氏の神像二柱をまつり、それに相当する二面をもつ点からみて《遠山氏御霊（両大神）系八幡神社》であり、木沢と同じく江戸時代初期に成立したと推察できる。

基本構成中の［水の王＝火の王］は陰と陽の組み合わせとなり、まず水の王が登場して湯を鎮めて湯を跳ねとばし、次いで火の王が登場して湯を起こす。その形は隣村の天龍村に伝承される坂部の冬祭の二面とも共通することから、シズメ面の基本的な形であったと考えられる。そこでこれを［シズメ原理型］とよぶことにした。

のちに文政十三年（一八三〇）になって猿面が加わり、［水の王＝火の王―遠山御霊面―神太夫夫婦＋猿］となる。

三　遠山氏の御霊を鎮める祭り（江戸時代初期～中期）

以上、《遠山氏御霊系八幡神社》における面の基本構成の成り立ちを概観した。変化の過程を年代順に並べてみる。

元和二年（一六一六）　木沢の遠山氏御霊面三面　《シズメ原理型》か。

元和八年（一六二二）　木沢の遠山氏御霊面二面の追加。

寛永十七年（一六四〇）木沢の遠山氏御霊面八面の追加。《シズメ原理型》から《御霊封鎖型》へか。
延宝四年（一六七六）　上町で十五面成立。《御霊調伏型》
天和年間（一六八一〜八四）　下栗が木沢の《御霊封鎖型》を踏襲。
寛延元年（一七四八）　木沢に宮天伯が加わる。
宝暦九年（一七五九）　中郷が上町の《御霊調伏型》を踏襲。
安永十年（一七八一）　程野が上町の《御霊調伏型》を踏襲。

こうした変化の背後に何があったのか。本章ではくわしく述べる余裕がないが、ごく簡単に概略をなぞれば以下のようになる。

元和二年（一六一六）には領主遠山景直が没し、また大坂の陣への出兵や幕府から駿府城普請の材木供出を命じられて遠山の人びとは重い負担に苦しんだ。つづく元和八年（一六二二）には、元和三年（一六一七）に景直の跡を嗣いだ景重が没し、その後に領民をも交えた熾烈な相続争いが起こり、それを理由に元和四年（一六一八）に遠山氏は改易となる。その後の遠山は千村平右衛門良重の預り所となったが、翌年にはその手代中山左衛門が未納年貢上納を迫って肝煎と長百姓を人質にとるなどしたために遠山人の不平反感が高まり、元和八年（一六二二）には目安を提出して弾劾する事件が起きた。これにより千村氏は翌年に罷免される。また元和五年（一六一九）には「元和の飢饉」も起きた。こうした社会不安のなかで、《遠山氏御霊（両大神）系八幡神社》の遠山氏御霊面が誕生したことになる。

寛永十七年（一六四〇）は、それに先だつ寛永三年（一六二六）には大干魃、四年には大洪水と大地震が起こり、八面奉納直後の十八年（一六四一）には日照りと風雨による大凶作、十九年も大凶作となって多数の餓死者

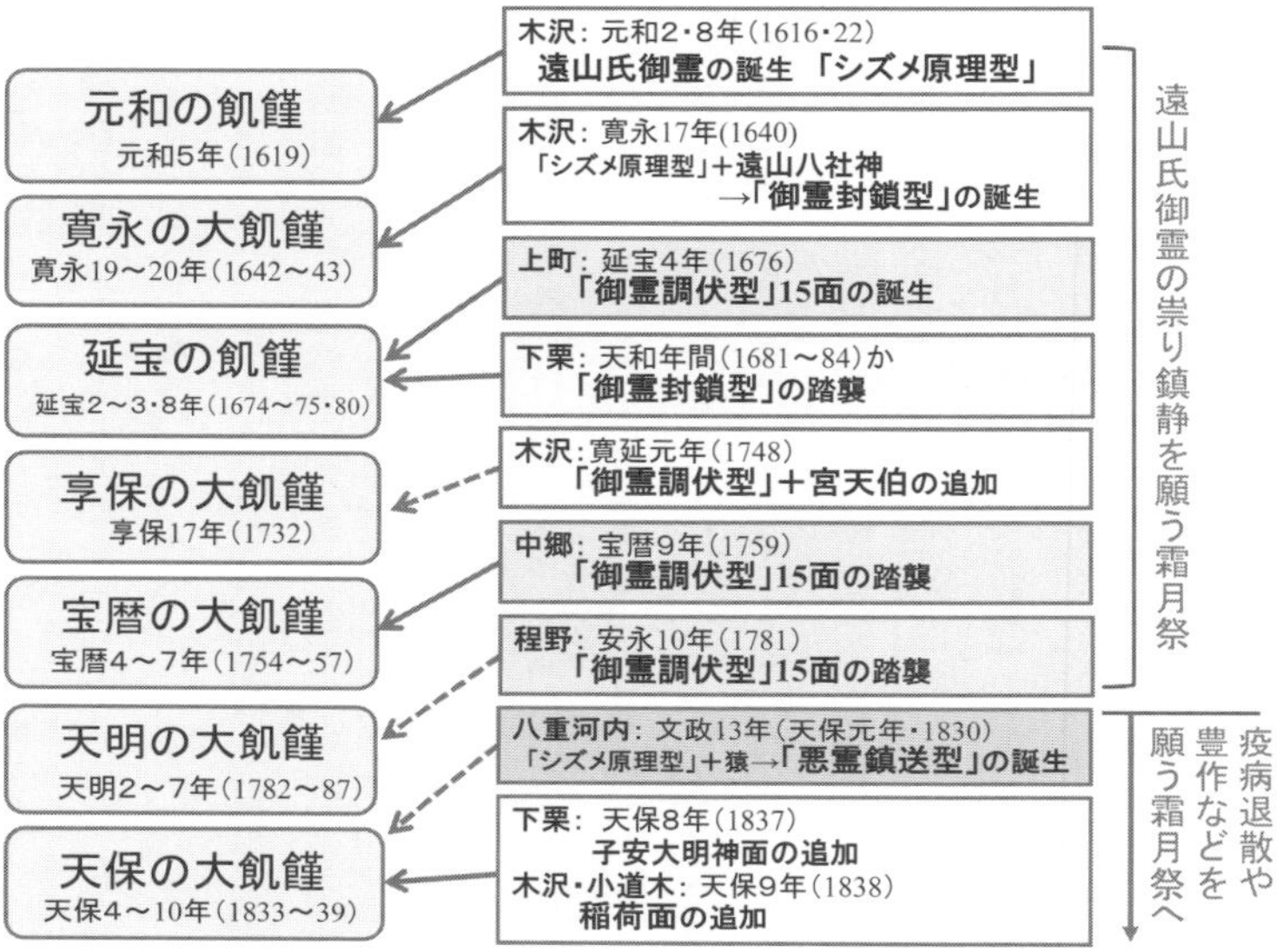

図3　飢饉と遠山霜月祭

写真2　水の王による湯切り（中郷）

が出た。これが「近世前期における大飢饉」の一つといわれる「寛永の大飢饉」である。延宝四年(一六七六)は、延宝二～三・八年に起きた「延宝の飢饉」の最中であり、天和年間はその直後にあたる。

寛延元年(一七四八)は、享保三年(一七一八)に遠山大地震が起き、享保十七年(一七三二)に「享保の大飢饉」が起きるなど、天災や凶作がつづいたしばらく後である。宝暦九年(一七五九)は、宝暦四～七年にかけて起きた「宝暦の大飢饉」の直後であり、安永十年(一七八一)は、天明二年(一七八二)～七年にかけて起きた「天明の大飢饉」の直前であった。こうした飢饉による被害は当地方でも深刻だった。

このようにみてくると、江戸時代初期から中期にかけて、遠山霜月祭が三つのタイプに分かれたり(下栗が木沢タイプから分かれたのは明治時代)、それが他の八幡神社に広がったり、新しい面と面形舞を加えたりした。それればかりか湯立や舞の構成なども面に対応して組み替えている。こうした祭りを再構成した背景には、飢饉や疫病流行、天災、社会的な不安の高まりが認められる。それら危機的な状況を遠山氏御霊の祟りと考え、それを鎮静するために、より強力な威力をもつ祭りを編み出していったのである。とくに飢饉との関係に注目すると、図3のように示すことができる。

以上の一連の変化は、とくに水の王・火の王というシズメ面の変化に現れる。基本となるのは和田タイプにみられる〔シズメ原理型〕で、それから寛永十七年(一六四〇)に木沢タイプの〔御霊封鎖型〕、延宝四年(一六七六)に上町タイプの〔御霊調伏型〕が生まれたと考えられる。いずれも《遠山氏御霊系八幡神社》での出来事だった。そして、遠山霜月祭の水の王などシズメ面が煮えたぎる湯に素手を入れて跳ねかけるのも、御霊を鎮めるがゆえの、強力な呪力を見せつけるための所作なのだろう。

四　霜月祭の変化と広がり（江戸時代後期以降）

江戸時代後期になると、八重河内八幡社を核とする和田タイプと、木沢八幡神社を核とする木沢・下栗タイプに、新たな面が追加される。

文政十三年（一八三〇）　八重河内に猿面が加わる。
天保九年（一八三八）　木沢に舞稲荷と浅間大神の二面が加わる。
天保十二年（一八四一）　下栗に龍頭が加わる（ちんちゃこ面と対をなす）。

文政十三年（天保元年・一八三〇）は、天保四年（一八三三）から十年にかけた「天保の大飢饉」の直前であり、すでにその頃に疫病が流行っていたことが周辺地域の古文書に記された事例からわかる。そして天保九年はまさに飢饉の真っ最中であり、それに先だつ天保七年（一八三六）には遠山で農民騒動が起きている。八重河内の猿面は、面形舞の最後に登場して七五三に舞う。この数は結界を意味し、そして猿はその赤い顔と尻から疱瘡除けの呪力を備えると考えられた。木沢の舞稲荷は、その黄金色と粟の穂をおもわせる姿から穀物を授ける神使とされ、浅間大神は子安神とも考えられた。下栗の龍頭も降雨を招く雨乞いの祈願の面であろう。したがってこの頃になると、《遠山氏御霊系八幡神社》においても先に述べた御霊鎮めという考えは薄らぎ、代わって疫病除け・五穀豊穣・子孫繁栄という願いが祭りに強く託されるようになったとみられる。

	遠山氏御霊系八幡神社	非遠山氏御霊系神社
江戸時代前期	木沢・八幡神社（元和2年1616～寛永17年1640）★ 八重河内・八幡社（江戸時代前半期）★ (上町・正八幡宮)（元和8年 1622）(★)	
江戸時代中～後期	上町・正八幡宮（延宝4年 1676）★ 下栗・拾五社大明神（天和年間1681～84か）★ 中郷・正八幡宮（宝暦9年 1759）★ 八日市場・鎌倉八幡社か（安永3年1774）★ 程野・正八幡宮（安永10年 1781）★ ＊ただし以前に3面あり	和田・諏訪神社（明和3年 1766）● 小道木・熊野神社（江戸時代中期 ● 独立は安政3年(1856)頃か ★ 大町・天満宮（天保10年 1839）● 此田・大野田神社（天保年間か）●
江戸時代末期		梶谷・三條神社 （弘化4年 1847～安政2年 1855）● 小道木・熊野神社（安政3年 1856か）★ 十原・城白山神社（文久2年 1862）● 中立・正一位稲荷神社（文久3年 1863か）● 須沢・宇佐八幡三社（文久3年 1863）★
明治時代		上島・白山神社（明治14年 1881）★ 夜川瀬・愛宕神社（明治28年 1895）● 屋敷・津島牛頭天王社（明治31年 1898）★

図４　遠山霜月祭の広がり―遠山霜月祭面の出現と祭りの開始時期―

（★基本面の一括作成、●祭神面のみ）

さらに、この時期になって、霜月祭は《遠山氏御霊系八幡神社》以外の神社へも広がっていく。八重河内八幡社の四十一面をみると、明和三年（一七六六）に和田諏訪神社の祭神一面が加わったのを皮切りにして、江戸時代末期には和田タイプとなる神社において相次いで祭神面のみが奉納される。具体的には、大町天満宮は天保十年（一八三九）、此田大野田神社も同じ頃、梶谷三條神社は弘化四年（一八四七）、十原白山神社は文久二年（一八六二）である。おそらく八重河内八幡社の霜月祭に自社の面を参加させたり、八幡社の面を迎えて自社で霜月祭をはじめたりしたと推測できる。

木沢タイプの小道木熊野神社でも、八重河内の祭神面追加と同じ頃にまず祭神三面のみを揃え、のちの安政三年（一八五六）になって木沢の基本構成面に倣った面群を整えた。須沢でも、文久三年（一八六三）に一括して面群を揃えている。

つまり、《非遠山氏御霊系神社》でも、江戸時代後期以降になってまず自社の面を作り、それを最初は《遠山氏御霊系八幡神社》の祭りに参加させ、のちに自社に一括した面群を揃えて自社で祭りをはじめるようになった。地域内の拠点的集落の祭りからの独立である。

一方、和田タイプでは、のちに自社の祭神面を加えた八重河内の面群を、自社に迎えて祭りをするようになった。

そうした動きは明治時代になってもつづき、和田タイプの夜川瀬は明治二十八年（一八九五）に祭神面を奉納し、木沢タイプの上島では明治十四年（一八八一）、屋敷では明治三十一年（一八九八）に一群の面を揃えている。

五　高神や村内の神に加護を求める祭りへ（江戸時代末期以降）

江戸時代末期から明治時代になると、遠山氏御霊面に変わる行道面として、村内にまつる神々あるいは他地にある高名な神々の面が続々と奉納されるようになる。弘化年間（一八四四～四八）以降の江戸時代末期～明治時代初期にかけて奉納された面は約五十面を数える。その時代背景をみると、安永の大地震（一八五五）や明治二年（一八六九）の大凶作、そして激動の明治維新があった。

また明治時代の十年以降に奉納された面は約一二〇面にものぼる。たとえば木沢八幡神社の場合、明治十七年（一八八四）から三十八年（一九〇五）にかけて十二面が追加される。その内訳は、奥山半僧坊（十七年）・八幡大神（二十三年）・津島大神（二十九年）・子安大神（三十一年）・天彦根神（三十一年）・小嵐大神（三十五・三十六・三十七・三十八年）・多賀大社（三十六年）・山の神（三十七年）・猿田彦命（三十八年）である。その背景には、明治二十七年（一八九四）に天然痘、明治二十八年（一八九五）から三十一年（一八九八）にかけては赤痢が大流行し、とくに二十八年（一八九五）には患者四四三名・死者一一〇名、三十年（一八九七）には患者三二九名・死者七十六名、三十一年（一八九八）には患者四五三名・死者一〇三名が出たという悲惨な状況があった。

木沢集落の入口にあたる尾根の道脇には、庚申の文字碑が密集して建つ。これは百体庚申とよばれ、木沢の住民たちが疫病神の侵入を防ぐために立てたと伝わる。その一つには明治二十九年（一八九六）と刻まれているから、津島大神面の奉納時期と一致する。また、奥山半僧坊面は、明治十年（一八七七）に木沢集落が大火に遭ったために火伏せの神として奉納したものである。

そのほかにも、明治二十七年（一八九四）には日清戦争、明治三十七年（一九〇四）には日露戦争があった。さらに、明治二十八年（一八九五）に共有山の地上権を獲得した王子製紙による大規模な伐採が翌年からはじまり、三十年（一八九七）には大水害も起きて反対運動が起きている。先の疫病も県外から入った山林労働者によって持ち込まれたものだったのだろう。そうした激動のなかで、村人が産土神をはじめ集落内にまつる神々や高神に立願をし、その加護を求めて面を奉納したのである。

このように木沢・和田・下栗タイプが多くの面を追加したのに対して、上町タイプでは、程野が基本構成の十五面そのままに今日に到り、中郷は一面、上町は二面を追加しただけである。中郷の一面にしても、鎌倉某という者が奉納しようとしたところ村人に反対されたために、機転を利かせた禰宜が面を宙に放り上げて受け止め、天から授かった面だといって奉納が許されたという話が伝わっている。これも十五面の形を堅持しようとする規制が働いたことを物語る。陰鬱な表情をした遠山氏御霊がしずしずと竈の周りをまわる面形舞には、それを慰撫し鎮めようとするという性格が色濃くあらわれている。

一方、面を増やした他のタイプでは、祭りの性格が大きく変化していった。今日、面が登場すると「よく舞

写真3　四面（ヨオモテ）（小道木）

うよ、よく舞うよ、どこかの爺さはよく舞うよ」など面の着手をにぎやかに囃したり、ときに触れあったりするところにも、怖れるだけの面から親しみを寄せる存在へと変わったことを物語る。ただし、明治十四年(一八八一)頃に霜月祭を開始した上島では、例外的に明治三十年代になって遠山氏御霊面を加えており、一時的に祟り伝承が思い起こされたのだろう。それも先の述べた時代背景があってのことである。

木沢タイプでは、明治時代になると四面(ヨオモテ)が誕生する。同じ名称の一組は上町タイプにもあり、竈の周囲を荒く跳びまわる点は似ている。だが、それが宮天伯(富士天伯)こと金の王と最初からセットをなし、湯切りをする水の王と火と湯を起こす火の王すなわち「水の王＝火の王」と、そのモドキの「土の王＝木の王」からなるのとは大きく異なる。木沢の面は奥山半僧坊(十七年)・津島大神(二十三年)・天津根命(三十一年)・山の神(三十七年)からなり、奉納年の異なる面の組み合わせである。伝承でも、最初に作った奥山半僧坊面を小作人に被らせたところ荒く舞って困ったものだとされたが、しだいに一面増え二面増えて四面になったという。しかも、これらを着けるのは祭りの準備の際によく働いた若者、戦時中には甲種合格の若者であり、彼等に火伏せなどの呪力は要求されない。したがって、木沢・下栗タイプの四面(ヨオモテ)は、明治三十七年(一九〇四)頃に木沢で成立し、他へも広がったとみてよいだろう。また両タイプの宮天伯も、木沢以外は寛延元年(一七四八)に大きく遅れる明治時代になって加えられている。

大正時代になると、面の奉納はごく一部をのぞいて終焉を迎える。木沢八幡神社で最も新しい面は昭和二十八年(一九五三)の大黒天面で、商店主が商売の繁盛を願って奉納したものである。

六　立願の変化

遠山霜月祭の大きな特徴に、立願がある。これは神に祈願し、それが叶ったならば必ず報謝をするという習俗で、霜月祭がその重要な機会となる。先の面の奉納もその一つであるが、立願のうち最も大きな大願を、上町タイプでは「宮神楽」、木沢タイプでは「一幡」、和田タイプでは「釜換え」とよぶ。命の危ない者が願を掛けて叶った際に、一夜を徹した例年の霜月祭を終えた後で、もう一度同じ祭りを願主の負担でくり返す。「身上を潰してしまうからやたら掛けるものではない」などともいわれたようにその負担は重く、掛ける際には禰宜に名主や組頭の立ち会いのもとで「立願帳」とよばれる証文を記した。また、それより規模の小さな中願は「七石(しちこく)」「十二立」「金湯」などとよばれ、願ばたきの湯立と舞を例年祭に挿入した。最も簡便な小願は「御神楽」「かな湯」とよばれ、禰宜が釜の湯を汲んで願主宅へ行って祓ったり、願主が持ち帰って家を祓ったりした。

それらとは別に、「神子(かみこ)」という立願があった。これは病弱な子どもや命の危ない大人が願を掛け、無事に成長したり回復した際に湯釜の湯を浴びて神子(神の子)となるもので、神子になると生涯にわたる神への奉仕が義務づけられた。戦争中には出征する若者が大願に代わるものとしてさかんに掛けた。中立では

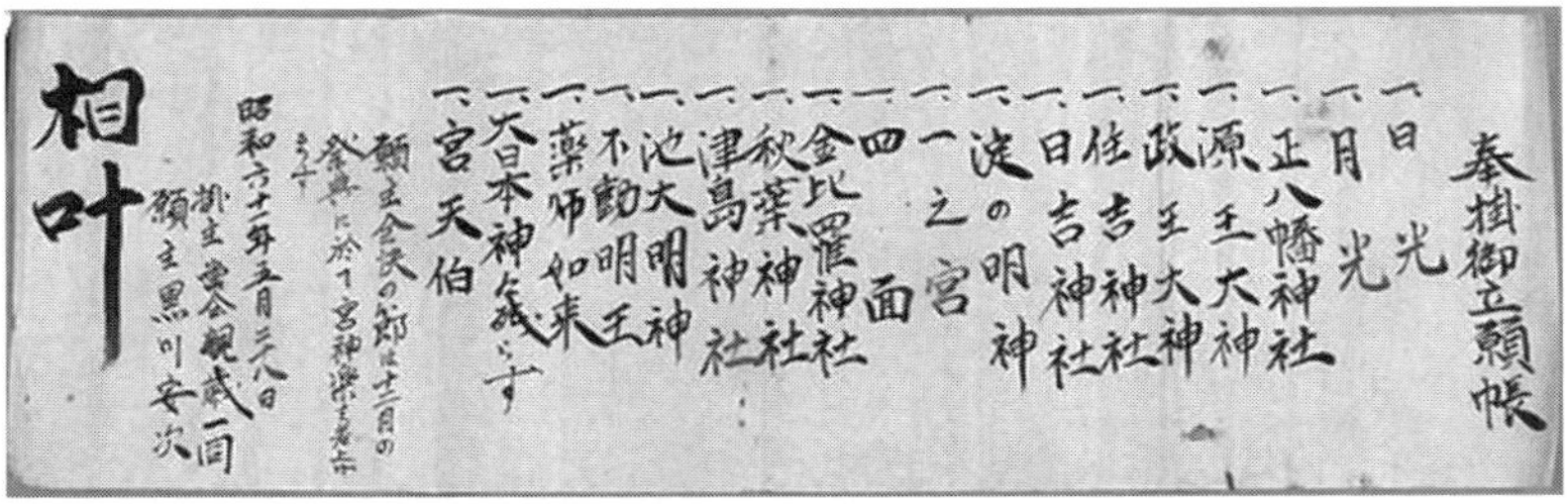

奉掛御立願帳
一日光
一月光
一正八幡神社
一源王大神
一政王大神
一住吉神社
一日吉神社
一滝の明神
一一之宮
一四面
一金比羅神社
一秋葉神社
一津島神社
一池大明神
一不動明王
一薬師如来
一大日本神々様
一宮天伯
昭和六十年五月二十八日
願主　黒川安次
相叶

写真４　「宮神楽」の神名帳四面（中郷）

その数が多すぎて、しまいにはあまり掛けなくなったという話もある。また神子となって戦地へおもむき、帰還後にその願を解くという、本来とは逆転した解釈がおこなわれるようになったのも、そうしたなかでの変化ではなかったかとおもわれる。一方では、大願を多くの村人が掛けられるようにと負担の軽減が図られた。もう一晩おこなうはずの大願ばたきを、重要な湯立や舞のみをくり返したりして一晩のうちに済ませるように変革したのだった。

終戦直後は、戦時中にかけた出征兵士の立願を願果たしするために、その願を解く儀式がさかんにおこなわれた。ところが、そののち立願は急激に減少した。「戦時中はなんでもかんでも神様だったが、戦争に負けてしまったので、神様は楽しむもんだと考えるようになった」と伝承者の一人が語ったように、敗戦を機会にそれまでの神頼みから一転して神々の存在を否定し、楽しむ祭りへと価値観が変化し、信仰心が薄らいでいったことを物語る。

現在、上町タイプでは、式礼の二人でやるべき湯立を、願ばたきの二人を加えて四人でおこなっている。これは大願ばたきの申し込みがなくても、村人のすべての願をはたいて漏れがないようにするためであり、若い担い手を育てるためでもある。また、ごくまれに命が危なかった者の回復を願う大願があると、最初から注連縄を二倍にし、二人でやる湯立を四人でおこなうなどの簡便な方法で済ませている。

七　祭りの簡略化や廃絶

戦時中および終戦直後に中断した霜月祭に、和田タイプの此田（昭和十七年頃）・大町（十八年頃）・梶谷（二十二年頃）・十原（二十八年頃）・夜川瀬（三十二年）がある。戦時中は担い手となる若者の不足を理由とし、終戦後は急激な社会変化に伴ってであった。

その後、昭和三十年代後半からはじまる高度経済成長期に入ると、産業構造が変わり、遠山の人々の暮らしぶりも一転する。そして、急激に人口減少が進み、過疎化が進展する。そうしたなかで、各家での年中行事や神社の年間の祭事もしだいに消えていった。

上村では、村の働きかけによる生活改善の一環で、昭和三十一年（一九五六）に十二月から一月へと祭日の変更が図られた。結局、下栗だけが一月のまま継続し、平成十年（一九九八）にようやく十二月に戻された。南信濃でも上島が一月となり、平成七年（一九九五）には十二月第一土曜日に変更した。以後、村人の出やすい土日曜日へと変更が進んでゆく。

昭和六十三年（一九八八）には小道木がそれまでの十二月八日から十二月第一日曜日へと変えて宵祭りも廃止し、平成二十一年（二〇〇九）に上島が中止になると、代わって第一土曜日になった。平成十六年（二〇〇四）には中立と八日市場で共同しておこなう祭りが十二月八日から十二月一日へと変更された。さらに祭りも午後十二時前には終了するようになり、内容や数々のしきたりも簡略化された。

祭日変更の理由は、少子高齢化と人口減少によって担い手が少なくなるなか、参加者を確保するためである。しかし、平成十七年（二〇〇五）に遠山の上村と南信濃村が飯田市に吸収合併されると、それを契機に人口流出が加速した。合併時に両村あわせて二八七二人であった人口は、十五年後の令和二年（二〇二〇）には一六五八人に減じてしまった。

こうした厳しい状況のなか、人口減少が将来もつづくことを見越して、各耕地ごとに継承するために負担軽減の措置が講じられた。平成十七年（二〇〇五）には、中郷が十二月十三日だった祭日を十二月第一土曜日に変更し、平成二十一年（二〇〇九）には、木沢も十二月十日から第二土曜日として午後十二時を終了目処としたなどである。それにもかかわらず、平成十年（一九九八）に須沢、平成二十一年（二〇〇九）に上島と大町、令和元年（一九八九）に中立／八日市場の霜月祭が次々と中止となっていった。

たとえば、中立／八日市場の場合、以前は両耕地にある二社で隔年交互に十二月八日に大祭り（霜月祭）を開催し、片方の神社でも十二月一日に小祭り「朔日祭り」をおこない、祭り前夜の宵祭りの晩には禰宜や湯木係・神名帳奉読者、そして接待役の「精舎のかしき」が神社に籠もり、大祭りが終了するまで精舎という小部屋で別火精進した。さらに、春には戸開けの祭り、夏には祇園祭り、秋には戸立ての祭りがあり、前夜から祢宜が神社に籠もり、祭りではお神楽を上げて舞を舞うなど、随所に古いしきたりを厳しく残していた。ところが、平成十六年（二〇〇四）に「大改革」と称して、十二月一日の小祭りを廃止してその日に大祭りをおこない、開催時間も午後からはじめて夜中の十二時までに終了とした。前夜のお籠もりも廃止し、精舎のしきたりも簡略化して負担を軽くした。にもかかわらず、令和元年には大祭りが中止となった。現在では禰宜も不在となり、それ以外の年間の小祭りもただ集まって掃除などをして拝むだけとなった。

木沢でも、祭日変更をめぐって平成のはじめ頃から地元の木沢常会で毎年のように論議され、多数決をとると一、二票差でかろうじて変更に到らなかった経過があったが、ついに平成二十一年（二〇〇九）に十二月第二土曜日への変更が決まったのだった。

さらに、令和二年(二〇二〇)からの新型コロナウイルス流行が追い打ちをかけた。三密を避けることが求められて、どこでも祭りの中止や簡略化が図られたが、遠山霜月祭も大きな影響を受けた。例年どおりに開催したのは一社だけで、大幅な簡略化や中止となった。そんななか、とくに木沢は令和二・三年(二〇二〇・二一)の二年つづきで神事だけで済ませている。それだけ地元の体力が衰えてしまい、祭りとそのための準備や賄いを維持できなくなっていたのだった。

八　霜月祭継承の動き

遠山霜月祭は昭和三十年(一九五五)に長野県の無形民俗文化財に選択され、昭和四十五年(一九七〇)には長野県の無形文化財に指定された。さらに昭和四十八年(一九七三)に「遠山霜月祭の芸能」として国の記録作成等の措置を講ずべき無形の民俗文化財に選定され、昭和五十四年(一九七九)に「遠山の霜月祭」として国の重要無形民俗文化財となった。これにより、貴重な文化財として注目されるようになった。昭和三十年(一九五五)には上町がはじめて当地の神社を出て松本での外地公演をおこない、昭和四十二年(一九六七)には地元の小学生に霜月祭の舞を教える伝統文化継承の試みがはじまった。そうした動きは、そののち他地区へも広がっていく。昭和五十三年(一九七八)には、昭和二十七年(一九五二)以来中断していた大町の祭りも復活した。

近年になると、祭りの記録化が進み、また若者たちの間に伝承を継ごうという動きが起きてきた。平成二十五年(二〇一三)には木沢と小道木の祭りを継承する「木沢霜月祭り野郎会」が発足した。発足十周年を迎えた現在、南信濃をはじめ飯田下伊那に在住する若者―高校生から四十歳代まで、女性も含めた総勢四十名余によって組織され、木沢と小道木の祭りを支えている。それ以外の他の地区の祭りでも若者の参加が目立つようになった。

若者の関心が高まった背景には、昭和四十二年(一九六七)頃からはじまった小・中学生に対する伝承教育がある。南信濃では和田・八重河内の両神社で「子どもの舞」を披露し、上村では中学校で「郷土の舞」として文化祭でも披露されてきた。後者は平成十一年(一九九九)には「第三十一回中日教育賞」を、平成二十一年(二〇〇九)には「信州イノベーション大賞」、翌年には「第四回南信州地域づくり大賞」を受賞した。そして、上村と南信濃の中学校が合併した後の令和元年(二〇一九)にも「第五十回博報賞」を受けた。こうした伝承教育や総合学習によってこの祭りを学び考える機会があったことも大きく、遠山にとって失ってはならない文化だ、そして祭りに参加することは楽しく、喜びとする意識が若者たちの間で生まれている。

一方、中郷では、平成二十四年(二〇一二)から「応援隊」を募集した。従来の集落居住者や出身者だけでは人出が足りず、村外からの参加者を求めたのである。上町でも、令和元年(二〇一九)からそれに倣った。また上町では、令和二年(二〇二〇)から女性が湯立と舞を務めるようになった。従来男性だけに限られていた門戸が初めて開かれたのだった。

令和二年(二〇二〇)から四年にかけて新型コロナウイルスの流行により祭りの継承が危ぶまれた木沢であったが、令和四年になって、それまで地元の常会主催であった祭りを新たなに組織された保存会が担うこととし、「木沢霜月祭り野郎会」の協力も得て開催することとなった。その結果、にぎやかに実施することができた。こうした新しい展開もはじまっている。

また、霜月祭の報告書やパンフレット、映像記録などが作られたことも、近年の動きに大きく作用していると考えられる。

九　遠山霜月祭にみる祭りの変化と課題

以上、遠山霜月祭の変化についてごく簡単に通覧した。一部に新たな付け加えも含めて、その要点をごく簡単にまとめてみる。

①現在のように面形舞をもつ祭りの原形が整いはじめるのは、江戸時代初期から前期のことで、しかも《遠山氏御霊系八幡神社》においてであった。

②江戸時代中期までは遠山氏の祟りを鎮める祭りとして〔シズメ原理型〕と〔御霊封鎖型〕〔御霊調伏型〕が生まれた。そうした変化を促したのは飢饉や疫病流行、天災、社会不安などであり、それを克服するために祭りの改変がおこなわれた。

③江戸時代中期末以降、《非遠山氏御霊系神社》へと霜月祭が広がっていく。最初は祭神面のみを作って地域の核となる八幡神社の祭りに参加していたものが、木沢タイプではしだいに面を一括してそろえ、独立して霜月祭を開始した。一方、和田タイプではそのままの形で継続した。

④江戸時代末期から明治時代にかけて、上町をのぞく三タイプで村内の神や高神の面が続々と奉納された。その背後にも飢饉や疫病流行、天災、社会不安などであり、高神や村内の神に立願して加護を求めた。

⑤明治初期には、明治五年（一八七二）の太陽暦への改暦に伴って月遅れの開催となり、月の満ち欠けと密接

な関係にあった祭りはそれと切り離された。ところが、もとは木沢地区の各耕地の禰宜がユイを組む共同執行のなかに含まれていた下栗は、新暦の採用が大正十一年(一九二二)頃まで遅れたために独立し、今日の木沢タイプ・下栗タイプへと分かれることとなった。また、明治初年の廃仏毀釈の影響も少なからず及んだ気配である。

⑥戦中および戦後には、和田タイプの祭り群のうち五つの祭りが中断した。その背景には戦時中における召集による若者の不在、戦後における信仰心の変化などがあった。

⑦昭和三十年(一九五五)から五十四年(一九七九)にかけて、遠山霜月祭は県と国の文化財に選択・指定されたことにより、祭りへの内外の関心が高まり、外地での公演もおこなわれるようになった。

⑧昭和三十年代後半以降の高度経済成長期に入ると、祭りを取り巻く環境が大きく変化し、その後、昭和時代末から平成にかけて少子高齢化と人口減少が顕著になった。そうしたなかで祭日の変更や内容の簡略化が進み、祭りを中断する集落も現れた。

⑨近年になって、祭りの記録化も進み、伝承教育や総合学習を背景にして、若者の間で祭りを継承するための取り組みがはじまるなど、新たな動きが生まれている。

①~⑨のなかで、①~④は江戸時代や明治・大正時代の祭りについて、主に面の編年的分析によって変化をたどったものである。各時代に奉納された面が大量に残る遠山霜月祭だから可能なきわめて稀な事例ともいえるが、大事なことは、民俗芸能の変化の背景に飢饉や疫病流行、天災、社会不安などが強く作用したことである。これは他の民俗芸能についてもいえることで、疫病流行などを機に祭りをはじめたなどという伝承は他地の民俗芸能でも認められる。祭りが社会に果たした大きな役割として注視する必要があろう。

さらに、①の江戸時代初期から前期にかけての時期に今日の祭りの原形が成立するという点は、他の古い祭りでもこの時期に大きな変革をした気配がある。

③の江戸時代中期末以降における祭りの広がりは、奥三河の花祭にもみられる。この祭りの伝承地は愛知県北設楽郡豊根村・東栄町を中心に二十一か所(中断含む)を数えるが、そのうち四か所が江戸時代後期~末期、三か所が明治時代、一か所が昭和初期に開始され、また一度は途絶えた三か所が明治・大正期になって復活している。[3]そしてその多くに祭り好きな若者が関与した。筆者は三遠南信地域の民俗芸能について、江戸時代中期のとくに元禄期(一六八八~一七〇四)を境にして、中世的な神事芸能から近世以降の民俗芸能へと変化し、その背景には担い手が若連中に移行したことを指摘したが、[4]前者であってもしだいに若者たちの意向が反映されるようになっていく。遠山霜月祭や花祭の変化はそれに相当し、祭りの性格も変化したと考えられる。⑥⑦⑧の戦中から平成期になると変化がはげしくなり、⑨の現在も刻々として変化している。

おわりに

遠山霜月祭を例にして祭りの変化とその背景を追ってみた。いかに大きく変化してきたがわかるだろう。ここに挙げた以外にも、電灯の採用や、生業や食生活の変化、他芸能の流行などなど、祭りに変化をもたらしたであろう要因には事欠かない。そうした変化を霜月祭は敏感に受け止めて変容してきたはずである。それはこの祭りにかぎらず、すべての民俗芸能に共通する。そうした変化を克明に追い、その背後に何があるのかを調査し、記録し、そして考えることが大切となる。

古い時代のことは文献や祭具などの分析による以外にないが、近年においてなにより重要なのは伝承者からの聞き取りである。ところが、明治・大正生まればかりか昭和一桁生まれの話者もほとんどいなくなった現在、調査は困難になりつつある。一刻も早い調査とそれにもとづく調査報告のまとめが必要である。そして、少子高齢化と人口減少が進むなか、祭りの変化は今後さらに加速化し、残念ながら継承を断念するところも少なくないと予想される。民俗芸能の〝死〟、地域文化の〝死〟である。それを看取ることも重要となろう。

それはともかく、民俗芸能の変化とその要因をあきらかにすることによって、それを先人たちがどんな意図で継承し、時代をくぐり抜けて伝承されてきたのかがわかる。それはその民俗芸能が地域にとってどんな意義をもつのかの理解に繋がり、今後も伝承をつづけていくうえでも大きな指針になるにちがいない。

地域文化が今後もしっかりと継承されることは、地域そのものが健全であり、持続可能であることを意味する。そのためにも、地域文化である民俗芸能の調査と研究が必要なのである。

折口信夫は「民俗芸能の意義」について、「此学問は、それがいつ起つたかを知る為よりも、どうして起つたか、又、どうして形を変へたか、更に進んでは、どういふ点で現在及び将来に交渉するかを知る上で役立つものだと思へばいゝ」と述べている。[5] それはまさしく民俗芸能の変容とその要因を探ることの重要性を指摘しているのである。

注

（1）遠山霜月祭に関わる本章の内容は、拙著『遠山霜月祭の研究』（岩田書院、二〇二二年）からの抜粋である。各事例の詳細はそれに譲りたい。

（2）拙著『遠山霜月祭の研究』では、下栗の基本構成面の成立を天保年間（一八三〇～四四）としたが、天和年間

（一六八一〜八四）と改める。

（3）花祭の開始時期では、東栄町のうち中設楽が寛政四年（一七九二）、布川が文政二年（一八一九）、河内は文政六年（一八二三）か、下粟代は明治時代初期、中在家は明治五年（一八七二）。豊根村のうち大立が明治二、三年（一八六九、七〇）、分地が昭和四、五年（一九二九、三〇）である。再開では、東栄町の足込が安政二年（一八五五）、豊根村の間黒が明治時代中期、坂場が大正時代初期である。以上のうち、中設楽は鍛冶千代吉、中在家は佐々木源五郎、豊根村の大立は梅沢丹治郎・佐々木島治郎、分地は佐々木文弥という若者が発起人となっている。

（4）拙著『民俗芸能の宝庫―南信州』（柳田國男記念伊那民俗学研究所、二〇二一年）、拙稿「天竜川流域の民俗芸能―その分布が意味すること―」（『伊那民俗研究』第二八号、二〇二一年）六五頁。

（5）折口信夫「民俗研究の意義」『日本民俗』第一巻第六号、一九三五年十二月（『折口信夫全集』19、一九九六年。一九六頁）。

釜神祭祀にみる秋山郷の近現代―釜神起源説話の検討―

渡邉三四一

はじめに

長野県と新潟県にまたがる峡谷地帯の秋山郷は、信濃川の支流、中津川の上流域に点在する集落の総称である。古来より、平家の落人伝説が残る秘境であり、里から隔絶された山深い仙境の地として知られる。今日では長野県下水内《しもみのち》郡栄村に属する地域（小赤沢から切明まで）を「信州秋山」、新潟県中魚沼郡津南町に属する地域（一般的には穴藤から大赤沢まで）を「越後秋山」と呼んでいる。

文政十一年（一八二八）九月、越後塩沢の文人・鈴木牧之は、この山肌迫る地を旅し、当時の秋山郷の人々の暮らしを『秋山記行』に克明に記した(1)。そこには里人との婚姻は結ばず、葬儀も個人所有の黒駒太子軸を借り受けて自ら執行する自己完結性の高い暮らしや粟・稗・栃の類を常食とした焼畑耕作（カンノヤキ）中心の営みが記録される。ただ一方、秋山郷の入口付近の下穴藤、上結束、清水川原、小赤沢などの比較的条件のよい土地では、稲作がわずかだが行われていることをも記している。清水川原を描いた挿絵には、民家の脇に石垣で囲んだ水田を描き、これを「小田」と注記している。近世後期の秋山郷において、古くから続いた焼畑中心の暮らしの中に、徐々にではあるが稲作文化の受容が静かに開始されていたのである。

ここで検討する「釜神様の年取り」については、正月行事のためか『秋山記行』では一切触れられてはいない。しかしながら、現行の越後秋山の釜神祭祀を眺めていくと、前述の近世後期以降に始まる焼畑と稲作との文化接触が、その発生に大きく作用しているように考える。

本章では、越後秋山に伝わるいくつかの釜神起源説話を主たる手がかりとして、当地における釜神祭祀の発生を、近現代における焼畑から稲作への生業構造の変化やそれに伴う文化変容と関連付けながら検討してみたい。

一　秋山郷の釜神祭祀の概要

秋山郷の釜神祭祀について最も早い報告は、武田久吉による『農村の年中行事』所収の「釜神様の年とり」である。(2) その後、地元の津南町在住の滝沢秀一によって広域かつ詳細な調査が行われた。(3) 滝沢は、武田の報告を踏まえながら、釜神祭祀の概要を次のとおり祭日と供え物の叙述から書き起こしている。

この地域一帯の正月行事に「釜神さまの年取り」がある。ところによっては「釜神さまの祭り」「かまどまつり」などと呼び、その祭り日は正月三日とする所が多く、まれには四日、十一日などとしているところもある。

この日は家のかまどの所に粟飯で握ったムスビ六個を釜の蓋を裏がえしたり、藁を簀の子のように編んだコシキの上に載せて供えるが、このムスビに萱の穂茎や豆木・柴などの棒を突き挿すのが例であって、この棒をベロベロと呼んで、そのうち三本は途中で折り曲げ、ほかの棒三本は真直ぐのままとする。

津南町貝坂辺では折ったものをベロといい、真っ直ぐのものをニョロと呼んでいたというし、十日町市や信濃川対岸の川西町あたりには、「ベロサッポ・ボウサッポ」という言葉がある。また信州秋山では、曲げたベロをそれぞれ内側に向けて立て「これは釜神さまのオチ(家)だ」と言ったものだそうだ。

滝沢は、秋山郷における正月三日の「釜神様の年取り」という儀礼の解説にあたり、祭祀対象のご神体ではなく、供え物である粟飯のムスビとそこに挿すベロベロという棒を、まず紹介する。実は秋山郷の釜神の祭祀形態には次のように地域によって大きく三つのタイプがあり、滝沢はそこに釜神祭祀の歴史的変遷を予想し、特にベロベロの持つ原初性に注目していたのである。

①神体が全く無いもの
②紙に神名を書いて貼って神体とする
③木(トチ・クリ・クルミなど)で作る神体

これら異なる祭祀形態が現行されるが、いずれのタイプも、供え物として握り飯や粟飯に「ベロベロ」と称する萱や藁の棒を挿す点は共通している。地域によっては先端を鉤状に曲げたものと真っ直ぐな萱や藁の棒を挿したりし、また見倉や前倉では木製の双体神像に枝木で作った鍬や鋤型の木製品を複数添えたりしている。

図１　萱のベロベロとムスビ　津南町教育委員会提供

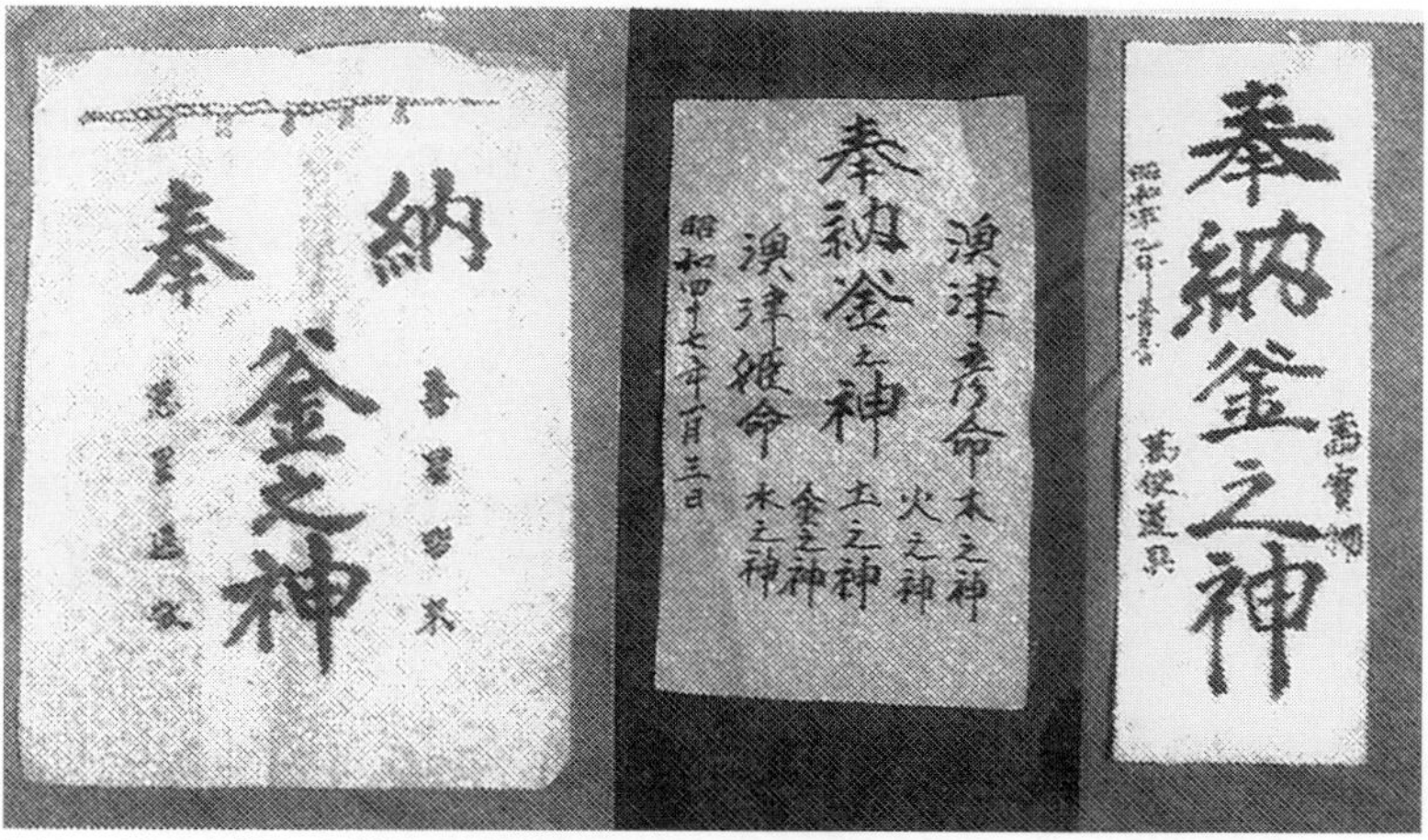

図２　神名を記した半紙の神体　滝沢秀一撮影

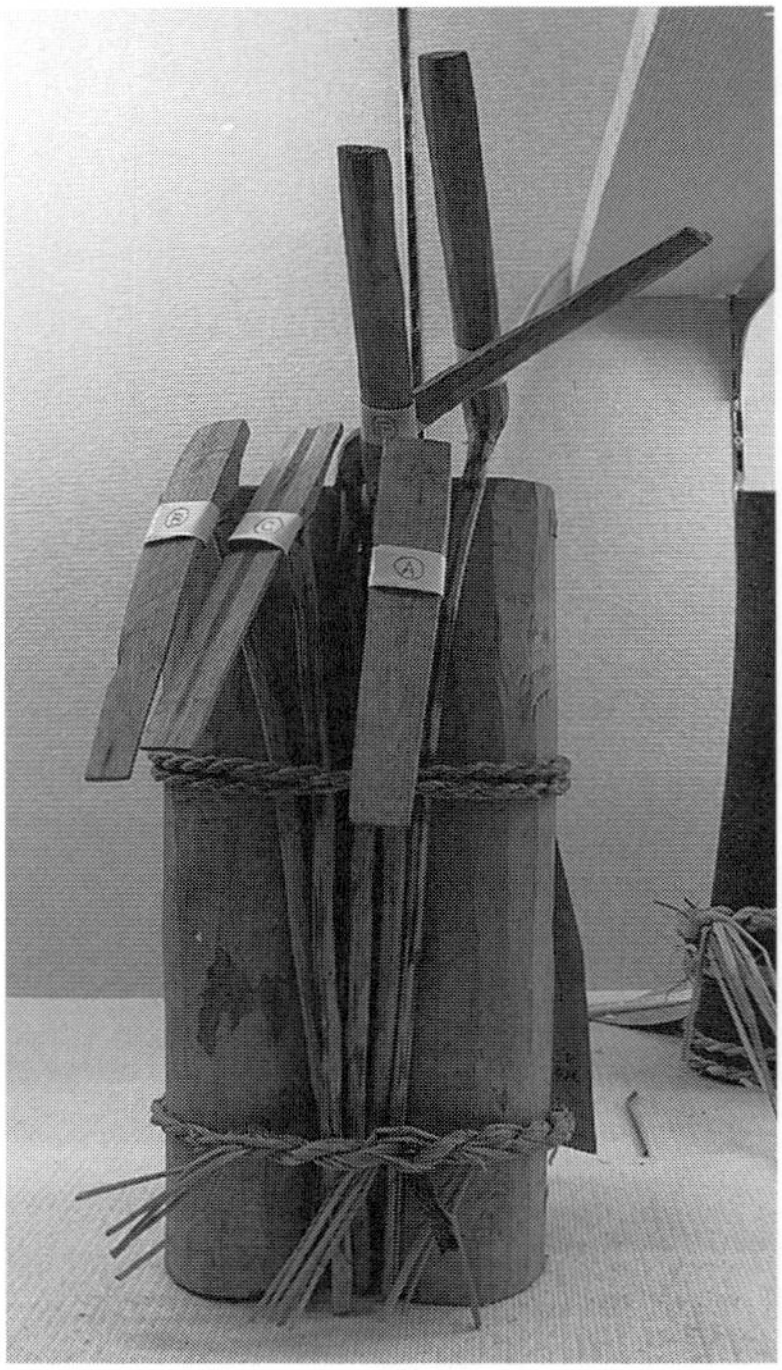

図４　見倉の木製釜神像と木製の鍬と鋤
津南町民俗資料館所蔵

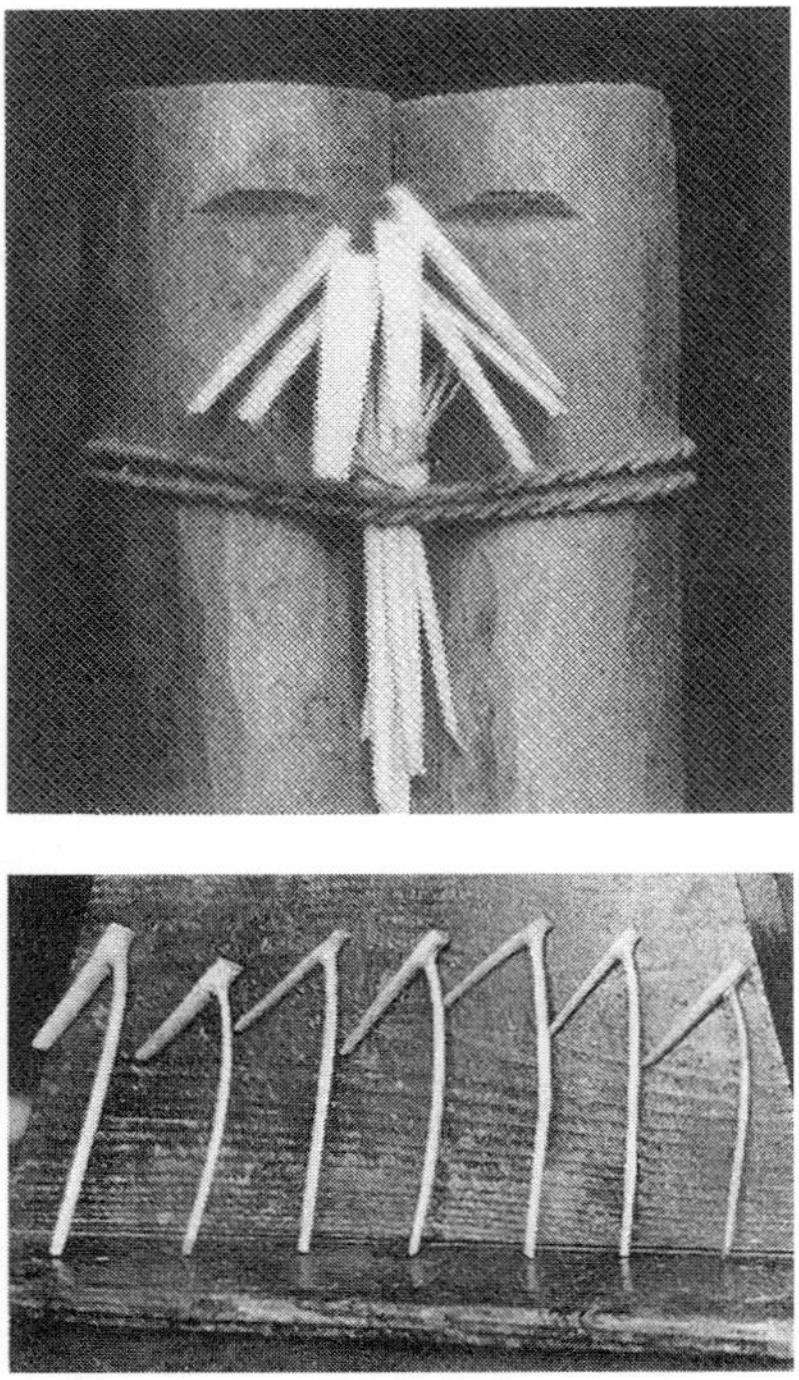

図３　前倉の木製釜神像と木製の鍬
滝沢秀一撮影

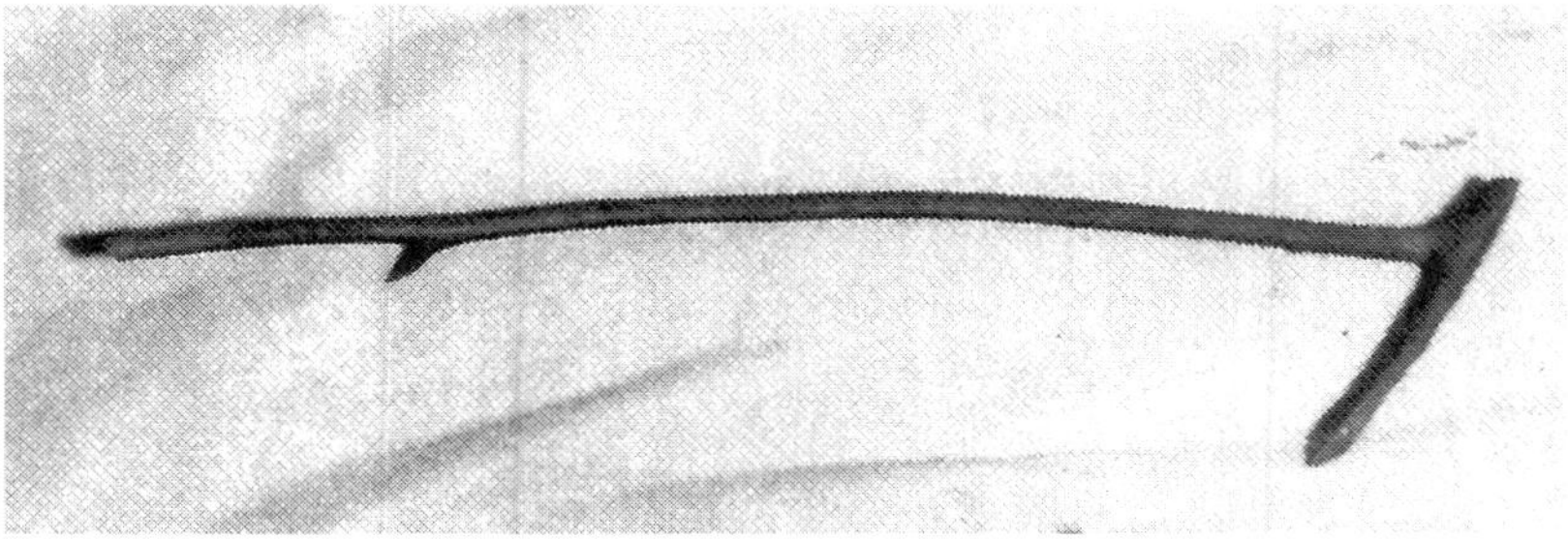

図５　大赤沢の民家に遺っていた木製の鍬　滝沢秀一撮影

このことから滝沢は①を最も古い形式と捉え、「かまどそのものが神体なのか、あるいは、ムスビに立てるベロベロの鉤が神の依代」ではないかと推定した。冒頭の書き出しは、この仮説を前提にしてのものであったろう。

前述のとおり、信州・小赤沢ではベロの鉤を粟飯に挿す際、それぞれ内側に向けて立て、これを「釜神さまのオチ(家)だ」とする。注目すべき伝承であり、「家」という表現を「神の坐す場」と解釈すれば、ベロとは神の依代(=ご神体)と理解できよう。また隣接する長野県北部では、正月三日を「ベロベロの年取り」といい、鉤状になった苧殻などを握飯に挿すことを主眼とした行事があり、次のように報告される(4)。

長野県北安曇郡で正月三日の晩の行事をいう。握飯を九つ、三つずつを一箇所に集めて田作りの小魚を添え、苧殻の棒の先を折り曲げたのを、一本ずつその握飯に刺す。目笊の上に載せて勝手の棚に飾るという(郷土一ノ二)。或はこれをオカマサマに進ぜるといつて、また竃神様の年取という者もある。

苧殻は盆の迎え火によく用いられるが、その先を折り曲げたものをベロベロと呼んでいる。こうしてみてくると、今日では釜神像の供え物として従的に扱われる萱のベロベロや木鉤の鍬とは、実は滝沢の仮説のとおり、古い祭祀形態を探る重要な手がかりとなる可能性がある。そこで越後秋山におけるいくつかの釜神起源説話を取り上げ、釜神とベロベロとの関係性を再検討してみたい。

二　釜神起源説話の検討—焼畑と稲作の対立—

越後秋山の「釜神様の年取り」をめぐる起源説話は、現在四例が確認できる。ただ、その内容をみると大きく二つのタイプがあり、一つは「釜神を女神とする説話（女神型）」であり、いま一つは「釜神を男神とする説話（男神型）」に類別できる。その差異の検討については後述するが、各説話には釜神の性格、年取りが三日に遅れた理由、ベロベロの意味などが語られ、釜神祭祀の本質や変遷を探る上で興味深い。

(1)〈Ⅰ類〉釜神を女神とする説話（女神型）

1　説話A【中魚沼地方全般】

武田久吉は昭和十六年（一九四一）に秋山郷を含む中魚沼郡一帯の釜神祭祀を調査した。そして当地方の「釜神様の年取り」伝承を俯瞰し、次のように記している。(5)

（釜神様は）器量の悪い女神で、三人、七人、又は多数の子女を持ち、気むづかしくて怒り易く、滅多に笑顔を見せずして、平常忙しく且貧乏に暮し、粟を常食としてゐた。そして人並みに年取りが出来ずして、三日になってやつとそれが叶ったので、此の日を釜神の年取りといふのである。（カッコ内は筆者記、以下

同）

説話Aから読み取れる釜神像は、①不器量な女神、②子だくさん、③気むずかしく怒りん坊、④忙しく貧乏、⑤粟を常食する、などである。

興味深いのは、①〜③までの釜神の属性である。これらは全国的に伝承される猟師の女神を山の神とする観念と符合する。特に東日本から中部日本にかけては、山の神を十二様ともいって一年に十二人の子を産むと伝えており、この「十二」は山の豊穣性の比喩として山の神の多産性を象徴化したものといわれる。秋山郷を含む中魚沼地方でも山の神を「十二様」といい、まずは釜神様と山の神の共通性が注意される。

さらに④⑤では、稲作以前の焼畑農耕の粟を常食とした苦しい暮らしぶりを踏まえて三日の年取りの起源が語られている。「人並みの年取り」を里と同様の「餅正月」と解せば、焼畑時代の粟正月との対比が鮮明となろう。(6)

2　説話B【見倉】

（釜神様の年取りには）コシキの中へ米と粟のムスビを盛り、ベロ三本・棒三本を立てる。釜神様は子どもが大勢で、大変苦労して育てていた。貧乏なために三十日に年取りができずに、とうとう三日になってしまった。子どもたちがベロを玩具にして遊んでいるうちに親神様がようやく年取りをする。(7)（傍線筆者、以下同）

説話Bの釜神像も、①貧乏、②子だくさん、といった女神の山の神と共通する属性を持ち、③子育てに忙しく年取りが遅れていたとする。そのため④ベロベロの棒を子どもに持たせて遊ばせている隙に、漸く年取りができたとする。

以上が、Ⅰ類に区分した二説話である。説話Ａ・Ｂで語られる釜神は、いずれも女神であり、子だくさんといった山の神の属性を持ち、年取りが三日に遅れた理由を忙しく貧乏なためとするなど共通点が多い。おそらく同一の生業基盤、すなわち過酷な焼畑農耕を背景にした伝承と考えられる。

市川健夫は、焼畑中心の明治三十年(一八九七)頃の大赤沢の主婦の一日を次のように描いている。(8)

夕食後地炉の焚火をたよりに稗ッ粉を石臼でひくのだが、(略)大体毎晩二時間から二時間半位ひかけなければ翌朝の茶の子(焼餅)を焼く位の稗ッ粉が出来ないからだ。それが済むと今度は洗濯だ。(略)それから針仕事を終って寝るのは毎晩どうしても夜中の一二時、一時過ぎになってしまう(略)朝は朝で三時半といえばもう起き出して朝食の支度をする。まず前の晩にひいて置いた稗ッ粉で茶の子を作り地炉のおきの上へ並べて焼き、朝食にする。六時半頃それが済むと仕事に出る。カンノ(焼畑)は皆遠方にあるので弁当持ちで出かける。弁当は、粟めしに生味噌をオカズにしたものをメンパにつめ、(略)細長い木綿の袋に入れてカンノに持って行った。そして一日中働いて夕方殆んど暗くなり方になって帰って来る。

こうした休む暇なく働く秋山郷の女性たちのかつての暮らしが、両説話には投影されているのである。

一方、説話Ｂではベロベロの意味が語られる。秋山郷では、今は古老の記憶に残るだけとなったが、先の鉤状に曲がった萱や紙縒を両手で回しながら「ベロベロとうと　親でも子でも　屁をこいたほうい　向きやれ向きやれ」と唱え、鉤の突端が向いた方角にいる者を放屁の犯人とする遊びがあった。全国的に行われた子どもの占い遊びだが、柳田國男はベロベロという名は口の前で揉み回すことによる呼称とし、東北では木鉤の棒のオシラサマを「カギボトケ」と呼ぶなど類例を考え合わせて、本来は神意を仰ぐ呪具であり、これに目鼻口を描けば人形（神像）へと変化することを示唆している。(9)

説話Bで語られるベロベロは、確かに子どもの玩具ではあるが、話の流れとしていささか唐突であり、本来の意味を忘れた結果の付会と考えられる。むしろ本説話で語られるベロベロの意味とは、年取りを行うためには必要不可欠なモノ（存在）であったという点であろう。

(2) 〈Ⅱ類〉釜神を男神とする説話（男神型）

越後秋山郷の前倉には、釜神を貧乏な男神とする同根の説話が二つ採集される。ただ採集期が昭和四十六年（一九七一）と平成二十六年（二〇一四）と四十年余りの開きがあるため、その語りも時代性を背景にして微妙に変化していて興味深い。まずは、それぞれ紹介する。

1　説話C【前倉】

（釜神様には）コシキの上にムスビ二個をあげ、ベロを立てる。釜神様は貧乏で、女房を貰ったが離婚してしまった。とうとう乞食になって貰い歩いているうちに、別れた女房にあって恵みをうけたが、トモッコジキ（仲間の乞食）にとられてしまうので、女房が憐れんで台所の釜の陰で食べさせてやった。ところが、こっそりムスビの中へ銭を入れて与えたのに、気の利かぬ彼はいっしょに呑みこんで、咽喉につかえさせて死んでしまった。そこでムスビの中へは何も入っていないということで、ベロを突き挿しておく。(10)

説話Ｃでは男神の釜神が登場し、その不幸な末路が描かれる。すなわち①釜神は貧乏なために妻と離縁し、②妻は財産家の後妻となり、③夫は乞食（貧乏より悪化）となって元妻宅へ物乞いし、④元妻は銭を入れたムスビ（米と銭）を与え、⑤元夫は銭をのどに詰まらせ死ぬ、という展開である。本説話を整理すると、表1のような元夫婦（女／男）の対照的な二項対立が指摘できる。

2　説話Ｄ【前倉】

財産家の娘の元に、貧乏だが見目のいい男が婿に入った。しかし、貧乏な男は白米に食べ慣れず、粟飯を食すなどと価値観の相違で夫婦は別れる。別れたあと男は女の元に食べ物を乞いに行く。かわいそうになった女は小銭を入れた握り飯を男に与えた。しばらくして、再び男が現れる。握り飯はどうしたかと問えば、他の人間にあげたという。仕方なく、もう一度小銭入りの握り飯をあたえ、その場で食べるようにすすめた。しかし、男は小銭をのどに詰まらせ死んでしまった。その後、釜神さまになったという。男は白米を食べたせいと思いながら死んだため、お供えの際には粟入り（または粟飯）とする。萱を挿すのも、中に小銭が入っていないという確認のためである。[11]

説話Ｄでは前事例の二項対立をさらに際立たせた内容で、表2のとおり、そこには裕福／貧乏、米飯／粟飯、稲作／焼畑の対立関係が象徴的に語られる。

一方、Ｃ・Ｄの両説話で語られるベロベロは、釜神の死の原因となった小銭がムスビの中に入っていないことを示すために挿す棒、という意味づけで一致する。これも説話Ｂと同様に、ベロベロの本来の意味が忘れられたことによる付会であるが、それでもベロベロが災い（死）を避け、安全（幸福）をもたらす表象として機能していることが理解できる。

(3) 釜神起源説話の中の「焼畑」と「稲作」

これまでみてきたように、越後秋山の釜神起源説話にはⅠ類の女神型、Ⅱ類の男神型とがあり、その違いがどこから来ているかは大きな問題である。

Ⅰ類では焼畑時代の粟飯を中心とした貧しく多忙な女性の暮らしを強調しつつ、三日の釜神様の年取りが語られた。「人並みの年取り」という表現から里の「餅正月」への憧憬は窺えるが、単刀直入に「稲作＝米飯」の優位性を物語るものではなかった。

一方、Ⅱ類では「稲作＝米飯」を優位とし、「焼畑＝粟飯」を劣位に置く価値観が基調にある。しかも優位にあるのは妻（女性）であり、「稲作＝米飯」に象徴される豊かさを獲得した存在として描かれる。逆に元夫（男性）は「焼畑＝粟飯」に執着し、二重の富を象徴する「小銭入りのムスビ（米飯）」を食べ、ついに窒息死して釜神となる。悲惨な末路である。

この元夫婦の対象的な構図は、越後秋山において稲作が普

表1　説話Cの二項対立

展開	妻	夫（釜神）
離婚	財産家の後妻となる（裕福）	乞食となる（貧乏悪化）
元妻に物乞い	小銭入りのムスビを与える（米＋銭）	ムスビの銭を喉に詰まらせ死ぬ

表2　説話Dの二項対立

展開	妻	夫（釜神）
結婚	財産家の娘＋米飯食中心	貧乏だが見目いい婿＋粟飯食中心
離婚	変わらず裕福のまま	乞食となり物乞いする
元妻に物乞い	小銭入りの握り飯を与える（米＋銭）	小銭を喉に詰まらせ死ぬ→釜神

表3　秋山郷における戸数と焼畑面積　菅原・進藤　1981より

地域	集落名	文政11（1828） 戸数	文政11（1828） 焼畑面積（a）	明治30（1897） 戸数	明治30（1897） 焼畑面積（a）	昭和26（1951） 戸数	昭和26（1951） 焼畑面積（a）	昭和35（1960） 戸数	昭和35（1960） 農家戸数	昭和35（1960） 人口	昭和35（1960） 焼畑面積（a）
越後秋山	反り口	△ 38	不明	△ 49	150	69	△300	75	63	378	−
	中山	△ 13		15	150	17	△240	18	15	87	−
	太田新田	△ 20		△ 26	100	28	△200	29	26	149	−
	見玉	△ 19		26	120	30	△ 80	31	28	148	−
	穴藤	15		20	△350	42	△200	42	20	212	−
	清水河原	2		3	△ 90	4	△100	5	5	42	−
	逆巻	4		7	△200	7	△120	8	7	51	−
	結東	29		26	△550	36	△500	37	31	202	−
	前倉	9		12	△250	20	△300	14	14	99	−
	見倉	3		4	△100	7	△280	10	8	50	20
	中ノ平	2		2	△ 80	4	△100	4	4	28	−
	松沢	2		2	△ 80	2	△100	−	−	−	−
	大赤沢	9		5	△120	29	△160	28	25	155	−
	計	165		197	2,340	295	2,680	301	246	1,601	20
信州秋山	小赤沢	28	不明	33	500	54	120	59	48	327	−
	屋敷	19		18	300	30	240	39	26	194	−
	上ノ原	13		10	220	21	200	24	19	144	−
	和山	5		△ 6	100	9	60	12	10	69	−
	湯木（切明）	1		1	−	10	−	5	−	12	−
	五宝木	0		0	−	12	100	14	14	51	−
	計	66		68	1,120	136	720	153	117	797	0
合計		231	−	265	3,460	431	3,400	454	363	2,398	20

注）△印は聞き取り調査の平均値でやや不確実、他はおおむね市川[3]の調査による。

及・定着する中で、焼畑が急速に衰退・消滅していく歴史と対応する。死んだのは焼畑である。

表3は、秋山郷における戸数と焼畑面積の推移をみたものだが、文政十一年（一八二八）では、焼畑面積は不明であるが、越後秋山が一六五戸、信州秋山が六十六戸で合計二三一戸を数えた。明治三十年（一八九七）では、戸数がそれぞれ一九七戸と六十八戸で合計二六五戸、焼畑面積は二三四〇アール、一一二〇アールで合計三四六〇アールである。戦後の昭和二十六年（一九五一）は、それぞれ二九五戸、一三六戸の合計四三一戸と増加するが、焼畑面積は合計三四〇〇アールで微減となる。そして昭和三十五年（一九六〇）になると戸数は合計四五四戸と増加を維持

するものの、焼畑面積は唯一越後秋山の見倉の二十アールのみで、他の集落では焼畑は消滅している[12]。このように明治後半から半世紀余りのわずかな期間に、秋山郷の焼畑は激減していったのである。

一方、秋山郷における稲作は、天和三年(一六八三)の検地帳には水田の記載はなく、正徳四年(一七一四)の村鑑に「田一反」とある。文政十一年(一八二八)の見聞である鈴木牧之の『秋山記行』には次のように記している[13]。

稲は村に寄り少々づつ新田を起し候。極早く此秋山で仕附たもの(も)五十年に届かず、遅きものは、右の小田十四・五年以来と(答ふ)。実に村中に箅る斗り故、藁迄も大切に致すと云。

秋山郷の稲作は、近世後期においても皆無に等しい状況であった。漸く明治八年(一八七五)の地租改正に際して、結束村全体で十町三反七畝七歩の耕作面積が確認され、以後は増加傾向を示していく。ただ一戸当たりの平均反別は三反以下であり、高冷地のため金肥以前の反収は二俵と自給程度にとどまるものであった[14]。秋山郷での稲作が難事業であることは「結束の石垣田」を見れば理解できよう。集落の北側の棚田は、周囲を石垣で何段にも組み、灌漑用に湛水する構造に造成された水田が広がる。この石垣田は鳥甲山と苗場山の溶岩(柱状節理)の崩落石を利用したもので、石積みの高さは三メートルに及ぶものもみられる。開墾が始まったのは明治二十五年(一八九二)頃からとされるが、その労苦は想像を絶する。稲作に適さない環境を、人為を持って変えた秋山郷の人々の「米自給」への強い憧れと執着が読み取れる景観である。

上述のⅠ類「女神型」とⅡ類「男神型」の差異、もしくはⅠ類からⅡ類への変化とは、こうした秋山郷における大きな生業構造の変貌と対応させて理解するのが妥当であろう。時期的には稲作が導入される明治期以降

図６　結束集落の石垣田

から焼畑が消滅する昭和三十年代が時間幅として想定できる。

この間に起きた稲作受容に伴う重要な変化をあげるならば、第一に米の炊飯に欠かせない竈と羽釜の導入があろう[15]。焼畑時代には稗や粟、黍や蕎麦、さらには栃の実などの粉食慣行が中心であり、主たる調理場は囲炉裏に掛けた鍋とその火熱によるものであった。夕食のカキツボウ（粥）や糧飯は鍋で、アンブ（饅頭）やチャナコ（焼餅）は熱灰で焼かれた。『秋山記行』にはその様子が活写されるが、竈や羽釜の記述はない。

釜神様の年取りの主な祭場は竈であり、羽釜の蓋を裏返しにしてベロベロを挿した粟飯を供えた。それらは明治以降に秋山郷に出現した稲作文化に伴う新しい炊飯具である。したがって釜神様の年取りとは、米の自給が叶い、その炊飯具である竈や羽釜が整った後に、初めて実現可能な正月儀礼と言える。皮肉にも昭和十四年（一九三九）の米穀配給統制法により、秋山郷では米食が普及したが、それでも昭和前半期までは、米食は正月や盆など限られた機会にしか口にせず、普段は粟飯や米との混合飯であったという[16]。

釜神起源説話とは、こうした「焼畑＝粟飯」から「稲作＝米飯」への劇的な生活変容の中で醸成されたものと思われる。おそらくはⅠ類の「女神型」説話は焼畑への依存度がまだ高い時期の先行形態であり、稲作普及の進展した段階でⅡ類「男神型」説話が生成されたものと推定する。Ⅱ類「男神型」説話に描かれた米と富を獲得した女性の優位性には、焼畑文化の特色である粉食慣行の辛苦から解放された喜びが投影されていると考える。

三　木鉤をめぐる民俗―近畿のカギヒキ神事との比較―

これまでの議論から、①釜神と山の神との共通性（Ⅰ類「女神型」説話）、②「焼畑＝粟飯」と「稲作＝米飯」との文化接触に伴う対立と変容（Ⅱ類「男神型」説話）、そして③釜神様の年取りでのベロベロの重要性が明らかになった。

そこで釜神様の年取りと同様に、先の曲がった木鉤が重要な役割を演ずる民俗事例との比較を通して、改めて「釜神様の年取り」におけるベロベロと見倉や前倉にみられる鍬状の木鉤の意味を考えてみたい。

全国には先の曲がった木鉤が、儀礼の中で重要な意味を持つ事例が豊富に存在する。野本寛一は焼畑文化圏に広くみられる「木鉤の民俗」に注目し、その原初的呪力について論じている[17]。例えば静岡県磐田郡佐久間町今田では、山の神は女で、山で失くし物をした時には「出してくれれば鉤を進ぜます」と唱えてズボンを脱いで祈り、見つかれば一尺ほどの木鉤を木の枝に掛けたという。他の類例をあげつつ、天竜川流域の女性山の神の祭り方の一つとして、木鉤を掛ける方法があったと指摘する。また近畿地方で盛んな正月二日の山の神祭りに伴う「鉤引神事」を取り上げ、小枝で作った木鉤は山の神への供え物であり、また山の神を引き下ろし招き祀る鉤(男根)であるとする。

同様な見解は松崎憲三も指摘し、奈良県の山の神祭りの鉤引神事に登場する木鉤などの木製祭具の分析から、年頭に当たって豊穣をもたらす山の神の霊を山から里(家乃至は田)へ迎え入れる行事としている。また南九州の「植打祭」におけるカギヒキやシバヒキ行事にも触れ、山からとってきた鉤状の柴を二つに分かれた氏子が神社境内で引き合い勝った方が豊作とする予祝行事で、柴の鉤形によってオカギ(男鉤)、メカギ(女鉤)と呼び分ける例が多いことも指摘する。[18]

(1)　伊賀地方におけるカギヒキ神事のプロセス

このように木鉤をめぐる民俗は、山の神と密接な関係を持って伝承されている。その一例として近畿の伊賀地方の事例を確認しておきたい。

伊賀地方では正月初旬の初山入りの時、小枝で作った木鉤を山の神に供えたり、神木に張った注連縄に掛けたりして引っ張る「カギヒキ」という神事が広く行われる。早瀬保太郎によれば、伊賀地方では山の神を田の神として迎える神事であり、男女両性の木股神像を祀る点を特徴とし、村人が山の神祭場に参集した後、概ね次のような流れで行われる。[19]

図7　合体する木股神像（滋賀県東近江市妙法寺町）

①神像製作・祭祀

木股で男女二体の神像を作り、祭詞を唱えて神像を合体させ、そこに神酒を注ぐ。

②注連縄づくり

持参した藁で村人らが神木に張る長い注連縄を作る（注連縄の代わりに長木を渡す村もある）。

③カギヒキ

祭場の二本の神木に注連縄（あるいは木）を掛け渡し、初山で伐ったクリ（他にカシ・ウツギなどの雑木）で二メートルほどの長さのカギ（先端が鉤状の雑木）を各自が掛け並べ山の神を迎える（引き寄せる）。地域によってはこの祭りを「鍬山祭」といい、「鍬」型に整形したカギを掛け、注連縄を引き切るところもある。カギには米俵を意味する藁苞二個（一つは松毬、一つは川原石を入れる）を付ける。地域によってはカギヒキ後にその一つを持ち帰る。

④唱え詞

カギヒキの際に次の唱え詞を唱和する。「山ノ神サン、三社権現、早稲モ斗ヅケ、中稲モ斗ヅケ、晩稲モ斗ヅケ、芋・大根ガ根深く、大豆・小豆ハ提ゲ打チ、東ノ国ノ銭金、西ノ国ノ糸綿、コノ〇〇ムラへ、引キ寄セヨ」と唱える。

⑤**餅焼き**

前年に掛けたカギを燃やして餅を焼き、焼いた餅は家に持ち帰って無病息災を祈る。

⑥**神像の処理**

神像はそのまま祭場で祀っておくか、神木の根元に並べておく。

要約すれば、木股で男女二体の神像を作り、合体(交合)させ、神木間に張った注連縄に各自持参したカギ(木鉤)を掛け並べ、寿ぎ歌を唱和する。旧年のカギを焚火の燃料にして餅を焼いて持ち帰る。神像はそのままの状態で祀っておく。これが伊賀地方におけるカギヒキ神事の流れで、文字どおり、カギヒキに比重を置いた祭りで、集落単位(氏子圏)で共同して行われる。

図7は、筆者が滋賀県東近江市妙法寺町北町で撮影した山の神の木股神像であり、ここでもカギヒキ神事が行われる。毎年正月六日早朝に山神社の祭礼に氏子が家族の男子の数だけ餅を持参し、ミテグラの木で作った垣に餅を供え、ネムノキの木股で作った男女の神像にお詣りをする。その後、境内の木に吊るされた注連縄をカギキ(鉤木)で切るのだが、その際「馬のマラ、カギマラ」と大声で囃し、カギギを男根に見立てている。Yの字の股木を利用した神像には、それぞれ顔がマジックで描かれ、まつ毛が長い方が女神と思われる。男神にはフンドシ、女神にはコシマキを描くこともあったという。

(2) 秋山郷における釜神祭祀のプロセス

一方、秋山郷の釜神祭祀は以下のとおり家単位で行われる。ここでは前述した釜神起源説話を伝承する見倉と前倉の事例を中心に、秋山郷の釜神祭祀の一連のプロセスを再確認してみたい。なお、見倉と前倉では、ムスビに挿す萱のベロベロとは別に、農具の鍬あるいは鋤を模した木製品の雛形を作って神像に添えており、滝沢はこれらを萱以前の古いベロベロの神と推定する。[20] この点、近畿のカギヒキ神事との関連で注意される。

①若木迎え

秋山郷では正月二日を若木迎えの日とする地域が多い。この日は仕事始めでナイゾメ(縄綯い)、書初め、猟師はブチソメ(射ち初め)といった。縄二本つくり、これを持って近くの山へ若木迎えにいく。木を選び、お詣りの後、枝一束を伐って縄で束ねて持ち帰る。若木は神棚に供え、その年の山仕事の無事を祈り、生木のまま炉で焚き「若木の火だぞ、皆が火にあたって丈夫になるように」という。[21] 大赤沢では迎えた若木で焚いた湯で茶を入れ山の神に供える。前倉では正月二日は十二山の神への供え物と鉈や縄などの道具を持って山に出かける。適当なナラの木があるとアキノカタ(恵方)に向かって枝を二メートルほどに切って雪の上に立てる。ハッチンジョ(御幣)を立て、供え物をし、枝を七本、五本、三本の順に切る。家に持ち帰った若木は、そのまま雪の上に立てておき、若芽のついた小枝を七本、五本、三本ずつ折って家に入る。家では主婦がツムン(ツモノボン＝お盆)を差し出し、そこに折って来た小枝を並べ、恵比寿棚に供えお参りする。持ち帰った供え物は山へ若木迎えに行った者が食べる。[22] このことから山から持ち帰った若木とは山の神の依代であり、この日は山の神を家に迎える日であったと理解できる。

②釜神様の年取り

正月三日、秋山郷では甑や釜蓋の上に粟飯や粟入りのムスビを盛り、ベロ（萱や藁の棒の先端を折り曲げたもの）とニョロ（まっすぐな萱や藁の棒）を挿し立て供える。見倉では小さなムスビ（現在は白米だが以前は粟入り）をたくさん作り、これに萱の穂先を曲げたベロベロを挿す。この萱は前年の八月二十七日（シチンチボン）に採取し神棚に保存したものを使う。同じく前倉でも前年のシチンチボンに採った萱を使い、穂先を曲げて挿す。滝沢はこの萱の調達と使用について、正月の若木迎えと同様に盆の魂迎えとの関連を指摘し、盆に調達した萱のベロベロは祖霊を迎える依代と解釈する。[23] 一方、中里村田代では「駒引き猿」の絵を摺った紙に「馬鍬を押す農夫」を描き添え、上部に「釜神大明神、金銀諸道具萬沢山、米豆麦粟稗五穀萬沢山、牛馬男女萬沢山、鮭鱒鍋釜椀皿桶鉢萬沢山」と手書きし供える。[24] 貝坂では「七五三、家財道具、簑、笠、荷縄、鉄物、鋤、鍬、釜、鍋、魚、とうど（傭人）十五人、そうとめ廿五人、馬、鍋の神」と書いた半紙を供える。[25]

③釜神様の作り替え

寺石・大赤沢では三日に、他の多くは十一日に若木迎えの木（成り物の木）で釜神様（男女二体）を作り、縄や注連縄で固く結束し、古い神像と替える。見倉や前倉では十一日に、二日の若木迎えで採取した栃の木などで釜神様を作るが、あわせて枝木を材に鍬や鋤をかたどった雛形を数本ずつ作って釜神様に添えた。見倉の山田数男さん（昭和二年〈一九二七〉生）によれば、その鍬や鋤の材料は、若木迎えの木の中から敢えて枝分かれの部分を選んで作ったとする。[26] 枝分かれした股木を選ぶのは、秋山郷ではそこに山の神が宿るとする観念があるからに他ならない。

④古い神像の処理

見倉・逆巻では古い釜神様は十四日夜、十五日に食べる赤飯を炊く火に入れて焚き、その燃え残りを十二個、順番に取り出して眺め、燃え具合で一年各月の天気を占う。(27) 貝坂では神像を鉈で十二本(閏年は十三本)に細く割り、その年の天気占いをする。出浦では十五日の小豆粥の箸や串餅の串にし、用が済むと囲炉裏で燃やす。他の多くは十五日のドウラクジンの火で焼く。(28)

ベロベロの萱の調達期が盆である点を考慮すれば、釜神祭祀には祖霊と山の神を同時に迎える観念が隠されているのかも知れない。

(3) 釜神祭祀とカギヒキ神事の比較検討

表4は、伊賀のカギヒキ神事と秋山郷の釜神祭祀との諸要素を対比したものであり、両者には多くの共通点が指摘できる。

a 神像

カギヒキ神事ではY字の二股の木枝を材料に男女二体の神像(木股神像)を作る。股木は人間の下半身(生殖器)を連想させる形状であるとともに、木樵などは股木には神が宿るとして神聖視する観念が指摘される。釜神像は若木迎えで伐ったトチ・クリ・クルミなど成り物の木を材料に男女二体の神像が作られる。生命(果実）を生み出す樹種であり、これにも豊穣を期待する心意が窺える。

b　男女神の合体

カギヒキ神事では明らかに模擬的合体（交合）が演じられるが、釜神の場合も男女二体が寄り添う形で注連縄などにより固く結束される例が大半である。双体道祖神碑と同様に男女の睦まじい姿を模したものと言える。

c　カギ

カギヒキ神事のカギも初山入りで伐った木で作られ、カギを鍬状に整形したものを「鍬」と称している。釜神祭祀では、見倉や前倉の例が示すように、正月二日の若木迎えで伐った枝木で鍬の形状をしたミニチュアを作る（図8）。ともに山の神迎えの木で農耕具の鍬を作っている。

d　祝詞

カギヒキ神事では村人の唱和で予祝の歌が囃された。釜神祭祀では半紙に「釜神大明神、金銀諸道具萬沢山、米豆麦粟稗五穀萬沢山、牛馬男女萬沢山、鮭鱒鍋釜椀皿桶鉢萬沢山」などと寿言を書き並べて供えた事例がみられる。カギヒキ神事で唱える予祝の歌と同等の意味を持つものと理解できる。

表4　カギヒキ神事と釜神祭祀の比較

行事	カギヒキ神事（伊賀）	釜神祭祀（秋山郷）
神像	男女二体（木股人形、クリやウツギ）	男女二体（トチ・クリなどの成り物の木）
生殖	合体（交合）	縄で結束
木鉤	カギ／鍬	ベロベロ（ベロ・ニョロ／鍬・鋤）
祝詞	田畑の豊作・銭金・糸綿を引き寄せろと唱和	農作物・各種農具・家財等の名を半紙に列記
処理	前年のカギを燃やした火で餅を焼く	旧神像を火にくべ赤飯炊く、12本に割り天気占い

e　神像とカギの処理

カギヒキ神事では神像は放置のままだが、旧年のカギは集められ無病息災の餅を焼く火とする。釜神は三日あるいは十一日に作り替えられ、古い像は小正月の赤飯を炊く燃料としたり、十二本に割って燃やし天気占いをした。いずれも一連の正月の予祝行事の火に供されている。

秋山郷の釜神祭祀を、伊賀のカギヒキ神事の文脈の中で再解釈すれば、山の神を家に迎える（引き寄せる）正月の初山入りの儀礼を土台に成立しており、見倉や前倉の鍬状の木鉤も、山の神（あるいは祖霊）を屋内に遷す際の依代として製作されたものと理解できる。その製作日も本来は三日であり、更新を意味する「年取り」儀礼の一環として、釜神様とともに新たに祀り替えられたものと考えられる。そうでなければ、単に古い神像に対しての儀礼となり、名称との整合が取れない。この「迎える」という意識は、盆に採取した萱のベロベロと同様に、若木の股木で作られた鍬状の木鉤にも十分窺えるのである。

四　木鉤から釜神像へ

先に検討した釜神起源説話では、ベロベロの意味と重要性は語られたが、肝心な男女二体の神像の説明は皆無であった。このことは古くはベロベロ自体が釜神祭祀にとって重要な存在であったことを示唆する。無論、地域によって時期の差はあろうが、釜神の男女二体の木製神像は、後のある段階に木鉤の後継として付加された可能性が高い。

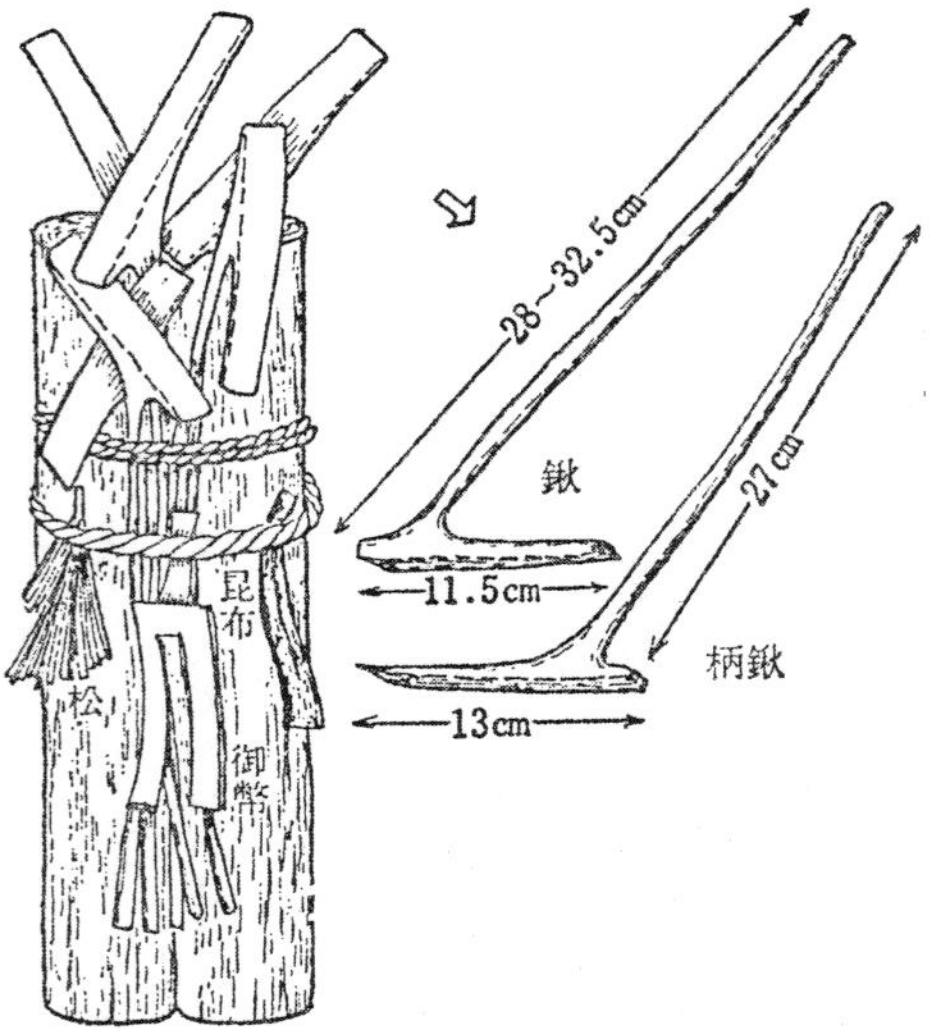

図8　見倉の釜神様に添えられた鍬と鋤（実測図）
滝沢秀一　1990より

前述のとおりベロベロの形態には二種あった。真っ直ぐな萱棒を「ボー」「ニョロ」と呼び、先端を曲げた鉤状の萱棒を「ベロ」などと呼んだ。また見倉や前倉では、図8のとおり実物と見まがうような精巧な木製品の雛形を作る。柄が鋭角で鉤状のものを「鍬」といい、柄角が鈍く比較的真っ直ぐなものを「鋤」と呼んだ。秋山郷では、同形の踏み鋤をエングワ（柄鍬）といい、古くから焼畑農耕において、鍬とともに大地を耕起し作物を育むための重要な農具であった。

その雛形である鍬や鋤の製作にあたっては、前記のとおり若木迎えの木の中から枝分かれの部分を材料に使うとする。この証言から細い枝木を柄とし、太い幹の部分を刃床部にあてて幅と厚みを持たせるという実際の「木鍬」「木鋤」の製作技術が用いられており、その入念さが窺える。

このようにして精巧に作られた鍬と鋤の木鉤は、粟飯には挿さずに、男女二体の釜神様の神像に添える形で括りつけられる。それは、かつて主役であった鍬や鋤の木鉤が、その座を譲って脇役を演ずる図に見える。

実は、この鉤状の二股の枝木に対する観念は、周辺のドウラクジン神像の製作にも窺える。十日町市橘（旧川西町）では股木を利用した男神のドウラクジン像を作る。股木の突き出た鉤状の部分を墨で黒く塗り、顎鬚としている。また十日町市大荒戸（旧松之山町）ではクリの股木でドウラクジン像を作るが、その形状から天狗

図10　ドウラクジン木像
【天狗様】
（十日町市大荒戸）
十日町市博物館所蔵

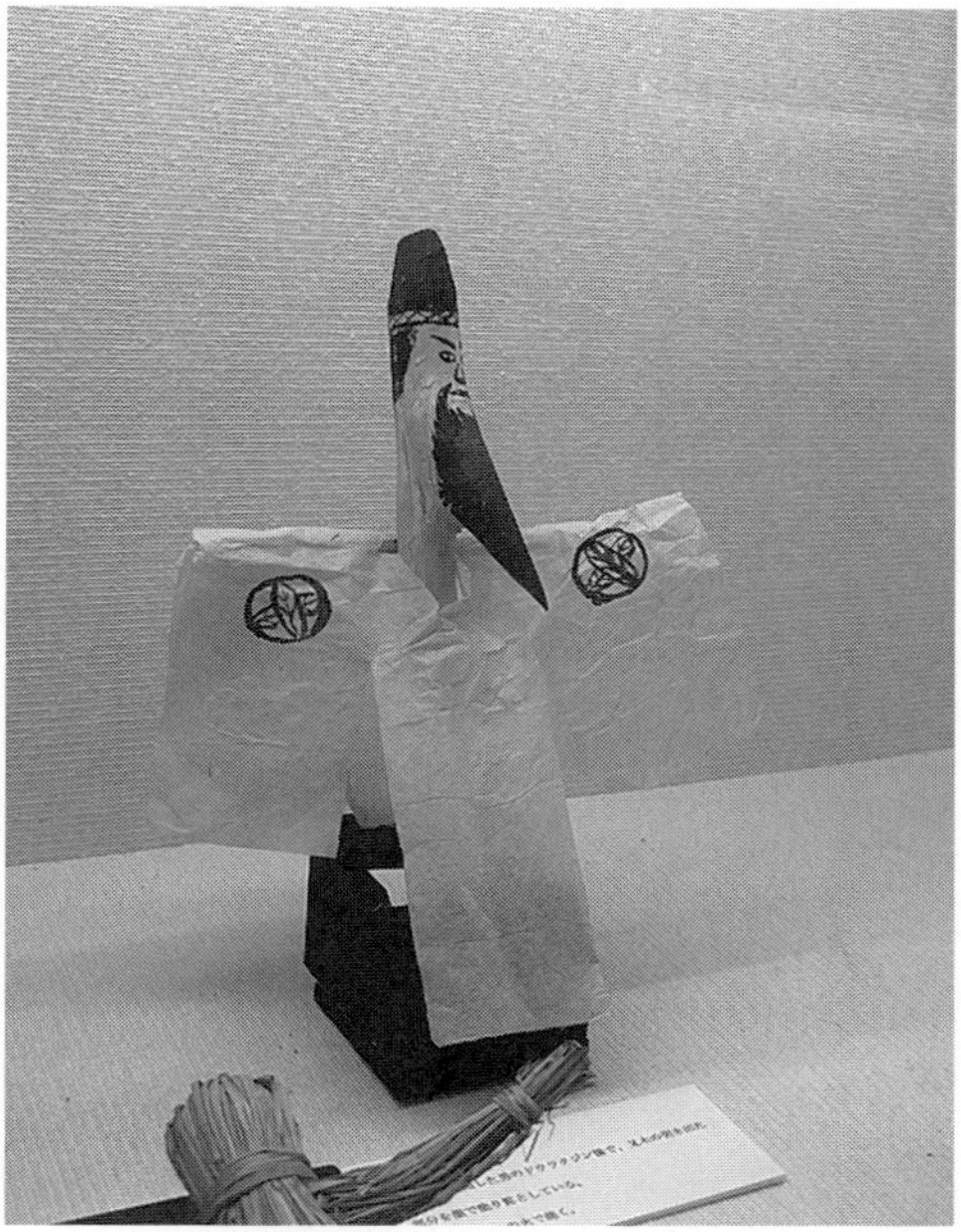

図９　ドウラクジン木像（**十日町市橘**）個人蔵

様とも称される。十五日に七歳の厄年の男子が双体道祖神碑のあるサイノカミ焼きの場所に厄払いのため奉納し、無病息災を祈ったという[29]。わずか二例ではあるが、釜神祭祀と同様の木鉤が道祖神像へと展開した事例として興味深い。この木鉤（＝男根）から男神の道祖神像への展開は、より豊穣を具象化した男女神（夫婦神）像への発展を容易に予想させるものと言える。

おわりに

秋山郷における稲作普及は明治初期以降であり、これは釜神様の年取りの祭場である竈や羽釜の普及期にも当てはまる。それ以前は永く焼畑農耕による粟や稗などの粉食が主で、囲炉裏と鍋による煮炊きが中心であった。稲作の普及に伴う焼畑耕作の衰退は、両者の文化的葛藤を惹起し、以後、山の神信仰はじめ多方面にわたる文化変容をもたらしたと言える。釜神起源説話とは、この両者の文化的対立と同化・融合をモチーフにしたものと理解できる。

それにしても釜神起源説話にみる「米」に対する肯定感には驚かされる。自らが長く親しんできた粟飯などの粉食慣行を厭う感情の背景には、やはり里との交流によって醸成された「米」への強い憧憬と米自給への長年の願望があったものと思われる。

鈴木牧之の『北越雪譜』（「秋山の古風」）には「人病あれば米の粥を喰わせて薬とす」とあり、[30]秋山郷では米が病気を治す特別な力を持つものと信じられた。これと通底する習俗に「振り米」があり、喜田貞吉は「（秋山谷では）大病人に米養生までさせたが、それでも死んだのは寿命とあきらめねばならぬとか、瀕死の病人の枕元で、竹の筒に米を入れてそれを振ってその音を聞かせた」と報告する。[31]地形的に険しい山間の焼畑地帯では、貴重な米が食べられるのは年取りや正月ぐらいであった。臨終や病気が重い時に、竹筒や瓢箪に米を入れて振って聞かせると「米を食べたさに生き返る」とか「満足して成仏する」との伝承は広く残る。

この振り米の伝承ついては、野本寛一が次のような卓見を述べている。すなわち「民俗文化の垂直分布の高位極点のムラムラ（中略）では、入手しにくい米や藁に対する強い憧憬と執着を抱くことはむしろ自然だった。「振り米」の伝承はこうしたムラムラでよく耳にした。おのれの主体性によって、入り来るものを選ぶことができる場合、米は決して忌避の対象とはならなかったのである」と指摘する。[32]

『秋山記行』には疱瘡流行の際に、村境に道切りの注連縄を張って、長期にわたり里との交通交易を遮断したことが記される。これは秋山郷の高い自給性を裏付けるもので、秋山郷においても米は忌避の対象ではなく、むしろ積極的に獲得したい魅力ある作物なのであった。その強い憧憬こそが、明治期以降の急速な稲作普及をもたらした要因である。

坪井洋文は「民俗とは異質な文化との接触による衝撃によって起きた自己認識の連続過程の総体である」と定義した。(33)ここで議論した「釜神様の年取り」は、稲作の受容・定着と焼畑の衰退・消滅という秋山郷の近現代の文化変容の中で再構成されたものであり、この地域の歴史的風土を深く刻んだ儀礼伝承と言える。そして前記「説話D」が示すように、現代に生きる秋山郷の人々にとって、稲作以前の焼畑生活(始源)を振り返る自己認識のための記憶装置として、いまも機能し続けているのである。

注

(1)『秋山記行』の活字本はいくつか刊行されるが、ここでは浅川欽一校注『秋山記行』(信越教育会出版部。一九六二年)から引用する。

(2)武田久吉「釜神様の年取り」『農村の年中行事』有峰書店、一九七三年、四七～五五頁。

(3)滝沢秀一「釜神さま―信越県境付近の事例から―」『アンギンと釜神さま―秋山郷のくらしと民具―』国書刊行会、一九九〇年、一一二～一四八頁。

(4)財団法人民俗学研究所編「ベロベロノトシトリ」『改訂綜合日本民俗語彙』第三巻、平凡社、一九五五年、一三九六頁。

(5)前掲(2)、五二頁。

(6)前掲(1)三八～三九頁に「正月の上餅は粟斗り調合すると柔なり、いつまでも永く用ひ(られ)、稗・粟加へ候ば、冬中時々喰。」とあり、粟餅で正月を祝った。

(7)新潟県教育委員会『秋山郷　民俗資料緊急調査報告書』一九七一年、九九頁。

(8)市川健夫「秋山残酷物語」『平家の谷―信越の秘境秋山郷―』令文社、一九六一年、八〇～八一頁。

(9)柳田國男「ベロベロの神」『こども風土記』(『定本　柳田國男集』第二十一巻、筑摩書房、一九七〇年)一四～

一五頁。
(10) 前掲(7)九九頁。
(11) 桑原百合枝・尾池みどり・石澤貴司「愛くるしい釜神さまに触れて」『津南学』第三号、津南町教育委員会、二〇一四年、二〇九頁。
(12) 菅原清康・進藤隆「秋山郷における焼畑の作付体系とその成立要因について(焼畑農法における作付体系とその成立要因に関する研究第6報)」『農作業研究』四十二号、日本農作業学会、一九八一年、三九頁。
(13) 前掲(1)四一頁。
(14) 前掲(7)五六〜五七頁。
(15) 滝沢は前掲(3)一一九頁で、秋山郷では紙漉きを副業とする家には楮を蒸すための竈がみられたが、日常の食物の煮炊きに使うものではなかったとする。
(16) 前掲(8)五四頁。
(17) 野本寛一「鉤掛けの民俗」『焼畑民俗文化論』雄山閣出版、一九八四年、三九六〜三九七頁。
(18) 松崎憲三「山の神祭りにおける木製呪具の研究―山の神信仰の展開―」『国立歴史民俗博物館研究報告』七号、同館、一九八五年、四三一頁。
(19) 早瀬保太郎「伊賀の山の神祭り―通称「カギヒキ」神事―」『日本民俗学』七十三号、日本民俗学会、一九七一年、四三〜四七頁。
(20) 前掲(3)一二一〜一二三頁。滝沢は、特に大赤沢の石沢家の神棚に一本だけ遺った素朴な枝木で作った鉤型の鍬(図5)を見て、ベロベロの古い型ではないかと推測している。
(21) 前掲(7)九八〜九九頁。
(22) 前掲(3)一三七〜一三八頁。
(23) 前掲(3)一一四〜一一五頁。
(24) 前掲(2)五三〜五四頁。

(25)　前掲(3)一一七頁。
(26)　前掲(11)二〇九頁。
(27)　前掲(7)一〇〇頁。
(28)　前掲(3)一三八頁。
(29)　柏崎市立博物館編『越後の人形道祖神―異形神の系譜―』同館、二〇〇四年、三六・四一頁。
(30)　宮栄二監修『校注北越雪譜』野島出版、一九七〇年、九二頁。
(31)　喜田貞吉「「ケット」と「マット」」『歴史地理』五十八―五、日本歴史地理学会、一九三一年、二一～四頁。
(32)　野本寛一「『坪井曼荼羅』前後」『季刊東北学』第十八号、東北文化研究センター、二〇〇九年、五五頁。
(33)　坪井洋文「風土の時間と空間」『民俗再考―多元的世界への視点―』日本エディタースクール出版部、一九八六年、一四六頁。

〔謝　辞〕

本章は新潟県津南町教育委員会主催のシンポジウム『秋山記行から展望する考古と民俗の交差』(令和五年十月二十一日、津南町総合センター)での講演内容を基に加筆修正し成文化したものである。発表の機会をいただき、本書への掲載を許可いただいた同教育委員会ならびに事務局の佐藤雅一氏・佐藤信之氏に篤く御礼申し上げます。また同教育委員会ならびに滝沢由美子氏(故滝沢秀一氏ご息女)からは写真提供を賜った。記して御礼申しあげます。

Ⅳ　生成と展開

失われた〈修験道〉を求めて—現代英彦山における修験復興運動について—

須永　敬

はじめに

小川直之は、「斬首の民俗—廃仏毀釈と石仏—」（小川　一九九六）のなかで、神奈川県秦野市や平塚市にみられる近世の地蔵・道祖神に、頭首が失われたものが相当数確認できることを指摘し、これらが人為的に破損・欠損された可能性について考察している。そして石仏の「斬首」が行われた事由として、明治初期の神仏分離政策にともなう廃仏毀釈があったのではないかと推測している。

その上で小川は、当該地域における廃仏毀釈や神仏分離の具体例を示すとともに、なぜ石仏のすべてを破壊せずに、頭首部を折ったり、削り取ったりするだけで事足りたのか、という問いを導き出し、折口説などを援用したうえで、そこに「斬首の民俗」、すなわち、生命力の象徴としての首を切り落とすことにより、石仏としての力が完全に失われると考えられていたことを指摘する。石仏の「斬首」の事例のなかから、廃仏毀釈という歴史的事象に表出する通時的な心意の析出を試みたのである。

図１　等覚寺青龍窟の石仏
（福岡県苅田町　2023年５月22日撮影）
石仏の頭部は後から新たにのせられた石であり、どれもが不釣り合いに感じる。それでも人は、石仏の頭部を補おうとする。

この論文末尾には一つ興味深い事例が紹介されている。長崎県壱岐市芦辺町にある「ハラホゲ地蔵」には首がなく、海女たちが海中から拾ってきた石を頭としてのせることで守り神の信仰を受けているのだという。これについて小川は「頭を付けることは、石仏としての力を持続させる行為であり、頭首部などで折られた石仏が補修されてまつり続けられることと同じ意味を持つ。」としている（小川　一九九六　四二）。

調査地において、新たな頭石をのせられた石仏を見ることは、民俗学研究者にとって決して珍しいことではない（図1）。廃仏毀釈によって失われた石仏の「生命」を、頭石をのせることによって再び復活させようとする行為もまた、「斬首」と同じような民俗的心意にもとづく行為と考えられるのである。先ほどの小川の表現を借りれば、生命力の象徴としての首をのせ合体させることによって、石仏としての力が復活すると考えられていた、と説明することができよう。

ところで、筆者は近年、幕末維新期に修験道を廃し、神道化した九州の修験霊山、英彦山（図2）をフィールドとしつつ、近代英彦山のあゆみを追い続けてきた。福岡・大分県境に位置する英彦山（標高一二〇〇メートル）は、大峯山・羽黒山と並び称される日本を代表する修験霊山、であった。だが、現在の英彦山を歩いても、全くそのような気配は感じられない。大門筋と呼ばれる表参道の石段脇にはおびただしい数の平坦面があるが、これらはどれも修験者の坊跡である。ここだけでなく山内の谷々には多くの坊舎が建ち並んでいたのだ

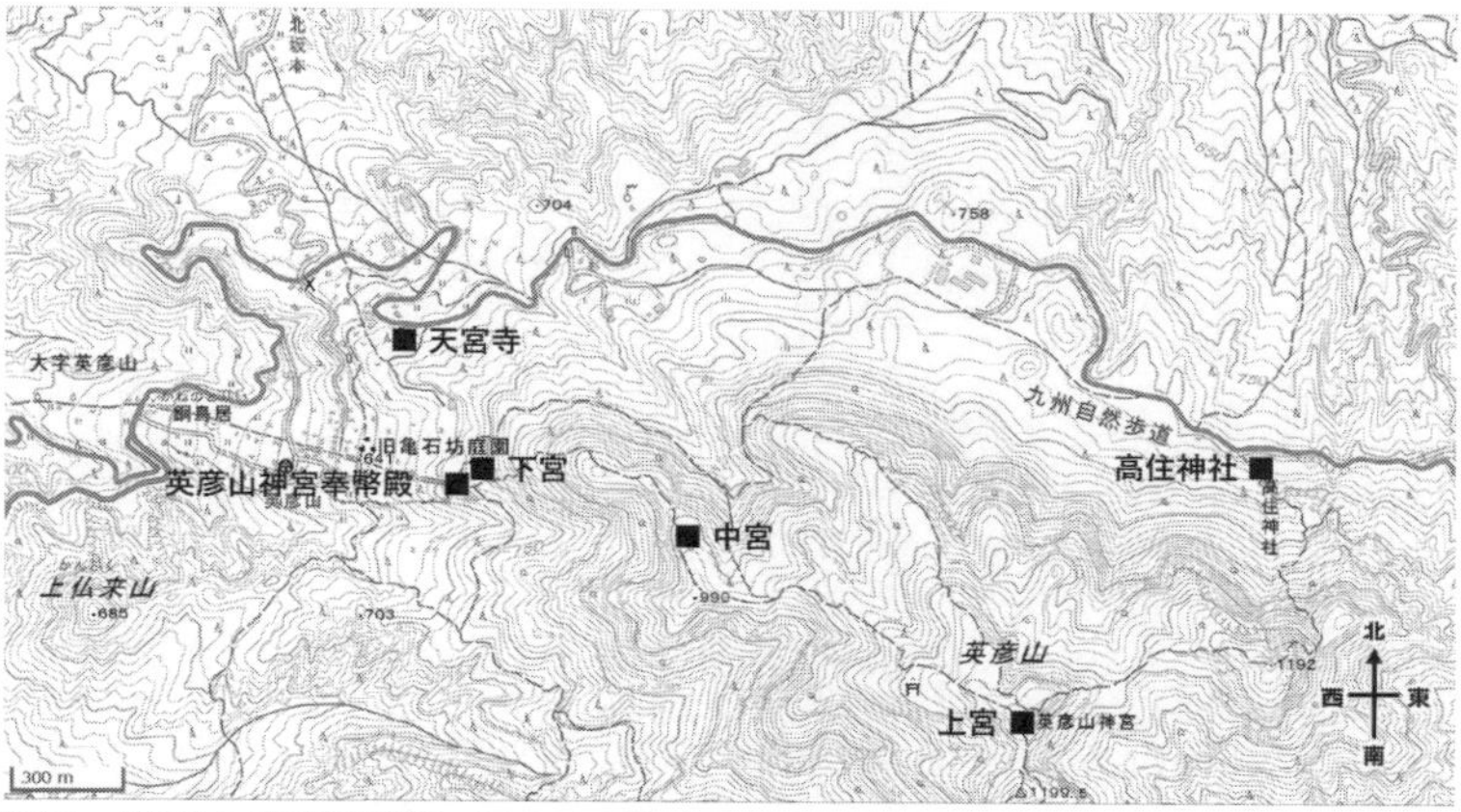

図2　英彦山神宮周辺図（国土地理院地図を加工）

が、今残っているのはその石垣だけである。参道を行き交う人も、登山客や季節の花を愛でに来る観光客が主であり、信仰目的で来山する人がどの程度いるのだろうか。また、信仰といっても英彦山には英彦山神宮という神社が鎮座しているのみであり、そこに山伏はいない。法螺貝の音すら聞こえない状況の中で、英彦山が日本を代表する修験霊山の一つであった、などという宣伝文句を一体誰が納得できようか。これが、私が十数年前に英彦山を歩いたときの率直な印象であった。

なぜ、英彦山はこのようになってしまったのか。ごく簡単にその歴史を振り返ってみよう。元亀三年（一五七二）の『鎮西彦山縁起』には、仏教公伝前の継体二十五年（五三一）に魏国（中国北魏）から渡来した善正法師が彦山に籠山中、猟師藤原恒雄に殺生戒を悟らせたことを縁に開山されたと伝える。この藤原恒雄の名は、鎌倉初期に編まれた『彦山流記』にも記されており、当時既に同様の開山伝承が伝わっていたと考えられている。

十一世紀末の歴史資料には、すでに彦山の衆徒集団の存在が確認でき、中世には守護不入権を確立して、治外法権的な自治組織を形成していた。近世に入り、修験道法度に基づき全国の修験が天台派（聖護院）・真言派（醍醐寺三宝院）に統合された際も、彦山は羽黒山とともに別格本山としてその独自性を公認されていた。なお、享保十九年（一七三四）には、霊元法皇の遺勅により「英彦山」の勅額が下賜され、以来彦山は英彦山と称されることとなる。

文久三年（一八六三）、英彦山内の勤王山伏の不穏な動きを察知した小倉藩が英彦山を占拠。座主とその家族を始め勤王山伏たちが小倉に連行され、このうち八名の山伏が処刑されるという事件が起こった。そのようななか、英彦山の修験者たちは、神祇復興を遂げることにより、再び中世英彦山の自治独立の栄華を取り戻したいと考えていた。英彦山は、幕末段階でいち早く神道化を遂げ、霊仙寺を廃して英彦山神社とし、座主も同社の宮司となった。

しかし、そこに待ち受けていた現実は、想像とは全く異なるものであった。英彦山神社が設けられると、職員の定数が定められた。たとえば、明治十二年（一八七九）時点の英彦山神社職員は、宮司一名、禰宜一名、主典二名、臨時雇員二名（後に一名に減員）であった。たったこれだけの員数で、どうやって広大な英彦山の山域を管理運営することができようか。一方、英彦山神社の職員とならなかったその他の旧修験たち―幕末段階で少なくとも二五〇坊の修験があった―は全て英彦山神社の一氏子とされ、一切の宗教活動を禁じられてしまった。

このような大きな宗教的変動を受けた英彦山神社は、神社講社の設立等により、再び九州の檀那を糾合し、旧修験の廻檀活動を復活させようとした（須永　二〇一五）。また、小倉に本部を置く教派神道神理教も、行き場を失った旧修験たちを組織化しようとした。その結果、神社側（神社派）と神理教（教会派）とが山内で鋭く対立したが、明治二十三年（一八九〇）の英彦山神社官幣小社昇格運動での協力をきっかけに、その対立は沈静化していった（須永　二〇一九、二〇二一）。

また、この両派以外に、「修験派」なる一派が存在していたことが英彦山神社の『神社日記』に記されている。この修験派については、後継の不在による資料上の制約によって、その状況が十分に考察できていないのが現状である。これまでわずかに言及されているのは、森谷氏(旧多聞坊)と高田氏(旧浄厳坊)のみである。森谷氏については、明治二十七年(一八九四)三月二日の『神社日誌』記事に「御潮井採り」を行なっていたことが記録されている。御潮井採りとは、正月晦日に山内を清め祓うための御潮井(海水)を汲むため、一泊二日の行程で約三十六キロメートル離れた姥ヶ懐(行橋市)まで出向くという行事である。往事の英彦山修験の主要な行事であったが、修験廃止後の英彦山神社は修験的な年中行事を廃したため、当時の神職たちは御潮井採りを行なっていなかった。その間、御潮井採りを担っていたのがこの森谷氏であった(長野 一九八八、須永 二〇一七、二〇一九)。また高田氏は、自ら行者として活躍し、英彦山霊泉寺を創建するとともに、修験廃止後に離山していった修験たちの資料を収集・保護していたことが知られている(宮家 一九八八)。このような「修験派」と見ることのできる旧修験もいたのであるが、現在わかっている範囲では、いずれも個別的な動きであり、その後大きなうねりを起すこともなかった。

このようななか、近年になって英彦山神宮(一九七五年に英彦山神社から改称)を中心として修験復興のきざしが芽生えており、その経緯は亀崎(二〇一五・二〇一七)や白川(二〇一七)、須永(二〇一八)によって紹介されている。しかしながら、英彦山の「現在」について強い関心が寄せられているなか、状況が流動的であることも相まって、これまでの報告には短報に止まっているものが多い。また、ここ数年の間に英彦山の修験復興運動は急展開を見せているが、その直近の状況を踏まえた報告はなされていない。さらに、このような修験復興運動の転換に大きく介在した豊前坊院天宮寺(第二節)についての報告や考察もいまだなされていない。

神前読経の実施に始まり、下宮(十二所権現)への護摩壇設置、禰宜の得度など、英彦山神宮は、目下神仏習合・修験復興に大きく梶を切っている（第一節・第三節）。これらの修験復興運動は現在進行形であり、本章は目前で起きている英彦山の宗教変動の実況中継とも言える。

一　現代英彦山の修験復興運動（前編）

（1）現宮司の就任と国史跡指定調査の開始

平成十七年（二〇〇五）、高千穂秀敏氏が英彦山神宮宮司に就任した。当時の英彦山地区は、英彦山小学校の廃校（平成十四年三月）などの影響を受け、人口が急減しているさなかであった。このままでは英彦山神宮も英彦山地区も共倒れになってしまうのではないか、という危機感のなか、高千穂宮司は明治初年に廃止された英彦山修験道を復興することに将来の活路を見出そうとした。

そのきっかけとなったのは、平成二十二年（二〇一〇）度に開始された英彦山国史跡指定にかかる学術総合調査事業の開始であった、と筆者は考えている。平成二十六年（二〇一四）まで五年間にわたって行なわれた調査は、考古・歴史・民俗・美術と、各方面の研究者によって組織された調査団によってなされ、そのなかで英彦山の修験霊山としての歴史や文化が改めてクローズアップされることとなった。

このような調査研究の進展と並行するようにして、英彦山神宮は神仏習合に向けての動きを開始する。平成二十四年（二〇一二）四月には、神幸祭に聖護院山伏であるT氏の参加を得ることによって、神幸祭の行列にほら貝の音が加わることとなった。また、これまで担ぎ手不足のため三基ある神輿のうち一基しか動かすことができなかったが、「英彦山神輿会」を結成して三基全ての渡御を実現したのもこの年のことであった。

さらに同年四月には、秀敏宮司の息子で同社禰宜である高千穂有昭氏が、聖護院で三日間の修行を行ない、翌平成二十五年(二〇一三)には高野山に入り、一三五日間の修行を行なった。神職でありながら、真言密教の行法を学び、英彦山に戻ってきたのである。

(2) 神前読経の開始と山内の宗教者との連携

英彦山神宮が修験復興に向けての模索を開始するなか、平成二十五年(二〇一三)には、北部九州の修験者や行者たちによる英彦山への峯入りや柴燈護摩供が相次いで行われ(四月・宝満修験会の峯入りと柴燈護摩供、五月・修験春風会の金剛界入峰修行、十月・求菩提修験の柴燈護摩供)、英彦山神宮や地域の人々に大きな刺激を与えた。とりわけ、四月には行われた、宝満山の宝満修験会による「英彦山峯入り」ルートの復元と、英彦山神宮奉幣殿(旧霊仙寺大講堂)前での柴燈護摩供(図3)の様子は、盛時の英彦山を思わせる光景として、人々に鮮烈な印象を与えた。

このような外部の修験者たちの度重なる入山は、修験復興運動をさらに活発化させた。平成二十六年(二〇一四)二月より、英彦山神宮境内の下宮において、禰宜の有昭氏による神前読経「経読みの会」が開始された。当初は毎月十八日に集まって行なっていたが、平成二十八年(二〇一六)度からは毎月第四日曜日と、曜日を固定して実施され、今日に至っている(図4)。「経読みの会」発足当時の英彦山内では、英彦山神宮の神職以外にも、仏教系、修験系、巫俗系といった様々な民間宗教団体や宗教者がそれぞれ個別に活動をしていた。

図３　宝満修験の柴燈護摩供（**英彦山神宮**　2013年４月28日撮影）

これらの宗教者たちに声をかけ、英彦山神宮を中心とした修験復興の「担い手」になってもらうことを期待して（亀崎　二〇一七　八六）始められたのが、この神前読経であった。また、神前読経をしていると、そこを通りかかった登山客や観光客が立ち止まり、時には拝殿に上がって拝んだりするなど英彦山が神仏習合の霊場であることを、一般の人びとにアピールする機会ともなっている。

また、同年四月からは「添田町歴史的風致維持向上計画（歴史まちづくり法　二〇一四～二〇二三年）」が策定されることとなり、国史跡調査の後継に位置づけられる事業として、英彦山の歴史・文化の保護と活用が考えられるようになった。英彦山修験道とは一体何か？　という問いに答えることが、行政や研究者の人びと、そして何より英彦山神宮を預かる神職たちにとっての大きな課題となっていたのである。

そのような時に現れたのが、本章のキーマンともいえる、豊前坊院天宮寺の村上行英住職である。村上氏の登場によって、英彦山神宮の修験復興は本格化、加速化を遂げることとなるのだが、その詳細については第三節に述べることとし、次節では、豊前坊院天宮寺と住職である村上氏三代について説明したい。

二　豊前坊院天宮寺と村上氏三代

(1)　初代：村上行眞(一九〇一～一九五四)

豊前坊院天宮寺(図5)を創建したのは、行橋出身の真言宗醍醐派の行者、村上行眞氏であった。戦前戦後の英彦山で活躍した行者である。

戦後、行眞氏は、高住神社の宮司をしていた森谷氏に誘われ、昭和二十六年(一九五一)に真言宗系の単立宗教法人・豊前坊院天宮寺を開創した。その当時は高住神社境内の斎館を利用して活動していた。現住職の行英氏によれば、「豊前坊院天宮寺」という寺名について特に言い伝えはないが、「豊前坊院」は日本八天狗の「豊前坊天狗」で有名な現・高住神社の旧称「豊前坊」に基づ

図４　経読みの会の様子（英彦山神宮下宮　2022年11月27日撮影）

き、天宮寺は「天狗」に掛けたのではないか、とのことである。

また、行眞氏を誘ったという森谷氏は、明治期に修験復興を試みた先述の「旧多聞坊」の末裔である可能性もある。もしそうであれば、先述した「修験派」の命脈を継いだのが、この行眞氏であったとも言えるであろう。

行眞氏の妻眞恵氏も、同じ行橋の出身であった。この眞恵氏にも不思議な話が伝わっている。眞恵氏が若かった頃、病気になってしまった。これはきっと幼くして亡くなった弟の霊が障っているのだと考え、霊能者に降霊してもらったところ「自分ではない。自分は猿の母親に抱かれ幸せである。現世に呼ばれるとこの地での修行の功が減ってしまうので、あまり呼ばないでくれ。」とのことであった。そこで別の人に見てもらったところ、眞恵氏が兄の経営する料理屋に仲居として勤めていたとき、掃除をして汚れた水を外に撒いた。その際、そこにいた霊が水を被って驚き、眞恵氏に取り憑いてしまったのだという。それ以来、眞恵氏は修行の道に入り、戦前の京都で床屋を経営しつつ、毎月比叡山無動寺弁天堂の瀧修行に通うようになったという。眞恵氏もまた験力が強く、神籤や除霊で多くの信者を持っており、民間宗教者的な性質を持つ女性であった。

(2) 二代：村上行正（一九二五～二〇一二）

二代目住職の行正氏は、大分県日田市大山町の出身。行眞氏と同じ真言宗醍醐派の行者であった。戦時中は長崎県大村の海軍航空廠で働いていたが、海軍を志願していった仲間たちが次々に戦死していったことに矛盾を感じていたところ、人からの勧めで修行を始めたという。そして、郷里の日田で修行をしていたときに、神の声を受けたことをきっかけに英彦山に入ったという。これについては、雑誌に掲載された行正氏のインタビュー記事（生江　一九八九　八〇）があるので、その一文を紹介する。

二三歳のとき、行正は郷里の日田山にコメ一升と塩を持って登り、小さな祠にこもった。

「まだ行など、どうやるのか知らない時代です。夜十一時頃だったか、大きな音が聞こえ始めた」

祠の周囲を廻り歩く足音。木を裂くようなばりばりと大きな音もする。堂の扉が激しく叩かれた。ふと見上げると祠の天井に青空が広がっており、神木の枝が折れて落ちてくる。あっと思った時、意識が戻った。

「そんなことを何年か繰り返したある日、豊前坊へ行けという大声を二晩続けて聞いた」

図 5　豊前坊院天宮寺（2022年 6 月 4 日撮影）

このような山中での神秘体験や、英彦山の豊前坊へ行けという神の啓示をきっかけとして、昭和二十六年（一九五一）三月、行正氏は英彦山に入り、翌年に天宮寺の村上家の養子に入る。やがて、山に一人では困るだろうということで香春町から妻も娶った。なお、養子に入る前の名は、川述袈裟次であったが、養子に入った際に村上行正と改名した。

行正氏は、高住神社の境内で茶店を営みながら、神職と行者を兼ねたような仕事をしていた。また、高住神社が経営する豊前坊キャンプ場の管理人をするなど、さまざまな仕事を兼ねて行なっていた。

当時の高住神社は松養榮系《まつがいしげつら》氏（一九一四〜一九八八）が宮司をしていた頃で、その下で行正氏とF氏の両氏が働いていた。高住神社は古くから豊前坊天狗の信仰が強く、一般の神道では対応できないような霊的な相談や祈禱の依頼が寄せられることがあった。そのような依頼があった場合には、宮司の松養氏では対応できないため、行正氏が対応することになっていた。例えば何か信者の家に問題があると、その家に出向いて、座敷に紙の天蓋を吊し、その下に敷いた風呂敷の上で護摩を焚く「風呂敷護摩」などをしていたという。

また、行正氏は、英彦山内で活動していたN氏・M氏とともに「行者三羽ガラス」と呼ばれた行者の一人であった。荒行に挑むことで知られており、今も一つのエピソードが伝わっている。戦前に、行正氏・N氏・M氏の「行者三羽ガラス」が、英彦山修験を名乗って、行や祈禱をしつつ九州各地を回っていたことがあった。ある時、壱岐・対馬方面に護摩行に行ったが、なかなか帰ってこないので不審に思っていたところ、なんでも護摩の最中にけが人が出たことにより、警察の取り調べを受けていたとのことであった。その護摩というのが、左右に置いた柴燈護摩壇を上から覆うようにもう一つの柴燈護摩壇を乗せ、この三つの護摩壇に着火してそのトンネル状になった護摩壇の中を信者に潜らせたところ、護摩の火が燃え移って大やけどをしたとのことであった。このような無茶なことをする行者たちだった、と伝わっている。

昭和五十二年（一九七七）には、鷹巣原から現在地に天宮寺を移した。また詳しい経緯は不明であるが、昭和三十三年（一九五八）には、村上行正氏と真言宗醍醐派の行者仲間たちが一緒になって、高住神社にて「英彦山大護摩供」を行なうようになった。十一月三日の早朝、行者たちが英彦山神宮の参道を上って上宮を参拝し、その後北岳を経て、高住神社に入る（峯入り）。そして、高住神社参道鳥居前に設けられた護摩場にて、柴燈護摩供や火渡りなどを行なった。この柴燈大護摩供は大変な人気があり、例年大勢の人が詰めかけていた。

このように行正氏もやはり山外(日田)出身の行者であり、村上家には養子として入っていた。また、行正氏は天宮寺のみでなく、高住神社境内の茶店や高住神社の社務、キャンプ場の管理人などを兼業して、生計を立てていた。また、高住神社に寄せられる対応が難しい祈禱の依頼先ともなっていた。また、英彦山の修験復興を目的とした柴燈大護摩供が英彦山神宮ではなく、山内の周辺神社である高住神社において、山内の周辺寺院である天宮寺の住職によって行なわれていたことは興味深いと言えよう。

(3) 三代：村上行英氏(一九五八〜)

三代目となる行英氏は、天宮寺二代目の村上行正氏の子として生まれ、高住神社の茶屋で育った。英彦山生まれで、小学校も英彦山小学校を卒業した。しかし、中学二年生の時に転機が訪れた。親に連れられて京都旅行に行った際、父の知り合いで「大阪の先生」とよんでいた霊感の強い、神峯山寺護特会会長のK氏に会ったところ、「この子は英彦山の子なのだから、天台宗の僧となるべきだ」と高槻市の神峯山寺を紹介され、最初は神峯山寺に入った。中学校も高槻市内の中学校に転校した。しかし中学卒業の際、神峯山寺の住職から「十四歳から親元を離れた志の強い子だから、地方寺院の師弟より、本山延暦寺の師弟になった方が良い」と言われ、比叡山延暦寺のU師匠の弟子となった。高校も延暦寺学園比叡山高等学校に進学し、天台宗僧侶の子弟たちと一緒に、寮で僧侶の基本を身につけつつ、高校に通った。

高校卒業後は大正大学に進み、在学中は寛永寺で役僧をした。卒業後は比叡山の僧になりたいと思った行英氏は、三年の籠山行を修めて比叡山三年籠山行僧となった。籠山行を修めた後もさらに四年間叡山におり、山内では延暦寺一山・円覚院を持つこととなった。

英彦山の天宮寺に帰ってきたのは三十歳の時であった。英彦山に帰ってきたとはいえ、比叡山にも一寺を持っているため、英彦山と比叡山を行ったり来たりする日々が続いた。そんななか、「叡山と英彦山の間に寺を持ったらいいだろう」という知人の紹介を受け、平成十四年（二〇〇二）からは岡山にも一寺（正満寺）を持ち、現在はこの三寺を受け持っている。

天宮寺では、毎月第二日曜日の十一時から十二時頃まで護摩講を行なっている。村上住職のほか、芦屋町海雲寺のD住職、英彦山神宮の有昭禰宜が加わることもある。令和四年（二〇二二）六月二十一日にその様子を調査した。天宮寺の本尊は、豊前坊竹台大権現の木造仏で、脇士は夜叉。祭壇向かって左に役行者、右に稲荷を祀る（図6）。脇に続く小部屋には弘法大師像も祀られる。護摩供は基本的には天台式の護摩であるが、天宮寺の特徴としては、

①護摩壇の上に天蓋を飾ること。
②護摩供の最初と最後に、法螺貝の吹き口をポン・ポン・ポンと三回叩いて音を出し、法螺貝吹奏ののち、再度吹き口をポン・ポンと二回叩くこと。
③天台声明般若心経・不動真言・大般若転読と続いた後、最後に「南無豊前坊大権現」「南無英彦山大権現」と繰り返し皆で唱えること。
④護摩の最後には拍手を四拍打つこと。

などが挙げられる。とりわけ①の天蓋はユニークである。普通の寺院の護摩壇の上部は、火が燃え移らないよ

うに丈夫な木や鉄板を敷くことが多いが、天宮寺はベニヤのような薄い板である。それでも大丈夫なのはこの天蓋が火を防ぐ効果があるためだという。もし万が一護摩の火が天蓋の紙に移った時には、そこから燃え広がってしまうので直ぐにそこをちぎれ、と先代から言い聞かされていたという。

ところで、先述した高住神社(豊前坊)での柴燈護摩(十一月三日)は平成四〜五年(一九九二〜三)頃に関わりを持たなくなった。それまでは、天宮寺が中心となって、行者や真言宗醍醐派の僧たちと一緒に行なってきたが、修験系団体Aから「これからはうちが柴燈護摩をすることになったので関わらないようにしてほしい」と言われたためである。その後、修験団体Aによって柴燈護摩供が行なわれたが、何年かして行なわれなくなり、その後を継いで別の修験団体Bが行なうようになった。

図6　豊前坊院天宮寺の護摩壇
(2022年6月12日撮影)

平成二十六年(二〇一四)頃、英彦山神宮の高千穂秀敏宮司の母が亡くなり、村上氏が弔問に行った際に久々に宮司に会った。その際宮司から「そうか、あんたがいたか」と言われた。今思えばそれが宮司の方針転換の時期だったかも知れない、と行英氏は語る。英彦山修験を復興するにあたっては、英彦山内の宗教者たちと協力するだけでなく、天台宗の僧としての正統な行を身につけている村上氏と組むことも必要と考えたのであろう。

ここに、村上行英氏という「比叡山」「天台」という「正統」性が加わることによって、英彦山神宮の修験化が一挙に進むことになる。

三　現代英彦山の修験復興運動（後編）

(1)　英彦山と天台宗・天台僧

英彦山神宮の修験復興運動に天宮寺の村上住職が参画して以降、天台宗・比叡山との結びつきが強まっていく。

平成二十六年（二〇一四）十一月、天宮寺村上住職の仲介により、天宮寺秋季大祭において比叡山十二年籠山僧S師の正式参拝が実現する（亀崎　二〇一七　八六）。そして翌年四月の英彦山神宮神幸祭には、天宮寺の村上住職が、英彦山神宮の高千穂宮司と並び立ち、ともに神幸行列に参加した。

また、同年七月に行なわれた、玉屋神社御池浚い神事（旧玉屋窟内部のご神水を汲む神事）は、従来とは異なる形で神事を執り行なった。これまでも、同神事の際には民間宗教団体がやってきて、神職が神事を執り行なっている横で、別箇に祭祀をする様子が見られたのであるが、この年は英彦山神宮と経読みの会との合同実施という形で行なったため、山内の民間宗教者たちも玉屋神社の拝殿に昇殿し、一緒に神事を執り行なった（図7）。そして、神事の後には、英彦山内の最高聖地とも言うべき玉屋窟の内部が公開された。

同年九月には、英彦山一帯にある町有四施設の指定管理者が連携して「英彦山おもてなしツアー」を初企画

図7　御池浚い神事（玉屋神社　2015年7月18日撮影）

し、英彦山神宮主催、聖護院共催での護摩焚き（柴燈護摩供）が行なわれた。奉幣殿前での護摩焚きは、平成二十五年（二〇一三）の宝満山修験の峯入り以来のことであった。

また、同年十一月の天宮寺秋季大祭では、高千穂宮司と比叡山十二年籠山僧S師、村上住職、修験団体代表が奉幣殿前に並び立って奉拝を行なった。英彦山神宮のホームページには、この様子が「一五〇年ぶりの実現」「宮司、僧侶、山伏、同時の参拝」という見出しで掲載されている（図8）。もちろん、比叡山十二年籠山僧であるS師を英彦山に招いたのは、村上住職であった。その後、奉幣殿前にて、修験系団体Bと英彦山神宮禰宜による護摩焚きが行なわれた。

このようにして、英彦山に「神・仏・修験」の協業体制が生まれることとなった。しかし、それは安定した関係というよりは、その時々の状況によって動揺する、いくぶん不安定な関係でもあった。

(2)　叡山僧参列の定例化

その後、英彦山神宮の神幸祭（四月初旬）や護摩焚き（十一月

図８　神職・僧侶・行者による参拝（2015年11月３日　英彦山神宮 HP より）

三日）等への叡山僧参列が定例化していく。平成二十八年（二〇一六）四月には、叡山僧でテレビなどでも活躍している女性僧侶T氏が神幸祭に参加し、護摩焚きも実施した。また、同年八月から、奉幣殿再建四〇〇年奉祝行事として、著名な雅楽奏者H氏を招き、神楽・篳篥・チェロコンサートなどが行なわれた。同年十一月の英彦山神宮秋季採燈大護摩供（護摩焚き）には、延暦寺副執行のI師が参列するなど、叡山高僧の参列は、もはや珍しいことではなくなった（図９）。

また、研究者の参画としては、九州大学教授で英彦山修験知足院の末裔・知足美加子氏が制作した、国指定重要文化財彦山三所権現御正体復元品を、御神体として奉幣殿の祭壇に祀った。

行政や市民の動きとしては、平成二十九年（二〇一七）三月、歴史まちづくり推進協議会設立支援事業として、英彦山門前町同好会が発足した。会長は旧松養坊の松養榮貞氏、同会のメンバーは英彦山地区内の人に止まらず、添田町内や筑豊地域、福岡の企業関係者などによって構成されている。この同好会が毎年行な

図９　英彦山神宮・豊前坊院天宮寺「護摩焚き」のチラシ（2016年11月３日実施　一部加工あり）

う総会では、先述の国史跡調査に関わった研究者や行政文化財担当職員を講師に招いた講演会が組まれている。

続く、平成二十九年(二〇一七)四月の神幸祭・十一月の護摩焚き、平成三十年(二〇一八)神幸祭護摩焚きも実施されるなど、英彦山神宮の祭礼で護摩焚き(柴燈護摩供)が行なわれることが、常態化するに至った。

(3)　禰宜、比叡山行院にて得度・加行

平成三十年(二〇一八)十一月の例祭にも、比叡山十二年籠山僧、S師が再来山し、天台声明の奉納、参拝の後、護摩焚きが行なわれた。また、同月には、英彦山神宮上宮・下宮の修復保存にかかる奉賛願が出され、老朽化した建築物の修復活動が始まった。

そしてこの年、英彦山神宮にとって大きな出来事が起こった。高千穂有昭禰宜が、天台座主のもとで得度・加行し、S師を師匠として天台僧の僧籍を得たのである。有昭氏は、先に高野山で真言密教の修行を行なったことがあるが、その際には僧籍まで得ることはなかった。今回、僧籍を得たことは、有昭氏の修験復興に向け

た覚悟が定まったことを示している。

　また、この頃から大峯山などで修行をしている行者、熊野修験の参加が見られるようになった。一方、比叡山・大峯山といった修験の主流との関係が深まるにつれて、これまで祭礼等で関わりを持っていた県内の修験系団体との関係が薄らいでいった。英彦山修験の復興にあたって、「正統」と考えられた教派や宗教者との結びつきが強まり、民間宗教的団体との関係が希薄になっていったのである。

(4)　新型コロナ禍における修験復興運動と企業・観光行政

　令和二年(二〇二〇)には新型コロナウィルス感染症の蔓延により、英彦山神宮も大きな影響を蒙った。令和二年(二〇二〇)四月以降翌年度に至るまで、新型コロナ禍のため各種の祭礼は中止となった。しかし、その中でも英彦山修験復興運動は続けられていた。そして、その精力的な復興運動の実践は、観光行政や各種企業や法人事業などとの協業による相乗効果をもたらすことになる。

　平成三十一年(二〇一九)十月には、登山アプリケーションの開発運営会社(福岡県福岡市)によって「英彦山植樹祭」が行なわれた。また、令和三年(二〇二一)度には、観光庁の「地域の観光資源の磨き上げを通じた域内連携促進に向けた実証事業(第二次)」に、同社等による「英彦山参りの再興・参詣ルート開発プロジェクト」が採択された。同社は英彦山以外にも大峯山や羽黒山など、多くの修験霊山にも進出している。修験復興運動は、このような企業とのタイアップ活動によって、さらに前進していくこととなる。

　民間団体の動きもある。福岡県飯塚市に本拠をおくある財団は、令和二年(二〇二〇)十二月、数々の自治体の文化政策アドバイサーとしても活躍するアメリカ人写真家を英彦山に招く。令和四年(二〇二二)二月には宮司や英彦山研究者を招いた座談会を開催し、同年七月には旧修験の守静坊を改築して、守静坊改築の感謝祭を開催した。そして再生した守静坊には、先のアメリカ人写真家が、一時期京都から通い住むこととなった。

同年二月には、先述の知足美加子氏が、英彦山の鬼杉（樹齢千二百年以上）の枝を用いて不動明王像を制作。下宮の本殿に安置し、三月十三日には「御神入れ」（開眼法要）を行った。ちょうどこの頃から、下宮の拝殿に「十二所権現」の額が掲げられるようになった。十二所権現は、修験時代の下宮の名称である。また、下宮における護摩焚き（月護摩）が毎月第一日曜日に行なわれるようになる。以降、毎月第一日曜は護摩焚き、第四日曜日は経読みの会、という形で、下宮を拠点とした神仏習合の祈禱が定例的に実践されることになる。

各種企業の参画も増加傾向にある。福岡市のあるイベント会社は、令和四年（二〇二二）四月から五月にかけて、アメリカンネイティブと英彦山の修験者がドラム音楽を介して結びつくというイベントを開催した。さらに同社は同年十月にアメリカンネイティブと修験者との共演によるイベントを企画したが、新型コロナ禍のために二度にわたって延期されており、目下再計画中である。

また、同年十月には関西地方の企業が、修験者の坊を分散型ホテルとして再利用する計画を立てている。これら企業の参画は、多くの場合、福岡県を介して持ちかけられているようであり、行政と民間とが一体となった事業が、英彦山修験道の復興や、英彦山地域の活性化と結び付けられて行われている。そして、令和五年（二〇二三）三月には、添田町商工観光振興課内に英彦山振興事業の専属担当室として「英彦山振興室」が設置された。

このような動きの中、英彦山神宮もまた活発に活動している。上宮再建にかかる募金活動を契機として、令和四年（二〇二二）十二月には地元経済界関係者や代議士による「英彦山の歴史と文化を守る会」が設立された。上宮の再建、英彦山修験の復興だけではなく、この英彦山地区の振興がなされなければ意味がない、とは高千穂宮司の談である。英彦山修験の復興は、地域社会復興の契機として位置付けられているのである。

　そして、令和四年（二〇二二）、高千穂有昭禰宜が芦屋町の天台宗寺院K寺の住職を兼職する。僧籍に加えて、寺を持つことになったのである。

おわりに

　以上のように、本章では二〇一〇年代から二〇二〇年代初頭にかけての英彦山修験復興運動について論じてきた。

　まず一節で述べたのは、高千穂秀敏宮司就任以降の英彦山神宮における修験復興運動であった。折しも、平成二十年（二〇〇八）に近畿の社寺によって「神仏霊場会」が設立されるなど、明治百五十年を機に、再度神仏習合を見直そうという動きが全国的に湧き起こっていた時期であった。この動きが、修験道というまさに神仏習合そのものをルーツに持つ英彦山神宮に影響を与えないわけがなかった。

　高千穂宮司は、山内各地を拠点として活動する民間宗教者や修験系団体の存在に目をつけた。これら英彦山に集まってくる諸宗教者たちを糾合することによって、英彦山修験道を再興できないかと考えたのである。これまで、このような宗教者や団体が山内で儀礼をしていても、神社側としては全く関与せず、見て見ぬふりをしていた。たとえば、神社の神職が山内の神社で祭礼を行なっている際、その横で全く別個に民間宗教者の団体が祈禱を行っている、といった光景が日常であった。だが、これらの宗教者に積極的な声かけを行い、般若心経を下宮で一緒に読む「経読みの会」を結節点とし、山内の宗教者たちと結びつくことに成功した。また、息子である有昭禰宜が聖護院・高野山と、真言系寺院にて修行を行ない、僧籍はとらなかったものの、僧としての能力を獲得しようとしたのもまた、英彦山修験再興のためであった。ここまでの英彦山神宮の動きは、神仏習合を進めることによって修験道の復興へと道筋をつけようとするものであった。

一方、同じ英彦山内にありながらも、英彦山神宮とは全く関わりをもたずに活動していたのが、豊前坊院天宮寺である。天宮寺は、行橋出身の行者夫妻が開いた寺院であり、近代英彦山において「修験派」として活動していた森谷氏の誘いによって入山し、寺を開いた形跡がある。二代目を継いだのは行正氏であった。この時期の天宮寺は、真言系行者の寺院であり、多分に民俗宗教的な性格を持っていた。通常の寺社ではできないような祈禱を行ない、信者の救済にあたっていた。また、英彦山の外縁に位置する高住神社にて柴燈大護摩供を行なうなど、英彦山修験の復興を目的とした活動も行なっていた。三代目の行英氏は、英彦山生まれであり、修行をしたのも真言系ではなく、比叡山で行を修めた天台僧である。英彦山修験も、本来は天台系の修験であった。英彦山修験を復興するのであれば、天台僧と組むほうが良いという高千穂宮司の判断があったのだろう。行英氏の参画により、英彦山の修験復興は次のステージへと移行した。

村上氏のネットワークを通じて、英彦山神宮の祭礼には比叡山の高僧が次々と参加するようになった。さらには、禰宜の有昭氏が延暦寺で得度・加行し、正式に僧籍を得ることとなった。また、経読みの会に加えて、月に一度の護摩焚きも始まった。このような動きと並行して、これまで共に行事を行なっていた修験系団体との距離は開いていった。この段階に至って、山内の宗教者を糾合するという方向性はトーンダウンし、中央の正統的な宗派やその宗教者との結びつきを強めていったのである。ただ、それが英彦山修験の復興であるかどうか、についてはやはり一考の余地があるであろう。近世初期の彦山は、本山派本寺聖護院との本末論争の末、元禄九年(一六九六)寺社奉行裁許によって、別本山としての一派独立が認められていたのであるから。

また、このような修験復興の動きに合わせて、観光行政や企業との連携も急速に強まってきた。植樹体験や峯入りルートの再発見、アメリカ人写真家の居住や、アメリカンネイティブとのイベント共演など、様々なイベントが立て続けに英彦山に持ち込まれている。その背景には、インバウンドにおける体験型観光や、自己変革・成長実現を目的とした旅行のあり方など、世界を視野に入れた観光戦略との関係性も見出すことができる。修験復興運動は、もはや宗教者と信者だけの関係では語ることはできなくなっているのであり、地域の活性化や観光開発、文化資源の経済価値への転換、といった政策事業に取り込まれていると言って良い。

以上、本章で述べたのは、英彦山の修験復興をめぐるここ十数年の動きである。調査に赴くたびに次々と新たなことが始まっている、そのめまぐるしい変化の様相を、少しでも伝えることができただろうか。英彦山の修験復興運動はまだその途上にあり、本章はその進捗報告にすぎないかもしれない。しかし、今後の英彦山の行く末を占ううえで最も重要な転換点であることは間違いないのであり、将来、英彦山の宗教変動を振り返る際に、本章に書き留めた内容が果たす役割は大きいと考える。

最後に、本章の冒頭にあげた小川による石仏の話になぞらえるならば、失われた修験道を復興しようという試みは、さながら破却された石仏に石を載せる行為のようである。その石が、最初からそこにあったものでなくても良い。ただ、何かをそこに載せることによって、石仏の力が再生し、再び機能し始める。そのような思いから人は石を載せるのであろう。しかしそうは言っても、やはりアンバランスな石であれば、もっとそれらしい石を拾って石仏の頭にしたい、という気持ちになるのも理解できる。正しさや確からしさを求めて、石仏を「本来の姿」に近づけたい、という欲求が生まれてくる。

本章で見てきた英彦山修験道の復興も、石仏に頭石を載せる行為や心意とつながっているのではないか。それらしく、確からしい修験の姿を求めて、試行錯誤を繰り返していく。そしてそれは、恐らく「復興」というよりは、「創出」という言葉のほうが似つかわしいであろう。
失われた〈修験道〉の復興を求めて、新たな〈修験道〉が創出されているのである。

主要参考文献一覧

小川直之　一九九六　「斬首の民俗―廃仏毀釈と石仏―」（『歴史民俗論ノート―地蔵・斬首・日記―』岩田書院　所収）

亀崎敦司　二〇一五　「英彦山における神前読経の復興」『宗教研究』八八別冊

亀崎敦司　二〇一七　「英彦山の修験道復興に関する現状」『宗教研究』九〇別冊

白川琢磨　二〇一七　「序――彦山信仰の復興をめざして」（白川琢磨（編）『英彦山の宗教民俗と文化資源』木星舎）

須永敬　二〇一五　「明治初年の英彦山神社教会設立に関する一考察―壱岐の旧英彦山派修験との関係から―」『九州産業大学国際文化学部紀要』六二

須永敬　二〇一七　「近現代における英彦山信仰の〈分散〉と〈統合〉」『英彦山―信仰の展開と転換―』（第七回九州山岳霊場遺跡研究会資料集）

須永敬（李傑玲訳）二〇一八　「现代日本山岳圣地中的宗教实践百态―从修验道废止后英彦山的事例说起―」『全球视野下的泰山文化』　新华出版社

須永敬　二〇一九　「明治期英彦山信仰の正統性をめぐる神社派・教会派・修験派の対立」『九州産業大学国際文化学部紀要』七二

須永敬　二〇二一　「英彦山と神理教―教祖佐野経彦日誌の分析から―」『九州産業大学国際文化学部紀要』七七

須永敬　二〇二二　「北部九州における修験霊山の神道化と教派神道」『九州産業大学国際文化学部紀要』七九

長野覺　一九八七　『英彦山修験道の歴史地理学的研究』　名著出版

長野覺　一九八八　「英彦山修験道における神仏分離の受容と抵抗」（櫻井徳太郎（編）『日本宗教の正統と異端』弘文

堂〕
生江有二　一九八九「英彦山―修験者達が駆け抜けた神の山を行く―」『旅』六三(一二)　ＪＴＢ日本交通公社出版事業局
宮家準　一九八八「修験道における正統と異端――新宗派の形成と併合」〔櫻井徳太郎(編)『日本宗教の正統と異端』弘文堂〕
英彦山神宮ＨＰ　二〇一五「奉幣殿前護摩焚き」二〇一五年十一月三日記事
https://hikosanjingu.or.jp/news/?p=401（最終確認日二〇二四年八月二十五日）

〔謝　辞〕

調査にあたっては、英彦山神宮高千穂秀敏宮司・高千穂有昭禰宜、豊前坊院天宮寺村上行英住職ほか、山内の宗教者の方々、住民の方々のご協力をいただいた。ここに記して感謝申し上げる。また、本章の内容は、西日本宗教学会第十三回学術大会(二〇二三年三月二十六日)での口頭発表に基づくものである。席上、貴重なご意見・ご教示を賜ったことに感謝申し上げる。なお、本研究はＪＳＰＳ科研費JP17K02241, JP23K0082の助成を受けたものである。

子取り論序説─妖怪伝承の現代的意味─

伊藤　龍平

はじめに─口承文化の中の妖怪─

かつて、野村純一は「信仰の対象とされた妖怪と、世間話として話された妖怪とがある」と述べたことがある。[1]平成八年（一九九六）六月七日、國學院大學大学院の授業での発言である。三十年も前のことだが、妖怪研究が隆盛を迎えた現在、この発言の意味はより重さを増している。発言の前半については、信仰の対象にされたモノを妖怪と呼べるかという問題があるが、信仰を広義に捉えれば、この理解も可能だろう。[2]注目すべきは、後半の「話された妖怪」という発言である。現在の妖怪研究が「書かれた妖怪」「描かれた妖怪」の考察に傾きがちだからこそ、「話された妖怪」という問題意識は色褪せていない。

口承文化の中の妖怪は、話し手と聞き手の間の空間にのみ存在する。その姿形も行動も変幻自在、不定形で捉えどころがなく、話し手の即興で時々刻々と変化する。言葉にされた途端に消えてゆく口承妖怪は、本質的に、固定的な姿を取り得ないのである。また、口承妖怪は特徴の一点が強調される一方で、細部が不明瞭なことが多い。再読の可能な「書かれた妖怪」や、凝視の可能な「描かれた妖怪」との違いである。

口承妖怪の特徴は、口承文化の特徴でもある。夙にウォルター・J・オングが指摘しているように、無文字社会の言葉は中立的ではあり得ず、常に状況依存的である。声の言葉とは、特定の状況の下で、誰かが誰かに、何らかの意図をもって発せられるものであり（意図の中には、人間関係の維持が目的の無駄話も含まれる）、発話者の身体を離れられない。その他に、オングは声の言葉には反復表現が多く、累加的であることや、視覚の中にではなく、聴覚の中にしか存在し得ないことなどを指摘している。[3]

オングの指摘は、文字が発明される以前の無文字社会の口承文化を想定したものであり（「一時的な声の文化」と呼んでいる）、現代日本の文字社会の中の口承文化を論ずるには適さない面もある。しかしそれでいて、オングの論は「話された妖怪」について考えるうえで実に示唆に富む。現在の妖怪研究に決定的に欠けているのは、「いつ」「どこで」「誰が」「何を」「なぜ」「どのように」妖怪を話したのかという5W1Hだからである。[4]

本章では、かつて口承文化の中に存在し、いまも一定の存在感を持っている子取り系の妖怪たちについて考察する。夕間暮れに現れて、子どもを攫ったり、害したりする子取り妖怪は、柳田國男の「妖怪談義」[5]では、妖怪の典型として挙げられていた。しかし、その後の妖怪研究で取り上げられる機会は少なく、ポップカルチャーの中の妖怪文化でも存在感は薄い。子取り妖怪は誰がどのような意図で話したのか、子取り妖怪が伝承される意味は何かを考察することによって、前近代の日本社会が抱えていた問題系、ひいては現代社会、そして未来社会が抱えるであろう問題系が見えてくるはずである。

考察の対象とする資料は、國學院大學の学部学生からのアンケートと聞き取りによって得られたものを主とする。学生たちが子どもの頃、わずか十年ほど前の口承文化を捉えた資料群である。現代日本においても多くの妖怪が話されている。そして今回指摘する例は、ほとんどが家庭内の口頭伝承である。本章では、現代の子取り妖怪伝承のアウトラインをなぞるにとどめるが、今後は、各家庭内での伝承の様相について調査する予定であるし、すでに一部、始めてもいる。個別の事例に寄り添うことも、現在の妖怪研究に欠けている点である。なお、本文では、妖怪名は基本的にカタカナ表記とする。

一　釣瓶を操る人攫い

ツルベオトシ、もしくはツルベオロシと呼ばれる妖怪の伝承は、全国的に分布している。その名の通り、夜道を行く人の前に、唐突に釣瓶が落ちて／下りてくる怪である。中には、釣瓶ではなく生首が落ちてくるという伝承もあるが、二次的な変化であろう[6]。

オトシ／サガリ系の妖怪は、人間の身体感覚から生じたものである。提灯を手にしたとて夜は目が利かないし、足元が不安なため視線も下を向きがちになる。そこへ不意に上方から襲い掛かるのがこの妖怪の怖さである。身体感覚から生ずる妖怪については、以前、柳田の妖怪零落説批判の意味を込めて書いたことがある[7]。

文献では、『古今百物語評判』（山岡元隣、一六八六年）に載る「釣瓶おろし」、『画図百鬼夜行』（鳥山石燕、一七七六年）に載る「釣瓶火」などの例があるが、ここでは従来紹介されたことがない『怪談御伽話』（壺屋茂兵衛、一七八一年）所収の「吊瓶卸妖」という話を紹介する。同話は「播州高砂と云浦あり。此所に柳町といふ町に、夜更るに又、雨夜などには釣瓶卸といふばけ物出るよしかたり伝ふ」と書き起こされる。そして、黒蔵という屈強な男が「釣瓶卸といふばけ物」を退治する顛末は次のように書かれている。

「ゐいや」、声を出して引上るかとおもへば、おのがからだはふわ〳〵とうきあがりて、其所なる柳の梢にひきあげたり。其引あげしものをみれば、色真くろなる鷺のごとく成ばけものなり。嘴は匕首のごとくなるが、くわち〳〵とうちならし啄んとかゝりけるを、黒蔵、懐中より髭抜鏡をとりいだして振まわしければ、此光におそれけるにや、羽叩して飛さりけるにより、あまの命を此かゞみにたすけられ、はふ〳〵迯かへりけるが、「此のちも此ばけものいづるやしらず」とかたりき。[8]

妖怪伝承において名づけは重要である。名づけられることによって、怪異にフレームが与えられ、個人の経験が地域に共有される契機となり、さらには伝承伝播をも促す[9]。柳田國男「妖怪名彙」の「ツルベオトシ」の項には、「井戸の拮槹というものが初めて用いられた当座、その突如たる運動に印象付けられた人々の、いい始めた名と思われる」[10]とある。確かに、井戸の撥ね釣瓶の発明がこの怪異の名づけの動機になったのだろう[11]。しかし、私が注目したいのは、この妖怪が「落とす」「下ろす」と、他動詞で名づけられている点である。動詞は連用形止めにすると名詞化する(釣瓶を落とす→ツルベオトシ、釣瓶を下ろす→ツルベオロシ)。したがって、これが自動詞「落ちる」「下りる」に拠った名づけならば、釣瓶が落ちる→ツルベオチ、釣瓶が下りる→ツルベオリといった妖怪名になるが、そうした事例はない[12]。

他動詞が用いられるということは、釣瓶を落とす／下ろす主語として何者か(仮に「怪異主体」と呼ぶ)の存在が想定されているのを意味する。『怪談御伽話』の話でいうなら「色真くろなる鷺のごとく成ばけもの」が怪異主体に当たる。ツルベオトシ／ツルベオロシは釣瓶の姿の妖怪ではなく、釣瓶を操る妖怪なのである。天狗が羽団扇を持っていたからといって団扇の妖怪ではないのと同じである。これが自動詞であるならば、主語である釣瓶そのものが怪異主体であり、釣瓶が自らの意思で、落ちる／下りるということになる。だから、先に私はこの妖怪を「釣瓶が落ちて／下りてくる怪」と説明したが、正しくは「何者かが釣瓶を落とす／下ろす怪」となる。こうした名づけに人々の心意を読み取れよう。

では、ツルベオトシの怪異主体は、釣瓶を操って何をするかというと、『怪談御伽話』の話のように、人を攫うのである。口承資料からもそのことは窺える。以下、通し番号をふりつつ口承資料を紹介していく。最初に紹介するのは、石川県加賀市の例である。

〈例1〉

荒れた屋敷がある。そこに竹藪があって、その竹藪に釣瓶落(つるべおとし)ちゅう、むつかしいもんがあるんじゃ。それが出てくるちゅうと、井戸へ下げる釣瓶が天から下がって来るんで。ほいて夜、そこを通るとそれが下がる。ほいて手でこうちょんと触わると手が引っついて取れんようになる。びっくりしてこっちも取れんようになる。ほいから足で取ろうとしっと足も取れんようになって、両方の足と両方の手とが釣瓶に引っついてしまう。引っついたところをずるずると引っ張り上げて、天づき取ってってしまう。天を天づきと言うたもんじゃ。[13]

右の話の話者は明治三十三年(一九〇〇)生の男性。類話は近世の怪談集『宿直草』(荻田安静、一六七七年)にもあり、そこでは蜘蛛の妖怪となっているが、〈例1〉では怪異主体が不明である。昔話にも似た例があり、松本孝三が考察をしているが、[14]ここでは、話者の生活と結びついた世間話の例を取り上げる。以下、怪異主体に注目しながら、資料を紹介する。

〈例2〉

大きな木には、「つるべおとし」というのがいて、木の下で何か落ちているものを拾おうとすると、上の方に引き上げられてしまうといわれている。[15]

〈例3〉

富本村大字青戸の大木には、昔釣瓶下しと云って狸の類の如きものが居て、人間がその下を通ると釣瓶で掬ひ上げて喰って終った。それで釣瓶下しが居たと謂はれる大木は、皆伐倒して了って今は伝はっていないと。[16]

〈例4〉

一宮村江島のある杉林に大きな杉があった。この樹には鬼が住んでゐて下を通る人をかなつるべでさらったといふ。[17]

〈例5〉

道を歩いて行くと突然高い木の上からどすんと音を立て、落ちてくるが、見ると何も落ちてゐない。これは天狗でつるべ落しと云ふ。[18]

〈例2〉は釣瓶を操る怪異主体が不明だが、〈例3〉では狸が暗示され、〈例4〉は鬼、〈例5〉は天狗が怪異主体とされている。人攫い妖怪の代表が天狗であるのは小松和彦も指摘している。[19] 次の〈例6〉の天狗の行動と比較すると、近似性が分かる。

〈例6〉

西本梅村大字天引の小山の麓に、大きな椹の木がある。昔その木の頂上に天狗が居て、晩一人で通るか、昼でもその木の梢の方を見て歩くと、木の上へ釣り上げられたと。それで村人は今でもその附近を通る時は、誰も怖れて上を見て歩く者が無いさうだ。[20]

子どもを攫う際に上方に引っ張り上げるのも、天狗が鳥類の妖怪であることからの連想だろう。『怪談御伽話』の妖怪も鷲のような姿をしている。昔話にも「鷲の育て児」や「片脚脚絆」にこのモチーフがある。なお、最も有名な天狗の人攫いである寅吉少年の事例(平田篤胤『仙境異聞』一八二二年)については、今井秀和による著作に詳しい。[21]

ツルベオトシが特定の場所に出るものだったことは、これまでに見てきた例から分かる。〈例1〉では荒れ屋敷の竹藪に、〈例2〉から〈例6〉では大木に出ている。〈例2〉は一般論だが、村内にある大木は限られているので、話者の念頭には特定の場所があったとみてよい。樹木に出る例が多いのはこの妖怪が天狗＝鳥類と縁が深いのを暗示しているが、次の〈例7〉では、ツルベオトシの名の通りに井戸に出ている。

〈例7〉

釣瓶コカシ、園部城東濠の不明門の傍に、古井戸が一つあるが、その水は殿様の在世当時、茶の湯をあそばされる折に必ず汲まれた水である。処が、その井戸端に椿の古木があって、それに古狸がつき、夜な夜な釣瓶コカシが出ると云ふ噂が立った。それで女子供はとても気味悪がって、その附近へはよう寄りつかなかったさうだ。[22]

留意すべきは最後に「女子供はとても気味悪がって、その附近へはよう寄りつかなかったさうだ」とあることで、この妖怪の被害者が、女性と子どもだったことが推定できる。

最初に、口承文化の中の妖怪について考える際に重要なのは、「いつ」「どこで」「誰が」「何を」「なぜ」「どのように」の5W1Hだと述べたが、それに加えて「誰に（Whom）」という要素も欠かせない。6W1Hである。高木史人が指摘しているように、怪談とは話し手と聞き手の織り成す動態の中に生ずるもので、その動態の中に妖怪もいるからである。[23]

〈例8〉

昔は、金蔵寺のあたりは大きな椎の木や竹林がしげっていて、昼でも暗いところだった。そこではツルベ落しが出るといわれた。木にぶら下がって上からつまみに来るといった。夜なんかは子供は恐がって上着をかぶって走って通った。また、親にもツルベ落しがさらいに来るといって叱られた。[24]

最後の一節から、ツルベオトシが子脅しの教育習俗（躾）の中に生息していたことが分かる。今日でも家庭で用いられる「……しないと／すると、○○が来るよ」という、あの言い回しである。この「○○」の中に入るものが、子取り妖怪である。

二　現代の子取りたち

鳥取県鳥取市(旧・青谷町)のフゴオロシもツルベオトシと同系統の妖怪で、子脅しの躾の中に棲息していた子取りの一種である。次に紹介する事例からは、妖怪伝承が暮らしの中にあったことが実感させられる。〈例9〉の話者は大正十三年(一九二四)生の女性、〈例10〉は昭和八年(一九三三)生の男性で、いずれも戦前の証言である。

〈例9〉

子供達が夜遅くまで遊んでいると、「『ふごおろし』が出るで、はよかえれよ」と言われた。「ふご」とは、農作物を入れる篭で、子取りが子どもをふごに入れ、木のてっぺんに置き、帰れなくなると言う話があった。(25)

〈例10〉

『ふごおろし』っちゅうのが出るところがありましてねぇ。『ふごおろし』ってのは、わらで作った、大きい、農家がいろんなものを収穫していなってかえるのを天秤につけるふごです。それに、よう子供が乗してもらってね、そして農作業の合間合間に、ついて出てね。親に連れられて、まぁ、おったですが。わしら、子供の時に恐ろしいのはね、「ふごおろしが出るぞ」ちゅうことをいうですな。で、丁度、この露谷から吉川に行く、後藤さんの下の所ですな、そこの道が狭いとこだったでしょ。あそこは、ふごおろしが出るとこだってね、上には、火葬場があるしね。木はざーっと道にたれて出とってねぇ。ふごっちゅう入れものを下ろして、子供を取って逃げちゃうんですって。[26]

いずれも、畚（フゴ）の姿の妖怪ではなく、畚を操る妖怪である。そして畚を操る怪異主体が何かについては不明瞭である。〈例9〉では、妖怪名をフゴオロシとする一方で、「子取りが子どもをふごに入れ」と話されている。怪異主体が「子取り」であることを示すのと同時に、「子取り」が民間語彙であった証左ともいえる。他方、〈例10〉では、畚に乗せられた体験があったので、子どもにとってフゴオロシが恐怖の対象として立ち上がってきたことが分かる。なお、両話者とも畚を農具だと話しているが、嬰児籠《えじこ》の地方名に「フゴ」がある。[27]また、子を捨てる際に蜜柑籠に入れる風習があり、ここから捨て子を「蜜柑籠」と呼ぶ隠語もあった。[28]籠の象徴性を考えなければ読み取れない話である。

教育手法としての子脅しに関しては、批判はあるものの、今日でも家庭内で行われている。[29]それでは、現代にはどのような子取り妖怪がいるのか。過日、子脅しと子取り妖怪について、授業時のリアクションペーパーで学生たちに調査してみた。[30]きっかけとなったのは、調査に先んじて得られたS・Cさん（神奈川県横浜市出身、二〇〇四年生）と、H・Sさん（福島県双葉郡葛尾村出身、二〇〇二年生）のコメントが興味深かったことである。まず、Sさんのコメントから紹介する。この日の授業のテーマが「まれびと」だったことからの連想である。

〈例11〉

よく母や父に「鬼が来るよ」と悪いことをしたときに言われていたが、宮崎出身の祖母だけは「かごかるどんが来るよ」と言っていた。かこかるどんは悪い子どもを背負っているカゴに入れて連れ去るらしいが、祖母以外から聞いたことがない。何者だったのか気になる。(31)

カゴカルドンは他に例を見ないが、籠を背負ってやって来て子どもを連れ去るというのは、民間伝承の子取り妖怪像をきれいに踏襲している。他日、Sさんに時間を作ってもらって詳細を聞いた(調査日は二〇二三年六月八日)。以下、Sさんの了承を得て記す。

Sさんが、カゴカルドンのことを聞いたのは、祖母(宮崎県日南市生、一九四七〜二〇一九)からで、その祖母は母親(Sさんから見れば曾祖母、宮崎県日南市生、一九二二〜一九九九)から聞いたとのこと。なお、どういうわけか、Sさんの母親にはカゴカルドンの記憶がないという。その理由を、Sさんは「念願の女の子だったので大切に育てられたからではないか」と解釈している。

祖母や曾祖母が話していたカゴカルドンは、日南市北郷地区に実際にいた、屑鉄拾いだったと、Sさんは言う。それがいつしか、S家の中で、妖怪のような存在として受け取られるようになっていった。祖母が宮崎から横浜に出たのは二十代の頃(一九七〇年代前半)で、それに伴い、カゴカルドンも宮崎の地を離れ、横浜で話されることになった。また、Sさんはカゴカルドンを「ブラックサンタのような存在だと思っていた」とも話していて、時代を感じさせる。(32)

次に、H・Sさんのコメントを引用する。やはり授業でマレビトを扱ったときのコメントである。マーモというのは、柳田も取り上げている民俗社会の妖怪の名に通ずる。(33)

〈例12〉

悪いことをすると山から天狗が来る、夜は早く寝ないと「マーモが来て連れていかれる」と、よく脅されていたものです。もっと聞いておけばよかったな。[34]

Hさんにも、一日、時間を作ってもらって詳細に話を聞いた（調査日は二〇二三年六月六日）。その内容については他日、機会を改めて報告する。確かなのは、S家のカゴカルドンと同様、H家のマーモも家庭での伝承だったということである。[35] Hさんが中高生の頃、クラスメイトにマーモの話をしたが、誰も知らなかったという。あるいは、かつては地域内の伝承だったものが、H家のみに残存していた可能性もある。

カゴカルドンとマーモには明瞭な違いが一点ある。それは具体的なビジュアルを想像できるか否か、という点である。カゴカルドンには「籠を背負った男」というイメージがある（「かる」は「掛ける」の宮崎方言。「ドン」は「殿」の意味なので、男性に限定される）。人か否かは定かではないが、人の姿をしているのは間違いない。それに対して、マーモという語から何かを連想するのは難しい。Hさんは「モヤモヤした影のようなもの」を連想したというが、一つ上の兄は「天狗みたいな存在」を連想し、一つ下の妹は「牛の化物」を連想したという。天狗を連想したというのは、H家の柱に天狗面が掛けられていたからだというが、先述したように、子取り妖怪を天狗とする例は多い。〈例12〉でも、子取り妖怪として天狗が挙げられている。また、牛の化物を連想したのは、農家であるH家では牛を飼っていたからだと思われる。マーモは、どこまでも家庭内での伝承なのだった。

口承文化の中の妖怪を考える際、ビジュアルイメージの有無は、大きなポイントとなる。ツルベオロシやフゴオロシを例にすると、釣瓶や畚はイメージできるが、釣瓶や畚を操る怪異主体は具体的にイメージできる場合（天狗、狸、蜘蛛など）と、できない場合がある。この点は、これから紹介する現代の子取り伝承を考えるうえで押さえておきたい。

以上に紹介したSさん・Hさんのコメントは偶然得られたものだが、現代の子取り妖怪の事例として興味深い。それぞれの家庭ごとに、人知れず伝承されている妖怪がいるのではないか。そう考えて、授業一回分のリアクションペーパーで、幼少期に子脅しの中で話されていた妖怪について聞いたところ、興味深い事例が集まったので紹介する。

地域文化の中の子取り妖怪を考えるうえで示唆的なのが、I・Iさん（女性、静岡県賀茂郡東伊豆町出身、二〇〇四年生）が書いた〈例13〉で、当地の年中行事に登場するオメンサン（赤青二体の鬼の姿）が子取り妖怪の役割を担っている。

〈例13〉

「小さい頃、悪いことをしたときに、祖父に「おめんさんが来るぞ」「おめんさんを呼ぶぞ」と言われました。（中略）子供にはとても怖い存在で、私の近所の子も悪いことをしたお仕置きで、おめんさんに連れていかれた（親や祖父母がおめんさんにやってくれとお願いすることも）ことがあった。[36]

オメンサンのことは祖父母から聞いていたというが、I家のみならず、地域内で「おめんさんが来るぞ」もしくは「おめんさんを呼ぶぞ」という子脅しが使用されていたとのことである。オメンサンに具体的なビジュアルが伴っている点に留意したい。話の中に「おめんさんに連れていかれた」とあるのは、本当にオメンサンが家の中に入ってきて友達を連れて行くのを見たそうで、幼少のIさんに強いインパクトを与えた。[37]

今回の調査では、子脅しに用いられた子取り妖怪の例として、ナマハゲを挙げた学生が二人いた。一人は富山県出身、もう一人は北海道出身で、ともに秋田県とは係わりがない地域なのだが、子取り妖怪の典型ということで子脅しに用いられたのだろう。別の東京出身の学生は、秋田と聞くとナマハゲを連想するので、子どもの頃、東北新幹線こまちに乗るのが怖かったと書いている（子脅しにナマハゲが用いられたか否かは不明）。なお、先の富山出身の学生は、保育園で「悪いことをすると、ナマハゲが来る」と言われていとのことである。子脅しは、家庭外の教育においても生きていた。

こうして事例を見ていくと、ハレの日のマレビトが、ケの日に話される一つの動機が、子脅しだったことが分かる。[38]オメンサンもナマハゲも実体があり、子どもが目にしたことがあるモノだった。その点がイメージだけで実際に見た経験がないカゴカルドンとも、イメージさえも伴わないマーモとも異なっている。[39]

三　わが家の妖怪

カゴカルドンもマーモもオメンサンも、怪異・妖怪伝承データベース（国際日本文化研究センター）や、昨今のブームで世に出回っている妖怪辞典の類には載せられていない。この他にも、その家ごとに人知れず伝承されている妖怪や、ローカル色の強い妖怪もいるだろう。例えば、次のような例である。

〈例14〉

夜になると、あるいは夜更かしをすると、母親に「狼が迎えにくる」と、子供の頃によく言われた。あと、関係ないかもしれないが、夜、火遊びをしたら、ねてる間にカッパが来て、朝おきたらおもらししているることになると言われた。子供の頃、夏の花火とかで自分で火をつけるのがやたらと怖かったことを思い出した。(40)

〈例15〉

「「おっかい」が来るよ」などと言われてた気がする。多分、正しい言い回しというよりは「こわいものが来るよ」と言いたいだけのものだったと思う。「おっかい（おっかない？）」は方言なのか？という疑問も浮かんだので書いてみました。(41)

〈例14〉は、背景にムカエイヌの伝承があると思われる。(42) 後半の河童の俗信ともども、民間伝承を活用した子脅しである。〈例15〉のオッカイについては、家庭内での伝承なのか地域での伝承なのか判然としない。可能性として考えられるのは、子脅しをする際に親が創作した妖怪なのではないか、ということである。例えば、次のような例もある。

〈例16〉

私の家では、悪い事をしたら鬼が迎えに来るとか、私が救急車の音が苦手だったのもあり、救急車が迎えに来るといった脅し文句がよく使われていました。(43)

〈例17〉

小学校低学年の頃、寝る時間であった20時頃に、やたら音を立てたうるさい車が通っていたため、寝ないとその車に連れていかれるよとよく言われた。(44)

ともに子どもの興味を捉え、その時の状況を取り入れた子脅しの中に子取り妖怪がいた例である。釣瓶や畚、籠などに代わって、自動車が子取りの手段になっている点が現代的である。子どもは自分で運転ができず、大人の運転する車に乗せられるだけである。だからこそ、この子脅しが有効なのだ。また、音がポイントになっているのは、「妖怪談義」で、夜鳴き蕎麦屋が妖怪視されていたのに通ずる発想である。

マーモを紹介したHさんは、次のような子取り妖怪の例も書いている。Hさんが同郷（福島県いわき市出身）の同年生の友人（女性）から聞いた話である。

〈例18〉

「悪いことすると、どろどろさんが来るよ」→友達の家ではこう言われていたらしい(45)

Hさんの話によると、悪いことをしたときに、「ドロドロサン、呼ぶかんね！」というふうに使われたという。雷を「ドロドロサン」と呼ぶ地方があるので、そのことかと思ったが（今回の調査では、子脅しの例に「お腹を出して寝たら、雷さんにお臍を取られるよ」を挙げた学生が複数いた）、そうではなく、その友人は、自宅が田んぼの中の一軒家だったため、泥の中から這い出てくる何かを連想していたとのことだった。なお、今回の調査に伴い、この友人が親に確認したところ、ドロドロサンという言葉自体を覚えていなかったそうである。子どもが悪戯をしたときにその場で思いついて、何度か言っただけだったのだろう。口承妖怪の即興性が窺えるエピソードである(46)。

次に紹介するのは、親子のやりとりの中で生まれた子取り妖怪の例である。それぞれの家庭には、その家庭内でしか通じない符牒のような言葉があるものだが、そうした言葉の中に子取り妖怪はいた。

〈例19〉

「悪いことをしたら「サザエ鬼」が来るよ」と言われてましたが、何故、サザエ鬼だったのかはわかりません。（中略）あと、私も親も北海道生まれ育ち《(ママ)》ですが、なまはげが来ると言われていました。[47]

〈例20〉

4～5才の頃に家族でイタリア旅行に行った際、私がミケランジェロの〝ダヴィデ〟像に酷く怯えていたことから〝ダヴィデが来るよ〟とよくいわれていたのをおもいだしました。[48]

〈例21〉

昔、早く寝ないとジェイソンが来るぞといわれたことがある。[49]

〈例22〉

年齢が上がるにつれて、親が自分が怖いと話していたものを使って警句としていた。例えば、仮面ライダーのショッカーが小さい頃不気味だったという話をしたら、注意に入ってくるようになった。[50]

〈例19〉の「サザエ鬼」は『百器徒然袋』（鳥山石燕、一七八四年）に載る「栄螺鬼」のことである。確認したところ、学生（A・Sさん）が子どもの頃、水木しげるの妖怪事典に載っていた「さざえ鬼」の絵を酷く怖がっているのを見た母親が、子脅しに用いていたことが分かった。栄螺鬼は石燕の創作で、民間伝承にはない妖怪とされるが、[51]A家ではしっかりと根づいていた。今後、A家で伝承されていく可能性はある。〈例20〉は家族旅行でのちょっとしたエピソードから、〈例21〉と〈例22〉は家族での映画やテレビの鑑賞の際に、親が子どもの様子を観察していたところから生まれた子取り妖怪である（「ジェイソン」はホラー映画『13日の金曜日』シリーズに登場するムービーモンスター）。

今回の調査では、子取り妖怪の例に、「もったいないお化け」を挙げた学生が多かった。昭和五十七年（一九八二）に公共広告機構のテレビＣＭのアニメで流されていた創作妖怪（野菜の姿をしている）だが、人気があったため、一九九〇年代まで流されていた。このＣＭを見ていた子どもが親の世代になったことから生じた新しい伝承だが、そもそも、このＣＭ自体が子脅しの発想に基づいていたから定着したといってよい。[52]

留意すべきは、親が創作作品から流用して創造した子取り妖怪を、そうとは知らずに、子どもが怖がっているケースがある点である。

〈例23〉

幼少期、夜になかなか寝室に行かないときに「モランが来る」と親から言われた。モランはムーミンの物語に出てくる怪物で、ムーミンが好きな親によるオリジナルな警句だと思うが、ムーミンを知らないほど幼かった自分にとっては、言葉の響き以上の情報がなく、しかしそれゆえに恐ろしく感じた。[53]

〈例24〉

「ねずみばあさんが来るよ！」というように怒られていました。元ネタは絵本『押入のぼうけん』だと思うのですが、それを幼いころ知らず、幼稚園のばあさんイコールねずみばあさんとよばれていて、現実的だったのもあって効果がすごかったです。実際、幼稚園の押入にとじこめられてもいました。[54]

マーモと同様、〈例23〉のモランという語感から、具体的なイメージを結ぶのは難しい。それは例えば、ラフカディオ・ハーンの作品のタイトル「Mujina」から、日本人ならばあの愛嬌のある動物が思い浮かぶが、原文に注がないため、西欧人には正体不明の妖怪としか受け止められないのと同じである。[55]一方、〈例24〉の

「ねずみばあさん」で見逃せないのは「幼稚園のばあさんイコールねずみばあさんとよばれていて、現実的だった」という一節である。子取り妖怪は、しばしば実在の人物に擬せられるものである。次の〈例25〉もそうした例の一つである。

〈例25〉

母が子供の頃、津田沼駅の方に行くと、赤ひげおじさんが出るから行ってはいけないと言われていたという。祖母に聞いてみると、詳しくは知らないが、変な人がいると聞いたのでそう言ったのかも知れないと言っていた。また、「赤ひげおじさん」と呼ばれる人は、祖母が子供の時住んでいた本郷で、そう呼ばれる交通整理をする人が居たという。また、津田沼に変な人が居たという事は母の同級生やSNSでも知られているらしく、SNSでは「津田沼おじさん」と呼ばれているらしい(56)。

学生(T・Kさん)からも直接話を聞いたが、「津田沼おじさん」の目撃は現在も続いていて、本章執筆時点(二〇二三年八月)のあるブログでは写真入りで報告されている(差しさわりがあるので、URL等は伏せる)。写真を見る限りはホームレスのようである。

地域内で特異な印象を周囲に与える人物については、夙に倉田一郎が研究上の重要性を指摘しており(57)、近年では、長野晃子、飯倉義之らに論考がある(58)。

四　「妖怪談義」再考

本章ではこれまで「妖怪」という語を使ってきたが、子どもたちにとって、子取りは人間とは言い切れないものの、妖怪とも断定できない、マージナルな存在だった。〈例26〉にはよく、そのあたりのことが記されている。コメントを書いたのが女子学生（K・Rさん）だった点に留意したい。子取りの脅威にさらされるのは女子児童が多かった。

〈例26〉

私の場合、5～12歳頃に帰りが遅くなると「変な人に連れていかれるよ」とかなり抽象的に不審者の存在と危険性を伝えられました。ただ、その頃は「変な人」に会ったことがなかったので、どんな方向にどのレベルで怖いのか勝手に想像していました。成長とともにかなり具体的にかつ現実的な「変な人」を知識として理解しましたが、10歳以前の「変な人」像は割と人間かどうかも疑わしい怪物じみたものでした。分からない、想像の余地があることが、より大きな印象・恐怖を残すのだと思います[59]。

こうした存在を既存の術語で示すと「異人」が相当するが、意味が広くなりすぎるので[60]、以前、「怪人」という語の使用を提案したことがあった[61]。術語の問題は一先ず措くとして、子どもたちの日常には、怪人としか呼びようのない不可思議な存在が時おり、姿を現す。そして怪人たちは、時として実在の人物だった。

柳田國男「妖怪談義」は、現在では歴史的産物以上の評価を与えられることはないが[62]、改めて読み直すと、現在の妖怪研究に欠けている重要な指摘がなされているのに気づかされる。それは人と人のコミュニケーションの齟齬から妖怪が生ずること、その前提として共同体の内外の人間関係があることの指摘である。「妖怪談義」冒頭では、幽霊と妖怪の定義(現在では否定されることが多い)がなされた後、「そこで話はきっすいの晩方のオバケから始めなければならぬのだが」と、大上段に切り出されている[63]。そこで柳田が妖怪の典型として挙げているのが子取り妖怪＝怪人たちだった。次に、該当箇所を引用する。

この見たことの無い他所者のことを、肥前の上五島などではヨシレンモンと謂っている。今では小児の間にしか用の無い語かも知れぬが、昔の無事太平の田舎では、それが通っただけでももう一つの事件であった。私などの小さい頃には、ヨソの人という語にこの不安を託していたが、少し西へ行くとボウチという語がある。岡山県でもStrangerを意味する語を、面と向かってはボーッツァン、陰ではやはりボウチと謂っている。(中略)とにかくに子供たちには気味の悪い、普通の通行人とは全く別なものに、感じられていたことはほぼ慥かで、少なくとも中国地方のボウチには薄暮の影響があったかと思う。

ヨシレンモン、ヨソの人は字義そのまま、ボウチ、ボーッツァンは「法師」の意と思われ、続く文章ではホチ、ポチ、ポチロク、高野聖に触れている[64]。この後に挙げられたヤンボシ、ヤンブシについては「山伏」のことだろうと推察し、さらに隠し神さん、カクレジョッコ、カクレババ、コトリゾ、アブラトリ、ヒトサライ、フクロカツギ、チンチンコワヤ……等が挙げられている。柳田の語を借りるならば、これら「Stranger」としての妖怪たちは、その後の妖怪研究でもポップカルチャーの妖怪文化の中でも、主流になることはなかった。

しかし、これらこそが「きっすいの晩方のオバケ」だと柳田は言うのである。「妖怪談義」では、挨拶の重要性が説かれている。かつての社会での挨拶は、自分が妖怪ではない（人間である）ことの証明であり、相手に敵意がないことの宣言でもある。挨拶ができない者は、柳田が言うところの「うさん臭いやつ」であり、警戒の対象になった。

子取り妖怪の伝承の場の一つが子脅しだったであろうことは、先に述べた通りである。次に紹介する富山県富山市の例では、ヨシレンモン（「世知れぬ者」）に似た名の妖怪が子脅しに用いられていた。なお、著者（廣瀬誠）の母は明治三十四年（一九〇一）生まれとのことである。

〈例27〉

また夜、笛や太鼓を鳴らしたりすると、「ヨナランモンが来るぞ」と母はきびしい表情で制止した。幼少の私は、ヨナランモンとは「用の無い者」かと思ってそれ以上考えもしなかったが、後年「この世ならぬ異界の者」であったと気づいた。(65)

子脅しが際立って効力を発揮するのは、子取り妖怪が地域の風景の中に溶け込んで話されたときである。次に紹介する静岡県沼津市の例は、そのことを如実に物語っている。

〈例28〉

浮島沼が広々と水を湛えていたころ、夕方から夜にかけてボーンと低く太く、うめくが如く、唸るが如き声が何処からともなく聞えていた。これを沼の周辺の者は「沼の婆さん」の泣声だと云って、子供が泣く時には「沼のばんばが来るぞ」と云って騙していた。[66]

子取り妖怪が特定の場所を選んで出るとされている例は、今回の調査で得られた資料にも多い。次の〈例29〉では実在の人物が子取り妖怪とみなされていて、特定の場所に出ていることが暗示されている。一方、〈例30〉は、明記はされていないものの、出る場所が決まっていたものと思われる。

〈例29〉

小学生の頃、友人が通学路にいるよくわからないおじいさんに対して、子供をさらっているから気を付けろと言っていたことを思い出した。たしかに、とくにあいさつもせず、ボーッと突っ立っているので、あやしい人物ではあった。[67]

〈例30〉

子どもの時に「パジャマおじさん」と「通せんぼばあさん」という話をしていたことを思い出しました。これらは実在する人物で、子ども間で半分危険を知らせるために、半分好奇心のために、流行っていたことだといえると思います。[68]

右に紹介した事例で注目に値するのは、これが大人対子どもではなく、子ども対子どものやりとりだったことである。先に紹介したSさんは、妹と喧嘩したときに「カゴカルドンを呼ぶよ！」と言ったという（わざわざ、インターホンを押して怖がらせた）。子どもが子どもを、子取り妖怪で脅したのである。

〈例31〉

弟が小さい頃、ハロウィンのジャックオーランタンをとても怖がっていて、「イヒヒ」と「アハハ」と呼んでいました。弟が言うことを聞かない時は「イヒヒとアハハが来るよ」と、よくおどしていました。今、思い出してみると、「イヒヒ」と「アハハ」というネーミングはどこから来たものなのか、子どもの発想は面白いなと感じます。(69)

この姉弟の間ではハロウィンのカボチャは、あくまでもイヒヒとアハハであり、ジャック・オー・ランタンではなかった。次に紹介する二つの例も、子ども同士のコミュニケーションの中に揺曳する子取り妖怪で、やはり場所に結びついている。

〈例32〉

近所にとても怖い顔の不動明王像が安置されている寺院があり、目の前を通る幼稚園の子供たちの間で怖がられていたことも影響しているのか、親や近所の人から「悪いことをしたら、お不動さんが来る」ないしは「お不動さんのお堂に閉じ込められる」と言われており、友人たちの間でも言いあっていたことを思い出しました。(70)

〈例33〉

私がパッと思いつく子取りの話というと、「ハーメルンの笛吹き男」があります。ネズミ退治のお礼をもらえなかった笛吹き男が子供たち数百人を連れてコッペン丘の向こうへ消えてゆく、というのが子供心にひどく恐ろしく。近所にあった「ハーメルンの館」という用途不明の高塔には笛吹き男が子供をさらって食べるという青髭じみた噂もあって、小さなころは一人で前を通れませんでした。[71]

子取り妖怪は、子どもの口承文化の中にもいた。子どもの想像力と得体の知れない大人への脅威の眼差し、どうすれば身を守れるかという警戒心から生まれた妖怪である。大人による子脅しに使用された子取り妖怪とは性質が異なる。鵜野祐介は、子どもの民俗文化を、①子ども自身の民俗文化、②子どものための民俗文化、③子供をとりまく民俗文化、の三つに分類している。[72] これを子取り妖怪に運用するならば、①子どもが子ども自身を守るために生み出したもの、②大人が子どもを守るために生み出したもの、③(本稿では扱えなかったが)子供向け作品に登場するものの三種である。この三者は、妖怪伝承の6W1Hという観点から捉えると、まるで異なっている。例えば、一九七〇年代後半に全国を席巻した口裂け女も、子取り妖怪の系譜に連なる存在だが、子どものための民俗文化の中にではなく、明らかに、子ども自身の民俗文化の中にいた。[73]

おわりに―子どもを守るために―

一口に子取り妖怪といっても、親子間の伝承と、子ども間の伝承は分けて考える必要がある。前者の場合、親が子どもを守るために妖怪の話をした。子脅しである。一方、後者の場合は、子どもが大人から自身を守るために妖怪の話をした。これまで見逃されてきたのは、後者のほうだった。こうしたテーマには、先に述べた口承妖怪の6W1Hに注意を払わなければ辿り着けない。子取り妖怪が話された文脈を無視して、単に「子どもを攫う妖怪」としてしまっては、見えてこない問題である。

忘れてならないのは、子どもが怖れた大人には、実の親も含まれることである。子売り／子買いが多かった時代では、親は必ずしも子どもの味方ではなかった[74]。児童虐待のようなケースは無論だが、たとえ、やむにやまれぬ事情があったのだとしても、自分の意思からではなく、知らない土地、知らない者の所に追いやられるのは子どもにとって恐怖だった。本田和子が指摘しているように、子どもは大人とは別の時間を生きている[75]。

口承文化の中の妖怪といえば、今回触れられなかった童謡の例がある。「話された妖怪」と並ぶ「歌われた妖怪」については今後の課題とするが、全国に伝承されている童謡（遊びを伴うことも多い）には、子取り妖怪が登場するものが少なくない[76]。また、鬼遊びにも、オニという名の子取り妖怪が登場する。実際、今回の学生への調査でも、子脅しの際にオニが用いられた例が多かった[77]。

子取りの童謡の中には、「花いちもんめ」や「子とろ子とろ」のように人身売買をモチーフとしたものがある。また、歌詞の中に実在したと思しい人買いが歌い込まれた例もある。例えば、愛媛県松山市で報告された童謡は、次のやりとりから成る―「ドンドンドン」「誰ぞ」「下関の長三郎」「何しにござった」「子買いにござった」「どの子がほしや」―[78]。子売り／子買いがあった時代、子どもたちはこの歌詞に心が寒くなる思いがしたであろう[79]。そして、それこそが子取り妖怪の存在価値なのである。柳田は、子取り妖怪が信じられなくなった世を嘆いて「そうして我々がこわいという感じを忘れたがために、かえって黄昏の危険は数しげくなっているのである」と述べている[80]。

子どもが犠牲になる痛ましい事件は、今日に至るも絶えることがない。現代も子取り妖怪は跳梁しているのである。見方を変えれば、子取り妖怪が必要とされている時代ともいえる。未来を担わなければならない子どもたちを、どうすれば守れるのか。子取り妖怪の伝承はこの問題について考えるヒントを、親と子ども、両方の立場の両方から示している。

注

（1）伊藤龍平「晩年の語録―講義ノートから―」野村純一先生追悼集刊行会編『口承文芸学への夢　野村純一先生追悼集』野村純一先生追悼集刊行会、二〇〇八年。

（2）研究史をふり返ると、妖怪の定義は、神との対比でなされることが多かった。柳田國男による有名な零落説も、柳田を批判して妖怪研究を刷新した小松和彦も、その点は変わらない。小松は、「祭り上げられている超越的存在」を妖怪とする一方で、「正直なところ、「神」と「妖怪」の区別は容易ではない」とも述べている。神／妖怪の二項対立で定義しようとすること自体を再考しなければいけない時期に来ている。

柳田國男『妖怪談義』修道社、一九五七年。

小松和彦『妖怪学新考　妖怪からみる日本人の心』小学館、一九九四年。

（3）ウォルター・J・オング著、桜井直文・林正寛・糟谷啓介訳『声の文化と文字の文化』藤原書店、一九九一年、※原著は一九八二年。

（4）左掲拙稿では、無文字社会の妖怪について論じた。台湾の先住民族タイヤル族の妖怪ウトゥフについての論考である。

伊藤龍平「文字なき郷の妖怪たち」伊藤龍平『何かが後をついてくる』青弓社、二〇一八年。

（5）柳田國男「妖怪談義」『日本評論』一九三六年　前掲、注(2)所収。

（6）水木しげるの妖怪画で有名になった生首が落ちてくるタイプのツルベオトシは『口丹波口碑集』に載るが、事例は多くない。水木が妖怪画を描くのに参照した柳田の「妖怪名彙」に載る例も、生首型ではなかった。

垣田五百次・坪井忠彦　編『口丹波口碑集』郷土研究社、一九二五年。

（7）伊藤龍平「妖怪の詩的想像力」前掲、注(4)所収。

（8）『怪談御伽話』については左記翻刻を参照。『今古怪談／深雪草』は同書の改題名で、私が翻刻した国立国会図書館所蔵本は、こちらの改題名のほうだった。

伊藤龍平「翻刻『今古怪談／深雪草』」國學院大學近世文学会　編『漉谷近世』二〇号、國學院大學近世文学会、二〇一四年。

（9）妖怪伝承の生成過程での名づけの重要性については、飯倉義之に左記論考がある他、左記拙稿でも扱っている。また、大学生が調査対象なので本稿の趣旨からはずれるが、安井眞奈美の左記論考では、創作妖怪に対する名づけに法則を見出して分類しており、興味深い。

飯倉義之「「名づけ」と「知識」の妖怪現象―ケサランパサランあるいはテンサラバサラの一九七〇年代」日本口承文芸学会編『口承文芸研究』二九号、日本口承文芸学会。

安井眞奈美「現代の妖怪と名づけ―大学生と、妖怪を創る」安井眞奈美『怪異と身体の民俗学　異界から出産と子育てを問い直す』せりか書房、二〇一四年。※初出は、国際日本文化研究センター共同研究会・第一四回「妖怪・怪異文化の伝統と創造―前近代から近現代まで」二〇一〇年。

伊藤龍平「妖怪の詩的想像力」伊藤龍平『何かが後をついてくる』前掲注（4）所収。

（10）柳田國男「妖怪名彙」民間伝承の会編『民間伝承』民間伝承の会、一九三八年、※のち、柳田國男『妖怪談義』前掲注（4）所収。

（11）秋田裕毅著、大橋信弥　編『井戸』法政大学出版局、二〇一〇年。

（12）ツルベオトシ／ツルベオロシに限らず、口承文化の中の器物の妖怪は他動詞で名づけられているものが多い。主語として怪異主体が想定されていることから、厳密にいえば、これらは器物の妖怪とは言えない。器物を操る妖怪である。

（13）黄地百合子ほか編『南加賀の昔話』三弥井書店、一九七九年。

（14）松本孝三「北陸の「釣瓶落しの怪」の位相」加能民俗の会編『加能民俗研究』四九号、加能民俗の会、二〇一八年　※のち、松本孝三「路傍の妖怪伝承―北陸の「釣瓶落しの怪」をめぐって―」松本孝三『昔話伝承のフォークロア　畏怖と安寧の語り』二〇二二年、私家版所収。

（15）根尾昇ほか「口承文芸」中京大学郷土研究会編『中京民俗』一八号、中京大学郷土研究会。

（16）田中勝雄「丹波国船井郡の地名伝説、その他」『旅と伝説』一二巻三号、三元社、一九三九年。

(17) なお、この事例は、柳田が「妖怪名彙」の「ツルベオトシ」の項で用いたものである。愛知県教育会編『愛知県伝説集』郷土研究社、一九三七年。
(18) (執筆者不明)「狐狸妖怪談」南越民俗発行所編『南越民俗』二号、南越民俗発行所、一九三七年。
(19) 小松和彦『神隠し 異界からのいざない』弘文堂、一九九一年、※改訂版に『神隠しと日本人』(二〇〇二年、KADOKAWA)がある。
(20) 田中勝男「丹波国船井郡の動物伝説」『旅と伝説』一二巻二号、三元社。
(21) 平田篤胤著、今井秀和翻訳・解説『天狗にさらわれた少年 抄訳仙境異聞』KADOKAWA、二〇一八年。
(22) 前掲注(20)。
(23) 高木史人「怪談の階段」(一柳廣孝編『「学校の怪談」はささやく』青弓社、二〇〇五年)。
(24) 國學院大學民俗学研究会「三重県度会郡紀勢町」國學院大學民俗学研究会編『民俗採訪 昭和56年度号』國學院大學民俗学研究会、一九八二年。
(25) 関西外国語大学民俗学談話会 編『青谷町の伝承 鳥取県気高郡青谷町』関西外国語大学民俗学談話会、二〇〇一年。
(26) 前掲注(25)。
(27) 嬰児籠を「フゴ」と呼ぶ例については左記著作を参照。佐野賢治は、嬰児籠を三〜四歳まで使用する地方もあったと述べているため、子脅しをされる年齢の子どもに、その記憶が残っていたことも考えられる。なお、『日本民俗大辞典』上(吉川弘文館、一九九九年)では「イジコ」の名称で立項されている(文責は、菱沼康子)。
大藤ゆき『児やらい 産育の民俗』岩崎美術社、一九六八年、※『児やらひ』(一九四四年、三国書房)の改訂版。

佐野賢治『ヒトから人へ 〝一人前〟への民俗学』春風社、二〇一一年。
(28) 現在でも、国語辞典で「蜜柑籠」を引くと、「(よく蜜柑の籠に入れて捨てたことから)捨て子のこと」と出てくる(「デジタル広辞苑」二〇二三年閲覧)。江戸川柳に使用例が多く、中江克己の左記著作に言及がある。
中江克己『江戸の躾と子育て』祥伝社、二〇〇七年。

（29）現在の教育学では、子どもの人格形成に悪影響があるという観点から、子脅しを用いた躾には否定的な意見が多い。
「子どもに脅し文句を使ってしまう…なぜダメ？」『ママの知りたい情報が集まるアンテナ　ママテナ』https://mama.smt.docomo.ne.jp/article/51329/#:~:text=（二〇二三年八月二五日閲覧）。

「子どもが脅されて育つと…「子どもを脅すしつけ」の落とし穴と改善点」『AllAbout 暮らし』https://allabout.co.jp/gm/gc/485096/（二〇二三年八月二五日閲覧）。
（30）リアクションペーパーを用いた調査は、一年生の必須科目「伝承文学概説Ⅰ」（二〇二三年六月二〇日、受講生三二人）と、三年生以上の一般教養科目「伝承文学史Ⅰ」二〇二三年六月二二日、受講生九六人）に対して行った。厳密なアンケートではなく、フリーに書いてもらった。また、両アンケート後の授業のリアクションペーパーでコメントをした学生もいた。以下、学生に許可を得たうえで、紹介していく。
（31）S・Cさん（女性、二〇二三年五月九日のコメント）。
（32）ブラックサンタはクリスマスの夜にやって来て子どもを脅す黒服の怪人で、赤服のサンタクロースと対をなしている。キリスト教圏の伝承に拠るというが、学生たちが子どもの頃、ネット上で流通していたらしい、なお、今回の調査では、子脅しの例に「サンタさんが来ないよ！」を挙げた学生も複数いた。
（33）柳田は、左記の論考で、妖怪の名称はガ行、もしくはマ行を軸にする例が多いと述べている。柳田が想定していたのが、口承妖怪だった点に留意したい。
柳田國男「妖怪古意―言語と民俗との関係」『国語研究』二巻四号、一九三四年　※のち、柳田國男『妖怪談義』前掲注（2）所収。

柳田國男「おばけの声」『家庭朝日』一巻六号、一九三一年　※のち、柳田國男『妖怪談義』前掲注（2）所収。
（34）H・Sさん（女性、二〇二三年五月一一日のコメント）。
（35）H家ではHさんの母親が初めて、よそからの嫁入りだったという。H家のマーモは、代々女系で伝承されてきた。H家の例を一般化するわけにはいかないが、子脅しが家庭内で行われていたのを想定すれば、少なくとも近現代の子取り妖怪伝承は、女性によって管理されていた可能性が高かった。

(36) I・Iさん(女性、二〇二三年六月二十日のコメント)。

(37) Iさんへの聞き取りは二〇二三年七月四日に行った。Iさんによると、オメンサンは静岡県東伊豆町稲取の夏祭りの日に、山から里(浜辺)へ下りてくる赤青二体の神で、鬼の面を付け、「ホーッ」という甲高い声で叫ぶ。先に素戔嗚神社に下り、その後、夜遅くまで地域内を徘徊する。疫病除けのご利益があるという。なお、I家は、同地の八幡神社の神職の家柄である。

(38) 大藤ゆきは、甑島(鹿児島県薩摩川内市)のトシドンについて「単なる年中行事ではなく、やんちゃ時代の幼年期をしつけるという重い意味をもっていたのではないか。トシドンと合わせて考えられる秋田のナマハゲ、能登のアマミハギなども、わからずや時代の子ども」をしつけるものではなかったか」と述べている。大藤の指摘は、来訪神を用いた躾が、ケの日において行なわれていたことを指していたと考えられる。

大藤ゆき「耳コトバ—伝統的育児の知恵」日本昔話学会 編『昔話—研究と資料』二〇号、一九九二年、三弥井書店 ※のち、大藤ゆき『子育ての民俗』岩田書院、一九九九年所収。

(39) オメンサンが登場する東伊豆町稲取の夏祭りについては、左記論考に詳しい。

深沢佳那子「祭りにおける性的儀礼の正当化—伊豆稲取どんつく祭りと素戔嗚神社の夏祭りを通して」現代民俗学会編『現代民俗研究』一二号、現代民俗学会。

(40) M・Mさん(女性、二〇二三年六月二十日のコメント)。

(41) S・Sさん(女性、二〇二三年六月二十日のコメント)。

(42) ムカエイヌは「妖怪名彙」に立項されている。柳田が参照したのは、井上福実『信州下伊那郡方言集』(私家版、一九三六年)に載る例で、オクリイヌのように「送る」のではなく、夜、山道を行く人の前にいて「迎える」のだという。柳田は「送り犬の信仰が衰えてからの分化であろう」と推察している。なお、原典の井上の資料については、小松の左記著作によって知った。

柳田国男著、小松和彦校注『新訂 妖怪談義』KADOKAWA、二〇一三年。※柳田國男の「國」を新字表記にするのは、著作のまま。

(43) N・Iさん(男性、二〇二三年六月二十二日のコメント)。

(44) K・Kさん(男性、二〇二三年六月二十二日のコメント)。

(45) H・Sさん(女性、二〇二三年六月二十二日のコメント)。

(46) 口承妖怪の刹那的な在りようについては、左記コラムを参照。國學院大學説話研究会の新潟県東蒲原郡阿賀町(旧上川村)調査に参加したときに聞いたコテボウズという妖怪について所見を述べている。なお、これと同一とみなせる妖怪コッテンボウズについては、東洋大学民俗研究会による報告がある。

伊藤龍平「コテボウズはいるか」伊藤龍平『怪談の仕掛け』青弓社、二〇二三年。

東洋大学民俗研究会編『西川の民俗　新潟県東蒲原郡上川村旧西川村』東洋大学民俗研究会、一九七六年。

(47) A・Sさん(男性、二〇二三年六月二十二日のコメント)。

(48) M・Hさん(女性、二〇二三年六月二十二日のコメント)。

(49) T・Nさん(女性、二〇二三年六月二十日のコメント)。

(50) T・Rさん(男性、二〇二三年六月二十日のコメント)。

(51) 『百器徒然袋』は、鳥山石燕の妖怪画集の中でも特に創作性が高く、妖怪画の詞書の末尾が「……と、夢のうちに思ひぬ」「……と夢心に思ひぬ」で統一されている。なお、左記著作の「栄螺鬼」の項では、『百鬼夜行絵巻』(著者・成立年不明)に載る栄螺の姿の妖怪に言及されている。

高田衛・稲田篤信、田中直日　編『鳥山石燕　画図百鬼夜行』国書刊行会、一九九二年。

(52) 公益社団法人ACジャパンのホームページに載る「ACジャパン広告作品アーカイブ」では、作品タイトル「もったいないお化け」、「テレビ番組「日本昔話」より題材を得て、同じアニメーションで食べ残しをなくそうと訴えた1作目。ナレーターは常田富士男さん(俳優)と市原悦子さん(女優)」と解説され、「年度　1982年度／テーマ　教育／制作　電通大阪／掲載メディア　テレビ」とある。https://www.ad-c.or.jp/campaign/search/index.php?id=127(二〇二三年八月、閲覧)。

(53) T・Uさん(女性、二〇二三年六月二十二日のコメント)。
(54) K・Uさん(男性、二〇二三年六月二十二日のコメント)。
(55) 牧野陽子は「ここで重要なのは、ハーンがMujinaと記すのみで、何の説明も加えていないことである。従って、たとえ日本の読者がむじな、すなわちたぬきというものを知っているために、その連想から可笑しみを覚えたとしても、少なくとも日本語を知らない英語の読者には、得体の知れない不可思議な怪異の印象を与えることになる」と述べている。
牧野陽子「「むじな」」平川祐弘　監修『小泉八雲事典』恒文社、二〇〇〇年。
(56) T・Kさん(男性、二〇二三年七月一三日のコメント)。
(57) 倉田一郎「山村社会に於ける異常人物の考察」大間知篤三編『山村生活調査第一回報告書』私家版、一九三五年。
(58) 左記論考のうち、飯倉義之が論じた「河原町のジュリー」はネットロア化して有名になったが、私は北海道千歳市内の中学校に在籍していた一九八五年に、クラス担任(男性、一九六〇年生、立命館大学出身)から口頭で聞いていた。
長野晃子「H君とヤマンバ─現代・都会っ子のヤマンバ」世間話研究会　編『世間話研究』一一号、二〇〇一年、世間話研究会。

飯倉義之「奇人論序説─あのころは「河原町のジュリー」がいた」」世間話研究会編『世間話研究』一一号、世間話研究会、二〇〇一年。
(59) K・Rさん(女性、二〇二三年七月六日のコメント)。
(60) 折口信夫のマレビト論と通ずる異人は、一九八〇年代に分析概念として多用された。小松和彦は異人を四種に分類しており、そのうちの四つ目─「空間的にはるか彼方に存在し、想像上で間接的にしか知らない人々で、外国人や異界に住むと信じられている霊的存在」が怪人に相当する。一方、小松と同時期に異人を論じていた赤坂憲雄は異人を六種に分類し、そのうち六つ目─「境外の民としてのバルバロス」に「山人、鬼、河童など」を入れている。ただ、本文で示したように、怪人には妖怪と断じられない面もあり、異人概念の他の要素とも複雑に関連している。この点は稿を改めて論じたい。

赤坂憲雄『異人論序説』砂子屋書房、一九八二年。

小松和彦『異人論　民俗社会の心性』青土社、一九八五年。
(61)　左記拙稿を参照。野村純一以降の口裂け女論を、俗信と説話という観点から捉え直している。また、吉田悠軌の左記著作では「子殺しの母」というモチーフから口裂け女にアプローチしていて、興味深い。
伊藤龍平「口裂け女は話されたか―「俗信」と「説話」」日本口承文芸学会編『口承文芸研究』四四号、日本口承文芸学会、二〇二一年。

吉田悠軌『現代怪談考』晶文社、二〇二二年。
(62)　香川雅信の左記論考は、柳田の妖怪論を共同幻覚の視点から捉え直しており、小松以降の妖怪論として注目すべきものだが、そこに家庭教育を補助線として引くと、より論点が明瞭になる。
香川雅信「柳田國男の妖怪研究―「共同幻覚」を中心に」小松和彦編『進化する妖怪文化研究』せりか書房、二〇一七年。
(63)　柳田國男「妖怪談義」前掲、注(2)。
(64)　柳田も指摘しているように、高野聖はしばしば妖怪視されたが、左の例のように神格化されることもあった。神と妖怪の関係について考えるのに示唆的なので挙げておく。

江戸末期までは、六尺もありそうな負いづる(笈)を背負い、小さい鉦鼓を前に付けてたたきながら歩く、高野聖と称する人が村々を回ってきた。家々で病気の祈祷をしたり薬を与えて一・二文の謝礼を貰って歩く。長箱の中に小間物を入れ商売をし、それを買うことで礼の代わりとした。いつのころからか三ツ瀬に来た高野聖が行き倒れて死んだ。山主にたたるというので春秋の彼岸に祭るようになったが、これに参ると腫れ物・梅毒・婦人病に効験ありと、近村からも参詣に訪れ賑わった。

東栄町誌編集委員会編『東栄町誌　自然・民俗・通史編』東栄町、二〇〇七年。

(65) 廣瀬誠「母たちからの伝承」富山民俗の会　編『とやま民俗』五二号、富山民俗の会、一九九八年。

(66) 松尾四郎『史話と伝説　富士山麓之巻』松尾書店、一九五八年。

(67) K・Kさん(男性、二〇二三年七月六日のコメント)。

(68) K・Mさん(女性、二〇二三年七月六日のコメント)。

(69) M・Sさん(女性、二〇二三年七月六日のコメント)。

(70) N・Mさん(女性、二〇二三年七月六日のコメント)。

(71) K・Aさん(女性、二〇二三年七月六日のコメント)。

(72) 鵜野祐介『生き生きごんぼ　わらべうたの教育人類学』久山社、二〇〇〇年。

(73) 常光徹の「学校の怪談」研究は、現代の子ども文化にみられる妖怪伝承を発見し、新たな研究領域を切り拓いた。その後も「学校の怪談」をテーマとした研究は出たものの、常光ほど鮮やかに子ども文化に迫ったものはない。その常光も、親子間の文化／子ども間の文化という点には深く言及しておらず、今後の課題とすべきテーマである。

常光徹『学校の怪談　口承文芸の展開と諸相』ミネルヴァ書房、一九九三年。

(74) 日本における人身売買については、牧英正の左記著作を始めて研究は多いが、近現代の子どもの例に限定したものは少ない。下重清の著作も近世文化研究の一端を担うものとなっている。そうしたなかにあって、藤野豊の著作は、子どもの人身売買の報告を重点的に論じていて興味深い。また、藤野の報告が戦後の事例を中心としている事実も重い。なお、この他に子捨ての問題もあるが、当人が物心つく前の事柄であることが多いので、ここでは触れなかった。

牧英正『近世日本の人身売買の系譜』創文社、一九七〇年。

牧英正『人身売買』岩波書店、一九七一年。

下重清『〈身売り〉の日本史　人身売買から年季奉公へ』吉川弘文館、二〇一二年。

藤野豊『戦後日本の人身売買』大月書店、二〇一二年。

(75)　一九八〇年代、子ども観の転回の理論的支柱だった本田和子は、秩序ある世界に生きる大人に対して、子どもを「文化の外なる存在」と規定し、「内なる異文化」と位置づけた。大人と子どもで、子取り妖怪の位置づけが同じであるはずがなかった。

本田和子『異文化としての子ども』紀伊國屋書店、一九八二年。

(76)　「子取ろ」もしくは「子買お」と称される童謡は、すでに近世の文献に記載がある。近世から近代、そして現代に至るまでの長いスパンで、子供を取り巻く状況を見ていく必要がある。

(77)　学生のコメントの中で、オニと並んで多かったのはオバケだった。例えば、S・Cさん(女性)のコメント(二〇二三年六月二二日)にも「夜ふかしをしていた時に「おばけ(幽霊?)が来るよ!」と言われたことがある。私の家ではざっくりと〝おばけ〟だった」とある。童謡にも、オニやオバケは多く登場する。個性ある名づけをされる以前の子取り妖怪にも注意を払う必要があるだろう。しかしその反面、妖怪の個性化という面でも、名のある子取りは無視できない。

(78)　引用は左記著作に拠った。同書を収める「日本わらべ歌全集」を捲っていると、多様な子取り妖怪たちが子ども文化の中で、伝承されていたのが分かる。

岩井正浩・山崎盾之『愛媛　香川のわらべ歌』一九八二年、柳原書店。

(79)　宮本常一は自身の幼少期をふり返り、次のように回想している。田村善次郎の注によると、「日向の人買いを題材とした」謡曲とは「桜川」を指すという。また、田村は、「日向の人買い」が近世期から有名だったことも指摘している。

われわれ幼少の折も人買いの話は多くて、夕方など外をうろうろしていると人買いに連れて行かれるのだと親たちから言われていた。そうしてその子どもたちは日向へ連れて行って売られるということも聞いたのであるが、謡曲の中にも日向の人買いを題材としたものがあった。

宮本常一「母の悲劇」『愛情は子供と共に』馬場書店、一九四八年、※引用は、宮本常一著、田村善次郎編『忘れられた子どもたち』八坂書房、二〇一五年。

(80) 柳田國男「かはたれ時」前掲、注(2)。

〔附　記〕

引用に際して、旧字・旧仮名遣いは、現行のものに改めた。

※リアクションペーパーの学生名は、すべてイニシャルとした。また、コメント掲載の許可は得ている。

火葬の場における文化の伝承とその拡大

川嶋　麗華

はじめに

二〇〇〇年代以降、遺体処理法における火葬率がほぼ一〇〇パーセントを維持しているように、現代日本では火葬場での火葬が当たり前の習俗として普及している。公営火葬場が全国に普及する以前には、土葬、薪や藁による火葬(ノヤキ)が行われ、地域の人びとによる遺体処理が普通のこととされた。各地の葬送は、今日に至るまで、火葬禁止令といった行政の介入を受けつつ、時に埋火葬という葬法が恣意的に変更されながら、現在のような火葬場での火葬へと移行してきた。火葬の普及が推進されてきた背景には、伝統的な他の葬法に比べて遺体を迅速に処理できるという、近代的・衛生的な遺体処理法としての認識がある。

死者を葬り、送り出す場から人びとが縁遠くなった現在、新しい火葬場では職員の手によって死者を送り出すようになった。直接的に死者の肉体を葬らなくなった後も、人びとは火葬場へと赴いて自らの手で拾骨する。現代日本の火葬には合理的な理由だけでなく文化的な意味合いが含まれ、火葬の場は儀礼の場としての役割を有している。

(1) 民俗学における先行研究

民俗学では柳田國男の「葬制の沿革について」(一九二九)を嚆矢とし、重要な研究テーマの一つとして、葬送習俗に関する研究が積み重ねられてきた。柳田は各地に伝承される「前時代の痕跡」としての葬送習俗から、両墓制や二重葬といった問題に触れつつ葬制の変容について論じた。柳田の論をうけて両墓制の研究が展開する一方、「二度の葬式」を含むと見做された火葬習俗についても、北陸地方でみられた「骨掛け」、門徒地域でみられた無墓制といった一部の習俗に関する研究が行われた(井之口編 一九七九、最上編 一九七九など)。また『旅と伝説』誕生と葬礼号(一九三三)などに火葬に関する事例が集成されたほか、昭和三十七年(一九六二)〜三十九年(一九六四)の民俗資料緊急調査の成果として『日本民俗地図』7(一九八〇)に葬制に関する報告がまとめられた。埋火葬の分布については、衛生統計や民俗学的な関心から、火葬が都市部と真宗地帯に色濃く分布する傾向があることが注目された(二階堂 一九一一、井之口 一九七九)。

しかし、火葬場の建築家・研究者である八木澤壮一が「葬制として火葬は新しい方法であり、土葬に学問的な興味がおかれるため、手薄になっているようにみえる」と指摘したように(八木澤 一九七五)、高野山納骨や真宗の本山納骨といった納骨や分骨などの骨の処理や墓制と絡んだ研究を除き(蒲池 一九九三・一九九七、藤澤 一九八八など)、葬制としての火葬習俗は看過されてきたきらいがある。(1)

一九七〇年代には、近代以降の民俗の変容として葬送習俗の変化に関心がもたれるようになった(千葉 一九七一など)。葬送習俗の変容を追跡した全国規模の調査成果として『死・葬送・墓制資料集成』(一九九九〜

二〇〇〇)があり、その調査成果をふまえた『葬儀と墓の現在—民俗の変容—』(二〇〇二)が刊行された。その流れの中で、葬送習俗の主たる変化要因の一つとして火葬場が挙げられ、高度経済成長期(一九五五～七三年)における全国的な火葬場の設置に伴って、各地に伝承された葬列や両墓制といった習俗が簡略化・消失していったとされる。近代化の中での火葬の受容については、宗教的背景を有する「近世的火葬」、行政指導による「近代的火葬」が対置され、近代的火葬の受容による変化の一つとして、通夜や葬式の前に火葬を済ませる葬儀の「骨葬」が注目されている(林　二〇一〇)。

(2)　問題の所在と課題設定

以上のような葬送研究では、①「近世的火葬」と「近代的火葬」という区分、②葬送習俗を全国的かつ急激に変容させた要因といった位置付けで、火葬は理解されてきた[2]。

全国的に公営火葬場が登場する以前から、各地域の遺体処理のあり方は変容を遂げていた。例えば、近世・近代における専門的職能者の動向については歴史学の研究があり(木下　二〇一〇)、専門的職能者の引退に伴って、埋火葬の担い手が地域住民へと移行した例は戦後にも散見される。また地域による埋火葬から一足飛びで公営火葬場での火葬へと移行したわけではなく、伝染病による死者の火葬、土葬からノヤキへの移行、地域住民による火葬炉の導入といった複数の段階を経て、現在のような公営火葬場への火葬に至っている。こうした各地域に応じた、段階的な変化の過程における葬送の変容に関しては十分に把握されておらず、変化の中で火葬の場に受容されていった習俗についての検討は充分になされていない。

実際の火葬場では、骨上げ(拾骨)といった文化的な行為が多分に行われており(川嶋　二〇二一)、そこにはもともと地域に伝承された習俗や新しい習俗が含まれるが、〝伝承〟の場としての火葬場の役割については省みられてこなかった[3]。そこで、本章では地域文化を消失させる要因としてだけではない、文化を伝承・拡大させる場としての火葬場について検討したい。

一　伝承された火葬の文化

埋火葬における儀礼の担い手については、島津毅が中世の王家・公家などの葬儀に関する記録から分析している。十三世紀頃までは、荼毘(火葬)・拾骨・納骨といった遺体に接触する作業の大半は、顕密僧を交えつつも、親族や近習といった「特別な所縁の者」が中心となって行った。十二世紀末以降は禅律僧が葬送を司る「一向僧沙汰」へ変化したものの、荼毘・拾骨・納骨は相続者の務めであると見なされ、「相続慣行を支える機能」として前期までの慣習を引き継ぐかたちで「由緒人」の役割とされた(島津　二〇一四)。

庶民の間で火葬するようになった時期は定かでないが、室町時代中期の成立とされる「三人懺悔冊子」(『続群書類従』第三十二輯下)には「さてこれらが玉のてばこのふたをばあねがもち、かけごをばおとゝがもちて、たれかをしへけん、竹と木のはしをもちて、こつをひろひけるが、なをいふことのはもなく、袖をかほにおしあて、なき候ひ」と、子ども達が母親の遺骨を拾う様子が描かれている。

(1) ノヤキにみる拾骨の慣行

実際の民俗を見渡してみると、「拾骨」は幅広い地域でみられる習俗である。公営火葬場が普及する以前から、村落部では火葬習俗の一環として拾骨が行われてきた。

【事例1】 広島県西北部の中山間地域におけるノヤキ

浄土真宗の盛んな広島県西北部にあるA地区では、講中という地域組織によって葬式の一切が執り行われる。講中の数名がカンカタギ(棺担ぎ)という火葬役にあたり、地区の山中にあるヤキバで火葬を行った。

自宅での葬儀のあと、葬列を組んでヤキバへ移動すると、カンカタギは棺を石台の上へ降ろして屋根を外し簡単な祭壇を組み、家族と親族が死者との最後の別れをする。石垣の中には事前に燃料の薪が敷き詰められており、別れが済むと、カンカタギはその上に野灯篭といった葬具と棺を置き、全体を藁束で隙間なく覆い、火葬の準備にあたる。喪主が最初に点火すると家族と親族はヤキバを離れて、後の火葬作業をカンカタギへ任せる。翌朝六時頃、葬儀責任者のテイスヤク(亭主役)とカンカタギとでヤキバへ行き、灰や炭を除けて骨を露出させるなど、骨拾いの準備をする。その後、喪家と親族はテイスヤクに付き添われてヤキバへ向かい、講員が用意した箸で骨を拾って骨壺へ納める。骨壺は初七日、四十九日までなど各家の一定期間、喪家の仏間に安置し、家族と親族で墓へ納骨をする。

現代のような公営火葬場が普及する以前には、安芸・北陸・尾張といった濃密な門徒地域を主としてノヤキが行われてきた。死者が出ると、ヤキバやサンマイと呼ばれる地域の小規模な火葬場で、簡素な穴や囲いの中またはは地面の上に薪や藁を組んで、地域の人々が一晩かけて火葬し、翌朝に拾骨を行った。

　こうした従来から火葬が盛んな地域では、遺体を骨化するための高度な火葬技術として、藁や濡らした筵で棺や薪の全体を包み込む〝蒸し焼き〟の技術が広く伝承される。藁を用いることで薪の消費を抑える火葬技術は、『玉葉』にも「是近代之意巧」として記されている。[4] こうした遺骨に至らせる火葬技術は、単純な遺体処理法としてだけではなく、拾骨を前提として培われ、支えられてきた技術でもあったと考えられる。現在の公営火葬場では家族による「拾骨」が一般的な習俗となっているように、現代日本において「拾骨」は葬法の変化や地域差を超えて共通してみられる習俗となっている。

図１　Ａ地区のヤキバ

　火葬という葬法は、日本に限らず、火葬と結びつきが強いヒンドゥー教を信仰する地域などで行われてきたほか、近代化の中でイギリスやアメリカ、中国、韓国といった国々でも普及してきた。例えば、十九世紀から世俗的功利主義のもとで火葬が普及したイギリスでは、火葬場付設のチャペルで三十分〜一時間程の葬儀を済ませた後、遺族は棺に関与せず、火葬場職員の手により火葬・粉骨された焼骨が数日後に遺族へと引渡される（宮澤　二〇一二）。こうした国々では、火葬場の職員が遺骨を集めて処理し、家族へと渡すことが一般的であり、身内が自らの手で遺骨を拾う「拾骨」は日本で顕著にみられる習俗とされる（石井・八木澤　二〇〇八）。

図２　Ｂ地区のサンマエの一角に設けられたヒヤ

火葬という同じ葬法を採用していても、その実態は地域・文化によって大きく異なる。例えば、伝統的に火葬を行ってきたインドでは、火葬燃料に用いる香木によって火葬の質が区別され、近代的な火葬炉での火葬は安価な方法でありながらも敬遠される[5]。火葬の普及といった殯葬改革が中国で全国的に推進される中でも、儒教の影響が根強く伝統的な価値観を保持する地域においては、先祖にならない死者は火葬して遺骨を川に流し、先祖となる死者のみを祖墳へ埋葬するといった志向性が、火葬の普及下でも維持されている（李　二〇二二）。〝新しい〟火葬が各地域に受容される過程においては、当該地域の文化や価値観が火葬習俗の中に混入・表出する場合が多々みられるのである。

日本では祭祀承継者が遺骨を引き取ることが法的にも定められるが、拾骨も歴史的に「相続者の務め」と見なされたように、遺骨を得るという以上の意味が含まれる。現代の火葬では、喪主を含む〝身内〟が拾骨することが一般的とされる。この慣習はノヤキでも広くみられ、従来から火葬であった地域だけでなく、明治期以降に土葬からノヤキへと移行した地域、伝染病による死者のみをノヤキするといった地域でも行われてきた（川嶋 二〇二二）。

(2) 拾骨の儀礼化

日本で広く行われる拾骨は、その方法に大小様ざまな差異が見られ、地域によって異なる文脈が折り重なっている。代表的なものとして、すべての骨を拾う「全部拾骨」と骨の一部のみを拾う「一部拾骨」という、遺骨に対する意識の差異が挙げられる。

図3　B地区のヒヤの中にあるジョウアナ

【事例2】愛知県の平野部におけるノヤキ

濃尾平野の一角にあたる愛知県西部のB地区では、約三十年前まで専門的職能者が旧村域の火葬を一手に担った。旧村域の各地区にはサンマエという墓地、その一角に火葬の場が設けられた。ヒヤという二間×二間の建物内に、ジョウアナという火葬用の四角い穴がある。この地域では集落内で死者が出ると、通夜の前からお斎まで葬儀の手間の大半をトナリといった近隣の人びとが中心となって行った。

自宅での葬儀を終えた後、葬列を組んでサンマエまで棺を運ぶと、専門的職能者が中心となって火葬の準備にあたる。ジョウアナの底に薪を三、四段程敷きつめて並べる。薪の上に北枕になるように寝棺を置き、その棺の上と側面に藁束を並べ、最後に濡れ莚を棺と藁を包み込むように上から被せる。これらの薪・藁や莚は、専門的職能者の指示に従って、喪主の責任のもとで用意したものである。喪主が藁束で点火し三十分程して火が安定すると、参列者はサンマエを離れ、火葬を職能者に任せる。

完全には骨化していない状態で、足腰や喉仏、頭などの一部の骨をお盆に拾い、家族へ渡す。家族はその骨を紙に広げて拾いなおし、その足腰の骨を墓に埋める。喉仏は喪主宅に持ち帰って最短でも一周忌までは仏壇に置き、家によって京都の東本願寺へ納めることもある。コツアゲしなかった骨と灰はサンマエにそのまま放置され、火葬を繰り返して骨灰がジョウアナに溜まると、ヒヤの裏に捨てる。

事例2では火葬の担い手である専門的職能者に火葬の一切を任せる中で、火葬後の拾骨も専門的職能者が行い、遺族は受け取った遺骨をあらためて拾骨しなおすことが注目される。この事例からは、遺骨を拾い集めることだけを拾骨の目的とせず、身内が拾骨すること自体が強い意味を持つ儀礼的な所作として認識されていることがわかる。他にも、全国的に「左手で」「渡し箸で」「竹と木の箸を組み合わせて」「喪主から順に」といった諸条件を含めながら拾骨する地域が多く、拾骨は広い範囲で儀礼的な所作となっていた。

ノヤキでは燃え残った炭や灰の中から箸で拾骨するため、実際にすべての遺骨を取りこぼさずに拾うことは困難だが、事例1（広島県）のように大半の骨をあげようとする地域があり、一方で事例2（愛知県）のように明確に一部の骨だけをあげる地域があるように、遺骨に対して異なる志向性が併存した。そうした中で、事例2や滋賀県といった一部拾骨の地域では、火葬中の燃え残った状態で遺骨を採取する事例が散見される。

またノヤキでは必ずしも完全な焼却がなされたわけではない。全部拾骨の地域でも遺体の一部が燃え残った場合には、焼きなおす、近くに捨てる、埋めるといった方法で処理した。火葬の途中であっても、或いは燃え残りが生じたとしても、遺族は拾骨以後のことに関与せず、拾わなかった残骨についても、そのまま放置する、掃き捨てる、池へ投棄するといったかたちで処理がなされた。

二　東京における火葬の近代化

村落部に伝承されたノヤキとは別に、明治初期、京都・大阪・東京などの大都市部には近世以来の大規模な火葬場があり、人びとの遺体処理を担った。こうした火葬場は明治六年（一八七三）に布告された火葬禁止令によって大きな影響を受けるが、それ以前であっても火葬を含む葬送は、宗教・思想や衛生といったさまざまな要因による介入を受けてきた。

儒学者らの批判により火葬が禁止された例のほか、堺や江戸のように臭煙に対する衛生的な問題や死穢への忌避感から地域的に火葬が制限されることがあった。[6] 明治六年（一八七三）には「極テ人身ノ健康ヲ害スル」臭煙の問題を契機として、近世以来の「火葬ノ儀ハ浮屠ノ教法」であるとする考えを交えながら火葬禁止令が検討・発布された（西野　一九九九）。墓地不足などを理由に二年後には火葬禁止令が解除されたが、その後も公害問題や都市計画により火葬場の移転を重ねる。

また、流行病も火葬場の動向に大きく関わってくる。『箇労痢流行記』（安政五年〈一八五八〉）や『武江年表』（嘉永元年〈一八四八〉）などからも、近世からコレラなどの流行病によって火葬場の稼働が止まなくなった状況が知られるが（林　二〇一〇）、明治時代に入って以降も都市部を中心として流行病が繰り返される。

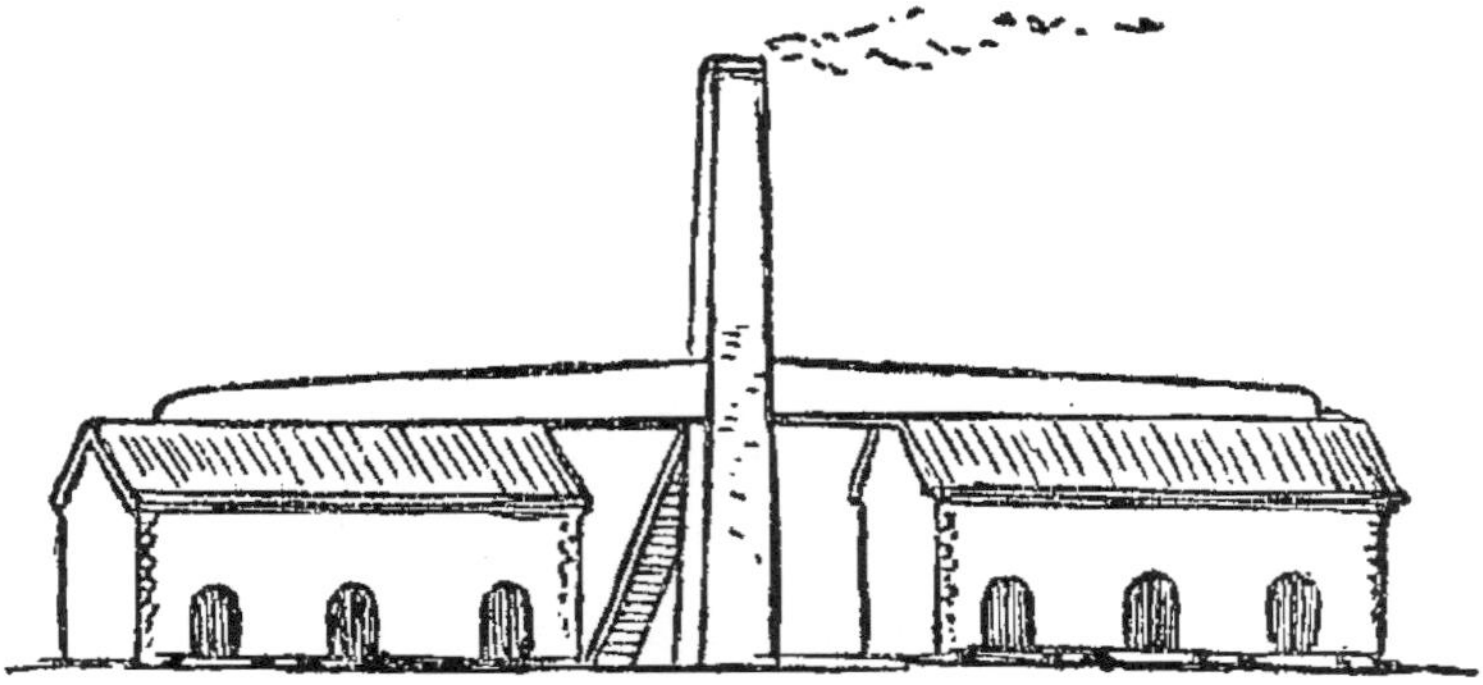

FIG. 703

図4・5・6　モースが描いた火葬場（FIG. 703・704・705）
Morse, Edward Sylvester,. Japan day by day,1877,1878-79,1882-83（v.2（1917））. New York : Houghton Mifflin Company. Retrieved from 10.5479/sil.19752.39088015799620

明治初頭の東京には、江戸の五三昧とよばれる近世以来の大規模な火葬場があった。ここでは、寺共同の火葬場があった千住を中心に、近代化における①火葬場の移転や施設改良の流れ、②火葬のありようを追跡する。[7]

(1)　火葬場の移転と施設改良

当初は屋根の下、野天などの地面や穴で火葬する簡易的な火葬施設であり、特に都市部においては、火葬後の骨灰や排煙といった公害が問題となっていた。火葬禁止令の解除にあたっても、「焼場ノ臭煙ハ人ノ健康ヲ害セザル様専ラ注意シ火爐煙筒（但シ三府五港等ハナルベク烟筒ノ高キヲ要スト雖モ大凡曲尺二十四尺ヨリ低カルベカラズ）及ビ墻壁等ノ如キ適宜ノ方法ヲ可候事」（明治八年〈一八七五〉六月三十日）と排煙・臭気に対する対策を求めている。こうした指針を受けて、近世以来の火葬場では早々に火葬再開を届け出るとともに火葬場の改良を進めたが、[8]当時の新聞からは近隣住民の窮状が窺える。

FIG. 704

（略）先々月火葬が許可に成りまして小塚原などハ得たりかしこしと焼はじめましたが近所近邊の人ハ臭氣に怖れて住居を移す人が有りますが難澁でございます私ハ新よし原の或る家をかりて居りますが毎夜〳〵火葬の匂ひで鼻を穿ち實に臭くツて堪かねますがどうか臭く匂はぬ工夫ハ有りますまいかしらん私の考へにハ吉原を移すか火葬場を換るか此二ツよりいたし方ハ有るまいと存じます

――『読売新聞』明治八年〈一八七五〉九月二日朝刊二面

千住火葬場（小塚原）が再稼働してすぐ、近隣住民による苦情が出された。その翌年、「西洋風のしかけで死人とを焼く事になり器械に三千圓あまりかゝります」（『読売新聞』明治九年〈一八七六〉六月二十三日朝刊2面）と、同火葬場に新たな火葬施設を取り入れる動きが伝えられた。新しい火葬場については、明治十五年（一八八二）十月に千住火葬場を見学したモースが次のような記録を残している（モース　二〇一三）。

それは二つの、長さ七十二フィート、幅二十四フィートという煉瓦づくりの一階建の建物から成っている。この二つの建物は一列に並んでいるのだが、五十フィートの空間をさしはさんで、離れている。ここには高い四角な煙突が立っていて、この煙突に建物の屋棟

FIG. 705

から大きな鉄製の煙道が通じている。各々の建物は辷る戸のついた入口を持つ三つの部分にわかれている。写生図に示す如く、段々が煙突と煙道との交叉点にある足場まで達していて、ここには、多数の死体を同時に火葬する場合、上に向う通風をよくするために、石炭を燃す装置が出来ている。

建物内の床面には「底石と二つの側石と一つの頭石」の炉があり、「薪二本と少量のたきつけとから成る火葬堆」に死者をのせ、しばらく火が燃えた後に「藁製の米俵」を被せ、「死体は三時間で焼き尽」したといい、排気設備以外の火葬技術としてはノヤキと大差なかったことがわかる。一つの炉のみを備える別棟で火葬する場合は七円、「大型の木の桶」に入れたまま火葬する場合は二円七十五銭、棺に納めずに死体のみを焼く場合は一円三十銭と、三つの等級に分かれ、火葬場の独立性や火葬方法によって差異化された。

モースは「臭気は殆ど無かった」と千住火葬場を衛生的な施設として高く評価しており、都内の各火葬場では臭煙の軽減などの施設改良が試みられた。一方、度重なるコレラの大流行により火葬場での処理能力を上回る遺体が搬入され、そうした状況に周辺住人は苦慮したようである。明治十五年（一八八二）にコレラが流行する最中での火葬場のようすが報じられている（『読売新聞』一八八二年七月二十七日朝刊二面：八月十一日朝刊一面）。桐ヶ谷の火葬場では「在來の燒竈九個位」に「九個の新竈」を加えたものの対応しきれず、「野天にて燒

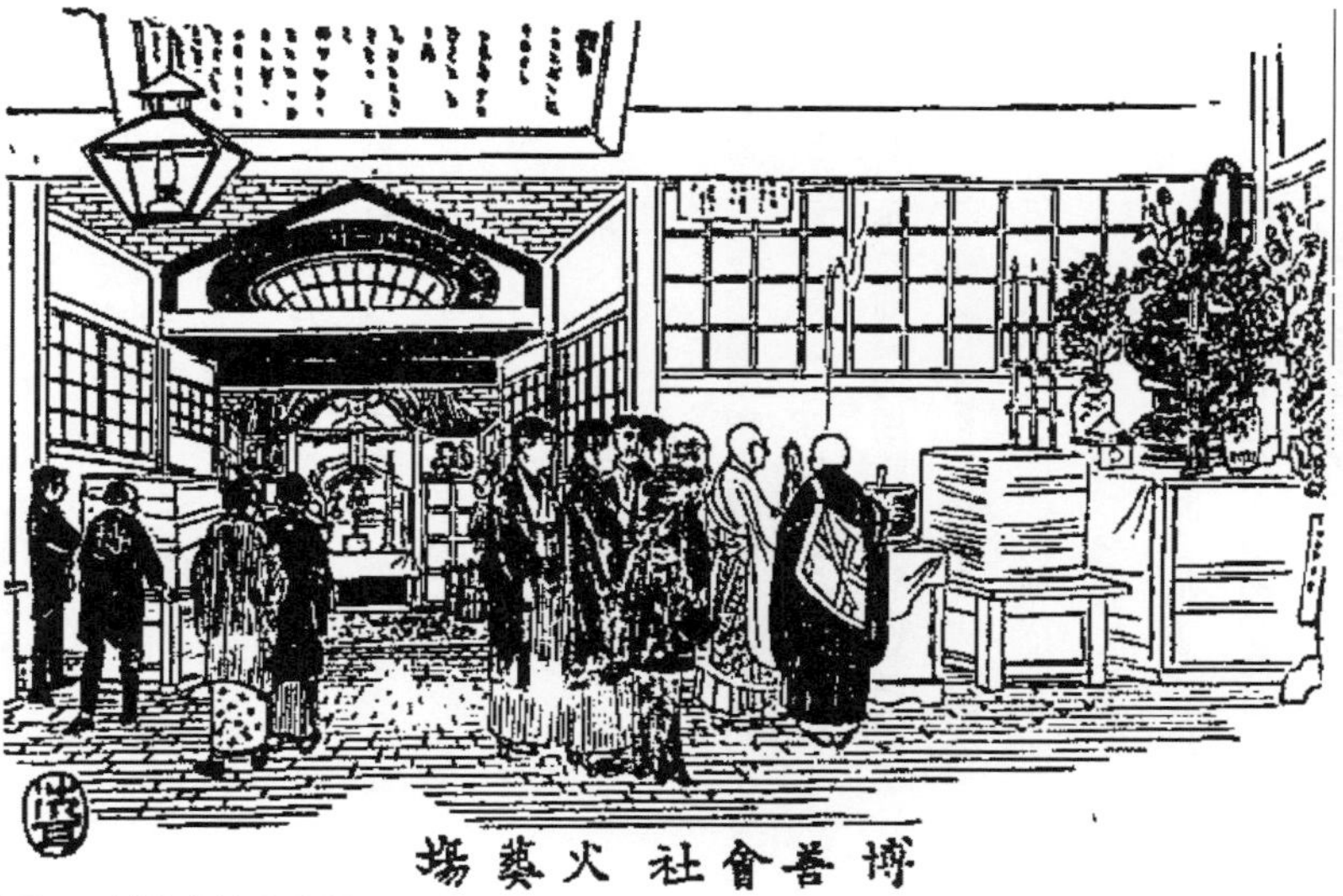

図7　博善会社火葬場［平出　1902］

く事を御許し下さる様にと品川警察署へ願ひ出た」という。千住火葬場でも七月二十七日の記事で「十四五日頃に持込んだ分を漸く昨今焼いて居る」とされ、その後は「昨今野田で焼く事になツたが一昨夜も例の如く三十桶ほど亡者を積み重ねて火を掛た」と屋外で火葬にあたった。当時の火葬場は、コレラ流行などの非常時には棺や汚物が集積され、屋内外の火葬を昼夜問わず続ける、劣悪な環境をもたらす施設であった。コレラの流行を繰り返す中、千住火葬場は地方橋場町付近や三河島村といった移転予定地の先々で反対を受けながら、明治二十年（一八八七）に日暮里の元焼き場とされる場所へと移転した。

> 門を入れは左側に休憩所二個所あり右側に事務所あり正面に葬儀所ありて本堂造りなり是より奥に入れは両側に死體假置場あり之を過れは火葬室なり火葬室は東西に通り南北両側に列し入口の正面三室を上等と爲し其左右を中等室とし其一畫を區別し又た北側に小児室寝棺室等を設け火葬竈數は

總して三拾一何れも煉化造にして二重の鐵扉を附し大戸中戸とす室の内部に、鐵製の棺臺を設け車輪を附し出入を便にせしむ死體は棺の儘納置して扉を閉し封印を爲す背部に一小口を設け之を焼口とす又火葬室の西部に七丈六尺五寸の煙筒あり各室の煙を導き煙筒の下部に於て焼煙し煙筒に送る煙無臭に化し僅かに白煙を揚くる而已なり又死體を送り來るときは事務所に於て鐘を鳴らし之を焼夫に報ずれば焼夫は葬儀所に出で丶死者の來着を迎ひ之を一時葬儀所に安置し火葬等級の定まるを待て火葬室に移し又ハ死體假置場に納め日沒に火葬を始め三時間以内に終る其他骨堂或いは薫蒸室等の設あり從來の火葬場に比すれは實に雲泥の相違なり

――三三文房一八九〇『東京百事便』三三文房

千住火葬場では、「石炭を燃す装置」で通風性を上げ、煙道を通じて高い煙突から排煙するなど排気の効率化が図られたが、火葬の竈自体はコの字型の穴という簡素なものであった。日暮里火葬場では、「二重の鐵扉」を備えた煉瓦製の竈の内部に「鐵製の棺臺」があり、車輪による出し入れが可能という、現代と遜色ない火葬炉を備えていた。また「各室の煙」を「煙筒の下部に於て焼煙」する再燃焼によって排煙の「無臭」化を図るなど、現在の火葬場にある「再燃装置」に近い機能が導入されたようである。

窯数を増やし、「臭気」を抑え、「白煙」を排出する衛生的な火葬技術とともに、「葬儀所」や「死體假置場」や「骨堂」の併設といった利便性を高める改良も進められた。町屋火葬場が新築落成・開業した明治三十七年（一九〇四）、東京市区画設計によって日暮里火葬場は閉業した。[9] その後も、大正十二年（一九二三）の関東大震災の折に「重油火葬装置を施し火葬後直ちに御骨揚をなし得る」と重油式火葬炉の利用を広告したように火葬施設の改良が進められる（『朝日新聞』大正十二年〈一九二三〉十月十日夕刊三面）。

火葬についての指針や墓地及埋葬取締規則をうけて、火葬場を民家から離し、煙突や屋根壁付きの火葬炉を

設置することが求められるようになった。東京都区内では現在も民営火葬場が多数であるが、それ以外の地域では公営火葬場が徐々に設置されていく中で、公害への配慮から作られた高い煙突とそこから排出される黒煙が、火葬場の新しい象徴となった。こうした火葬場の新しい〝負のイメージ〟を払拭するため、高度経済成長期以後、煙突が目立たないデザインや短煙筒を採用したほか、排煙や臭気といった問題を解消する再燃装置を採用するなど、技術とデザインの両面で改良が重ねられてきた。

(2) 火葬場にみられる習俗

臭煙を主とする公害対策、利便性向上の両面から火葬場の施設改良が進められる中で、火葬のあり方も変容した。その一つに、棺とその取扱いに関することが挙げられる。

1 火葬技術と差異化

モースが記録したように、明治初期には火葬の等級により遺体のみを火葬する場合もあり、こうした火葬の等級による差異化は江戸時代からみられたものである。[10]火葬施設の改良が進められる中で、明治二十年(一八八七)の日暮里火葬場では「棺の儘」炉内に納められる窯が設けられており、この頃には等級に関わらず棺ごと火葬するようになったと考えられる。日暮里火葬場の火葬は、上中下(並)の三等に分かれたが、「焼方」に区別はなく、「下等なりとて數人を一時に火葬するにもあらず」と、火葬の方法に大差はなかった。ただし、「上中は竈の外側の少しく體裁好く造られ」ており、「火葬の間竈の前面に靑色の幕を張り。上等は人夫二名。中等は人夫一名徹夜詰切りて守護するに引換へ。下等は一名の人夫數竈兼帶にて守護するとの相違」があった

（経済雑誌社編　一九〇二）。明治三十七年（一九〇四）の町屋火葬場では、さらに最上等一基を設け、中等以上のみ通常の利用料に「金一圓参拾錢」を追加するかたちで「寝棺」を受け入れたという。

江戸時代には身分や貧富によって異なる形状の棺・桶が用いられ、明治末期にも「上流者ハ長方形ノ寝棺下流ニアリテハ短圓筒形ノ坐棺」を用いたように身分や階級による棺の差があり（内務省衛生局編　一九一四）、それが火葬の等級にも反映された。穴や地面で火葬した頃には火葬の等級に合わせて棺の形状・有無が制限されたが、火葬炉の改良とともに火葬が均質となり、火葬炉に入るように棺の形状が一律化されてきた。等級を問わず、寝棺のまま火葬できるなど、技術的な差異が稀薄化する中で、「窯ニ等級アリト雖トモ一般構造ニ於テ差別ナク單ニ外部ノ體裁等ニ多少ノ差異アルノミ」と装飾性での差異化が図られた。また、個別の火葬室といったプライベートな空間という独立性も、継続して等級に左右されている。装飾性と独立性による差異化という傾向は、現在の民営火葬場でもみられる。

2　火葬場取締規則と拾骨

次に概観にとどまるが、当時の火葬場でみられた動きを確認したい。技術的には明治初期に三時間程で火葬できたが、明治十三年（一八八〇）の火葬場取締規則で「火葬時間ハ午後第八時ヨリ午前第五時ヲ限リ執行スベシ」と定められ、日没後に点火、翌朝に拾骨するのが一般的であった。千住付近では、日中に「無煙無臭」の火葬ができるようになったのは大正末期から昭和初期にかけてのことで、それ以前は「火葬場まで送っていくときは大勢でも、翌日のお骨揚げのときには近親者のみで行った」という（佐々木　一九八五）[11]。『日本社会事彙』（一九〇一）には、移転前の日暮里火葬場での流れが紹介されている。

死者の父兄若くは親戚の者は。相當の手續を經て。火葬料を支拂ひ。祭屍堂に於て燒香を了り。掛員の指揮によりて棺を火葬竈に容れ。父兄自ら其扉に封印を附し。鍵を預りて一旦引取り。翌日再び骨を拾ひに行く迄なり。又火葬場に於ては夜に入るを待ち。前記後方の火口より石油を薪に注ぎ。之に火を點ずる迄にて事足るなり。（傍線は引用者による）

燒香の後、竈に棺を納めて扉を封印し、竈の鍵を保管するまでの一連の動作を遺族が行う。火葬炉を封印・施錠するという動作は、内務省衛生局の『衛生叢書』にもみられる。

（略）燃材ヲ棺受ケ爐格子ノ下ニ並列シ置キ其上ニ用意サレタル爐格ヲ正置シ棺ヲ爐格子ノ上ニ安置ス準備調フルヤ骨受ケ板ト共ニ爐中ニ納メ第一扉ヲ閉シ次テ第二扉ヲ密閉ス扉ニハ鍵ヲ設ケ依頼主ノ捺印シタル封印ヲナシ其合鍵ハ遺骨拾集ノ時マデ之ヲ保管スルコトノ定メアリトス而シテ棺ノ爐中ニ安置セラル、ヤ扉ト反對ノ側ニ於テ設ケラレタル焚口ヨリ常ニ日沒時ヲ期シテ點火ス一度封セラレタル爐ハ猥リニ開扉スルコトヲ許サ、ルヲ以テ焚口ノ上部ニ設ケラレタル覗口ヨリ常ニ之ヲ看守シ燃材ノ盡クル等ノ場合ニハ焚口ヨリ順次燃材ヲ押入シテ之ヲ燒及斯ノ如ク爲スコト約三四時間ニシテ普通ノ死體ハ大概燃燒シ得ヘシ燒燃サレタル死體ノ殘骨全部ハ骨受板ノ上ニ殘留ス而シテ我國ニ於テハ普通一般ノ風習トシテ翌早朝ニ骨上ケト稱シ其遺族ノ者拾骨スルヲ例トセリ即チ前日ニ保管シタル鍵ヲ取扱者ニ渡シ骨受臺ヲ引出シ之ヨリ別ニ備付アル金板製ノ殘骨蒐集器ニ骨、灰共ニ之ヲ集メ遺族ニ渡ス遺族者ハ箸ヲ以テ精細ニ之ヲ集メ尚細小ナル殘骨ハ篩ヲ以テ篩集メ可成精細ニ拾集スル者アリ又ハ頭骨、齒牙、頸椎等主要ナル部分ノミヲ拾集スル者アリ

――（内務省衛生局編　一九一四）（傍線は引用者による）

「日本ニ於ケル火葬ニ關スル調」中に、「近代ノ火葬ノ方法」として記された内容である。ここにみる明治後半から大正初期にかけての火葬の流れは、次のように整理できる。
①火葬炉内に棺を納めて閉扉・封印したうえで、炉にかけた鍵は依頼者（遺族）が保管する。
②日没後に火葬炉裏から点火する。
③火葬中の職員による炉の開扉は許されず、裏から炉内を確認しながら火葬する。
④翌朝、遺族から鍵を受け取り、骨受台から収集器に移した遺骨を遺族に渡す。
⑤遺族は自らの意向により全部または一部の遺骨を箸で拾い集める。

現在の火葬場では、火葬炉への棺の格納、閉扉、点火などの一連の動作は火葬場職員が担うことが多く、遺族の役割は限定的である。一方、火葬炉の導入以降の明治大正期には遺族の役割が大きく、特に火葬中の炉に対する権限は明らかに遺族に傾倒していた(12)。

拾骨については、モースが千住火葬場の見学時に、火葬場で保管している「壺の内には小さな木の箱があり、これに注意深く灰からひろい上げる歯を納め」たとする。拾骨の子細は記されていないものの、火葬炉の穴から直接、拾骨したことが窺える。火葬炉を用いる火葬場では、職員が骨受台から収集器へと遺骨を移して遺族に引き渡した。限られた資料からではあるが、千住・日暮里・町屋の火葬場の例では、火葬炉の導入とともに、遺族の責任による火葬炉への厳重な封印、職員による拾骨の準備という二つの慣習が立ち上がり、拾骨までの動きが形式化していった動きがわかる。

三　現代の公営火葬場での火葬〝文化〟の展開

近現代の日本における火葬文化の大きな流れとして、点火と拾骨という二つの所作から、拾骨のみへと遺族の役割と責任が集約したことがある（川嶋　二〇二一）。それにより、火葬後に異物を取り除いて遺骨を整える、収骨室を設けるなど、家族による遺骨との対面と拾骨が重視され、拾骨という行為がより顕著に儀礼化してきた。

また現在の火葬場においても一部拾骨と全部拾骨といった地域差がみられ（日本葬送文化学会　二〇〇七）、拾骨のあり方には両地域における遺骨に対する意識の差が表れる。全部拾骨の地域では、現在も火葬場職員が塵取で掃きつつ、骨の欠片を一片も残さないように拾骨が行われる場合がある。一方、一部拾骨の地域では火葬場職員が部分的に取り分けた骨を拾骨して残りの骨は放置され、遺族が拾骨する横で、職員が残骨の回収といった火葬炉の清掃にあたる施設もある。このようにノヤキの拾骨にみた遺骨への志向の差が、現代の火葬場ではより顕著なかたちで表れている場合がある。紙幅の都合により限られた事例にはなるが、各地の火葬場にみられる習俗について紹介し、その差異に注視しながら、伝承の場としての火葬場の位置付けについて展望を示したい。

【事例3】火葬地域での火葬場の受容：愛知県西部の祖父江斎場（昭和四十八年〈一九七三〉設置）

霊柩車で運ばれた棺を火葬炉の台車の上に置き、参列者は棺の両側から線香を棺の上にのせて死者と最後の別れをする。火葬技師が棺を炉内に収めて閉扉し、火葬炉の鍵を喪主に渡すと、遺族は待合室へ移動して弁当を食べるなどして待つ。火葬が終わると、技師はすぐに遺骨をある程度並べ、遺族の希望に合わせて拾骨用のコツを、顔回り、全身、喉仏の三つに金属パレットへ取り分ける。拾骨の準備が整うと、遺族を火葬炉前まで案内し、台車に残る遺骨と比べながら、取り分けたコツの部位について説明し、収骨室へ移動する。遺族は木と竹を組み合わせた箸で、順々にコツを渡していき、最後の人が骨壺にコツを納めてハシワタシで拾骨する。最後、技師が頭骨を蓋にして全身が揃うようにして骨箱を納める。遺骨は一定の期間、仏壇の前に安置して、墓や家によっては本願寺へ納骨する。

祖父江斎場は事例2の地域でも一時期利用された公営火葬場である。当地域のノヤキでは、火葬の担い手である専門的職能者が拾骨用のコツを取り分けて遺族へと渡す習俗がみられた。現在の祖父江斎場でも同様の流れで拾骨が行われるが、コツは三つに分別され、さらに頭骨で蓋をするといったように拾骨の所作が複雑化している。また祖父江斎場では「棺を炉内に納め、断熱扉・化粧扉の順に閉鎖し、火葬炉の鍵を喪主に渡して火葬の所要時間（約一時間三〇分程度）を伝える」と現在でもマニュアルに明記され、近代の東京でみられた習俗の一部が残存してみられる。

【事例4】両墓制地域での火葬場の受容：福井県の若狭霊場（昭和五十二〈一九七七〉年設置）

葬祭業者とシンルイ・シンセキらで霊柩車から棺を火葬炉の台車に置き、簡単な焼香台を組み、僧侶が読経する中で参列者は焼香をする。火葬場の職員が棺を炉内に納めると、職員の誘導に従って、子どもなどの死者に近い数名が火葬炉の裏から点火する。点火は、丸めたチラシに火をつけ、喪主から順番に炉内に入れて行なう。その後は一度火葬場を離れ、職員の案内に従って二、三時間ほどで戻ると拾骨が始まる。遺骨はあらかじめ職員によって人体の形に整えられていることが多い。拾骨は、死者との関係が近い数名が、竹と木の箸を使って骨を拾い、順に箸から箸に渡していき最後の人が骨壺に納める。職員の指示によって数個の骨を拾い、ノドボトケは喪主が拾う。残骨は職員が納骨堂に納め、拾骨した遺骨はサンマイ（埋め墓）かハカ（詣り墓）の石塔に納める。

一九七〇年代まで両墓制を伴う土葬であったおおい町大島地域では、若狭霊場で用意した竹と木の箸の渡し箸で拾骨する、遺族が火葬炉裏から点火するといった、〝新しい〟火葬の習俗を取り入れている。点火と拾骨は、大島では他地域から伝播してきた紛れもなく〝新しい〟習俗ではあるが、全国的なノヤキや火葬場における習俗に位置付ければ、目新しさはなく、寧ろ未だ遺族による点火が許される〝古い〟火葬文化を残存しているといえる。

【事例5】土葬地域での火葬場の受容：鶴岡市の鶴岡市斎場（昭和六十一〈一九八六〉年設置）

炉前ホールにて遺族が線香や焼香をあげるといった最後の別れが済むと、職員が棺を火葬炉の台車へ乗せて閉扉し、火葬を始める。炉前に花・果物籠や菓子盛りなどを並べ、遺族は控室で拾骨まで二時間程度待つ。平成末期までは火葬中にも遺族が炉前で線香をあげた。現在は拾骨前に人体の形になるよう遺骨を整えるが、平成末期までは足・胴・頭の三つに分けた。遺族は炉台の両側に並び、箸で足側から順にすべての骨を箸で、金属制の塵取りに入れると布袋の中に流し込み、曹洞宗の場合には血脈を入れる。拾骨の後には、「五穀撒き」と称して、葬祭業者が用意した五穀を炉台の上に撒く。遺骨は一定の期間自宅に安置し、袋から流し込む、袋のまま納めるなど地域ごとの方法で納骨する。

平成十七年（二〇〇五）の合併後、鶴岡市の広域で利用される鶴岡市斎場では、拾骨に用いる箸は葬祭業者によって長短や木と竹などの差異がある。また五穀撒きは土葬であった鶴岡市がある庄内地方の一部地域で行われた習俗で、現在では鶴岡市斎場を利用する地域で行われる。葬祭業者と火葬場を介して、一部地域の習俗が鶴岡市という限定的な地域に拡大した例である〔川嶋　二〇二四〕。

以上の火葬場における事例から、次のような点が指摘できる。

①火葬場とともに遺族による拾骨や点火といった〝新しい〟習俗が受容されたが、火葬場にみられる習俗は地域によって多様である。その諸相には、ノヤキにもみられた遺族による点火、技術改良を重ねる近代の東京でみられた火葬炉の施錠といった、近現代における火葬習俗の変遷を辿るような地域差のほか、五穀撒きといった地域的に伝承されていた習俗が含まれる。

②火葬の技術改良を経る中で、現在も強く伝承される拾骨は全国的に伝承・拡大し、拾骨の方法を定めるなど各地で複雑化・形式化している。一方、点火は遺族の役割から消失する傾向にあるが、若狭斎場のように形式化する、または線香を棺に置く、火葬炉を閉扉するといった別の動作に置換しながら伝承される地域がみられる[13]。

現在の火葬場は、近代化の中で改良された火葬炉とともに、高度経済成長期を経て全国へ段階的に普及した〝新しい〟火葬の場である。その新しい火葬の場を鳥瞰すると、近世からの流れを汲む火葬習俗、近代以降に火葬技術の改良とともに先鋭化した習俗、新しく創出された習俗が、段階差を含みながら各地に部分的ながら伝承されていることがわかる。つまり、火葬場は単にその地域の文化を変容させる要因としてだけではなく、その利用地域に文化を伝承・拡大させる場としての役割も有しているのである。

おわりにかえて

近代以降に新しく登場した火葬場は、遺体処理を主な目的として技術的・意匠的な改良を重ねてきたが、同時に各地で伝承された文化的要素を柔軟に受容してきた。各地の火葬場にみられる習俗には、全国的に伝播した拾骨という共通項があり、そこには全部拾骨と一部拾骨といった大小種々の差異を交え、実に多様な文化が伝承される。こうした差異が生じた背景は個別の事例研究が必要となるが、本稿では火葬場が有する伝承の場としての位置づけを検討してきた。

そこには、意識的・無意識的な動きがあるといえる。意識的な動きの顕著なものとしては、各地の葬送行為における「建築への要求」(八木澤　一九八二)が建築計画に組み入れられることが挙げられる。現在の火葬場で、遺族のための拾骨のスペースが設けられる傾向にあることなどは、これに起因していると考えられる。他方、無意識的な動きとしては、葬祭業者を含む施設の利用者側が持ち込んだ習俗が定着したことが挙げられる。これらは、施設の設置者側が当初、想定していなかった機能・役割であった。これまでの研究では、火葬場が各地に伝承された葬送文化を変容させる存在として一方向的に捉えられてきたが、上述の建築計画にみられるように、火葬場もまた各地に伝承された観念・習慣から影響を受けているのである。

こうした双方向性に着目すると「死者を送る場」としてのみならず、「死者へ送る場」としての火葬場の側面が浮かび上がってくる。土葬では埋葬後に葬具を土饅頭やその周囲に置いて帰る習俗が各地で見られたが、火葬の受容によって遺体の埋葬から納骨へと墓地の機能が変わり、死者とともに葬具を送る機会が失われてきた。現在の火葬場では、埋葬墓地に代わるかたちで、地域の人々が火葬場を利用する以前の習俗を火葬場に持ち込み、それに応じて火葬場が当初想定していたものとは異なる習俗を受容している状況がある。例えば、福井県の若狭霊場では埋め墓であるサンマイに置いていた膳を火葬場まで持っていき、職員が納骨堂に納める習慣がみられる。鶴岡市斎場の利用地域では「(火葬場に)持ってきたものは持って帰らない」とされ、コロナ禍前には花や菓子などを火葬場に残していった。火葬地域である広島県の事例1の地域では、シカバナやシトギ団子を棺の中に納めて死者とともに火葬することで、現在も死者と葬具を一緒に送り出す。

葬具を持ちこむといった当初想定していない習俗を受容することは、火葬場にとって、ある種余計で非効率な行為にもなりうる。それにも拘わらず火葬場でそうした動きがみられることは、今後の火葬場のあり方を考えるうえで、意識すべき点なのではないか。

上述のように、火葬場は各地の伝承文化と双方向的に影響を及ぼし合いながら、その習俗を柔軟に受容し、拡大する場としての役割を果たしてきた。現在の火葬場は、火葬という遺体処理の機能のみならず、葬送文化を受容して伝承する場としての機能を有しており、その実践の場として、文化伝承において看過できない意義を有しているのである。

注

(1) 全国規模の民俗事例の集成のほかに橋本鉄男による報告、近年では「サンマイ」といった民俗語彙に注目した、両墓制と火葬の分布に関する研究もある(橋本　一九九三；岩田　二〇一八)。

(2) 火葬場については、大都市部における歴史的な研究のほか、建築や都市計画に関する研究があり、その中にはノヤキや既存の火葬場にみられる習俗の報告も含まれる(八木澤　一九八二；浅香・八木澤　一九八三；火葬研究

協会立地部会編　二〇〇四）。

（3）葬祭業者による地域文化の受容・活用については、すでに複数の研究において指摘されている（山田　二〇〇七；田中　二〇一七）

（4）「玉葉」の文治四年（一一八八）二月二十八日条に「仍用火儀也、不用薪用藁也、是近代之意巧、第一之上計云々、子細可尋記」としてみられる。また「吾妻鏡」文治四年（一一八八）十月十日条には阿弥陀仏坊を藁で火葬した例もある。

（5）インドの火葬に関する研究で報告されているほか（Arnold　二〇二一）、二〇一五年に筆者がニューデリー市内で確認した情報より。

（6）例えば、水戸藩で天保四年（一八三三）十月九日に火葬を禁止した（西野　一九九九）。神輿が穢れることを怖れた住吉大社の嘆願により、慶安三年（一六五〇）に七堂浜墓所の「火葬場としての機能」が停止した（木下　二〇一〇）。

（7）もとは浅草・下谷辺には寺院二十余が各々で有した龕堂で火葬したが、将軍家綱が上野寛永寺に参詣した際、当地域での火葬臭気が東叡山にも及んだため、寛文九年（一六六九）に小塚原へ各寺の火葬場を移したという。

（8）東京都公文書館所蔵「火葬一件〈社寺科（租税課）〉明治八・九年」

（9）『読売新聞』一九〇四年五月二十二日朝刊8面。町屋火葬場の火葬炉については、「二列九十七個ノ竈ヲ備ヘ各竈ハ煉瓦ヨリ成リ全面ハ屍棺ノ挿入口ニシテ後面ニ燃焼口ヲ設ケ毎一列ノ各竈ハ上部ニ共通ノ煙道ヲ有」すなど、現在の火葬場により近づいていることがわかる（内務省衛生局編　一九一四）。

（10）江戸時代の火葬の様子が記された"Sketches of Japanese manners and customs"には、武士の葬儀で棺のまま火葬されるようすと、遺体に筵をかけて火葬するようすが描かれている。伝染病死者に限っては等級に関わらず「死骸を棺より出す事ハ相成らぬ」と棺のまま火葬されたようである。

（11）ただし「伝染病流行ノ際ハ此限ニ在ラズ」を付記され、明治十五年（一八八二）に「是まではハ午後八時より火をかけたのが夜ばかりでハ迚も追付ぬので晝夜止間なく焼き立」（『読売新聞』一八八二年七月二十九日朝刊2面）たように、コレラの流行下では昼夜問わず火葬が行われ、火葬場の習俗にも影響を与えたと考えられる。東京権益局から火葬場出張院心得として「火葬ヲ畢リタル遺骨ハ通常ノ死屍ニ同ジク親族知音ノ來ルヲ俟テ引渡スベシト雖モ實際已ヲ得ザル場合（晝間燒却ノ時ノ如キ）ニ在テハ其遺骨ヲ拾収シ置ク等便宜ノ取計ヒヲ爲スベシ」と、昼の火葬などでは遺族が遺骨を直接引き取れないことがあったようである。また、京都西本願寺法主の次女で、社会事業家でもある九条武子の葬儀を報じた記事からは、昭和初期の町屋火葬場でのようすが窺える。

四時半靈柩は火葬場の傍にある特葬竃の正面に一段高くおかれ、中央の白木經机には鐵鉢形の香爐にしきびの花の三具足を供へ、俗名『九條武子』の位牌悲しく窺はれた町民一同が随意の燒香が終ると後藤會行事の先導で喪主良致男光明氏夫妻、大谷やす子夫人、壬生伯未亡人の近親、小川鐵相夫人の順序でしづく祭壇に進み（中略）午後五時四十五分勤行は終つて、フロツクコートの良致男は管理人に案内されて赤煉瓦舗きつめられた竈の前に立つた、麗人の死屍燒くコークスの火は仄蒼く良致男の横顔をコンクリートの壁に映した管理人が藁の假火をさし出すと無言で受けて男は黙祷をしながら荼毘の火をともした――『読売新聞』一九二八年二月十四日朝刊七面

日没後と思われる午後六時前に火葬を開始した。記事では喪主が「藁の假火」で点火したとするが、日没後に一斉に火葬を開始した当時の状況を考えると、これが一般的な慣習であったかは定かではない。

（12）その背景としては、人びとが抱く火葬場に対する不信感も考えられる。実際に、火葬場の職員が遺体の一部や衣服を盗んだ事件が報じられている。近世には、火葬場に持ち込まれた葬具や衣服を取得する権限があったともいわれ、近代化の中で生じた軋轢であったとも考えられる。

（13）事例1の地域が利用する紫光苑では、遺族による点火が消失した後も、火葬炉の閉扉を担うといったかたちで引き継がれている。

参考文献

浅香勝輔・八木澤壮一　一九八三『火葬場』大明堂
石井良次・八木澤壮一　二〇〇八「日本、中国、韓国、インド、イギリス、フランスにおける火葬場での葬送行為について」『学術講演梗概集E-1』二〇〇八
井之口章次　一九七九「葬法の種類」『葬送墓制研究集成』第一巻、名著出版
井之口章次編　一九七九『葬送墓制研究資料集成』第二巻、名著出版
岩田重則　二〇一八『火葬と両墓制の仏教民俗学』、勉誠出版
エドワード・S・モース　二〇一三『日本その日その日』講談社
火葬研究協会立地部会編　二〇〇四『火葬研究叢書1火葬場の立地』、日本経済評論社
蒲池勢至　一九九三「「無墓制」と真宗の葬制」『国立歴史民俗博物館研究報告』第四九集
蒲池勢至　一九九七「真宗の葬送儀礼」『講座蓮如』、平凡社
川嶋麗華　二〇二一『ノヤキの伝承と変遷』、岩田書院
川嶋麗華　二〇二四「火葬場における地域文化の受容と展開―鶴岡の火葬場を事例として―」『國學院雑誌』第一二五巻第十一号
木下光生　二〇一〇『近世三昧聖と葬送文化』、塙書房
経済雑誌社編　一九〇一『日本社会事彙』上巻　訂正増補　再版、経済雑誌社
国立歴史民俗博物館編　一九九九・二〇〇〇『死・葬送・墓制資料集成』、国立歴史民俗博物館
国立歴史民俗博物館編　二〇〇三『葬儀と墓の現在』、吉川弘文館
佐々木勝・佐々木美智子　一九八五『日光街道千住宿民俗誌』、名著出版
島津毅　二〇一四「中世における葬送の僧俗分業構造とその変化」『史林』九七(六)
田中大介　二〇一七『葬儀業のエスノグラフィ』、東京大学出版会
千葉徳爾　一九七一「都市内部の葬送習俗」『人類科学』第二三集

内務省衛生局編　一九一四『衛生叢書』第四輯、内務省衛生局
二階堂保則　一九一一『衛生統計ニ關スル描書圖ノ説明』、東京統計協會出版部清田清
西野光一　一九九九「明治六年の火葬禁止令における火葬観について」『佛教文化学会紀要』八
日本葬送文化学会編　二〇〇七『火葬研究叢書２　火葬後拾骨の東と西』、日本経済評論社
橋本鉄男　一九九三「ムシロヅケノ溜―真宗門徒火葬習俗覚書―」『日本歴史民俗論集』第六巻、吉川弘文館
林英一　二〇一〇『近代火葬の民俗学』法藏館
平出鏗二郎　一九〇二『東京風俗志』下、冨山房
藤澤典彦　一九八八「日本の納骨信仰」『仏教民俗学大系』第四巻、名著出版
宮澤安紀　二〇二二「現代イギリスにおける火葬の文脈」『宗教学・比較思想学論集』二三
最上孝敬編　一九七九『葬送墓制研究集成』第四巻、名著出版
八木澤壮一　一九七五「葬礼場（野焼場）の建築的一考察」『東京電機大学研究報告』第二三号
八木澤壮一　一九八二「火葬場内における葬送行為の分析」『日本建築学会論文報告集』第三一五号
山田慎也　二〇〇七『現代日本の死と葬儀』、東京大学出版会
李生智　二〇二二「中国青海省の漢民族の葬礼にみる生前と死後の宗族」『伝承文化研究』一九、四四―六三
Arnold, David　2021. Burning the Dead : Univ of California Pr

〔附　記〕
本研究にご理解いただき、ご厚情いただきました各火葬場の皆様に心より、御礼申し上げます。また愛知県での調査にお力添えをいただきました稲沢市教育委員会の佐藤雅之様にも、この場を借りて感謝申し上げます。
本研究はJSPS科研費JP22K20078, JP23K12344の助成を受けたものです。

Ⅴ　実践と提言

民俗芸能の継承への提言
―民俗芸能研究は今何ができるのか―

大石　泰夫

序―継承への危惧―

〈農民文学〉で著名な和田傳が、大正十二年(一九二三)に『早稲田文学』第二一二号に掲載した「山の奥へ」という小説がある。(1) 主人公の老人が、農業や林業の機械化による環境変化に適応できず、その影響が及ばない場所に逃げてゆく。そのことから「山の奥へ」と題したと考えられる和田の処女作である。その一節に興味深い記述がある。

収穫時になると、この小さな村の隅から隅に、勘作爺の唄の声は響き渡ったのである。さまざまな仕事にみなそれぞれの唄があった。幾百年このかたそのまま伝えられてきた、幼稚な、むしろ原始に近い機械に合わされた、これも恐らく幾百年も昔から伝えつがれて来たさまざまの唄が、村一ぱいに響き渡ったのである。そして唄とともに木材と土から出来ている機械のなまぬるい、眠たいような音が響き渡ったものである。

が、この数年来というものは、そのなまぬるい、眠たいようなこころよい音は、めっきり響き渡らなくなってしまった。そして、そのかわりに、鉄の音響が村を包んだ。がらがらがら……という、ばたばたばた……という、まるで機関銃のような、騒々しい、いらだたしい音響がすっかり村を包むようになってしまった。——新しい鉄の機械が運ばれて来たのである。そしてむかし村に響き渡ったさまざまの唄が、この鉄の機械に合わされないのは言うまでもないことである。唄は人々の唇からは亡びてしまい、機械はそれに合わされる何ものもなしに、そのいらだたしい音をだけ鳴り渡らせるようになってしまった。そしてその機械のために唄も封じられてしまった人々は、同時に口をつぐませられ唖者になってしまった。

何百年も変わらずに行われていた生業の行程があるかどうかはともかくとして、この時代に機械化が進む中で、〈作業をしながら唄われていた作業歌〉が、その披露の場を失ったことがわかる。

作業歌が唄われることが、なぜなくなるのか。従来なまぬるくて眠くなるような快い音がしていた時には、それに合わせて歌が生まれ、唄われて、上手な歌者の声で心に残って伝承されてきたのであろう。しかし、機械化が進んで、作業が騒がしくいらだたしい音に変わって、人々は何も言葉を発さず、仕事をするようになったというのである。もちろん、作業をする人にとっては、仕事を効率的に進めることができ、負担も減り、生産性も上がることになったであろうから、人々にとって機械化導入は望ましいものであったであろう。そもそも、そのために機械が作られてゆくのであるから当然である。

しかし、上野誠はこうした機械化による変化を語る人々の微妙な気持ちを表現する言葉として、時代は下るが「自動田植え機は、どのみち入れにゃーならんもんだったが、入れたら田植がおもしろうのうなった(2)」という言説を聞き書きで書き取ったものとして記している。まさに「おもしろうのうなった」象徴の一つが〈民謡の喪失〉ということになろう。

私は、早くに主張された千葉徳爾の次の指摘について、賛意とともにしばしば引用してきた。

新らしい分野をひらいて地域社会の基礎構造に芸能が定着するか、またはその事象本来の機能を果す場合のみに、それは生き残りうるのである。したがって、本来の機能をも果しえず、新らしい分野をひらいて社会の構造変化に適応することもできないとなれば、民俗芸能の消滅は、惜しくてもやむを得ないことである。(3)

この指摘に従えば、作業歌という民謡は、機械化作業には適応できなかったので消滅してもやむを得ないということになる。農作業にとって、それに伴って唄われる歌は作業にとってみれば必要不可欠なものではないから、それが取りさられたとしても大きい問題とはならず、「おもしろうのうなった」というように表される感覚なのであろう。民俗芸能は人間の営みの中ではそうした部分に属するもので、消えていっても「おもしろうのうなった」という思いが残るぐらいで終わってしまうのであろうか。もちろん、民俗芸能は神への祈りや祈願とも結びつくが、祈りや祈願そのものではないので、必須のものではなかろう。

東日本大震災後、多くの地域で生活が再建されないうちに、祭りと芸能が行われ、人々はその復活に涙した。しかし、それは復興をもたらしてくれる絶対的な力を、神祭りによって神に求めた、ということではなかったように思われる。この場合に必要とされた神というのは、人々を救済する絶対的な力を有する存在というものではなかった。同じ願いをもつ人々と一緒に祭りを行い、復興を願うという、そういう存在としての神であった。神が何かをしてくれるというより、神にそれを願うということで自分たちが力をもらい、そして、復興への誓いを新たにしてゆく。そういうものだったと私は認識している。いろいろなところで祭りや芸能を調査していると、民俗としての神観念と信仰は、本来そうしたものだったともいえるように思われる。

こうしたことを考えれば、民俗芸能を伝承するということは、生きてゆくために直接必要なものではないが、生きてゆくための営みにあたって大きな支えになることを、東日本大震災というような現代の人間でも無力となるような大自然災害が示したものといえよう。つまり、これを継承してゆくということは、単に文化遺産を残すというようなことではなく、人類が生存してゆくことともかかわる問題といえるかもしれない。だとすれば、研究者は何をすべきなのか。

小川直之は次のように喝破する。

祭りや民俗芸能など民俗文化の継承については、あくまでこれを担っている当事者の役目であり、研究者のここへの関与には否定的な意見もある。この立場は、衰退と消滅はそれなりの時代背景があり、この関係性などを明らかにするのが研究者の役割と、傍観的な方もある。しかし、日本各地の伝承文化を学んできた者としては、当事者の方々がその継承に意を注ぐなら、でき得る限りの協力をしたいという思いを強くもっている。相対主義義的に傍観する立場は、あまりにも無責任であり、学術の社会性は生まれないと考える。[4]

現状の日本社会において、民俗芸能が伝承の危機に瀕している。これの理由とヒントとなる全国の事例を紹介して論じることは、私もこれまでいくつか発表してきた。[5]小川が紹介したような相対主義的に民俗芸能の伝承を傍観するという立場に対して、私自身は共感する部分もないわけではない。研究者が伝承に影響を与えて、大きく変化してしまった事例にも接してきたからである。しかし、コロナ禍を迎えて、さらに民俗芸能継承の危機は拡大しているように思われる。研究者は日本全国の様々な事例を収集し、それを分析するということができる。それを提示することで、民俗芸能の伝承の危機にいささかなりとも寄与することはできまいか。

もとよりこれを書いている私は、政治家でもないし、行政の民俗芸能保護を専門とする立場でもない。したがって、どうにもならない現代の深刻な状況を確認し、それを打開するためのヒントになる事例を提示して、伝承に役立ててもらいたいという趣旨で述べてみたいと思う。

一　問題の所在

私が民俗採訪を始めたのは、一九七〇年代最後の頃であるが、この頃には既に民俗芸能については〈後継者不足〉が語られ始めていた。もちろん、この頃の日本はまだ人口が増加し続けていたのであり、総人口とは違う形での後継者不足が起きていたのである。

今日、日本は確かに人口減少に入った。しかし、平成十七年(二〇〇五)からの減少は、横ばい状態ともいえる。令和五年(二〇二三)四月一日現在の人口は、前年同日と比べると八十一万一千人減で、減少率は〇・六六パーセントである。これは減少し始めてから毎年さほど変わらない減少率である。喩えていうと、一〇〇人の伝承団体があったとしたら、十年で五人減るという割合である。総人口とは違う形での減少と述べたが、民俗芸能の後継者不足はそんなレベルの減少によるものではない。

しかし、ここではまず日本に起きている人口減少のことについて触れておきたい。日本の人口減少に危機感を抱かせた印象的な話題は、〈自治体消滅論〉である。これは平成二十六年（二〇一四）五月に、増田寛也を中心とする「日本創生会議」が発表したレポートから始まった。このレポートでは、新たな地域別の人口推計に基づいて、二〇四〇年までに二十～三十九歳の女性が半減する自治体を「消滅可能性都市」とした。この年齢層の女性が大幅に減少すると、出生率をいくら高めても、人口減少は止まらなくなってしまうからである。同推計によると、全国一八〇〇市町村のうち約半数の八九六市町村がこれに該当するとされている。さらに同レポートでは、人口が一万人を切る自治体は特に消滅の危険が高いとしており、五二三の自治体が該当するとしている。このレポートは、消滅危機のある自治体を実名を挙げて示したので大きな話題を呼んだ。(6) これ以前から、日本の総人口は二〇〇四年をピークに、今後一〇〇年間で一〇〇年前（明治時代後半）の水準に戻ってゆくとされる。この変化は、千年単位でみても類を見ない、極めて急激な減少という推定がなされており、報道もされていた。このことについて、「自治体消滅論」は具体的な危機感を与えることになった。しかし、民俗芸能は自治体単位で伝承されるものではない。もっと小さい範囲の集落の問題である。

国土交通省「過疎地域等条件不利地域における集落の現況把握調査」（平成二十八年〈二〇一六〉三月）というものがある。これは、全国の条件不利地域（過疎、山村、離島半島、豪雪地帯などの関係法で指定されている地域）一〇二八の市町村を調べたものである。その結果は、次のようにまとめられる。

条件不利地域には、七万五六六二の集落が存在する。それら集落の人口の合計は、一五三八万人（総人口の十二・一パーセント）、世帯数は六三八万世帯（総世帯数十一・九パーセント）である。

これら集落では、高齢化が進んでおり、高齢者（六十五歳以上）比率が五十パーセントを超える集落は二十・六パーセント、集落住民全員が高齢者という集落も八〇一（一・一パーセント）ある。さらに、後期高齢者（七十五歳以上）比率が五十パーセントを超える集落も四・六パーセントあり、全員が後期高齢者という集落も三〇六集落（〇・四パーセント）ある。

所属する市町村の担当者が、「今後一〇年以内に無居住化の可能性がある」と答えた集落は五七〇（〇・八パーセント）、「いずれ無居住化する可能性がある」と答えた集落は三〇四四（四・〇パーセント）である。

前回調査（平成二十二年〈二〇一〇〉四月）時点で存在していた集落（六万四八〇五集落）のうち、無居住化した集落は一七四集落（〇・三パーセント）である。前回調査で「一〇年以内に無居住化の可能性がある」とされていた四五二集落のうち、この五年間で実際に無居住化したのは四十一集落（九・一パーセント）であり、大部分は現在も存続している。

この調査を民俗芸能に引きつけて、私なりに考えて整理すると、

（1）過疎地域等条件不利地域においては等しく高齢化が進んでいるので、当然芸能の担い手の高齢化も進み、後継者不足が予想される。

（2）五年前に無居住化すると予想した集落の内、実際に無居住化したのは九・一パーセントに過ぎず、集落は残っていながら極端な高齢化と過疎になっており、民俗芸能の継続は危機的状況にあることが予想される。

これは実際に悉皆調査をしたわけではないのであくまで予想に過ぎないのであるが、「人口減少」というより「人口移動」がもたらした問題ということはいえよう。もちろん、一九七〇年代中頃から出生率も低下している。しかし、「条件不利地域」のみならず、民俗芸能がその数を増やし、豊かに伝承されてきた地域からは、

いるのである。

〈産業構造の変化〉や〈高学歴化〉によって、高度成長期から人が移動して急速に高齢化が進み、減り続けているのである。

もう一つ民俗芸能の伝承に、かつてとは異なる事情で妨げになっていることがある。それは、地域社会で民俗芸能が伝承されるのが前提であったのに対して、人々の生活が地域よりも家族、職場が生活の中心になるという〈生活スタイルの変化〉である。要するに〈地域社会〉に代わって、〈職場社会〉が生活の中心になっているということである。日本人の職業が第一次産業中心であった時代には、地域社会は職業にとっても大きな関連性があった。しかし、多くが給与所得者となった現在においては、地域社会と職業との関わりは薄くなっている。連帯感とかコミュニケーションといったものが生まれ、必要とされるのは、〈地域社会〉においてではなく〈職場社会〉であり、学生であれば「学校」ということがいえよう。「平日に遅くまで職場や学校で仕事や勉強をした後に地域の公民館に集まって練習する」「休日に個人的な趣味や娯楽、家族での営みを捨てて地域の人々と練習する」ということが困難になっているのである。

「盛岡さんさ踊り」に熱中する事業所や学校のことについてかつて記したが、盛岡さんさ踊りでは仕事の後そのまま職場で練習する、あるいは放課後や授業の合間に校庭で練習する方が容易であるし、そこに集まっている人の方が苦楽をともにすべき人となっているのである。その論文では次のように記した。

「盛岡さんさ踊り」に参加する盛岡大学の学生たちの意識を探ってみると、「みんなで一緒にさんさを踊れた」ことを参加してみて一番よかったこととして挙げる者が多い。これは〈連帯感〉〈コミュニケーション〉を、まさに実感している意識である。こうしたものは、従来は部活動など課外活動を通して満たされていたものであろうが、盛岡大学の場合はさんさ踊りに求められているのである。このことは、今後の民俗芸能を考えるうえで重要なことを示しているように思われる。つまり、かれらにはサッカーやその他若者がいかにも好むスポーツなどに比べても、さんさ踊りに対して区別する意識がない。そして、「今まで知らなかったけれど伝統芸能もいいもんだ」というように感じているということなのである。あるいは次のようなこともいえるのかもしれない。若者を民俗芸能から遠ざけているのは、芸能に魅力が感じられないのではなく、現代社会では芸能伝承母体としては機能しなくなりつつある地域社会の一員として伝承しろ、と要求されているからではあるまいか。民俗芸能を〈地域の伝統文化〉とする概念は、彼らにも充分に共感は得られている。しかし、機能しない伝承母体の一員になってそれを担うことは別問題で、彼らが民俗芸能そのものに魅力を感じていないのではないことを、知らなければならない。(7)

ここでは、民俗芸能の伝承に陰をもたらす要因として二つのことを挙げた。一つは民俗芸能を豊かに伝承していた地域から青壮年層は移動してしまい、その地域が急速に高齢化しているということである。もう一つは、人々のライフスタイルが変わり、民俗芸能についての愛着をもっていたとしても、その伝承活動に加わりにくい状況になってしまっているということである。

この二つの理由は、出生率が改善したとしてもさほど影響を受けることはないであろうし、高学歴社会を元に戻すことはできない。そして、機械を捨てて、生産効率が悪い時代に戻ることなどできようはずはない。

要するに、変化してしてしまった社会に、民俗芸能の伝承を適応させるしかないのである。

二　伝承地域へのこだわり

早くに三隅治雄は次のようなことを指摘している。

まず——仮に、私なりあなたなりが、ある地方の神楽を見たとする。初めての経験だからすべて珍しく、感激する。つぎに隣りの村へいく。ここにも神楽があり、なかなかおもしろい。が、何かしら前のものに形が似ているような気がする。そこでまた隣へいく。これも似ていた。またつぎへ……こうしていくつか見ているうちに、どの神楽も、表面的には〝村特有〟を主張するが、基本的な形はみな共通していることに気がつく。(8)

確かに、その集落に伝承される民俗芸能は、そのムラ人、集落の組織によって伝承されているわけであるから、他の集落とは関わらないはずである。しかし、それぞれの集落で創作した民俗芸能が、たまたま同じものになって近くに分布するなどということがあろうはずもない。民俗芸能は中央から地方へと伝播して定着したものとする山路興造は、次のように述べる。

ここで一つはっきりさせておかねばならぬのは、一般に民俗芸能はもともと地方に育った芸能が今日に伝承されているかの如き錯覚がある。確かにその伝承地独自の色付けがなされ、工夫がこらされる場合が多いのだが、その本来の基本となる芸能がその土地で育つことはめったにない。多くの場合は中央で育った芸能が、地方に伝播して定着し、長い年月をかけての伝承の間に崩れたり、その土地独自の工夫が加わるので、根本からその土地独自の独創を有する芸能は、めったにないといってもよいようである。(9)

山路の指摘は研究者に対するものであり、中央から地方への伝播についての発言であるが、問題は伝承者の意識の中に、三隅がいう「村特有」という認識が強くあるということなのである。私は、過去に何度も後継者不足問題を扱う伝承者を含めた集会に出席して、「近隣に同種の芸能があるのだから協力し合ってはどうか」と発言してきたが、必ず「自分のところと他のところは違う」という主張が返ってきた。現在の集落の枠組みは近世期に決まったものが多いというが、その枠組みの壁は伝承者の認識の中で堅固なのである。

前節に取り上げた国土交通省の報告を改めてみてみると、「一〇年以内に無居住化の可能性がある」とされていた四五二集落のうち、この五年間で実際に無居住化したのは四十一集落(九・一パーセント)であり、大部分は現在も存続しているというのである。つまり、集落からの人口移動は、ある集落に集中的に起こるのではなく、無居住化が懸念される集落にじわじわ襲ってくるのである。

一つの民俗芸能を伝承するのに、二十人の演者が必要であるとする。その芸能が隣り合う集落に伝承されていたとして、それぞれの集落の伝承者がじわじわ減少し、十八人と十九人になってしまったとする。そうなってしまえば、それぞれに芸能を上演することができない。しかし、この二つの集落では、合計すればまだ三十七人の演者がいるのである。この二つの団体が、足りない部分の演者を貸し合えば二つの団体は継続できるし、片方が伝承をやめても、なくなった集落の元演者を受け入れればそれは継続できる。また、団体として一つになり、それぞれの集落の上演の機会に両方で上演すれば継続できるのである。

伝承地域の枠組みにこだわれば、まさに〈共倒れ〉してしまう。国土交通省の調査結果は、じわじわと〈共倒れ〉を迫ってくるような状況を明確に示しているのである。

では、民俗芸能の伝承は、どこも伝承地域にこだわって伝承されてきたのだろうか。そうではない事例も存在している。

三　広域の地域で民俗芸能を伝承する

既にいくつかの論文で示してきた岩手県の事例を、改めて示してみたい。

(1)　早池峰《はやちね》神楽

早池峰神楽といえば、通常それは花巻市大迫町《おおはざままち》岳《たけ》に伝承される「岳神楽」と、同町大償《おおつぐない》に伝承される「大償神楽」とをさしている。この両神楽は早池峰権現の獅子頭を有し、同町内の早池峰神社の奉納神楽という位置づけがされる。しかし、一方で両神楽は、大正年間まで〈廻り神楽〉〈通り神楽〉と称して、近隣の早池峰山に対する信仰をもつムラを廻り歩き、各戸に門付けするとともに、夜には大きな家で演劇的な要素をもつ演目などを夜神楽として演じた。やがて早池峰神楽が廻村するムラムラは、両神楽から様々な事情で神楽を伝授されるようになり、[10]自ら望んで〈弟子神楽〉の公認を受け、そう称するようになった。そして、この〈弟子神楽〉がやがてまた別のムラに神楽を伝授して、早池峰神楽からみれば孫にあたる神楽が生まれている。このようにして生まれた早池峰流を称する神楽は、相当の数に上る。しかし、これらの神楽も、先に述べた過疎と高齢化のために断絶したり、著しく内容を縮小しなければならない状況にある。

では、早池峰流神楽の消長の状況を、具体的に花巻市東和町を例に挙げてみよう。東和町内にはこうした早池峰神楽の弟子あるいは孫を称する神楽が、昭和四十四年（一九六九）の報告[11]では、十四神楽（土沢《つちざわ》・倉沢《くらさわ》・中内《なかない》・丹内《たんない》・白土《しろつち》・石鳩岡《いしはとおか》・砂子《いさご》・八日市場《ようかいちば》・浮田《うきた》・駒形《こまがた》・田瀬《たぜ》・砥森《ともり》）あったと記されている。これが平成九年（一九九七）の調査報告[12]では、七神楽（土沢・倉沢・石鳩岡・砂子・浮田・駒形・晴山《はるやま》）が継続していると記されていて、成島《なるしま》・丹内・田瀬（沼の沢と表記）が中断したと報告されている。調査の母体や方法が異なるために、前者に記載があって後者に記載がないものが四神楽（中内・白土・八日市場・砥森）、逆に前者に記載がなく後者にあるものが二神楽（成島・晴山）ある。また、平成十九年（二〇〇七）の調査では、権現舞の一演目しかできないものを含めて、十神楽（成島・土沢・倉沢・中内・白土・石鳩岡・砂子・浮田・田瀬・晴山）がその活動を確認できる[13]。しかし、このうち奏楽のみで舞がほとんどできないものが六神楽（成島・倉沢・中内・白土・砂子・田瀬）で、その中にも数十年の中断時期があるものや大幅な活動縮小の時期を経て今日に至っているものがある。現状では四神楽（土沢・石鳩岡・浮田・晴山）が、神楽の伝承団体としての状態を維持しているが、晴山神楽は夏休みで若者が帰省した時にだけようやく一時的に神楽ができるのだという。すなわち、東和町内には十六の神楽の伝承がかつてあったことになるが、現状で恒常的に神楽を上演できるのは土沢・石鳩岡・浮田の三神楽になってしまっている。

しかし、特筆しておきたいのは、これらの神楽はそれぞれ同系統の神楽の中で情報を共有し、望むなら助け合って維持に努めてきている。例えば、ある神楽である演目を復活させたい時には、それぞれの師匠の神楽に習いに行くというようなことができており、それが完全に途絶えることを阻止し、中断から復活という動きがある。

(2)　黒森《くろもり》神楽

「黒森神楽」(宮古市)と「鵜鳥《うのとり》神楽」(普代村)は、民俗芸能であるにもかかわらず、現在でも沿岸集落で神楽巡業を続けていることで名高い。要するに、この地方は黒森信仰・鵜鳥信仰が深く浸透している地域で、権現を捧持して巡業する神楽集団を〈カミとその司祭者〉して迎えていたということになる。この神楽巡業というものは、岩手県の山伏神楽には広く行われていたようである。ただし、そのあり方、ことに神楽集団の形成の仕方や地方との関わり方に差が認められる。黒森神楽については、新井恒易が早くに記録しているのでそれを引用してみる。

(神楽巡業を紹介した後)かようにして、村や町の人々が組織されてくると、その地域の先達や指導者が出てくる。それらの人々は山伏や別当の身分を付与されたようで、その信仰圏が南北の閉伊郡にわたった黒森山などでは、さらにそれらの地域の指導者に芸能を修練させ、それを招集して芸能集団を編成したようである。したがって、そうしたところから、やがてはその本拠の芸能集団とは別に、細胞分裂的に各地の村や町に、それぞれ芸能集団が生まれていったらしい(14)。

この記述のように、黒森神楽は通常の民俗芸能のような一つの地区(地域)が伝承母体となっているわけではないのである。要するに、黒森山のカミ(黒森権現)に対する信仰を有している地方全体が、この民俗芸能の伝承母体となっている。黒森神楽の神楽集団が形成される時は、その広範な信仰圏から神楽衆が集まってくるのである。藩政期には盛岡藩によって藩内の山伏の「霞《かすみ》」（公的に認められた宗教活動の範囲）が決められていたが、黒森権現に対する信仰圏はその範囲を遙かに超えていたので、黒森神楽はしばしば他の山伏とトラブルを起こしたという訴訟の記録が残されている。また、この黒森神楽の神楽集団を形成する人々は、それぞれの居住地で神楽をムラ人とともに伝承している。しかし、このそれぞれの地域で伝承する神楽を黒森神楽の弟子神楽とは呼んでおらず、師弟関係とは意識されていない。この神楽の関係は師弟よりももっと密接な、いわば家族のような関係に意識されているのである。そして、黒森神楽ばかりでなくそれぞれの集落の芸能を上演する時（神楽ばかりではない）に、演者は協力者ではなく一員として参加し合うことが当たり前のように行われている。こうした黒森神楽のあり方、すなわち地域を越えた範囲で一つの信仰をもとにした芸能を伝承しながら、並行して〈地区〉〈地域〉でも芸能を伝えているというあり方は、岩手県内の他の神楽にも考えられる。小形信夫は次のように述べる。

> 現在一戸《いちのへ》町には、小鳥谷《こずや》神楽、楢山神楽、石清水神楽、小友神楽、女鹿《めが》神楽、中山神楽等があってそれぞれが活動している。このほか今は絶えたが一戸、田中、来田、野中、篠畑、駒木、小繋にも神楽が伝承されてきたといわれるが、総じてこれらの由緒、来歴は定かではない。
>
> 現在一戸町内の神楽は、筆者の管見の範囲では同流と見られるもので、近世の一戸年行事吉祥院が管掌する神楽から分派したと思料される。吉祥院の出自、来歴は不詳であるが、霞山伏の支配は、一戸村、岩舘村（以下略）に及ぶもので、江戸時代末期の「神職修験面附」によると、吉祥院身内と考えられる修験に柏松山三明院なる者がおり、この者が吉祥院管掌社堂の神楽祭祀や春祈祷の神楽巡業を所掌していたとも

考えられ、明治以降は小鳥谷神楽がこの旧習を引継ぎ、霞檀廻に女ヶ沢の三明院の権現獅子頭を奉持して行う慣習は、昭和四十年代まで続いてきた。神楽巡廻の範囲は、浄法寺の正楽院の霞範囲を除く前出の吉祥院支配の村々に及ぶもので、小鳥谷神楽は吉祥院流の正統を伝えている神楽とも考えられる。(15)

小形の所説は、藩政期の〈山伏の年行司支配〉に注目し、その範囲内に同様の神楽本が残されていたり、同種とみられる芸態・演目をもつ神楽があることから、年行司のもとに神楽集団が組織され、その構成員がそれぞれの集落で神楽を伝承したことが今日の有り様になったと説くものである。今ではこうした伝承は確認できないわけだが、一戸町内の神楽の分布の理由が小形が説くものだとすれば、そのような年行司の神楽と信仰圏の神楽のあり方が今日伝わるのが黒森神楽だということになる。

そして、この地方にある神楽に対して、「この地方のドリームチーム」である黒森神楽に参加している演者たちは、重要な上演機会には手伝ったり、途絶えている演目の復活の指導をしたりなどして様々なサポートをしている。

(3) 九戸《くのへ》神楽

前掲の近世の一戸年行事吉祥院が管掌する神楽の事例に関わるのだが、現在九戸村に伝わる神楽には興味深い伝承の形がみられる。昭和三十年(一九五五)頃まで、「九戸神楽」と呼ばれる神楽集団が、九戸郡山形村(現久慈市)と野田村を神楽巡業していた。九戸神楽は、九戸村江刺家《えさしか》の修験覚蔵坊に始まるという。この覚蔵坊は、新山神社に祀られた新山権現を奉持する神楽を有していた。覚蔵坊に始まる山伏は福泉院と呼ばれる者まで九代続いたとされる。この江刺家神楽は、本来江刺家のみに伝承された神楽であったが、福泉院が安政年間（一八五四〜五九年）から神楽の太夫となって九戸全体に神楽を教えるようになった。九戸地方内の伊保内《いぼない》にしてもにしても瀬月内《せつきない》神社があり、修験者がいたようであるが、これらの修験は神楽をもっておらず、この江刺家の福泉院に習ったもののようである。やがて福泉院から神楽を伝授された神楽衆が、それぞれの集落の中で神楽を行うようになり、三つの神楽が生まれた。また同時に、この兄弟の神楽が統合して九戸神楽を組織するようになったのである。この九戸全体から神楽衆が寄り集まって組織する九戸神楽は、後に神楽巡業を行わなくなってから組織されることはなくなった。現在、九戸村には、その福泉坊が教えたという江刺家の「江刺家神楽」、戸田の「瀬月内神楽」、伊保内の「九戸神楽」が伝えられる。伊保内の神楽が九戸神楽を称しているのは、九戸神社にこの神楽を奉納しているからで、この九戸神社は明治になってからこの名称が付けられ、郡内一宮とされたという経緯がある。このようなことから、今日九戸の人々の意識の中での九戸神楽は、

①江刺家の江刺家神楽と伊保内の九戸神楽と戸田の瀬月内神楽（別称戸田神楽）の三つを総称して呼ぶ場合
②伊保内の九戸神楽を指す場合
③三つの神楽の元であるとみられる江刺家神楽を指す場合

という三通りがある。

さて、三つの神楽の現在上演できる演目を挙げると、次のようになる。

江刺家神楽……権現舞、注連切舞、三宝荒神、ぼん舞、番楽舞、剣舞

九戸神楽………権現舞、鳥舞、杵舞、花舞、三本剣
瀬月内神楽……権現舞、山の神舞、恵比寿舞

これをみると興味深いことに、権現舞をのぞくとそれぞれが異なる演目を伝承しているのである。要するに、神楽巡業をする「九戸神楽」を形成した時に、三つの神楽から集まった神楽衆がそれぞれに担当していた演目が、このような形で今日に伝えられたということなのであろう[16]。この事例は現在では広域の地域の伝承とはいえないが、かつては修験覚蔵坊の九戸神楽の名の下に、広域の地域にその伝承者が散らばっており、それが一つになって九戸神楽を形成していたのである。

(4)　大乗《だいじょう》神楽

北上・和賀地方に伝承される大乗神楽は、この地方の寺院の〈大乗会〉という法会に行われたものらしく、神仏混淆の色合いが濃い法会であったらしい。この地方の貴徳院(北上市煤孫《すすまご》)、明泉院(同市二子)、大福院(同市更木《さらき》)、自性院(同市江釣子《えづりこ》)という寺院に大乗神楽が伝承されており、かなり廃れてしまったものもあるが、現在まで伝承されている。これらの神楽が明治八年(一八七五)には、江釣子で合同の大乗会を行っている。これは今日の神楽大会のようなものと考えられる。もちろんこれは、仏教寺院という専門宗教者のネットワークでの連携ともみることができる。しかし、芸能の担い手は地域住民が多くを担っている。こういう神楽大会のようなものをこんな早い時期からやっていたということは、この地方ではそれぞれの伝承母体を超えて協力し合って伝承することに抵抗感をもっていないということを示しており、ある程度アイデンティティーを共有す

る地域を超えた地方が芸能を伝承するということを示しているのではないかと思われる。

以上、岩手県の神楽を事例に、そもそも早くから一つの地域ではない伝承母体をもって伝承している芸能の例を紹介した。これらの団体も現在はその後継者確保に苦慮しているが、相互に協力し合う状況が伝えられる。岩手県の「神楽」と名のつく芸能は全体の三分の一以上の四二二にのぼり、そのうち山伏神楽は一七一にも達している。(17) 山伏神楽は多くの演目をもち、習得するのも簡単ではない。それが徐々に減りつつも、なんとか伝承され続けている理由には、〈地域にこだわらない伝承〉ということがあるといえるのではなかろうか。

四　様々な民俗芸能団体の協議会等（民俗芸能団体のネットワーク）

前節では広域で伝承する民俗芸能の例を挙げたが、県単位、地方単位、市町村単位で異種の民俗芸能を含めた協議会が作られて、伝承についての問題を共有し合い、連携し合ったり、継承を可能にする様々な取組を行うようになっていることが注目されている。

民俗芸能学会は、こうした取組に注目し、令和二年（二〇二〇）度にオンラインでフォーラムを行い、それを機関誌『民俗芸能研究』第七〇号（二〇二一年）に収録している。詳細は、そこに大谷津早苗（神奈川県）、小川直之（長野県）、菊地和博（山形県）が記しているのでそれを参照願いたいが、ここではそこに取り上げられた事例を、引用を交えて紹介することにする。

神奈川県には、昭和四十四年（一九六九）に発足した「神奈川県民俗芸能保存協会」があり、これは五十年以上の歴史を有している。加えて、市町村レベルでも、小田原市などにネットワーク組織がある。現在、事務局は会長の自宅におかれ、局員は全員ボランティアで教育委員会文化財担当経験者や伝承者が多く携わる民間組織となっている。主な活動としては、年四回の民俗芸能情報の発信、年一回の芸能祭、会誌『かながわの民俗芸能』の発行である。発足当時は、事務局を県教育庁文化財保護課内におき、行政と協会(伝承者と支援者等)の二人三脚で、民俗芸能の保護育成を目指すものであったことがうかがえる。これが平成二十三年(二〇一一)度に一任意団体として独立することになる。自立後は芸能祭を主な事業とし、長年伝承に携わってきた方々に対する協会表彰を充実させている。この神奈川の協会の特徴は、早くから研究者が深く関わっていることで、会長や副会長を研究者が務め、これらの研究者が足繁く民俗芸能の見学に訪れ、伝承に深く関わってきたことを大谷津は指摘している。

長野県の「南信州民俗芸能継承推進協議会」は、神奈川のそれが文化行政が関わってのものだったが、それとは少し違う形で創設された。南信州とは飯田市をはじめとする下伊那郡域のことであるが、この地方において急速に人口減少が続く中で、地域社会の持続と活力をもたせるために注目されたのが祭りと民俗芸能で、南信州の市町村で構成する行政組織の南信州広域連合と長野県南信州地域振興局(当時は下伊那地方事務所)が、地域振興の柱の一つに祭りと民俗芸能をおくことを決めたのであった。そして、南信州地域振興局では、この地域の民俗芸能の伝承状況の丹念な現状把握調査を実施し、課題を把握したうえで施策の立案と実施が計画された。また、南信州広域連合では、平成二十七年(二〇一五)に『基本構想・基本計画(第四次広域計画)』において、「民俗芸能保存継承プロジェクト」を立ちあげた。こうした構想と取組によって、長野県教委補助事業「地域で守る伝統行事(芸能)継承モデル事業」が計画され、その事業主体として南信州広域連合を事務局として組織化されたのが、南信州民俗芸能継承推進協議会なのである。つまり、この南信州の事例は、祭りや民俗芸能の継承をどう考えるのかというものではなく、地域振興そのものの重要要素として祭りと民俗芸能を位置づけ、そのための施策として立ち上がったものなのであった。ただし、小川も注目しているように、具体的な施策の立案が、伝承団体への研究者を交えた丹念な状況把握調査をもとにしている、ということに注目したい。民俗芸能の継承への取組としては、(1)情報発信・継承意識の醸成、(2)人材の確保・育成、(3)外部支援の受入、(4)その他、となっており、これだけをみればこうした取組の一般的なあり方といえるが、地域の行政の柱におかれていて官主導であることから、資金的な裏付けもあり、取組が具体的でダイナミックである。また、この南信州の取組の中で注目されているのが、「南信州民俗芸能パートトナー企業制度」である。これは一見、資金獲得のためのものと見えるだろうが、大きな目的は勤務の関係で祭りの全部に関われないという伝承者が、祭りに参加しやすい状況、即ち休暇を取りやすい環境を作ることなのである。また、これを利用して、企業からの人員派遣なども展開されている。また、協議会のポータルサイトの情報公開も、民間が片手間でやるものとは大きく違っていて、閲覧履歴もかなりのものである。

山形県は、民俗研究団体についても置賜・最上・庄内・村山の地方に分かれてそれぞれに団体が存在しているように、民俗芸能団体のネットワークについても全県という形ではなく、各地方において展開している。置賜地方は「置賜地区民俗芸能団体懇話会」(平成二十五年〈二〇一三〉結成)、最上地方は「最上地区民俗芸能団体懇話会」(平成二十六年〈二〇一四〉結成)、庄内地方には全体のネットワークではなく「遊佐町民俗芸能保存協議会」「酒田市民俗芸能保存会」「庄内町民俗芸能保存伝承協議会」があり、鶴岡市でもネットワーク結成の動きがあるという。村山地方では「山形市民俗芸能連合保存会」があり、村山地方全体でもネットワーク結成の動きがある。そもそも、こうした動きの背景には、平成二十五年(二〇一三)に県文化財担当者、四地方の教育事務所担当教員、四地方の民俗芸能保存団体代表者によって、「山形県民俗芸能談話会」を山形県が作ったことがある。この談話会の特徴は教育事務所の教員が参加していることで、これらの人たちから学校教育における民俗芸能の取組が報告されている。そういうなかで、平成二十六年(二〇一四)に純然たる民間組織である「伝承文化支援研究センター」が立ち上げられた。山形県全域を網羅するものとしては、初めてのものである。全県の連携をはかるために、四地域に副センター長や地域研究員を置いて、中央組織に地区担当運営理事などが配置されている。山形県のネットワークの活動を見ると、芸能大会などの実施や伝承のための啓蒙活動であるシンポジウムなどが中心である。

こうした各県における協議会等は、官民一体の形でスタートしているが、神奈川県のように途中から行政から独立してしまったという例もある。山形県の場合には民間の統合組織ができたことは特筆すべきだが、金銭的な支援が必要であることはいうまでもない。長野県の場合には、まったくの官主導で運営されているわけで、その点が他とは大きく異なる。

ここで取り上げたものは全国に展開する一部のものでしかない。前節で記した岩手県の神楽の例とは異なって、こうした異種で広域の団体の協議会等のネットワークが、果たしてどこまで一つ一つの団体の継承に作用するのかは、慎重に見てゆかねばならないだろう。

五　継承への提言

民俗芸能の一つ一つの団体では継承が難しくなった。本章ではそれを打破してゆくためには、従来の個体で考えていたのでは継承への道を切り開けないゆえに、従来の伝承母体である地域の枠組みを超えた伝承のあり方を考えるために、そもそも広域で伝承している岩手県の神楽の例や県や地方で民俗芸能団体の協議会を作って伝承を考えている例を紹介した。しかし、協議会を作ってもそもそも継承を続けるには、それがどのように機能するように考えればいいのだろうか。多くの協議会は芸能大会を企画して披露する機会を作ったり、シンポジウムなどを行って相互の問題を理解し合うような機会を設けたりしているが、人が減ってゆくことに歯止めがかかるわけではない。

小川は前掲のフォーラムで、民俗芸能の伝承を転換させる論理的な背景を次のように述べている。

民俗芸能の団体というのはアソシエーションといえます。つまり民俗芸能は、今までこれを伝える地域社会全体で支えてきたとは言いにくい。極端に言えば、好きな人たちが集まってなんとか持続してきたということです。さらに歴史的に遡れば、芸能を担い継承する家筋が決まっている場合もあります。こうした継承のあり方をどのようにソサエティでの継承にしていくのかです。つまり、コミュニティーとしての継承にしていくのかというのが課題となります。

アソシエーションからコミュニティーへという展開ができないと、なかなか地域文化を支えるというところまではいけないわけです。そこのところが大きな問題で、ですからそれぞれの団体は一つのアソシエーションですが、それがどうやってコミュニティーづくりに関わることができるのかという発想じゃないかなと思います。[18]

この指摘は民俗芸能の継承を考える場合には、非常に重要な視点である。筆者はかつて、千葉県松戸市の三匹獅子舞の三つの団体の伝承のあり方を比較して論じたことがある。対照的だったのは和名ケ谷《わながや》と上本郷《かみほんごう》で、和名ヶ谷の伝承団体はまさにアソシエーションで、旧住民の内の適当な年齢に達した若者に頼んで演じてもらうという形である。それに対して上本郷は、演じるのは小中学生であるが、その練習の時から〈地域総出〉といった感があるくらいあらゆる年齢層の人たちが練習を見守る。新しく住むようになった住民に対しても門戸は開かれ、まさにコミュニティーの伝承になっているのである。(19) 私が、三十年以上にわたって参与調査を続けている西伊豆町宇久須浜区の人形三番叟は、もともと全員加入で若者宿に同宿する若者組が伝承母体であり、その中でルールにしたがって演者が決められていた。その伝承母体である若者組が解散した後、三番叟の伝承母体はアソシエーションである保存会とはならず、自治体組織である浜区が引き継ぐこととなり、区長が若者頭の代わりを務めることとなった。要するに、コミュニティー全体が伝承母体となり、そこで伝承者が決められてきた。人口減が進んでゆく中で、保存会のような形にしなくて良かったということは、浜区の伝承者たちからずいぶん聞いてきた。

こうしたことを考えると、まさに地域社会がその重要性を認識し、それまで伝承してきた伝承者たちも従来の枠組みを破るような認識が必要であることがわかる。祭りや芸能には、座という集団で伝承されてきたものも少なくはないし、そういう場合には座以外の家の人が入ることが許されない。しかし、それを地域コミュニティー全体のものという認識に変えることは重要であろう。実際、座が「村座」となって地域の祭りになった例は多い。ただし、南信州の事例は、民俗芸能について、とりわけ古くから高く評価されてきた事情もあって、行政がこれを地域の生き残りの核と定めて積極的に振興することを打ち出し、研究者と伝承者のアドバイスをよく活かして取り組んでいる希有な例である。地域も広域の連合の中で考えられているわけで、理想的なあり方であるといえよう。

しかし、すべての地域の民俗芸能がそのようにうまくゆくわけではなく、アソシエーションであるがゆえに芸能団体の協議会等も重要な存在となってくる。久保田裕道は前掲のフォーラムで、岩手県大船渡市の郷土芸能協会が東日本大震災の後に、非常に役に立ったことを述べているが、[20] ここでは大槌町の「大槌町郷土芸能保存団体連合会」を例に挙げたい。

大槌町に伝承される民俗芸能団体が、「大槌町郷土芸能保存団体連合会」を結成したのは、平成四年（一九九二）のことで、二十一団体により結成された。その二十一団体とは以下の通りである。安渡《あんど》大神楽・安渡虎舞・臼澤鹿子《しし》踊・金澤神楽・金澤鹿子踊・上京鹿子踊・雁舞道《がんまいどう》七福神・吉里吉里《きりきり》鹿子踊・吉里吉里大神楽・吉里吉里虎舞講中・吉里吉里鶏子舞・城内大神楽・徳並鹿子踊・中須賀大神楽・浪板《なみいた》牛方節・浪板神楽・浪板大神楽・花輪田神楽・松ノ下大神楽・向川原《むかいがわら》虎舞・陸中弁天虎舞である。

組織としては、会長（一名）・副会長（二名）・事務局長（一名）・監事（二名）の役員の下に、芸能の種類によって四部門、すなわち「大神楽の部」（名称・大神楽部会）「鹿子踊の部」（名称・鹿子踊部会）「虎舞の部」（名称・大槌虎舞協議会）「神楽・その他の舞の部」（名称・大槌神楽同志会）が置かれ、それぞれの部門にも会長・副会長・事務局などの役が置かれている。役員はもち回りで、大体二期か三期で交替する。会費は一団体五千円で、年に一度総会が開かれる。連合会が主催して、近年郷土芸能大会が開かれるようになった。

連合会の目的は親睦で、以前は祭りに参加する郷土芸能団体間のいざこざがあったが、連合会ができて次第になくなってきたという。また、四部門がそれぞれに、宴会やソフトボール大会などの親睦行事を行っている。こうしたことから、虎舞の部が母体となって〈大槌虎舞協議会〉ができた。しかし、吉里吉里虎舞は連合会には入っているが、虎舞協議会には加わっていない。現在、鹿子踊も協議会を結成しつつあり、一緒に鹿子頭に使うドロの木の植樹などを行っている。この吉里吉里虎舞講中が連合会には加わっているのに虎舞協議会に加わらないのは、吉里吉里虎舞講中の舞い手は子供が中心で、虎舞協議会の宴会やソフトボールというような親睦行事に参加できないことによる。しかし、この親睦行事が重要で、これによって団体の枠組みを超えて一緒に虎舞を演じる雰囲気が醸成されたという。

外部からの上演の依頼であるが、芸能保存会が単独で招待を受ける場合もあるが、連合会に問い合わせが来る場合もある。その場合には、連合会の事務局が調整をはかっている。虎舞は、震災後に全国各地から招待を受けることが多くなった。その窓口となったのが連合会と虎舞協議会で、招待を受ける日時には一団体だと人数が揃わないことが多い。そこで、協議会が調整して複数の団体の会員によって混成のチームを作り、「大槌の虎舞」という団体名で招待に応じることが多くあった。

また、震災後の助成申請についても、連合会が調整を行った。この申請書については、連合会の事務局担当が元大槌町職員であったことが大きく寄与し、単独の団体で申請書を用意していたのではなかなか整わなかったと思われる。民俗芸能の助成金の申請などについては、通常は市町村の文化財担当職員が手助けする場合が多いのであるが、震災後の行政の職員は復興のための業務が繁多となり、こうしたことには手が回らなかったという。

現在の参加団体は、吉里吉里鶏子舞・浪板神楽・浪板牛方節が中断したことで抜け、大槌城山虎舞が新たに加わって、十九団体となっている。

大谷津は、現在の神奈川県民俗芸能保存協会の副会長に対する質問への回答を踏まえて、〈同類の芸能を連合会として組織する方策〉が今後の継承には必要で、この組織作りに研究者が学術的意義を明らかにして関与することを求めている発言に注目している[21]。同種の芸能にはどうしても対抗意識があるのであるが、それを大槌町の虎舞協議会のような親睦を中心にして親交を深めてゆくことが、継承に寄与することの事例とみることができよう。震災後の虎舞混成チームは、復興を後押ししたいという全国からの想いに応えたものであったが、これが可能であるなら民俗芸能の継承にもヒントを与えるものであろう。

このように見てくると、民俗芸能を継承してゆくためには、一つには伝承地の中で民俗芸能の伝承を、〈コミュニティー全体のものであるという認識に転換させてゆく〉という方向性があげられる。そのような認識が、次の段階では民俗芸能によって地域づくりをしてゆくという方法に向かうのであり、それが行政の施策の基本に位置づけられてゆくことが期待されよう。

もう一つには、〈同種の芸能の連携〉を推進するということである。人や道具を貸し合うことから始まって、場合によっては吸収や合体することも考えられる。吸収というとネガティブに捉えられようが、ただ断絶してしまうより吸収された団体に独自の演出をもつ演目があったとすれば、それを伝えることで消えないというようにも考えることができる。三隅の言説を紹介したが、多くの民俗芸能は独自を主張する。また、対抗意識をもっている。しかし、人を貸して助け合ったりするにしても、同種の芸能がよいことは岩手の神楽がそれをよく示している。そのためには、芸能大会とかシンポジウムといった〈表向きの交流〉ではなく、大槌のソフトボール大会や宴会といった〈人間的な親睦〉が重要な意味をもっていると考えられる。

岩手県の奥州市の県指定されているある鹿踊が、かなり前から本来の伝承地域の伝承者が少なくなり、近隣の特定の地域の人たちに手伝ってもらう形で伝承を続けていたが、ある時期から代表者も手伝いの地域の人になることもあった。しかし、本来の伝承地域の中で伝承者が増え、本来の人たちの団体に戻すことが話し合われ、手伝うように入っていた地域の人たちは独立して別の団体を立ち上げるようになったという例もある。

こうしたことを可能にするには、現状ではなんとか伝承できている地域も将来的には困難になるという理解を広めていき、相互の連携が必要であるということを自覚しあうことが必要なのである。

結び

私が昭和六十一年(一九八六)以来通い続け、三十五年以上にもわたる参与調査をし続けてきた宇久須の三番叟では、以前から令和二年(二〇二〇)を最後にしてやめようというようなことが囁かれていた。それはいろいろな手を尽くして後継者を探したのだが見つからず、体力的に難しい役が出てきてしまい、特定の人に過度の負担がかかっていることから出てきていた話だった。しかし、コロナ禍での三年の空白を経て、様々に話し合った結果、令和五年(二〇二三)十一月三日に「入り」と「出」の部分のみを演じて幕を閉じることになったというのである。区の祭りといいながら一部の人のみにかかる負担は、稽古の時間を含めればかなりの時間数となり、そうしたことについてもやめる理由となったようである。

宇久須の三番叟は、伊豆半島に伝わる人形三番叟の中でも、丁屋を出て手摺りを用いないことから、操る人間の動きと人形の動きが一体となって独自の舞法を作り上げている。平成二十九年(二〇一七)に日本青年館で行われた全国民俗芸能大会に出演した時には、文楽座などの人形の操り方とはまったく異なりながら、独自のパフォーマンスをみせる演技に多くの人が感嘆した。私は、この芸能がどのように変化してゆくかを、外来の人でありながら見続けていきたいと考え、二十年を過ぎたところで〈二〇年民俗誌〉としてその中間報告をし(22)、それ以降も参与調査を続けてきた。そして、三十五年以上経った今でも、もちろん人が操るものであるので人によって変化が生じるのは当たり前であるが、〈変わることなく〉と思える芸能として演じることができていると思う。伝承母体である浜区は、コミュニティーとして、またコミュニティーを超えて、後継者を探したというが、周辺地域にも同時期に祭りがあるという事情や、青壮年の人々に対する事業所の雇用形態も非正規が多くなり、祭りの日には休みもとれず、外へ出て行く人たちに歯止めがかからないのだという。

かつて私は、〈天下御免の三番叟〉と呼んだが、〈天下御免の誇り〉をもって幕を閉じる決断をしたのであろうか。しかし、これによって冒頭述べた生活に関わりない、また逆に生活することを苦しめているものとして失うことが、本当にそれでよいのか。

現状の私ができるのは、ここで述べてきたような継承している事例を提示して、それを失うことの意味を訴えてゆくことだけである虚しさを抱えながら、これからの民俗芸能の行く末を見守っていきたいと思う。

注

（1）伊藤高雄氏より、この小説をご教示いただいた。記して感謝を申し上げたい。

（2）上野誠「万葉民俗学を構想する」（上野・大石編『万葉民俗学を学ぶ人のために』世界思想社、七頁、二〇〇三年）。

（3）千葉徳爾『民俗と地域形成』風間書房、一九六六年、三八頁。

（4）小川直之「「南信州民俗芸能継承推進協議会」の取組と課題」（『民俗芸能研究』第七〇号、六四頁、二〇二一年）。

（5）「老人と過疎―民俗芸能の継承から」（『国文学　解釈と鑑賞』七三巻八号、一二四〜一三一頁、二〇〇八年）、『祭りの年輪』（ひつじ書房、二〇一六年）所収の「祭りを支える外来の人々―津軽半島上磯の祭りと民俗芸能」「〈地域〉と民俗芸能―伝承のあり方を考える―」など。

（6）本書を脱稿後に、民間の有識者グループ「人口戦略会議」が同様の分析を行った結果を発表した（二〇二四年四月）。それによれば、十年前より消滅可能性自治体は一五二少なくなっている。

（7）拙著『芸能の〈伝承現場〉論—若者たちの学びの共同体』（ひつじ書房、二〇〇七年）の「盛岡さんさ踊り考」。
（8）三隅治雄「芸能の生きかた—交流・伝播そして変容—」（『芸能史の民俗的研究』東京堂出版、一九七六年、一六頁）。
（9）山路興造「芸能伝承」（『日本民俗学』、弘文堂、一七四～一七五頁、一九八四年）。
（10）拙著「民俗芸能の伝播」（（7）の前掲拙著）。
（11）菅原盛一郎『日本の芸能早池峰流山伏神楽』（東和町教育委員会、一九六九年）。
（12）岩手県教育委員会『岩手県の民俗芸能—岩手県民俗芸能緊急調査報告書』、一九九七年。
（13）本章の東和町内の山伏神楽についての現況は、中嶋奈津子氏から多くの情報を提供して頂いた。
（14）新井恒易「芸能集団」（『日本民俗学大系』3、平凡社、一九五八年）。
（15）小形信夫『奥州南部神楽資料集』（東日本ハウス文化振興事業団、七四頁、一九九五年）。
（16）拙稿「九戸神楽」（（12）の前掲書）。
（17）（12）の前掲書による。
（18）小川「「令和二年度民俗芸能学会オンライン大会フォーラム第二部　質疑」（『民俗芸能研究』第七〇号、八一、三頁、二〇二一年）。
（19）拙稿「若者の民俗としての三匹獅子舞」（（7）の前掲書）。
（20）久保田裕道「令和二年度民俗芸能学会オンライン大会フォーラム第二部　質疑」（（18）の前掲雑誌）。
（21）大谷津早苗「神奈川県民俗芸能保存協会」（（18）の前掲書）。
（22）「第三編　芸能の民俗誌—伝承の現場とともに—」（（7）の前掲書）。

博物館と民俗学―市民参加の活動を巡って―

加藤　隆志

はじめに

現在、全国各地の博物館・資料館(以下、博物館に統一)には、民俗学を専攻する学芸員等が多く在籍している。一般の市民にとって地域の民俗に触れる機会は、祭礼などと並んで博物館で行われている展示や講演会・講座等が代表的なものであり、その意味でも現代社会の中で、民俗学にとって博物館が果たす役割が大きいことは間違いない。

ところで私事ではあるが、筆者は令和五年(二〇二三年)三月末で、常勤及び再任用期間の長きに渡る学芸員生活に別れを告げ、勤務する市立博物館(以下、本館と表記)[1]を退職した。その間、大学の非常勤講師として博物館実習や民俗学関係の授業を受け持ったり、研究会を通じて本を刊行し、いくつかの市史類の調査や執筆など、博物館を離れた場での活動もあったものの(学芸員であったから依頼を受けたとも言える)、筆者にとっての民俗学は、これまでの博物館での仕事を切り離して考えることはできない。

この間にはさまざまな博物館業務を担い、重点的に力を入れて取り組んできた活動はいくつかの時期に分けることができる。第一期の、就職から開館までの十数年もの長期にわたる博物館建設準備期は調査と資料収集が中心で、用地確保の目途が付くまではかなり調査が実施できた期間であったが、開館時期が決まってからは、展示や建設関係の資料作成等に追われることとなった。次の開館後の約十年余りの第二期は、比較的規模が大きな特別展や企画展、館蔵品を中心とした収蔵品展を毎年のように担当し、展示資料の調査や借用交渉、列品、図録など印刷物の執筆・編集等の諸準備を進めた。しかし、当局の財政状況の悪化による予算削減に伴い、館全体として規模の大きな特別展などは開催できなくなった。そして退職までの第三期は、市民とともにさまざまな活動を展開した時期である。

本章では、第三期に特に力を入れて取り組んだ市民参加に基づく活動を取り上げていくが、これは個人的な活動を紹介するのにとどまらず、広く社会に開かれた博物館となることを目的に取り入れられている市民参加の活動を通じて、博物館と民俗学の関わりを捉えてきたためである。他方で、筆者が勤務していた間には、博物館に限らないもののさまざまな活動に市民参加が求められ、実施(開催)要綱に市民参加の内容を含まないと許可されないといった状況[2]もあり、重点的な行政施策として市民参加が位置付けられていたことを示している。本章では市民参加のあるべき論ではなく、筆者が実施し、体験してきた活動を糸口としていく。

なお、多くの歴史系博物館を中心として民俗資料が収集保管され、民俗にまつわる活動を実施しているが、それぞれの館によって目的や性格、活動内容に特徴があって、ひとくくりにまとめるのが難しいこともある。本章は、首都圏近郊に位置し、住民の構成も他地域から移り住んだ者が圧倒的に多い地域に平成期に建設され、自然系を含む市立の総合博物館に民俗の学芸員として在籍した筆者の立場に基づくものである。

一　フィールドワークを中心とする講座と民俗調査会

筆者は本館が開館した平成七年(一九九五)度から毎年民俗講座を実施し、開館後三年目までは、常設展示に多数展示している農具を基にした展示の狙い、川漁の企画展とリンクさせた内容、台地上に立地する地域の特徴的な食生活など、毎年テーマを決めて外部講師と担当学芸員の筆者が座学で話をするものであったのを、四年目からは市民とともに野外に出て、地域のフィールドワークを主体とする形式に大きく変えていった(3)。

その主な理由は、地域にあって活動を展開する博物館の講座として、特に民俗学の視点を生かした内容とは何かを考えた結果で、普段何気なく見ているものでも背後には地域の歴史や文化が顔を覗かせていて、そうしたものを発見するところに民俗学の大きな魅力がある。そこで市民自らが実際に地域各所を歩き、さまざまなものを改めて発見して、場合によっては調べていくようなフィールドワークを伴う内容としたのである。

筆者も個人ではなく、館の業務として一般の参加者とともに歩くことになるため一年間の準備期間を取って、本格的にフィールドワークを中心とした民俗講座を開始したのが平成十一年(一九九九年)度の「フィールドワーク・村を歩く」である。市町村合併前の旧市域において近世期に集落だったところを、主に神社や寺院・小祠小堂・石仏等を辿りながら順に歩いていったもので、近世十八か村をすべて歩くには約二年半を要した。古くからある集落を歩いたのは、市全体では広すぎることと、改めて刻々と移り変わっている地域の様相をほぼ同時期に見ておくことは、筆者にとっても今後のさまざまな活動を展開していく上で有意義と考えたことに拠る。コースの設定や資料作りは筆者が行い、従来の講座と変わるものではなかったが、経験に乏しい学芸員としての筆者にとって、興味関心や参加した動機も異なる市民とともに地域を歩くことは大きな刺激となった。

この講座の後には、テーマを決めて比較的短期で歩ける内容をいくつか開催し、さらに、次節で述べる「道祖神を調べる会」の後の平成十八年～二十一年(二〇〇六～〇九)に実施したのが「民俗に親しむ会」である。野外のフィールドワークとそれを基にした館内での勉強会を組み合わせて、地域の歴史や文化を民俗学的な視点で捉えていくことを目的とした。また、民俗に親しむ会を進めていく一方で結成したのが「民俗調査会」で、実は民俗に親しむ会は民俗調査会を作るための母体として、講座である親しむ会の参加者に調査会への参加を募った。

民俗調査会は学芸員が準備から実施まで設える講座とは異なり、参加する市民が諸作業を分担しつつ、学芸員と市民有志がともに地域を調べ、データを蓄積して、折りに触れて成果を発信していくことを目的とした。結成に当たっては会員の参加できる活動日の関係で、実際には両方に参加する方が多かったものの調査会A・Bの二つの会ができた。

調査会Aでは、平成二十年(二〇〇八)度実施の、市町村合併に拠って新たに相模原市となった旧津久井地域を紹介する特別展の中の「甲州道中を歩く」のコーナーを担当した。新市域の甲州道中四か宿(関野・吉野・与瀬・小原)を中心に、山梨県の上野原から東京都八王子市の小仏峠をはさんで高尾地区まで歩き、その間の社寺や石仏などについて展示するもので、会が作成した地図や写真などを交えて甲州道中の旧道を紹介した。さらに関連事業として、JR中央線相模湖駅から藤野駅まで、会員以外の一般市民を案内する企画も実施した。

これに対して調査会Bの活動は、平成二十一年(二〇〇九)度の横浜開港一五〇周年記念に関わる企画展の開催であり、JR相模湖駅から日米和親条約締結地である横浜・関内地区の横浜開港資料館までの「横浜への道」を歩き、その途中の景観や社寺、小祠小堂、石仏や道標などについてデータを収集し、実際に歩いたコースとともに展示した。毎回の進め方としては、参加者を四つの班に分け、担当する班が順番（四か月に一回）に、歩くコースの検討から資料作成、下見、当日の進行、記録まで一切の責任を持つようにした。歩いた全距離は約一三〇キロメートルに及び、その成果は企画展「市民と歩いた横浜への道」でコースを示したパネルや地図を作成して展示し、関連事業なども班ごとに分かれて担当した。

民俗調査会はA・Bともに、当初予定した展示終了後にも活動を継続し、調査会Bではさまざまなテーマに基づくコースを設定して、やはり班ごとに担当する回の実施に伴うすべての準備をする形で続けていった。また、調査会Aでは、市内の新磯地区の散策マップを作成した。地域の神社や寺院、石仏などすべて取り上げることは分量的にも無理で、何を選び出すか頭を悩ませるとともに、トイレの位置なども確認しなければならない。会員が数回のフィールドワークを行い、工夫を加えてようやく散策マップを完成させ、本館のホームページに公開した。さらに、会員以外の参加者を募集して散策マップを使った「民俗探訪会」を行い、筆者や作成の中心になった会員が説明をしたほか、ほかの会員も歩行の誘導など、それぞれの役割を果たした。他地区の散策マップは、やはり負担がかなり大きいためもあって作成に至らなかったが、民俗探訪会については市内各地の既存のマップ等を活用して継続し、調査会Aの活動として平成二十八年（二〇一六）まで計十回実施した。

調査会Aの活動で触れておかなければならないのは、横浜市歴史博物館「民俗に親しむ会」との交流会である。横浜市博の「民俗に親しむ会」は、平成二十年（二〇〇八）に同館で開催された民俗講座「民俗の見方、調べ方」を母体として結成された会で、鶴見川流域の源流部から河口までのフィールドワークを実施していた。筆者は先の講座の講師を依頼されたこともあり、足掛け三年に及ぶ鶴見川のフィールドワークの見通しが付いたことを受けて、両館の市民グループ相互の交流会を提案したのであった。各地の博物館では市民参加による多様な活動が展開され、多くの成果が挙げられているが、今一つこうした活動が知られていない現状にある。この交流会も、両館の市民の会による活動がお互いに刺激を受けて一層活性化することと、博物館での市民の活動を館の内外にアピールしたいとの狙いからであった。横浜及び相模原の自らのフィールドを交互に訪れる交流会は平成二十七年(二〇一五)まで継続し、さらに、横浜市立歴史博物館の企画展に本館の民俗調査会が協力して、展示データの一部を調査して提供することも行われた。(4)

二　参加者の調査「道祖神を調べる会」

市民とともに地域を順に歩いていくものに対して、参加者が自ら調べることに主眼を置いたのが、「フィールドワーク・村を歩く」終了後に実施した「道祖神を調べる会」である。中部から関東地方は道祖神信仰が盛んな地域の一つで、相模原市域もその一角に含まれており、周辺を含めた市域の道祖神石碑や祭祀・行事の状況を捉えることを目的とした。この講座では、それまでは筆者と参加者が一緒に野外に出て(場合によっては別の講師が加わったこともある)、主に筆者が民俗学的な視点から説明を加えており、参加者は受動的な側面が強いのは変わりがない。「フィールドワーク・村を歩く」というフィールドワークを取り入れた数年来の経験を土台に、地域を調べていくような内容も取り入れたいと考え、講座募集の際に調べる会である旨を明示した。

実際の進行では、市域及び県内各地での道祖神石碑や関連する行事の野外での見学と、見学会を受けての見所や問題点を整理する、館内での学習会を交互に組み合わせて実施した。そうした学習を積み上げつつ、平成十六〜十八年(二〇〇四〜〇六)の三年間に渡って、各家の正月の飾り物を道祖神の前などに集めて燃やし、その火で団子を焼いて食べる「どんど焼き」、「団子焼き」と称される行事の調査に臨んだ。行事は、現在でも正月十四日を中心とした日取りに市域各地区で行われており、石碑のデータについてはある程度の集積が済んでいたこともあって、実際に実施している場を訪れれば観察できる行事の現状を調査の中心に据えることにした。調査に当たっては調査票を作成し、観察した内容やその場で聞いたことを書き込んで撮影した写真などとともに提出する方式を採った。結果としては、三年間で調査に参加した市民は延べ八十三名、調査地点八十五か所で、一人が何か所も数年にわたり調査した地点もあるため、提出された調査票は一四七枚となった。その後、民俗講座としては終了したが、筆者とともに数名の有志によって各地の調査を継続し、成果は毎年、本館の『研究報告』に報告した。

調査結果は別にまとめたが[5]、正月飾りを集めて燃やす行事は調査当時でも市域各地で盛んに行われていて、いくつかの理由で中止されたり細々と行われるところがある一方で、新たに開始され、地域全体の祭りとして大規模化するほか、多様な姿を見せていた。期日や場所等が明確に定められているもの以外に、その年の状況に応じて柔軟に変更するなど、多様な姿を見せていた。この火で焼いた団子を食べることで厄除けになるとの意識は広く認められ、あるいは道祖神の祭祀であったことを示すような伝承や行為も残っている。しかし、行事の性格は大きく変わっており、子ども育成のほか、新年の自治会の年始の機会として位置付けられ、地域のコミュニティー形成といった役割を果たしていた[6]。

地域各地でほぼ同時に行われている行事を調査する際には、一度に把握できる事例は限られざるを得ず、通常は、地域の中で古くからの様相を比較的留めていると考えられる所や特徴的な事例をもって代表させるのが一般的である。それがこの調査に当たった参加者は、学生の時から民俗学の勉強をしている者が意識するような、「古い」とか「特徴的」ということとは関係なく、多くが自身が他から移り住んだ者として、新しい住宅地においてごく最近に始められたという地区も構わず調査したことで、従来までの民俗調査では取り上げられることが少なかったデータも多数集まり、急激な開発を経た新興都市にある博物館にとって重要な資料を得ることができた。個々のデータには断片的で不分明なものもあり、調査の進め方などにも検討すべき課題が残るが、地域で活動する博物館ならではの、市民と共に行う調査の特徴を生かすことができたと言える。

この講座に関連することとして、平成十七年（二〇〇五）十一月の博物館開館十周年の特別会「博物館十年の歩み」では、本館が市民とともに活動していく方向を示すために市民との協働で展示や関連事業を各分野で行ったが、民俗分野の展示の一部として、道祖神を調べる会の参加者有志が別に「サヘノカミの会」を結成し、展示内容の検討から準備、列品までの展示作業一切に当たった。前述の民俗調査会で行った特別展や企画展などは開館十周年展の後の実施であり、展示を含めた活動を積み重ねて次につなげていくことを、意図して行っていたのである。

三　収蔵資料の整理「福の会」・「水曜会」

博物館のもっとも基礎的な機能は資料の収集と整理保管であり、民俗資料は人々が生活していく上で必要なものを一括で収集することも多い。場合によっては、数百点の資料を一度に博物館で受け入れることがあり、一連の整理作業を学芸員のみで行うのは実際のところかなり大変である。そのため市民の会を組織化して進めて行くのは有効であるが、もちろん作業要員ではない。一般に博物館は展示室以外にも膨大の資料を収蔵し、資料の性格に応じた整理作業が行われていることがよく理解されていない。こうした状況において、市民が資料化に際しての基本的な考え方や手法を学び、学芸員とともに資料整理に携わる中から、資料収集や保管についての認識を深めていくことが大切である。

筆者が担当した二つの資料整理の会は、いずれもこれまで紹介したような民俗講座として募集したものではなく、すでに館でさまざまな活動をしていた方に呼び掛けて開始されたもので、そのうち「福の会」は、近世～大正期の古文書類を寄託されている旧家(福田家)から、屋敷内の蔵に保管されている大量のものについて寄贈の相談があり、有形の民俗資料の収集や整理の作業を市民とともに行っていく機会を探していた時期であったことから、これを契機に平成二十四年(二〇一二)に結成された。この蔵の中の資料に係わる諸作業の終了後には、すでに収蔵されているさまざまな館蔵資料の整理に進み、現在(令和六年度)も活動を継続中である。

対象となった蔵は、現当主の母親が昭和九年(一九三四)に嫁いで以来、鍵の管理を主に行い、必要なものは母親が出し入れをしていた。蔵には家族の衣類を中心に、次第にかさばるものや季節ごとに出し入れするものが収納されるようになり、高価であったり日常生活で大事なものは、蔵ではなく母屋へ置かれていた。こうした点が蔵の中に大量の衣類が収められ、寄贈資料も衣類が多くなったことにつながり、全体で衣類三三四点、衣類以外が一六九件・一二六七点が寄贈された。特に衣類では、子どもから大人までの男物と女物、それぞれの日常着と晴れ着、帯や履物、櫛や笄などの装身具まで収集され、女性が管理した蔵の性格や当家の生活の状況を窺うことができたのである。(7)

「水曜会」は福の会より前に資料整理が始まった会で、津久井郷土資料室(津久井地域の合併前は「津久井郡郷土資料館」)。現在は廃室し、所蔵資料はすべて相模原市立博物館へ移管)に保管されてきた資料を整理することを目的に、平成二十三年(二〇一一)から活動を開始した。津久井郡郷土資料館は、城山ダム(津久井湖)の建設に伴う民具類の収集と保存を行うことをきっかけに、昭和四十六年(一九七一)に旧津久井町に開館したもので、特に旧内郷村在住（現相模原市緑区）で、柳田國男らの郷土会が大正七年（一九一八）に実施した内郷村での共同調査に際して、地元で尽力した鈴木重光が寄贈した膨大な資料を有していて、こうした点もあって民俗分野の筆者が担当することになった。

所蔵資料は、水没した地区を中心に収集された農具や漁具、生活用具などをはじめ、江戸時代からの古文書、明治以降の記録類や教科書、津久井地域を中心とした絵葉書、雑誌及び書籍、新聞、チラシ・パンフレット、包装紙、手紙など多岐に渡り、資料の年代や場所も地元のものだけに限らず広い範囲に及び、津久井郡郷土資料館当時には一部の整理が行われていたもののほとんど手つかずであった。そこで、資料の全体像を把握することを目的に、水曜会で内容を確認しながら目録化を始め、整理は令和五年（二〇二三）三月までの足掛け一二年かかり、全体で約五万三〇〇〇件・八万点の資料を確認して一応作業は終了した。

水曜会の活動で特筆すべきは、資料整理の過程で柳田國男に関する資料が発見されたことである。内郷村での共同調査は、その後の柳田における民俗学の形成に大きな意味を持ったことはたびたび指摘され、調査の状況を示すものとして、郷土資料室の資料の中に調査関連の新聞記事を鈴木が切り抜いたスクラップブックがあることが知られている(8)。鈴木にとっても、柳田との出会いはその後の学問や人生にとって大きな意味を持ち、内郷村調査以降も柳田と鈴木の交流は長く続いていた。資料の内容等、詳細はすでに別稿で紹介しているのでそれに譲るが(9)、例えば、従来、柳田から鈴木に宛てた葉書が一通だけ確認されていたのに対し、年賀状一通（昭和十二年）と新たに葉書九通（昭和四～十五年）・手紙一通（昭和十五年）が確認された。例えば柳田からの手紙は、鈴木の父親である亀作の死去に対するお悔やみであり、数日前の葉書に柳田が亀作について触れたことに対して鈴木から死去したことを伝えられ、それを受けて手紙を出したもので、柳田の驚きとともに、両者の深い交流が継続していたことを窺わせる文面となっている。また、郵便発着記録の帳面を見ると、発信者と受信者の名前のみで具体的な内容は不明なものの、内郷村調査に関して柳田と鈴木が手紙や葉書でかなりのやり取りをしたことなども窺える。

これらの資料の発見は、膨大な資料を前にして、会員が一つ一つを確認して目録を作成していった地道な作業の積み重ねに拠るものであるが、内郷村調査にかかわる未発見の資料が鈴木旧蔵の資料の中に隠れている可能性について、筆者が折に触れて説明していたことも挙げられる。作業の途中では、内郷村調査や鈴木が執筆した「郷土研究」掲載の報告等を読む学習会を組み合わせ、また、半年に一回程度は旧内郷村の地域などを実際に訪れるなど、机上での目録作成作業を行う動機付けにつながるように進めていった。

また、資料の整理作業だけにとどまらず、何回か収蔵品展「津久井郷土資料室所蔵資料紹介―市民の力で博物館資料へ―」を実施している。一見すると地味な作業を市民が継続的に行っていくには、その作業内容や成果を可視化する必要があると考え、資料整理は展示にもつながっていることを体感できるようにした。それまでの調査に伴う展示と同様に企画から展示資料の選定、列品、開催中の展示解説、撤収までの一連の作業を会員が担い、会員も次はどのようなテーマの基に何を展示するか、その資料の価値や位置付けはどうかなど、普段からさまざまな点を意識しながら作業を進めていき、展示を見た方から作業への参加希望や、他館の企画展への資料出展の依頼があったことは、整理作業継続への意識を一層高めることとなった。資料整理から展示への流れは、福の会でも「蔵の中の世界・福田家資料紹介―市民の力で博物館資料へ―」を実施しており、いずれも副題の「市民の力で博物館資料へ」は、本館の市民との関わりの活動のアピールであることは言うまでもない。

本館は筆者に限らず、各分野とも市民参加の活動を熱心に行ってきたが、こうした活動では平塚市博物館が著名である。地域博物館を標榜し[10]、市民の参加や体験を運営の軸とする同館は一つの目標とされてきた面もあり、それは本館でも同様で、筆者が座学からフィールドワークを主とする講座にした際に、さまざまな点を学んだのも同館の活動であった。

平塚市博物館で開館二十周年を記念して平成八年（一九九六）に行われたシンポジウムではこうした活動の理念が討議されており、その要点を筆者なりにまとめると、平塚市博物館の活動の核は地域研究の方法論の実践で、地域の資料を集め、地域を考える方法論を構築していくことである。そのためには活動の結果だけでなく、方法や途中の過程を提示していくことが重要であり、地域の人々とともに行った成果を博物館に蓄積し、市民全体のものとして公開していく。また、市民の社会参加という観点からは、各種の情報をただ受け身になって消費するのではなくて情報を自ら創り出し、発信する楽しさを伝える必要があり、そうした人々の活動を通じて、地域への多様な認識が深まるというものである[11]。

四　地域博物館と市民参加

そこに住み、仕事をしている市民が主体的に学び、自分たちの生活する地域をより深く理解し、地域への愛着を養い、その未来に関わって活動していく拠点としての地域博物館がある。このような点からは、自然系ではあるが環境アセスメントの環境評価をコンサルタント会社が行うのではなく、地域に住んでいる住民自らが意見書を提出するような意識の高まりが不可欠で、博物館での活動は科学性や客観性を持つことが必要として、調査への市民参加は「調査体験への参加」ではなく「調査自体への参加」でなければならないなど[12]、地域研究や地域認識に関わる市民参加の実践にとって、現在でも重要な視点を含んでいる。筆者も民俗学的な視点のもとにフィールドワークや調査を行い、民俗資料の整理や展示を実施するなど、単に市民が体験するに終わらずに成果を上げて蓄積するなど、常に先の指摘を踏まえながら活動を組み立ててきた。

半面、地域博物館は「あるべき博物館の姿」として流通しているが、多くは体験メニューや市民講座を増やしただけの活動で、本当の目的である館の運営に市民が参加・参画するものとなっておらず、地域博物館に対する批判や検証的議論が不在で時代にそぐわず陳腐化している。また、主に文化財や教育の場で活動するといった前提が、さまざまな主体による社会的な活動や実践に適応できていない[13]。あるいは筆者も感じたところだが日常的に市民と顔を突き合わせて進めていると、それだけで何かやった感が醸し出されることがある一方で、市民参加の活動が無条件に賞賛・奨励され、例えば学芸員が、来館者よりも市民ボランティアの学習ニーズに追われてしまうなどの問題点も指摘されている[14]。

従来までの博物館や学芸員では、収蔵する資料の内容や特別展とその図録、紀要等に掲載された論文などの成果が重視され、これらはむろん民俗に限らず今後も重要であり、博物館の存在意義として正当に評価されなければならない。それとともに、市民参加に基づく活動を適正に評価しなければならないが、あくまで市民参加は事業や活動に市民が参加するにとどまらずに、社会に開かれた博物館として市民が運営に参画するためのものであり、その観点に基づいて、実際に行われた活動の成果や課題を検討することが必要である。このためにも、自らの活動を過程や自己評価を含めて公開していくことが求められるものの[15]、現状では各館での活動に対しての検討が十分に行われているとは言い難く、何より評価の枠組み自体もはっきりしていない。そして、評価に際しては、入館者や参加者数等の定量的な数値に加えて定性的なものもあり、人々に開かれた活動になったか、地域でどのような位置を占めるものであるかなど、実践であるため一律な基準は難しいことも考えられる。活動内容によって、多様な視点からなされた評価が積み重ねられ、博物館全体の今後のあり方に資するような議論が望まれる。

また、令和四年(二〇二二)の博物館法の改正は、その趣旨として、形骸している登録制度の見直しや資料のデジタル化、学芸員の待遇改善などの課題に対処するものとされるが、従来のような社会教育法に加えて文化芸術基本法(二〇〇一年制定)の精神にも基づき、他の博物館等と連携することや、学校や社会教育施設等はもとより民間団体などの地域の多様な主体と連携・協力を図りながら、教育や学術・文化の振興と文化観光、その他の活動を通じて、地域の活力の向上に取り組むよう努めること(努力義務)が定められた。[16]

博物館法の改正は、これに先立つ平成三十年(二〇一八)に改正された文化財保護法と連動するのは明らかで、文化財保護における地域の主体性と計画性ある保護と活用、特に地域住民の主体的な関与はもちろんのこと、諸団体・諸機関などの協力を得ながら「地域社会総がかり」で取り組んでいくことにあるとされる。[17]まさに現代社会の中で博物館を取り巻く状況が、地域博物館の陳腐化への批判に対応するかのような形で進行しており、これまでは博物館が市民を組織化し、博物館に集うという市民参加であったのに対して、必ずしも博物館に関わってこなかった機関や団体を含めて、コーディネートの役割を果たしながらどのように地域でネットワークを形成し、協働して活動していくかが鍵になる。

五　博物館活動と地域

「道祖神を調べる会」の調査では、どんど焼き行事は旧来からの集落だけではなく、第二次世界大戦以後に住宅地化した場所であっても行われ、市域全体としては決して過去のものではないことや、正月飾りをゴミとして集積所に出すことに抵抗があって始めたり、新年の顔合わせの機会として、新たなコミュニティー形成の役割を果たしていることなど、生活する人々にとっての行事の意味の一端が明らかになった。一方、調査参加者のほとんどは新しくこの地域に住むことになった人々であり、自らが選択した居住地への関心を基に調査に加わったことは間違いないが、調査の途中で参加者が、新興住宅街である自らの地区の子ども会の役員に就任し、実際に行事を担う立場になったことに拠って、それまでの正月飾りを集めて燃やすだけではおもしろくないと考え、博物館で調べた経験を基に昔からの集落へ調べに行き、教わったやり方を持ち込むといったことがあった。博物館の事業に参加して、知識を得たことをきっかけとして行事を変えたことになるが、そのようなことが起こるとは思っておらず、若干の戸惑いを感じた。筆者が地域の行事の調査を博物館で市民とともに行うといった活動面からのみ捉えて、参加者も調査だけでなく自らの意思で行動し、それが行事を変え、あるいは別の状況を生むことがあるといった当たり前のことに想い至っていなかった現われでもあった。

これは筆者のささやかな体験ではあるが、例えば、当初から人々の地域認識に作用することを狙いとしたかどうかは定かではないものの、地域おこしの事業の流れで、文化財に指定した祭礼屋台を博物館に展示することで地域文化を明示しようとすることが、屋台を介して地域認識を表出させ、顕在化させていった事例(18)に見るまでもなく、博物館の市民とともに行う活動も、地域の歴史や文化を掘り起こしつつ、さまざまな場面で新たな意味付けを生じさせる可能性があることを十分認識しなければならない。

そして、改正博物館法のような、文化資源化としての活用が強く求められる状況において、博物館も多様な主体と関わる中で、好むと好まざるにかかわらず期待される役割を果たしていくことが求められる(19)。そのような活動においても、博物館や学芸員がどのようなことを考えて対処してきたか、その過程とともに結果を記録に留め、公表して自己評価とともに課題の析出や今後の展開につなげていくことが先の地域博物館の議論とともに必要である。これは日常的に市民に接し、学問の社会的意義とその実践といった公共性が議論されている民俗学を改めて考えていく際にも重要な意味を持つものであろう。

おわりに

博物館という場を通じて、市民に民俗学の魅力をどう示していけるかを考えた時、やはり歴史や文化はかつて学校で習った年表を記憶するようなものではなく、自らの身の回りにもあるのを改めて発見する楽しさや、地域の歴史や文化をバラバラではなく、自分たちの生活と係わらせて考えていくことである。また、先の平塚市博物館でのシンポジウムで議論されていたように、フィールドワークや調査を通じて自分たちの地域の姿を見い出し、オリジナルな資料を作り出していくことが、特に現代のＳＮＳの情報に振り回される状況において求められていると言える。

筆者は、地域博物館はこのような活動を展開していく場として適していると捉え、市立の博物館の現場では構想してもできないことがある中で、まず市民とともに何かをできないかを考え、講座や調査、資料整理等、積極的に博物館の現場での市民参加の幅を広げるべく展開していった。民俗学に関心を持ち、そうした視点で地域を考える人と絶えず自分たちの活動の意義を確認して、協働を意識しつつ実践した成果を蓄積し、次の活動に繋げていくことに留意して事業や活動を継続してきたと総括している。一方で、いくつかの活動について報告し、それを基にした研究会等での議論はあったものの広がりに乏しかったことや[20]、活動全体ではどうしても地域に新たに生起していた事象へのアプローチが十分ではなく、参加者の民俗学＝古いもののみを対象とするといった固定的なイメージを更新するには弱かった点、さらに生涯学習以外の各種団体と連携し、地域課題に対応していく活動に多くは至らなかったことは、博物館に期待される役割が変化し、筆者の考え方が実践を通じて移り変わっていった点を考慮しても課題であったと言えよう。

今や博物館活動の市民参加自体は一般的に行われていて、学芸員と市民との関係も多様なものとなり、その内容や質が問われている。これまでは、どちらかと言うと博物館に関心を寄せる人々が集い、館の内部で完結するような調査や資料整理等が中心であったのに対して、今後はさまざまな活動を展開している団体や機関と連携して、ともに役割を果たしていくことも求められている。こうした中で、地域の資料や情報を集積し、誰でもアクセスできる社会資本としての博物館に、経歴や経験も異なる市民が結び付きながら地域に関わっていくことの意義を問いかけ、その議論の成果を次の活動につなげて社会に発信していかなければならない[21]。

現代社会において、より実践的な社会連携や地域連携が求められるのは民俗学にも言えることである。そして、実践には調査や論文執筆、博物館の民俗展示及び講座開催、あるいは文化財行政や市町村誌といった従来までの社会貢献にとどまらない、さまざまな立場や観点からのものが行われる。そうした活動の成果に対する議論の積み重ねによって、今後の民俗学のあり方が検討され、成果を社会にアピールすることで一般への民俗学の理解を進めて行くことも重要である。[22]

ごく最近、大阪府による不適切な美術品の保管や国立科学博物館のクラウドファンディングのニュースが大きく報道され、資料の収集保管及び財政・運営といった博物館の置かれた現状を、幸か不幸か広く知らしめるものとなった。博物館に在籍した者として無関心ではいられないが、当然ながら事態の推移を見守るしかない。今後、社会の中で博物館が向かう方向性として、ここで主に取り上げたものとともに、例えば多様性や持続可能性をはじめとして多くの課題が挙げられており、それは民俗学についても言えることである。これからも福の会に加わり、ささやかながら一人の市民として、活動に参加する側の視点を通して考えていきたい。

注

（1）筆者が勤めていた相模原市立博物館は、神奈川県相模原市中央区に平成七年（一九九五）十一月に開館した。建設用地に希望した国有地の払い下げ交渉が長期間に及び、開館まで十四年七か月掛かっている。準備期間が長かったことは、展示内容の検討や資料収集、さまざまなテーマに基づく調査の実施など、新任の学芸員がほとんどであった本館としては、やや長過ぎた感はあるものの必要な時間であったとも言える。

現在、考古・歴史・民俗分野の人文系と動物・植物・地質分野の自然系に加えて天文分野も有し、本館の道路向かいにＪＡＸＡ宇宙科学研究所相模原キャンパスが移転していたため、ＪＡＸＡとの連携で展示や講演会などさまざまな共催事業を展開している。小惑星探査機の「はやぶさ」や「はやぶさ2」の、地球に帰還したカプセルや微粒子公開が、他地に先駆けて本館を会場として行われたことは大きなニュースになった。

（2）本館では、平成十七年（二〇〇五）の特別展で初めて展示活動普及員の募集が行われ、以降は事業の実施に際して、何らかの市民参加が求められた。

（3）民俗講座は常勤職員であった平成三十年（二〇一八）度まで行っていたが、参加者から講義形式を求める声もあったことから、平成十九年(二〇〇七)からは野外に出るのは民俗調査会の活動とし、民俗講座は館内での講座に戻していった。

(4) 平成二十七年(二〇一五)開催「鶴見川流域のくらし—生業・水運・信仰・祭礼—」において、東京都町田市域の鶴見川流域にある石造物に記された石工銘等の調査データを提供した。両館の交流会の状況は、それぞれの館の研究報告等に掲載されている。

(5) 「市民が調べた相模原市内の「団子焼き」[No・3]—平成十八年の調査報告と三年間の調査のまとめ—」『相模原市立博物館研究報告』第十六集、二〇〇七年。

(6) 東京都多摩市のニュータウンでのこの行事を取り上げた松尾あずさは、ニュータウン開発地でも道祖神行事が新年の地域の共同祈願の機会としてあり続け、地域のさまざまな組織や団体が行事に取り組み、人々が縁を紡いでいく紐帯となってきたことを指摘している。松尾「ニュータウン開発後にみる道祖神行事の興隆」上甫木昭春他編『神宿る隣の自然』、PHPエディターズグループ、二〇二二年。

(7) ただし、蔵の中の衣類すべてを収集の対象としたわけではない。本館所蔵のうち、着物類が比較的少ないこともあって、着物は汚れや破れ等の状況を見つつも多くを収集したのに対して、洋服に関しては基本的には受け入れをしなかった。より古いものの重視といった筆者の学芸員としての判断の是非(時間の関係もあり、洋服をすべて確認したわけではない)は問われなければならないものの、実際には、本館でも多くの博物館で喫緊の課題となっている収蔵スペースの問題がある。現在、博物館における民具を中心とした資料の破棄(除籍)が話題に上り、実際にお別れ展を行い、廃棄する上での手続き等についても紹介される(樫村賢二「鳥取県北栄町主催「明治一五〇年民具資料のお別れ展示」と民具の除籍(廃棄)について」その一・二『民具マンスリー』第五十二巻六・九号、神奈川大学日本常民文化研究所、二〇一九年)など、新たな資料の収集どころか破棄が現実のものとなり、資料の収集整理・保管といった基礎的な機能が揺らぎ始めている。ごく最近では、奈良県立民俗博物館の民具破棄に対する知事の発言が物議を醸している。もちろん破棄などの事態に陥らないような取り組みをしなければならないが、有効な打開策を見つけるのはかなり困難でもある。

本章では紙面の関係でこれ以上踏み込めないが、例えば内田幸彦は、資料の破棄という事態に際して、博物館における活用の可能性という文脈のみで民俗資料が捉えられており、その価値を再認識・再検討するために、文化財と博物館がコレクションの価値を共有していた地平に立ち戻っての検討の重要性を指摘する（内田「コレクションとしての民俗資料とは―文化財指定・排他的分類・工業製品と博物館―」『埼玉県立歴史と民俗の博物館紀要』第十六号　二〇二二年）。内田の指摘のように、まずは民俗資料は生活全体の様相を明らかにするために、多くの資料を束として把握することが必要であり、同種の資料でもそれらの比較を通じて地域差や時代的な変遷などを明らかにしてきたこと、さまざまな情報が付随している実物を保管していることで、後日、重要な課題に気が付く可能性もあることなどの、これまで積み重ねてきた民具研究の理念や方法、成果を改めて確認し提示するとともに、何より資料は今生きている人たちのためだけではなく、将来の人々が生活や文化を知るためにも、改正文化財保護法にあるように地域全体で守っていかなければならないものであること等、資料保管への意識を、市民といかに醸成していくかの議論を深めることが求められる。多言を要しないものの、市民の民具等の保護活動の高まりによって、収集や整理保存が行われた事例は各地に見られるのである。

それとともに、例えば近年の例として、「地域民具資料の緩やかな保存のあり方」や、緩やかな保存と活用をベースとしたアーチストと市民との協働による芸術祭の開催（「半島のアート、民俗の果て―奥能登国際芸術祭と民俗文化研究の接合の試み―」『日本民俗学』第三一三号、日本民俗学会、二〇二三年）、地域の仕事着をそのまま保存するのではなく、リメイクしながら布に関わる情報を集めて文化を継承するワークショップ（山口拡「「只見の仕事着文化継承～ユッコギワークショップ」にみる布にかかわる文化の継承方法について」『民具マンスリー』第五十六巻四号、神奈川大学日本常民文化研究所、二〇二三年）など、さまざまな観点から行われている新たな試みを社会に提示し、実践とともに検討していくことが必要ではなかろうか。

（8）小川直之「郷土会と内郷村調査―フィールドワークのさきがけ―」相模湖町史編纂委員会編『相模湖町史民俗編』、相模原市、二〇〇七年。

（9）「資料紹介　柳田国男関係資料について」『相模原市立博物館研究報告』第二十六号、二〇一八年。

(10) 地域博物館については、伊藤寿朗『市民の中の博物館』吉川弘文館、一九九三年を参照。なお、今後のあり方として、人々が集まって交流するネットワーク型で、知の形成装置として創造の場となる「フォーラムとしての博物館」が示されている(吉田憲司『文化の肖像―ネットワーク型ミュージアムの試み―』、岩波書店、二〇一三年)。多くの市民参加を促す地域博物館や、今後期待される地域のさまざまな主体との連携など通じあう面も多いが、そうした活動がどのように行われ、地域の課題に対応できたか、やはり具体的な実践を基にした検討や議論が必要である。

(11) 「シンポジウム・すべてのまちに博物館を―高まる地域博物館への期待―」『平塚市博物館年報』第二十号、一九九七年。平塚市博物館に在籍し、シンポジウム開催時には國學院大學に転じていた小川直之もパネラーとして登壇している。

(12) 浜口哲一「博物館の調査活動における市民参加」『平塚市博物館年報』第九号、一九八六年。博物館の活動が市民による環境評価といった地域の問題解決や、まちづくりへの視点にも及んでいることに注意しておきたい。

(13) 加藤幸治『文化遺産シェア時代 価値を深掘る〝ずらし〟の視覚』社会評論社、二〇一八年。

(14) 須藤格「普段づかいの博物館を目指して―茅ヶ崎市博物館づくり―」『民具マンスリー』第五十六巻三号 神奈川大学日本常民文化研究所、二〇二三年。

(15) 筆者は本章で紹介した活動について、以下の報告を行っている。
「本館における教育普及活動の展開と課題―民俗講座「フィールドワーク・村を歩く―」を例として」『相模原市立博物館研究報告』第十一集、二〇〇二年。

「地域博物館における市民による調査の実際―民俗講座「道祖神を調べる会」の活動から―」 八人の学芸員の会編『博物館の仕事』岩田書院、二〇〇七年。

「歩く・聞く・見る・展示する―秋季企画展「市民と歩いた横浜への道」開催記録と民俗調査会の活動―」『相模原市立博物館研究報告』第十九集、二〇一〇年。

「「市民の会」による展示の記録―「福の会」及び「水曜会」の平成二十五年度収蔵品展―」『相模原市立博物館

研究報告』第二十三集、二〇一四年など。

市民参加の活動全般について取り上げて検討したものは、「地域博物館の活動から見えた地方史の展開と課題」地方史研究協議会編『地方史活動の再構築―新たな実践のかたち―』雄山閣、二〇一三年。

筆者は、他館での活動でノウハウを含めて使えると思ったものがあれば取り込み、自ら工夫して行ってみることが大切で、そのためにも各館で実践したさまざまな活動の報告が必要と考えている。ただ、それはあくまで副次的なもので、繰り返しになるが活動評価とその議論のための報告が求められる。

(16) 改正された博物館法の趣旨や内容は文部科学省のホームページ参照。例えば以下など。

https://www.mext.go.jp/kaigisiryo/content/000181692.pd(最終閲覧日・二〇二三年八月二十日)。

(17) 小林稔「改正文化財保護法と民俗学」『日本民俗学』第三一〇号、日本民俗学会、二〇二二年。ちなみに文化芸術基本法において、文化芸術に関する施策の推進に当たっては、観光、まちづくり、国際交流。福祉、教育、産業その他の各分野における施策との有機的な連携が図られるよう配慮されなければならないとしている。改正された博物館法での「文化資源」は、有形または無形の文化的所産その他の文化に関する資源とされ、文化観光に関わるものと規定されている。しかし、文化資源は観光だけでなく、まちづくり等のさまざまな観点からも捉えられ、それらは当然のことながら相互に関連性があり、文化や文化財の活用はいろいろな局面から行われるものである。博物館の立地や性格等を踏まえ上での多様な実践が重要であろう。

俵木悟は、改正文化財保護法での文化財の活用に対する変遷や、民俗学における課題を指摘している。俵木「【コメント】文化財の活用に関する現状と課題」『日本民俗学』第三一四号、日本民俗学会、二〇二三年。

(18) 樋口明里「地域認識の顕在化とモノの同質／異質―「鬼無里」とナガノの屋台から―」『日本民俗学』第三一三号、日本民俗学会、二〇二三年。この点と関連して中村ひろ子は、展示の「文化アイデンティティ形成装置」としての機能に触れ、それが「政治性」を帯びることを指摘している。中村「序説「民俗を展示する」ということ」日本民俗学会編『民俗世界と博物館』雄山閣、一九九八年。

(19) 近世中期の山城国椿井村の「椿井文書」は、偽文書であることが疑われるのにもかかわらず、地域住民の町おこし運動に水を差しにくい事情もあった中で、自治体史や町おこし・観光資源の活用や指定文化財になっている例があり、専門家に相談できる体制づくりが必要とされる(「毎日新聞」二〇二三年六月十四日東京版夕刊)。一方で、博物館は得てして「古い」とか「貴重」を求められ、学問的な位置付けとずれていくことがある。文化資源として価値を見いだす際に、さまざまなスタンスからの問いかけや要望とのズレが生じることが当然あり得るが、それをいかに調整し、期待に応えていくのか、専門的な立場からの手腕が問われるところでもある。

(20) 注(15)に挙げた報告のうち、「地域博物館における市民による調査の実際―民俗講座「道祖神を調べる会」の活動から―」及び「地域博物館の活動から見えた地方史の展開と課題」は他館に在籍する学芸員が参加する研究会等での発表を基にしたもので、発表後の討論なども行われた。

(21) 神奈川県寒川町の文書館職員の高木秀彰は、「文書館は地域のコンシェルジュ」「アーカイブズのある幸せ」として、文書館のような施設があるのは幸せなことで、あるのが当たり前ではないということを伝える努力をしなければいけないとする(高木「市町村アーカイブズの役割―地域のコンシェルジュを目指して―」地方史研究協議会編『地方史活動の再構築―新たな実践のかたち―』)。もちろん文書館と博物館では性格が異なり、顧客のさまざまな要望に応えるコンシェルジュを目指すかどうかは別として、博物館もどこの地域にもあるものではない。博物館が身近にあることの「幸せ」を、館側からの一方通行に終わらせずに、社会の中で共感をもって迎え入れられるように、博物館の持つ資料や展示等をはじめとする基礎的な機能や諸活動を通じて繰り返し示していくことが大切であり、市民参加の活動などもこの点に大きく寄与できるであろう。

(22) 岩本通弥は、民俗学で行われている社会実践の内容として、すでに従来の枠にはとらわれないさまざまな領域のものが考えられるが、それぞれに期待される役割とともに民俗学にとっての公共性を問うて、自らの実践や立場を基に討論する場の確保を強調し、そのアリーナとして学会を提唱する(岩本「民俗学と実践性をめぐる諸問題―「野の学問」とアカデミズム」岩本他編『民俗学の可能性を拓く「野の学問」とアカデミズム』青弓社、二〇一二年)。討論の必要性とその場は、博物館でも言えることであり、民俗学を支える重要な柱の一つである博物館や学芸員の活動を議論する公共的な場は大切である。その上で自戒を込めて言うなら、博物館の市民参加を巡る活動などでも、学芸員がやったことの成果に満足し（あるいは活動に追われ）、自己評価とそれに基づく議論の提示が今一つ熱心に行われてこなかったと思われる。場の確保とともに、博物館の今後のあり方や学芸員としての民俗学への視点を考える上でも、積極的な議論が期待される。

〔附　記〕

本章の脱稿・提出後、令和六年（二〇二四）一月一日に石川県能登半島において「令和六年能登半島地震」があり、各地に甚大な被害をもたらした。このたびの地震で被災されたすべての皆様に心よりお見舞い申し上げます。

本章では注（7）において、今後の民具の保存・継承・活用に対する新たな視点の一つとして、珠洲市での奥能登国際芸術祭と芸術祭に関わる「地域民具資料の緩やかな保存のあり方」を挙げた。これらの取り組みは、注に示した学会誌の『日本民俗学』に掲載され、また、例えば昨年十二月八日に東京文化財研究所で開催された第十八回無形民俗文化財研究協議会「民具と継承―安易な廃棄を防ぐために―」でも、川邉咲子「民具の「緩やかな保存」の提案」として発表・議論されるなど、今後の方向性を考える上で重要な論点を含んでおり、十分に検討されなければならない。

それとともに今回の大地震によって、被災地では民具類の整理や廃棄等が行われることも想定されるが、今回のような自然災害に伴う処置と同列に論じることはできないのは当然である。先の東日本大震災等でも多くの人々や機関によって展開された、各種文化財及び民具のレスキューやその後の保存・継承・活用の動向についても、今後の支援のあり方を含めて関心を寄せ続けていくことが求められる。

あとがき

民俗学は現代社会に研究成果として何を提示できるのかという問いが、本書を編みたいと念願した発端であった。印象としては、一九〇〇年代末からの地域社会や家の変貌は大きく、旧来から継続されてきた祭りや行事、さまざまな慣習、習俗は簡略化や衰退をたどってきた感が強い。社会や文化の変化・変容は歴史過程では常にあったが、実感として受け止められるのは自らが目の当たりにしてきた時代であろう。地域や家で受け継いできた民俗事象が強い伝承力をもっていたときには、そのことを一つ一つ実地に学び、考え、さまざまな日本を具体的に示すことができた。多様な日本は、現在も根深く命脈を保ってはいるが、それが見えにくくなっている現代状況のなかで、民俗学は何を課題とするのか、という問いでもある。

このような思いをもって試みたのが、生活のなかに存在する慣習・習俗という事象を拡げ、その継承の様態である「伝承」を基軸に対象を括り直し、これを考えてみるということであった。それが書名とした伝承文化研究という枠組である。伝承文化というなら、その領域と扱う時間軸は広くなり、改めてここから現代的な課題を立ち上げ、それを具体的に示したいというのが本書の目的である。

こうした意図のもとで執筆を呼びかけ、応じてくださったのが収録論文の筆者の方々である。そして、十四論文でひとまず提示できた現代的課題が、伝承文化の意義と機能などの五つである。それぞれの論文では具体的な事象から伝承文化研究への視座が示されているが、編者の思いでいえば、各論文に共通するのは、扱っていることがらからの、現代社会への「問い立て」ということである。収録した編者の論文でいえば、ここで意図した一つは、大地震や流行病などによって、文明の限界を否が応でも痛感させられている今、合理の対方にある非合理な呪術などの習俗をどう位置づけるかという問いである。非合理だとわかっていても、それを行ったり、頼ったりすることをどう考えるかである。

このような「問い立て」をいうのは、現代において学術の力といえるのは、解説ではなく社会や文化への「問い」と考えるからである。「問い」というのは、事象の分析や論理化に裏付けられて明確になることで、単純な疑問とは違う。かつて柳田國男は『信州随筆』（昭和十一年、山村書院）の「信濃柿のことなど」の最後に、長野放送局のラジオ放送で「信州民俗講座」が開講されたことを取り上げ、これによって「問題を多端にし、しかも疑問を濃厚にし、かつその解釈の要求を熱烈ならしめるであろう」ことを慶賀すべき兆候という。そして、「これにより新たに生まれんとする問いの学問が、今まで流行していた答えの学問に、取って替わろうとする境目になっているように思う」と、「答えの学問」を否定し、「問いの学問」への移行を説いている。この言は、今まで顧みられなかった民間伝承からの新たな学の立ち上げを意図してのことでもある。さらに、『信州随筆』の「小序」では「学問の本旨は要するに利他であ」るという。つまり、「利他」としての「問いの学問」である。いつまで柳田國男に頼るのかといわれそうだが、答えの学問による「へー、そうなのか」は、人を次の行動には誘わない。「利他」というのは「答え」ではなく、問いによる主体的行動への動機付けであり、現在、民俗学などに必要な学術の力はここにあるといえよう。

民俗学界は、多くの人たちが参加して議論をする論点の創出力が衰えているように思える。今まで、たとえば「両墓制」や「ハレ・ケとケガレ」「都市民俗学」「境界論」「環境論」など、他の学術分野も巻き込んで活況を呈した論点がいくつもあった。今はそうした課題が見えないのであるが、しかし、論点なき状況は、逆にいえば新たな論点創出の適期ともいえよう。これに少しでも寄与したいというのが、本書の願いである。

あとがき

本書を大阪島之内の清文堂出版にお願いしたのは、「新しい国学を興す事」を標榜した折口信夫が通った育英高等小学校(大阪市中央区竹屋町)が、清文堂のすぐ近くにあったことによる。社屋周辺の路地をぺたぺたと足音を立てて学校に通う折口の日々があったのを想像することで、ここにお願いしたいという思いが強くなった。勤務校を定年退職するにあたり、論集を出版して欲しいという依頼に御快諾をくださった前田博雄社長、ならびに編集の労をとってくださった松田良弘さんにあつく御礼を申し上げたい。

二〇二五年一月

小川直之

大石《おおいし》　泰夫《やすお》（民俗学）
國學院大學文学部教授
1959年生　國學院大學大学院博士後期課程単位取得退学　博士(文学)
〈主要業績〉
『芸能の〈伝承現場〉論　若者たちの民俗的学びの共同体』（ひつじ書房、2007年）
「イベントと民俗芸能」（入間田宣夫監修　入間田宣夫・菊地和博編『講座　東北の歴史』第五巻「信仰と芸能」清文堂出版、2014年）
『祭りの年輪』（ひつじ書房、2016年）
『伝承文学を学ぶ』（共編著、清文堂出版、2022年）
『47都道府県・民俗芸能百科』（編著、丸善出版、2023年）

加藤《かとう》　隆志《たかし》（民俗学）
元相模原市立博物館学芸員
1958年生　國學院大學文学部文学科卒業
〈主要業績〉
「民具の収集・保存と博物館」（地方史研究協議会編『歴史資料の保存と地方史研究』岩田書院、2009年）
「ソバとウドン、ラーメン―麺の展開」（小川直之編『日本の食文化　三　麦・雑穀と芋』吉川弘文館、2019年）
「「講中膳椀」再考―相模原市立博物館資料から―」（関東民具研究会編・刊『【論集】地域研究の現場から』、2020年）

須永《すなが》　敬《たかし》（民俗学）
九州産業大学国際文化学部教授
1972年生
神奈川大学大学院歴史民俗資料学研究科博士後期課程単位取得退学
博士（歴史民俗資料学）
〈主要業績〉
「新型コロナ禍における祭りと民俗芸能」（『地方史研究』412号、2021年）
「北部九州における修験霊山の神道化と教派神道」
（『九州産業大学国際文化学部紀要』79号、2022年）
『祈りとまつり（新修宗像市史）』（共著、新修宗像市史編集委員会編、2024年）

伊藤《いとう》　龍平《りょうへい》（伝承文学）
國學院大學文学部教授
1972年生　國學院大學大学院文学研究科博士後期課程修了　博士（文学）
〈主要業績〉
『江戸の俳諧説話』（翰林書房、2007年）
『ツチノコの民俗学　妖怪から未確認動物へ』（青弓社、2008年）
『現代台湾鬼譚　海を渡った「学校の怪談」』（謝佳静との共著、青弓社、2010年）
『ネットロア　ウェブ時代の「ハナシ」の伝承』（青弓社、2016年）
『ヌシ　神か妖怪か』（笠間書院、2021年）

川嶋《かわしま》　麗華《れいか》（民俗学）
國學院大學研究開発推進機構助教
1989年生　國學院大學大学院文学研究科博士後期課程修了　博士（民俗学）
〈主要業績〉
「農業変化の中の「壬生の花田植」：伝承動態についての一考察」
（新谷尚紀編『民俗伝承学の視点と方法：新しい歴史学への招待』吉川弘文館、2018年）
『ノヤキの伝承と変遷：近現代における火葬の民俗学的研究』（岩田書院、2021年）
「折口信夫と写真―「実感」を記録し、伝える」
（港千尋・平藤喜久子編『〈聖なるもの〉を撮る：宗教学者と写真家による共創と対話』
山川出版社、2023年）

髙久《たかひさ》　　舞《まい》　（民俗学・民俗芸能論）
帝京大学文学部専任講師
1981年生　國學院大學大学院文学研究科博士後期課程修了
博士（民俗学）
〈主要業績〉
『芸能伝承論—伝統芸能・民俗芸能における演者と系譜—』（岩田書院、2017年）
「八王子市の神楽師と芸能」（『日本文化学』第53号　帝京大学文学部紀要　2022年）
「民俗芸能の公開と継承：チャッキラコと山北のお峯入り」
（『郷土神奈川』61号、」神奈川県立図書館、2024年）

藤井《ふじい》　弘章《ひろあき》　（民俗学）
近畿大学文芸学部教授
1969年生　京都大学大学院人間・環境学研究科博士後期課程単位取得退学
博士（人間・環境学）
〈主要業績〉
『日本の食文化　四　魚と肉』（編、吉川弘文館、2019年）
『カワウが森を変える—森林をめぐる鳥と人の環境史—』（共著、京都大学学術出版会、2022年）
「高野山麓の榧（カヤノキ）をめぐる民俗」
（『近畿大学民俗学研究所紀要　民俗文化』35、2023年）

櫻井《さくらい》　弘人《ひろと》　（民俗学）
國學院大學兼任講師
1959年生　國學院大學文学部神道学科卒業　博士（民俗学）
〈主要業績〉
『新野の雪祭』（編著、南信州阿南町新野雪祭等資産化実行委員会、2017年）
『民俗芸能の宝庫—南信州』（柳田國男記念伊那民俗学研究所、2020年）
『遠山霜月祭の研究』（岩田書院、2022年）

渡邉《わたなべ》三《み》四《よ》一《いち》　（民俗学）
柏崎市立博物館学芸員
1957年生　國學院大學経済学部経済学科卒業
〈主要業績〉
「浜下駄とその環境—特に前後交換式をめぐって—」
（井之口章次編『日本民俗学　フィールドからの照射』雄山閣、1993年）
「米山の雪形伝承と地域差—スジマキ男とコイガタ伝承を中心に—」
（『柏崎市立博物館館報』第11号、1997年）
「ヌルデの呪力—道祖神木像の素材をめぐって—」
（道祖神研究会『道祖神研究』第１号、2007年）

執筆者一覧（掲載順）

小川《おがわ》　直之《なおゆき》
別掲

大館《おおだて》　真晴《まさはる》　（上代文学・神話学）
宮崎県立看護大学教授
1972年生　國學院大學大学院文学研究科博士後期課程修了　博士（文学）
〈主要業績〉
『日本書紀の作品論的研究―人物造形のあり方を中心に―』（國學院大學研究叢書10、2003年）
『日本書紀と古代天皇の謎』（共著、KADOKAWA、2014年）
『神話の源流をたどる　記紀神話と日向』（共著、KADOKAWA、,2022年）

服部《はっとり》比《ひ》呂《ろ》美《み》　（民俗学）
國學院大學文学部教授
1963年生　國學院大學大学院文学研究科博士後期課程修了　博士（民俗学）
〈主要業績〉
『子ども集団と民俗社会』（岩田書院、2010年）
『暮らしに息づく伝承文化』（共著、京都造形芸術大学・東北芸術工科大学出版局藝術学舎、2014年）
『伝承文学を学ぶ』（共編著、清文堂出版、2021年）

狩俣《かりまた》　恵一《けいいち》　（沖縄学・民俗学）
沖縄国際大学名誉教授
1951年生　國學院大學大学院文学研究科博士後期課程単位取得退学
博士（民俗学）
〈主要業績〉
『竹富島小浜島の昔話』（同朋舎出版、1984年）
『芸能の原風景』（瑞木書房、1998年）
『南島歌謡の研究』（瑞木書房、1999年）

佐伯《さえき》和《わ》香《か》子《こ》　（伝承文学）
明治大学文学部専任講師
1973年生　國學院大學大学院文学研究科博士後期課程修了　博士（文学）
〈主要業績〉
『菅江真澄の旅と和歌伝承』（岩田書院、2009年）
「昔話「隣の寝太郎」と餅」（『國學院雑誌』第118巻 4 号、2017年）
「延命小袋のこと」（『昔話伝説研究』第42号、2023年）

編　者

小川《おがわ》　直之《なおゆき》（民俗学）

國學院大學名誉教授　柳田國男記念伊那民俗学研究所長

1953年生　國學院大學文学部文学科卒業　博士（民俗学）

主な著書『地域民俗論の展開』、『摘田稲作の民俗学的研究』、『歴史民俗論ノート』（岩田書院1993・95・96年）、『日本の歳時伝承』（角川ソフィア文庫、2018年）、『折口信夫─「生活の古典」への誘い』（柳田國男記念伊那民俗学研究所、2024年）、編著『折口信夫　死と再生、そして常世・他界』、『野村純一　口承文芸の文化学』、『民俗学からみる列島文化』（アーツアンドクラフツ、2022・23年）、『日本の食文化』１・３巻（吉川弘文館、2018・19年）、『講座日本民俗学１方法と課題』、『講座日本民俗学５　生産と消費』（朝倉書店、2020・23年）、共編著『伝承文学を学ぶ』（清文堂出版、2021年）、共編『野村純一著作集』全九巻（清文堂出版、2010～13年）など。

伝承文化研究の現代的課題

2025年３月31日発行

編　者　小川直之

発行者　前田博雄

発行所　清文堂出版株式会社

〒542-0082　大阪市中央区島之内2-8-5

電話06-6621-6265　FAX06-6211-6492

ホームページ＝https://www.seibundo-pb.co.jp

メール＝seibundo@triton.ocn.ne.jp

振替00905-6-6238

印刷：亜細亜印刷　　製本：渋谷文泉閣

ISBN978-4-7924-1536-5 C3039

東北の民俗芸能と祭礼行事

菊地和博著

シシ踊り、修験系山伏神楽・番楽、田植え踊りや各地の祭礼を題材に、東北の地域性・固有性に迫りながら、東北の歩みや文化的特性を浮き彫りにし、東日本大震災以後の共同体意識を呼び起こす。本体九八〇〇円

道南・北東北の生活風景
―菅江真澄を「案内」として―

菊池勇夫著

十八世紀と十九世紀の狭間を生きた三河出身の菅江真澄の記録を軸に、民俗学や環境史の知見を交えながら道南や東北に生きた江戸時代人の声、生活風景を味読していく。本体八〇〇〇円

近世北日本の生活世界
―北に向かう人々―

菊池勇夫著

鷹、津波、神仏と義経伝説、南部屋と旧主飛騨屋、通詞としての漂流民の子孫、『模地数里』、松浦武四郎の蝦夷探訪、場所引継文書から窺える運用等、多彩な側面から北方問題に迫る。本体七八〇〇円

講座　東北の歴史　全六巻

入間田宣夫監修

単なる時代・地域別ではなく、巻名として設定された争いと人の移動、都市と村、境界と自他の認識、交流と環境、信仰と芸能、生と死等のさまざまな視点から、東北史像の再構築に挑む。揃本体二八六〇〇円

価格は税別

清　文　堂
URL=https://seibundo-pb.co.jp E-MAIL=seibundo@triton.ocn.ne.jp